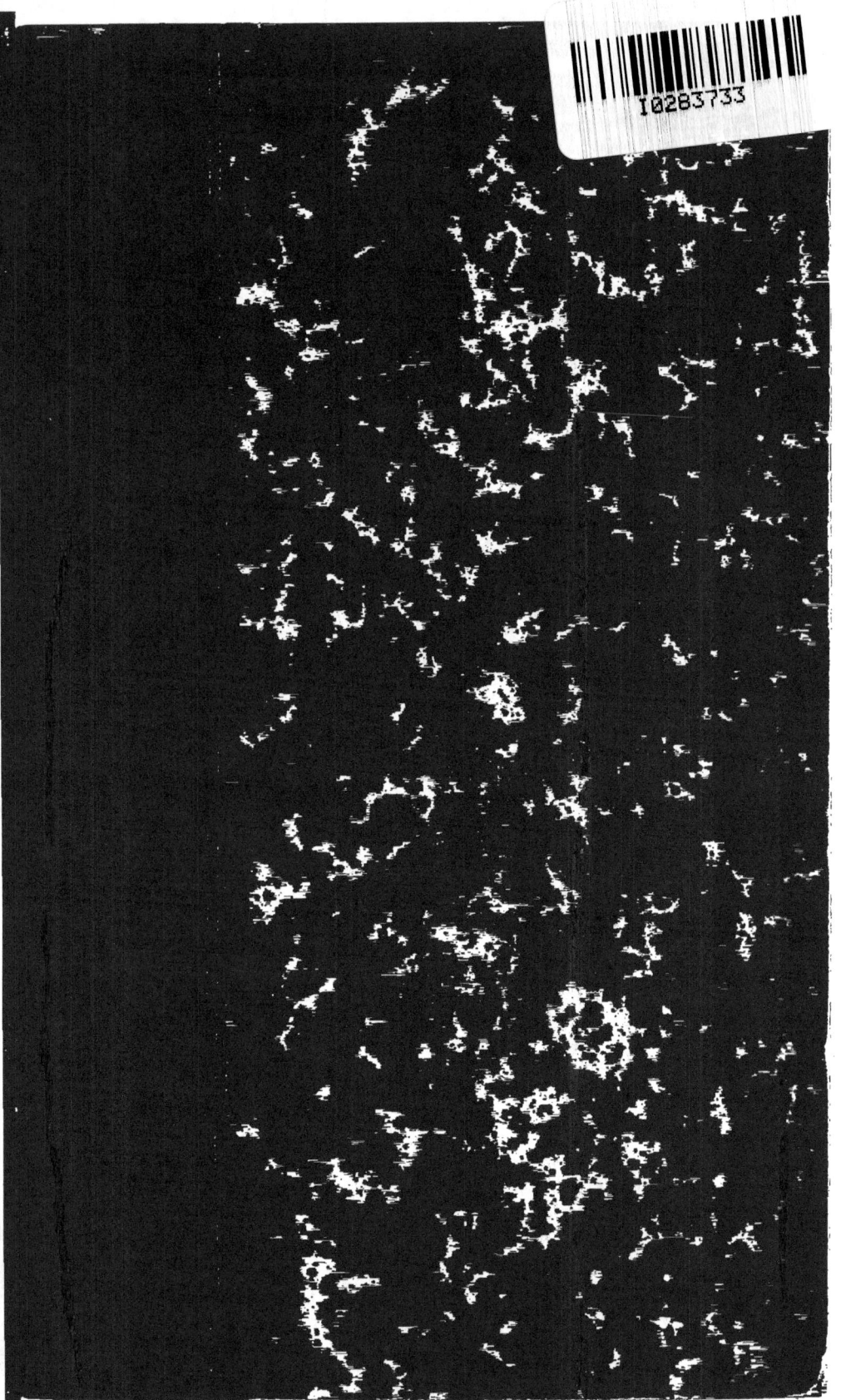

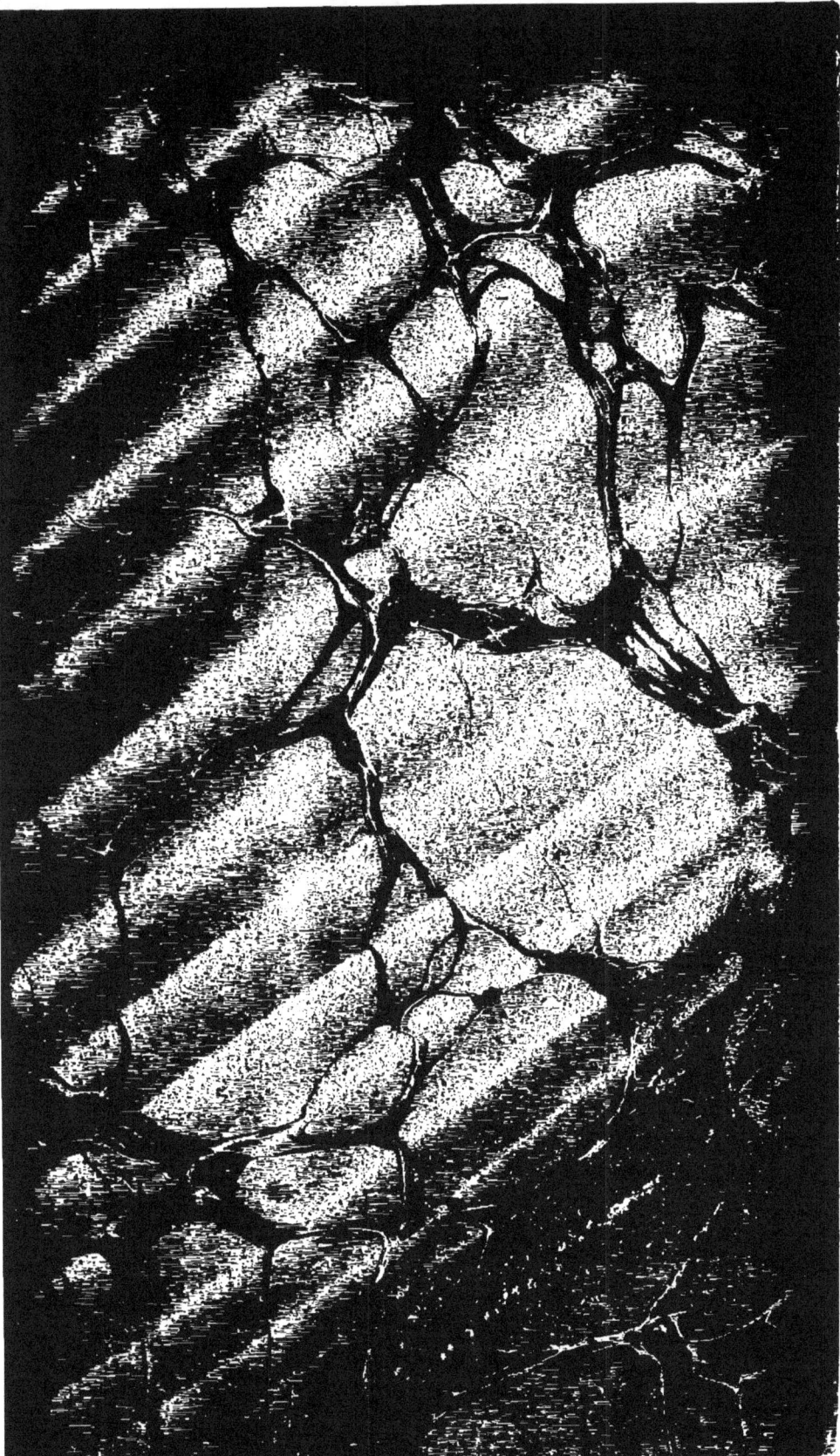

LA Guerre

DE

1870-71

VII
Journée du 6 Août

BATAILLE DE FROESCHWILLER

PARIS
LIBRAIRIE MILITAIRE R. CHAPELOT ET Ce
IMPRIMEURS-ÉDITEURS
30, Rue et Passage Dauphine, 30

1902
Tous droits réservés.

LA
GUERRE DE 1870-71

VII
Journée du 6 Août

BATAILLE DE FRŒSCHWILLER

Publiée par la **Revue d'Histoire**

rédigée à la Section historique de l'État-Major de l'Armée

LA Guerre

DE

1870-71

VII

Journée du 6 Août

BATAILLE DE FROESCHWILLER

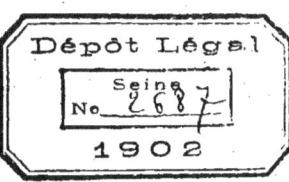

PARIS
LIBRAIRIE MILITAIRE R. CHAPELOT et C⁰
IMPRIMEURS-ÉDITEURS
30, Rue et Passage Dauphine, 30

1902
Tous droits réservés.

SOMMAIRE

Journée du 6 août en Alsace 1

Bataille de Frœschwiller 11
    I. Préliminaires de la bataille 17
    II. Engagements des avant-gardes 34
    III. Engagement général 70

Considérations sur la bataille de Frœschwiller 189
    I. IIIᵉ armée 189
    II. Armée française d'Alsace 232

Le 5ᵉ corps dans la Journée du 6 août 257

Le 7ᵉ corps dans la Journée du 6 août 278

Documents annexes.

1ᵉʳ corps 1
5ᵉ corps 149
7ᵉ corps 172

LA
GUERRE DE 1870-1871

La journée du 6 août en Alsace.

Dès le 5 août, le général Ducrot qui « estimait témé-« raire d'accepter la bataille sur la position de Frœsch-« willer avec des forces aussi disproportionnées », avait fait auprès du maréchal de Mac-Mahon d'actives démarches pour le décider à se replier dans les Vosges (1). Son plan était de concentrer à Lemberg le 1er et le 5e corps et de tenir la crête des montagnes, « défiant « toute attaque dans les positions formidables qu'il avait « depuis longtemps étudiées, en liaison avec l'armée de « l'Empereur, en situation d'agir contre les communi-« tions de l'armée qui avait envahi l'Alsace, si elle con-« tinuait sa route sur Strasbourg ou de déboucher sur « le flanc de l'autre masse allemande, si elle franchis-« sait la Sarre (2) ».

En invoquant les « formidables positions depuis long-temps étudiées », ce projet semblait s'inspirer des théo-

---

(1) *La Vie militaire du général Ducrot d'après sa correspondance*, tome II, pages 360 et 362.
(2) *Ibid.*, page 360.

7e fascicule.

ries alors en honneur dans le haut commandement français et qui attribuaient au terrain une valeur propre et une prépondérance exagérée (1).

Cette solution soulevait du reste plusieurs objections : rien n'obligeait la III⁰ armée à venir combattre les troupes françaises sur les positions qu'elles auraient choisies; quelques détachements ennemis placés dans les défilés des Vosges et soutenus par une masse centrale empêcheraient le maréchal de Mac-Mahon de déboucher en Alsace; enfin le massif vosgien ne pouvait constituer une base d'opérations pour une armée forte de 8 à 10 divisions et pourvue d'un immense matériel roulant.

« La guerre de montagnes suppose le gros des forces « établi sur l'un des versants, avec possibilité d'exé- « cuter des navettes. Elle exige aussi que les com- « munications avec l'intérieur du territoire soient « assurées. Ces deux conditions essentielles, la con- « centration de l'armée d'Alsace à Lemberg ne les pro- « curait pas (2) ».

Ce plan supposait encore implicitement que les deux armées ennemies ne déboucheraient pas en même temps sur les deux versants des Vosges; si, au contraire, leur marche était simultanée, ou si la III⁰ armée devançait la II⁰, les 1ᵉʳ et 5ᵉ corps pouvaient se trouver en fâcheuse posture et risquer l'enveloppement, ou être masqués tandis que le 7ᵉ succomberait sous les coups de la III⁰ armée; ou jouer enfin, par rapport à l'ensemble de l'armée de l'Empereur et du 7ᵉ corps, le rôle indécis et nul que remplit en réalité le 5ᵉ vis-à-vis des corps de Lorraine et de ceux d'Alsace.

Les démarches du général Ducrot demeurèrent, d'ailleurs, infructueuses dans la journée du 5 août.

---

(1) Général Bonnal, *Frœschwiller*. Librairie R. Chapelot et Cⁱᵉ.
(2) Général Bonnal. *Frœschwiller*, page 183.

Le général Ducrot manifesta également au maréchal de Mac-Mahon ses inquiétudes au sujet de la situation réciproque des 1ᵉʳ et 5ᵉ corps qu'il jugeait avec raison « détestable, au point de vue tactique (1) ». Il estimait que « les « deux corps ne pouvaient se prêter aucun appui sérieux, « et, comme il existait précisément à leur point de con- « tact une trouée naturelle très praticable, l'ennemi pou- « vait y arriver en masse et s'interposer entre les deux « corps (2) ». Cette dernière opinion était très contestable.

Il n'y avait aucune impossibilité, sans doute, à ce que le Prince royal opérât de la sorte, mais il était bien peu probable qu'il se décidât, en raison de la supériorité numérique de la IIIᵉ armée, et de l'artillerie nombreuse qu'elle possédait, à se jeter dans les montagnes où, seules les têtes de colonnes pouvaient combattre. Si, d'ailleurs, — contre toute vraisemblance, — le Prince adoptait cette solution, il suffisait de lui opposer des avant-gardes qui auraient laissé au gros de l'armée d'Alsace une entière liberté de manœuvres.

Le général Ducrot insista particulièrement sur la nécessité de diminuer le front et de renforcer les points de jonction des deux corps; l'adoption de cette mesure ne pouvait avoir, en somme, que d'heureuses conséquences. Il proposa de faire occuper fortement Philippsbourg, de porter le gros des forces du 5ᵉ corps vers Lemberg et Mouterhausen, « afin de tenir toujours « très sûrement la crête des Vosges et de pouvoir se « porter rapidement sur l'un et l'autre versant, suivant « les incidents qui viendraient à se produire (3) ».

Le maréchal de Mac-Mahon ne s'était pas rangé à cet avis dans la soirée du 5 août. Il préférait avec raison la

---

(1) *Vie militaire du général Ducrot*, tome II, page 373. (Note au sujet des accusations portées contre le général de Failly.)
(2) *Ibid.*
(3) *Ibid.*, page 376.

concentration des 1ᵉʳ et 5ᵉ corps à Reichshoffen (1), ainsi que semble en témoigner le télégramme suivant qu'il avait expédié au général de Failly à 8 h. 10 du soir :

« Venez à Reichshoffen avec tout votre corps d'armée
« le plus tôt possible.....
« Vos troupes viendront par la grande route et j'es-
« père que vous me rallierez dans la journée de-
« main (2) ».

Le 6, vers 3 heures du matin, le général de Failly répondit :

« Je ne puis disposer que d'une division ; je la réunis
« et je la dirige sur Reichshoffen. Il est possible qu'elle
« soit obligée de s'arrêter à Niederbronn..... »

Cette dépêche, jointe aux instances du général Ducrot, à la confiance que le maréchal de Mac-Mahon lui témoignait, à sa conviction personnelle qu'il ne serait pas attaqué le 6 août, allait peser sur la détermination du commandant de l'armée d'Alsace. Au lieu de télégraphier au général de Failly de diriger sur Reichshoffen le reste du 5ᵉ corps dans le plus bref délai, il se contenta de lui renouveler une dépêche de la veille :

Reichshoffen, 6 août, 5 h. 44 du matin (3).

« Faites-moi connaître immédiatement quel jour et

---

(1) Et encore mieux plus au Sud avec le 7ᵉ et une partie des corps de Lorraine.

(2) Arrivé à Bitche à 11 heures du soir.

(3) D'après le Journal du capitaine de Lanouvelle, de l'état-major du 5ᵉ corps.
D'après le Journal du capitaine de Piépape, du même état-major, cette dépêche serait au contraire arrivée à Bitche vers 5 heures du matin. En tout cas, elle fut remise, déchiffrée, au général de Failly, par le capitaine de Lanouvelle lui-même à 7 heures du matin.

« par où vous me rallierez. Il est indispensable et urgent
« que nous réglions ensemble nos opérations. »

C'était une atténuation sans doute à l'ordre formel de venir à Reichshoffen « le plus tôt possible ». Toutefois, à considérer l'esprit de ce télégramme, il était manifeste que le maréchal de Mac-Mahon avait hâte de savoir la date à laquelle il pourrait compter sur tout le 5ᵉ corps pour renforcer le 1ᵉʳ. Il paraissait clair également que le Maréchal ne tempérait ses premières injonctions qu'en raison de la réponse du général de Failly, dont il supposait la majorité du corps d'armée encore à Sarreguemines.

Mais un peu plus tard, probablement sous l'influence des observations du général Ducrot, l'idée de la nécessité d'une concentration immédiate des 1ᵉʳ et 5ᵉ corps, allait s'affaiblir encore dans l'esprit du maréchal de Mac-Mahon.

A 5 h. 30 du matin, il écrivit lui-même au général de Failly une lettre où cette influence se manifeste à plusieurs reprises :

Camp de Frœschwiller, 6 août, 5 h. 30 du matin (1).

« Mon cher Général,

« Vous avez été mis sous mes ordres par l'Empereur.
« Il est de la plus grande importance que nous concer-
« tions ensemble nos opérations.

« Attaqué, avant-hier, près de Wissembourg, par
« l'armée du Prince royal, qui m'était très supérieure,
« j'ai été obligé de me retirer jusque près de Reichshof-
« fen. Il est urgent que nous combinions nos opérations.

« D'après des renseignements dans lesquels on doit
« avoir confiance, l'ennemi ferait un mouvement pour

---

(1) D'après le Journal de marche du 5ᵉ corps, rédigé par le colonel Clémeur.

« se porter sur les crêtes des Vosges et nous séparer. Si
« ce mouvement se confirme, nous devons les attaquer
« dans les défilés. Si, au contraire, ils occupent (1) les
« positions de Wissembourg à Lembach, ayant le gros
« de leurs forces dans la plaine, nous combattrons
« ensemble pour leur enlever leurs positions. Mettez
« donc en route une de vos divisions. Il serait à désirer
« qu'elle pût coucher, ce soir, à Philippsbourg (2),
« occupant sur sa gauche les positions qui commandent
« la route de Neunhoffen. Si la première hypothèse se
« réalise, cette division se porterait d'abord sur Neun-
« hoffen et, de là, sur Obersteinbach qui serait attaqué,
« le même jour, par quatre brigades arrivant, par des
« routes différentes, du camp de Reichshoffen.

« Prévenu de l'exécution de ce mouvement, vous
« enverriez une autre division par la grande route de
« Bitche à Wissembourg sur Sturzelbronn, poussant
« en avant l'ennemi qui se trouverait ainsi pris en fla-
« grant délit et enveloppé de toutes parts.

« Une brigade de la dernière division se porterait à
« Lemberg (3) qui est la clef des Vosges de ce côté;
« elle aurait avec elle une batterie d'artillerie. L'autre
« brigade resterait à Bitche, prête à se porter soit sur
« Sturzelbronn, soit sur Philippsbourg, suivant les
« événements. Il serait prudent que la brigade de Lem-
« berg se retranchât. Il y a des outils à Lichtenberg et
« à la Petite-Pierre, 1500 dans chaque place, qui per-
« mettraient de faire ce travail.

« Si, au contraire, l'armée du Prince royal est concen-
« trée dans les environs de Lembach et dans la plaine

---

(1) *Sic.*

(2) On a vu précédemment que le général Ducrot avait conseillé au Maréchal de faire occuper fortement Philippsbourg.

(3) Le général Ducrot attribuait à « la position de Lemberg » une très grande importance. (Voir page 1).

« du Rhin, la division qui viendra la première ne sera
« pas arrêtée à Philippsbourg. Vous feriez marcher par
« la même route la deuxième division et une brigade
« de la troisième, la dernière brigade serait dirigée sur
« Lemberg, d'où elle pourrait gagner la Petite-Pierre si
« elle était obligée de battre en retraite.

« Répondez-moi par trois voies différentes, je vous
« adresse la présente par trois voies différentes ».

P.-S. — « En résumé, envoyez le plus tôt possible
« votre première division à Philippsbourg et tenez les
« deux autres prêtes à marcher.

« Maintenez, s'il est possible, vos communications
« avec Philippsbourg. »

Le chef de bataillon du génie Moll, commandant la réserve du génie du 1er corps, fut chargé de porter une des expéditions de cette lettre au général de Failly. Il partit de Frœschwiller, à 5 h. 30 du matin (1), et se rendit à Bitche par Ingwiller, Wimmenau et Lemberg, parce qu'on craignait que la route directe par Niederbronn et Philippsbourg ne fût interceptée par l'ennemi (2). Il arriva à destination à 2 heures de l'après-midi (3).

Dans le document qui précède, le maréchal de Mac-Mahon examine deux éventualités :

1° L'ennemi se porterait « sur les crêtes des Vosges » pour séparer le 1er corps du 5e ;

2° La IIIe armée occuperait « les positions de Wissembourg et de Lembach » avec le gros de ses forces dans la plaine.

---

(1) Opérations et marches du 5e corps, par le général de Failly, page 12, et Journal de marche du 5e corps, par le capitaine de Piépape.
(2) *Vie militaire du général Ducrot*, tome II, page 377.
(3) Opérations et marches du 5e corps, par le général de Failly, page 12. Le Journal de marche du capitaine de Piépape dit : « Vers 3 heures ».

Dans le premier cas, bien peu vraisemblable ainsi qu'on l'a fait ressortir, le village d'Obersteinbach serait attaqué simultanément par 4 brigades du 1er corps, arrivant du camp de Reichshoffen et par deux divisions du 5e corps, l'une marchant par la grande route de Bitche à Wissembourg, par Stürzelbronn, l'autre venant de Neunhoffen. La 3e division du 5e corps se répartirait par moitié, entre Bitche et Lemberg ; la brigade occupant ce dernier point « qui est la clef des Vosges » se retrancherait au moyen d'outils pris à Lichtenberg et à la Petite-Pierre. Le Maréchal estime que ces dispositions tout au moins prématurées, et visant un objectif géographique, permettront de prendre l'ennemi en flagrant délit » et de l'envelopper de toutes parts. Jugement téméraire, que seule la certitude, nullement acquise, de l'infériorité numérique de l'ennemi, de sa présence et de son immobilité à Obersteinbach eût autorisé à émettre à la rigueur.

Dans la seconde hypothèse, en vertu de laquelle une armée victorieuse l'avant-veille resterait sans motif sur la défensive, deux divisions et demie du 5e corps seraient dirigées de Bitche, par Philippsbourg sur Niederbronn, d'où l'armée d'Alsace réunie prendrait l'offensive contre celle du Prince royal ; une brigade resterait à Lemberg. Il est probable que l'intention du Maréchal, dans ce cas, était de faire attaquer les positions de Lembach, par une partie de ses forces et de déboucher avec le reste dans la plaine du Rhin, à la rencontre du gros de la IIIe armée.

La lettre du maréchal prouve qu'il n'attachait plus autant d'importance que la veille, à l'arrivée immédiate du 5e corps, à Reichshoffen. L'ordre formel, expédié au général de Failly par dépêche du 5 août (8 heures du soir), de venir à Reichshoffen avec tout son corps d'armée, le plus tôt possible, avait fait place, en effet, à la prescription d'envoyer dans le plus bref délai sa 1re division à Philippsbourg et de tenir les deux autres prêtes à marcher.

Faut-il attribuer ce changement d'avis aux craintes qu'éprouvait le maréchal de Mac-Mahon de voir l'ennemi « se porter sur les crêtes des Vosges », pour s'interposer entre les 1er et 5e corps? Cette décision nouvelle était-elle motivée au contraire par la réception du télégramme du général de Failly, daté de Bitche, 6 août, 3 heures du matin, exposant qu'il ne pouvait disposer que d'une division? Ou bien, le maréchal, jugeant que la bataille n'était pas imminente, pensait-il avoir le temps de concentrer ses forces quand il serait mieux renseigné? Il n'est pas possible de se prononcer nettement à ce sujet. Peut-être ces trois considérations ont-elles agi simultanément. Mais il demeure bien établi : d'une part, que le commandant du 5e corps n'a pas mis, le 5 août au soir, toute l'activité nécessaire pour exécuter les ordres du maréchal de Mac-Mahon (1); qu'il ne saurait invoquer, pour se justifier, la lettre remise par le commandant Moll le 6 à 2 heures de l'après-midi; que toutes ses dispositions étaient prises à 7 heures du matin et ne furent nullement modifiées par la réception à ce moment du télégramme du Maréchal; et d'autre part, que le commandant de l'armée d'Alsace n'a pas persisté dans sa résolution première et n'a plus considéré, dans la matinée du 6 août, la concentration immédiate des forces, comme une nécessité urgente.

Le 6 août, de grand matin, le général Ducrot, accompagné du général Raoult et de M. de Leusse, maire de Reichshoffen, fit de nouvelles et pressantes démarches auprès du maréchal de Mac-Mahon, pour le décider à battre en retraite sur Lemberg. Déjà la fusillade était vive aux avant-postes. La discussion fut longue. « Le

---

(1) Voir journée du 5 août, 6e fascicule, page 25.

« maréchal défendit son opinion en disant qu'il ne
« croyait pas à une bataille, que c'était peut-être une
« démonstration destinée à masquer un mouvement, et
« que rien ne l'étonnerait si l'ennemi, se dérobant par
« sa droite, allait vouloir se réunir à l'armée allemande
« de la Moselle; enfin qu'il attendait le général de Failly,
« qui devait être en route. Dans ce moment, le feu aug-
« menta d'intensité, surtout vers Gœrsdorf; des officiers
« vinrent rendre compte que cela prenait la tournure
« d'un vrai combat, qu'on voyait beaucoup de troupes
« vers Gunstett..... (1). »

Après de longues hésitations, le maréchal de Mac-Mahon, cédant aux sollicitations, se décida, à 6 heures, à donner des instructions pour la retraite (2); le mouvement rétrograde des convois fut même commencé (3).

Mais, avant que les ordres fussent parvenus aux troupes, la canonnade éclata sur les hauteurs, à l'Est de Wœrth, et le maréchal, jugeant qu'il était désormais trop tard pour mettre son projet à exécution, changea d'avis et prit la résolution d'accepter la bataille.

Cet incident, absolument localisé, était-il de nature à modifier encore une fois la décision du commandant de l'armée d'Alsace et à lui faire adopter la détermination, grave entre toutes, de subir la volonté de l'ennemi? Ne suffisait-il pas, au contraire, pour effectuer, en toute liberté, le mouvement de retraite prescrit, de maintenir provisoirement la division Raoult sur ses positions et de lui confier le rôle d'arrière-garde, conjointement avec

---

(1) *Souvenirs inédits du comte de Leusse*, 6 août.

(2) Il avait reçu vraisemblablement, à ce moment, le télégramme du général de Failly, expédié de Bitche vers 3 heures du matin, et faisant connaître qu'une seule division du 5ᵉ corps se mettait en marche pour Niederbronn. Cette nouvelle ne fut pas étrangère, peut-être, à la détermination du Maréchal.

(3) Général Ducrot. *Vie militaire*, tome II, page 360.

les divisions de cavalerie et la réserve d'artillerie? Toutes les circonstances militaient impérieusement en faveur de cette solution.

BATAILLE DE FRŒSCHWILLER.

LE CHAMP DE BATAILLE.

Préconisée par le général Frossard dans son Mémoire militaire de 1867, « la belle position de bataille de Wœrth » est constituée par le terrain compris entre la Sauer, son affluent le Sultzbach, et les ruisseaux d'Eberbach et de Schwarzbach (1). Elle s'étend sur une longueur de 7 kilomètres environ en ligne droite, du village de Neehwiller à celui de Morsbronn, sur un plateau qui descend à la Sauer par des pentes assez raides, couvertes presque partout de vignes ou de houblonnières. L'aspect de ce plateau est variable.

Au centre de la position, entre Frœschwiller et Elsashausen, il est parsemé de vignes, de houblonnières et de vergers, sillonné de chemins creux bordés de haies, qui en laissent peu de parties complètement découvertes et favorisent la défense pied à pied. Les vignes y constituent un obstacle particulièrement impraticable, tant à cause des échalas presque à hauteur d'homme qui les soutiennent, que de l'enchevêtrement des supports horizontaux qui les relient dans tous les sens (2). Le village de Frœschwiller, situé sur le point culminant du plateau, et dont les maisons étaient construites en grès vosgien très résistant, eût été susceptible d'une vigoureuse résistance s'il avait été moins exposé aux vues de l'artillerie.

---

(1) Affluent du Falkensteinerbach qui se jette dans cette rivière à Reichshoffen.

(2) *Relation de la bataille de Frœschwiller*. Paris, Berger-Levrault, 1890, page 11.

Le hameau d'Elsashausen présentait le même inconvénient, qui, joint à ses faibles dimensions, en faisait un point d'appui médiocre. Au Sud se trouve le Petit-Bois, appelé Neugeisweiler sur certaines cartes allemandes et contigu au Nieder-Wald; au Sud-Est s'ouvre, sur la vallée de la Sauer, un vallon appelé Regers Graben, séparé de Wœrth par le mamelon du Calvaire.

Le bourg de Wœrth comprend un certain nombre de constructions massives et spacieuses qui le rendaient très apte à une défense opiniâtre. Son inconvénient était de se trouver sous le feu, à bonne portée (1000 mètres) des batteries ennemies qui viendraient s'établir au Nord de Dieffenbach. Toutefois, il était d'une telle importance, comme débouché sur la rive droite de la Sauer, que son occupation par un bataillon se serait imposée si, en 1870, l'infanterie française n'avait pas recherché de préférence les positions dominantes et méconnu la valeur des localités considérées comme points d'appui.

Le secteur central de la position est limité au Nord par le bois de Frœschwiller, au Sud, par le Nieder-Wald, tous deux très épais et séparant le plateau en compartiments bien distincts.

Au Sud du Nieder-Wald, dans le secteur de droite, le terrain est moins mouvementé, moins coupé, plus découvert qu'au Nord de la forêt, et les pentes qui bordent la Sauer sont plus douces. On y trouve une ferme, l'Albrechtshœuserhof, ou ferme d'Albert, appelée aussi Lansberg et un village, Morsbronn, qu'on ne crut pouvoir occuper, faute d'un effectif suffisant. L'aile droite française manquait donc de point d'appui naturel et l'on verra qu'aucune disposition ne fut prise pour se garantir contre un mouvement enveloppant par le Sud.

Le secteur de gauche, comprenait le bois de Frœschwiller et la forêt de Langensoultzbach, séparés par une clairière large de 200 à 400 mètres et formant un vallon gazonné arrosé par le Schletter-Bach. La lisière occidentale de la forêt de Langensoultzbach se développait parallèlement au chemin de Frœschwiller à Neehwiller, à une distance de 500 mètres en moyenne. Mais, l'infanterie de la défense était obligée, pour la tenir sous son feu, de s'en rapprocher davantage sur certains points. Ces massifs boisés permettaient d'ailleurs à l'adversaire de masquer ses préparatifs et dissimulaient ses mouvements ; par contre, ils empêchaient son artillerie de lui prêter un concours efficace. La vallée de la Sauer, constituait un fossé plat, couvert de prairies, large de 600 à 1,000 mètres entre les pieds des versants opposés, atteignant même 1,500 mètres au Nord de Wœrth, où son affluent, le Sultzbach, coule quelque temps isolément avant de se joindre à elle. La rivière avait, en été, une largeur moyenne de 5 à 6 mètres, elle était guéable en maints endroits et ne formait obstacle sérieux que pour la cavalerie et l'artillerie. Cependant, l'orage de la nuit du 5 au 6 août l'avait gonflée, augmentant ainsi les difficultés de son passage en dehors des ponts. Celui de Wœrth ayant été détruit, l'ennemi disposait encore de ceux du Vieux-Moulin, en amont, du Bruck-Mühle et de Dürrenbach, en aval. Les hauteurs de la rive gauche dominaient de 60 à 80 mètres le lit de la rivière.

« Sur toute l'étendue du front en question, la rivière est battue, à bonne portée de fusil, par les hauteurs occidentales, dont les pentes rapides et couvertes de cultures, constituent par elles-mêmes un obstacle difficile à gravir » ; les prairies qui bordent la Sauer et qui forçaient « l'assaillant à s'avancer à découvert, permettaient à l'infanterie française de tirer tout le parti possible de la supériorité de son armement (1) ».

Cet avantage, que fait ressortir l'Historique du grand État-Major prussien, était plus apparent que réel. Les hauteurs, au Nord de Dieffenbach, et le mamelon qui

---

(1) *Historique du Grand État-Major prussien*, 3ᵉ livraison, page 216.

domine Gunstett au Nord-Ouest, permettaient, en effet, aux Allemands de déployer un grand nombre de batteries qui tenaient sous leur feu, non seulement la vallée mais aussi les crêtes de la rive opposée. Dès lors, le défenseur ne pouvait plus, en général, se maintenir en force au sommet des pentes qui bordent la rivière et le recul qu'il était obligé de subir laissait sur de nombreux points la vallée en angle mort. Il ne restait plus à l'assaillant que les difficultés restreintes du passage d'un faible cours d'eau à l'abri des feux de l'ennemi.

« Une rivière d'aussi peu de largeur, dit Napoléon en parlant du Mincio, est un léger obstacle lorsqu'on a une position qui domine la rive opposée et que, de là, la mitraille des batteries dépasse au loin l'autre rive..... Alors le passage n'est réellement rien ; l'ennemi ne peut même pas voir la rivière qui, semblable à un fossé de fortification, couvre les batteries de toute attaque. Dans la guerre de siège, comme dans celle de campagne, c'est le canon qui joue le principal rôle ; il a fait une révolution totale..... Du moment où l'on est maître d'une position qui domine la rive opposée, si elle a assez d'étendue pour que l'on puisse y placer un bon nombre de pièces de canon, on acquiert bien des facilités pour le passage de la rivière (1) ».

A la vérité, les hauteurs de la rive gauche ne commandaient pas partout celles de la rive droite, mais la supériorité du nombre et du matériel compensait, et au delà, pour l'artillerie allemande, ce léger inconvénient. Les événements l'ont amplement démontré.

En réalité, les avantages de la défense consistaient surtout dans la raideur et la hauteur des pentes de la rive droite, dans les plantations qui les couvraient, elles et la plus grande partie du plateau, et qui offraient des

---

(1) *Mémoires de Napoléon. Campagne de Brune en Italie en* 1800. Tome II, page 68.

abris aux tirailleurs. Encore un champ de tir en forme de glacis découvert eût-il été préférable.

« Les forces dont disposait le maréchal de Mac-Mahon, dit l'Historique du Grand État-Major prussien, étaient largement suffisantes, même sans l'adjonction du 5ᵉ corps, pour occuper et défendre vigoureusement la position choisie (1); puis, celle-ci était si particulièrement forte que, même en présence d'un ennemi bien supérieur, elle pouvait permettre de compter sur le succès. La disproportion numérique se trouvait compensée par une artillerie respectable, par la supériorité d'action du chassepot et par l'avantage du terrain (2) ».

Ces affirmations ne laissent pas que de soulever nombre d'objections : seul l'argument relatif à l'armement de l'infanterie française peut être admis sans réserve. En effet, les forces dont disposait le commandant de l'armée d'Alsace (46,000 hommes) (3) étaient si insuffisantes, eu égard surtout à leur répartition, qu'il

---

(1) Le major Kunz émet avec raison l'opinion contraire. (*Die Schlacht von Wörth*. Berlin, Luckhardt, 1891, page 28.)

(2) *Historique du Grand Etat-Major prussien*, 3ᵉ livraison, page 215.

(3) *Situations d'effectif au 5 août.*

	Division Ducrot....................	10,643
	Division Pellé (moins 1 bataillon du 50ᵉ).	6,100
	Division Raoult....................	8,201
1ᵉʳ *corps*..	Division de Lartigue (moins le 87ᵉ)....	6,635
	Division Duhesme..................	3,722
	Divers............................	601
	Réserves d'artillerie et du génie........	2,029
7ᵉ *corps*..	Division Conseil-Dumesnil (moins 2 bataillons du 21ᵉ et l'artillerie............	6,100
Division de cuirassiers de Bonnemains.............		2,641
	TOTAL...........	46,672

Soit environ 46,000 combattants.

Le Journal de marche du 1ᵉʳ corps et les Notes dictées par le Maréchal à Wiesbaden donnent le chiffre de 35,000 combattants.

avait fallu renoncer à occuper Morsbronn, au grand détriment de la solidité de l'aile droite française. En ce qui concerne la force de la position, on a vu qu'elle était plus apparente que réelle, en raison de la puissance des feux d'artillerie que l'adversaire pouvait développer sur les hauteurs de la rive gauche de la Sauer. La disproportion numérique, loin d'être « compensée par une artillerie respectable », était rendue plus sensible encore par le nombre très supérieur de batteries dont était pourvue la IIIe armée et par la qualité de leur matériel.

« La position pouvait permettre de compter sur le succès..... La balance pouvait même pencher en faveur des armées françaises, si le 5e corps venait à entrer en ligne (1) ».

Ces deux appréciations de l'Historique du Grand État-Major prussien sont contradictoires, à moins qu'il n'entende, par le mot succès, la possibilité de conserver jusqu'à la nuit les positions de combat.

Or un tel résultat ne saurait être qualifié de succès. « En admettant qu'une meilleure répartition des troupes et la fortification de certaines localités nous eussent procuré les moyens de prolonger la lutte jusqu'à la nuit, il ne fallait pas moins quitter le champ de bataille, le lendemain au plus tard, sous peine d'enveloppement et de destruction (2) ».

Mais, il est exact de dire que l'arrivée du 5e corps pouvait faire pencher la balance en faveur des armes françaises. Toutefois, la victoire n'eût pas été due à la force particulière de la position de l'armée d'Alsace, ni à son « artillerie respectable », ni même à la supériorité du fusil Chassepot, mais bien à l'énergie opiniâtre du maréchal de Mac-Mahon qui ne désespéra jamais du

---

(1) *Historique du Grand Etat-Major prussien*, page 216.
(2) Général Bonnal. *Frœschwiller*, page 205.

succès, à la bravoure de ses troupes et en partie aussi aux erreurs de l'état-major de la IIIe armée.

I. — PRÉLIMINAIRES DE LA BATAILLE.

§ 1er. — *Reconnaissance prussienne sur Wœrth* (1).

Le 6 août au matin, le gros de l'avant-garde du Ve corps (*20e* brigade d'infanterie, *6e* batterie du *5e*, *3e* escadron du *14e* dragons), sous les ordres du général de Walther, bivouaquait à l'Ouest de Dieffenbach, détachant : à Goersdorf la moitié du 1er bataillon du *37e*; à Gunstett, le 2e bataillon du *50e* et le 4e escadron du *14e* dragons; à Dieffenbach, le 3e bataillon du *50e*. Des avant-postes bordaient le versant oriental de la Sauer, depuis le Kuhbrücke jusqu'à Gunstett, par Spachbach.

Les autres troupes de la *10e* division, la *9e* et l'artillerie de corps se trouvaient au bivouac, près de Preuschdorf, de part et d'autre de la route de Soultz (2). Mitschdorf et Preuschdorf étaient occupés chacun par un bataillon de la *10e* division.

Pendant toute la nuit du 5 au 6 août, des escarmouches avaient eu lieu entre les avant-postes français et allemands, séparés par la Sauer. Vers quatre heures du matin, la fusillade devint si vive que le général de Kirchbach, commandant le Ve corps d'armée, envoya son chef d'état-major, le colonel von der Esch, de Preuschdorf à Dieffenbach, pour se renseigner. « A son

---

(1) Pour plus de clarté, les numéros des corps d'armée allemands seront écrits en chiffres romains; les numéros des divisions, brigades, régiments allemands, en chiffres arabes italiques; les numéros des corps d'armée, divisions, brigades, régiments français, continueront à être écrits en chiffres arabes droits.

(2) Sticler von Heydekampf. *Opérations du Ve corps prussien*, page 37.

arrivée, la fusillade avait diminué ; il n'y avait pas lieu d'y attacher une grande importance (1) ».

De son côté, le général de Walther commandant l'avant-garde du V⁰ corps, qui exécutait une reconnaissance au même moment, « remarqua dans le camp ennemi un « bruit et des mouvements qui lui parurent être les « indices d'un départ. Afin de s'en assurer, il ordonnait une reconnaissance offensive sur Wœrth (2) ».

« En réalité, ce bruit et ces mouvements étaient pro- « duits par nombre de soldats français qui avaient quitté « leurs bivouacs avant le réveil pour aller à Wœrth dans « l'intention de se réconforter. Les cabarets et les au- « berges regorgeaient de soldats au moment où les « premiers obus, tombant dans le bourg (7 heures du « matin), provoquèrent un sauve-qui-peut général (3) ».

La batterie d'avant-garde (6/5 Caspari) s'était établie près de Dieffenbach, au nord de la cote 245, et avait ouvert le feu sur Wœrth, vers 7 heures, tandis que le 2⁰ bataillon du 37⁰, formé en colonnes de compagnie (4), s'était porté en avant. Il trouve Wœrth inoccupé, mais le pont de la Sauer détruit, et prend position sur la rive gauche en amont et en aval, pendant qu'un peloton de la 5⁰ compagnie traverse à gué la rivière, puis le village, et se déploie à la lisière occidentale, d'où il tiraille contre quelques fractions du 2⁰ zouaves (division Raoult).

Deux batteries de la division Raoult entrent en action contre l'infanterie prussienne : la 6⁰ du 12⁰ (Desruols), établie au Nord-Ouest de Wœrth, la 9⁰ du 12⁰ (mitrail-

---

(1) Stieler von Heydekampf. *Opérations du V⁰ corps prussien*, page 38.
(2) *Historique du Grand État-Major prussien*, 3⁰ livraison, page 219.
(3) Général Bonnal. *Frœschwiller*, page 227. Dans les guerres de la Révolution, on trouve de fréquents exemples de répression de ces écarts à la discipline.
(4) Sur deux lignes : première ligne, 5⁰ et 6⁰ compagnies; deuxième ligne, 7⁰ et 8⁰ compagnies. (Historique du *37⁰* régiment.)

leuses Wohlfrom), sur un éperon du saillant Nord-Est du bois de Frœschwiller.

La batterie Caspari, après avoir tiré une dizaine d'obus sur Wœrth et provoqué ainsi quelques incendies, prend successivement pour objectifs les deux batteries françaises. « Dès les premiers coups lancés par des bat-
« teries ennemies de plus fort calibre, on reconnut, dit
« le rapport du lieutenant-colonel commandant l'artil-
« lerie de la division Raoult, que la position inférieure
« occupée par nos batteries n'était pas tenable, et qu'il
« était préférable d'occuper en arrière une position plus
« dominante. Les batteries Desruols et Wohlfrom se
« retirèrent en conséquence par les bois auxquels elles
« étaient adossées » et vinrent s'établir près du saillant Nord-Ouest de Frœschwiller.

« Comme il n'était plus possible de douter de la pré-
« sence de fortes masses ennemies, à huit heures trente,
« le général de Walther fait cesser le combat, et renvoie
« au bivouac le bataillon d'abord, puis aussi la batterie.
« Deux demi-pelotons demeurent dans le cimetière, sur
« la rive gauche de la Sauer (1) ».

§ 2. — *Engagement à Gunstett*

Le 2e bataillon du *50e*, détaché à Gunstett, avait pris les dispositions suivantes :

La 5e compagnie, au Bruck-Mühl ; la 6e, au débouché sud de Gunstett ; les 7e et 8e compagnies, dans la partie nord du village (2).

---

(1) *Historique du Grand État-Major prussien*, 3e livraison, page 219. D'après l'historique du *37e*, toute la 5e compagnie, qui n'avait pas encore reçu l'ordre de se replier, resta sur la Sauer, ainsi qu'un peloton de la 6e (page 17).

(2) Historique du *50e*, page 214. Une petite reconnaissance, exécutée pendant la nuit, avait fait connaître que les avant-postes français couronnaient le versant opposé de la vallée.

Le 4ᵉ escadron du *14ᵉ* dragons, qui était adjoint à ce bataillon, et dont le gros était à Gunstett, avait des patrouilles en avant du front, et maintenait, par Biblisheim, la liaison avec le XIᵉ corps.

Vers huit heures du matin, le 1ᵉʳ bataillon de chasseurs (1) (4ᵉ division, commandant Bureau), soutenu par deux compagnies du 1ᵉʳ bataillon du 3ᵉ zouaves, est chargé par le général de Lartigue d'expulser l'ennemi du Bruck-Mühl. En même temps, les trois batteries de la 4ᵉ division, s'établissent : la 11ᵉ du 12ᵉ (Ducasse), près de la corne sud du Nieder-Wald ; la 10ᵉ du 12ᵉ (Zimmer, mitrailleuses), et la 7ᵉ du 12ᵉ (Soubrat), sur les hauteurs au sud de la cote 233, à l'ouest de la Ferme Lansberg (2). La 11ᵉ du 12ᵉ ouvre le feu sur le moulin, où éclate bientôt un incendie, et sur des fractions d'infanterie qu'elle aperçoit aux abords de Gunstett. L'attaque du 1ᵉʳ bataillon de chasseurs est enrayée, dès le début, par le feu violent du 2ᵉ bataillon du *50ᵉ*, soutenu bientôt par le 3ᵉ bataillon du *80ᵉ*, tête d'avant-garde du XIᵉ corps, puis par l'artillerie de cette même avant-garde.

Le commandant Bureau, les capitaines Ambroise et Crainvillers, le lieutenant Beullard sont blessés; et les trois compagnies du 1ᵉʳ bataillon de chasseurs ne dépassent pas la route de Haguenau, le long de laquelle elles se déploient en tirailleurs.

§ 3. — *Engagement du IIᵉ corps bavarois au Sud de Langensoultzbach.*

Dans l'après-midi du 5 août, le Prince royal avait prescrit au IIᵉ corps bavarois de disposer une de ses

---

(1) Réduit à trois compagnies. Les 1ʳᵉ et 2ᵉ sont en soutien de l'artillerie de la 4ᵉ division, la 4ᵉ à la ferme Lansberg.

(2) Ne pas confondre cette cote 233, au Nord-Ouest de Lansberg, avec une autre cote 233, située à l'Ouest de Morsbronn.

divisions de telle sorte qu'elle pût attaquer l'aile gauche française par Langensoultzbach si, le lendemain matin, le canon se faisait entendre du côté de Wœrth (1). Le reste du corps d'armée devait conserver sa position du 5 et surveiller la direction de Bitche. En conséquence, le général de Hartmann avait ordonné, dans la soirée du 5, à la 4ᵉ division de quitter ses bivouacs de Pfaffenbronn le 6 dès la pointe du jour et de se porter vers Mattstall.

A 4 heures du matin, cette division commence son mouvement. En tête marche la 7ᵉ brigade d'infanterie, formant l'avant-garde (2); elle fournit vers 8 h. 15 un détachement de flanc (1ᵉʳ et 2ᵉ bataillons du 5ᵉ (3),

---

(1) L'ordre ajoutait que « ce mouvement pouvait peut-être avoir une « importance décisive ». (Heilmann. *Antheil der II bayerischen Armee-Corps an dem Feldzuge* 1870-1871, page 18.)

(2)   *Ordre de marche de la 4ᵉ division.*

Avant-garde (7ᵉ brigade)
- Tête : Un peloton du 2ᵉ escadron du *2ᵉ* régiment de chevau-légers. *6ᵉ* bataillon de chasseurs.
- Gros : Trois bataillons du *9ᵉ* régiment. Trois escadrons du *2ᵉ* chevau-légers. 2ᵉ batterie du *4ᵉ* d'artillerie. Une section de pionniers. Détachement d'ambulance.

Gros de la division
- 5ᵉ batterie du *4ᵉ* d'artillerie.
- *8ᵉ* brigade d'infanterie.
- *10ᵉ* bataillon de chasseurs.
- 6ᵉ batterie du *4ᵉ* d'artillerie.
- 1ʳᵉ batterie du *4ᵉ* d'artillerie.
- 2ᵉ ambulance.
- 4ᵉ compagnie du génie.

D'après Heilmann. *Antheil der II bayerischen Armee-Corps an dem Feldzuge* 1870-1871, page 17.

Cet ordre de marche diffère en plusieurs points de celui qui est donné par l'*Historique du Grand État-Major prussien* (3ᵉ livraison, supplément XI, page 115*).

(3) Le 5ᵉ régiment était à trois bataillons, mais les deux premiers

4ᵉ escadron du 2ᵉ chevau-légers) vers le Kuhbrücke pour y donner la main au Vᵉ corps.

La brigade de uhlans et 3 batteries de la réserve d'artillerie sont affectées à la 4ᵉ division, mais demeurent provisoirement à Lembach, prêtes à marcher.

Vers 7 h. 30 du matin, l'avant-garde, après avoir traversé Mattstall et la forêt au Sud, se déploie face à Langensoultzbach qu'elle fait tenir par le 6ᵉ bataillon de chasseurs. De son côté, le gros de la division se rassemble au Nord de Mattstall.

Vers 8 h. 10 (1), la canonnade se fait entendre avec une certaine intensité dans la direction de Wœrth. Le général Hartmann, présent sur les lieux, prescrit au

---

seulement appartenaient à la 7ᵉ brigade; le 3ᵉ bataillon faisait partie de la 8ᵉ brigade. (Historique du corps, 3ᵉ partie, page 185.)

Le 1ᵉʳ bataillon du 5ᵉ était aux avant-postes à Liebfrauenberg et Liebfrauenthal depuis la veille. Il avait rallié ses fractions détachées vers 6 h. 30 du matin et rejoint le 2ᵉ bataillon à 8 heures. (*Ibid.*, pages 195 et 196.)

Il semble, d'après l'*Historique du Grand État-Major prussien*, que les 1ᵉʳ et 2ᵉ bataillons du 5ᵉ aient été dirigés, dès le 5 au soir, « sur la « Kuhbrücke..... pour y donner la main au Vᵉ corps ». (3ᵉ livraison, page 214.)

L'historique du régiment dit, au contraire, que le 1ᵉʳ bataillon seul alla occuper Liebfrauenberg, et que le 2ᵉ bivouaqua près de Lembach, « à 600 mètres environ à l'Est du village ». (Page 195.)

Quant au 3ᵉ bataillon, qui appartenait à la 8ᵉ brigade, il vint bivouaquer au Sud de Lembach. (Historique du 5ᵉ régiment, page 196.)

L'historique du corps ayant été publié en 1897, bien postérieurement à l'*Historique du Grand État-Major* (1873), c'est au premier qu'il convient de donner la préférence.

(1) L'ouvrage du colonel Heilmann, déjà cité, indique 8 h. 30, mais il est probable qu'il y a là une erreur, car l'*Historique du Grand État-Major prussien* mentionne (page 219) que le général de Walther avait fait cesser le feu à la batterie Caspari, du Vᵉ corps, à 8 h. 30. On a adopté le chiffre de 8 heures, donné par le major Hoffbauer. (*Die deutsche Artillerie in den Schlachten und Treffen der deutsch-französischen Krieg* 1870-1871, page 18.)

commandant de la 4ᵉ division bavaroise de marcher sur Frœschwiller où « l'on distinguait un vaste camp français » (1) et envoie l'ordre à l'Abtheilung de la réserve d'artillerie et à la brigade de uhlans laissées à Lembach, de se rapprocher. L'infanterie de l'avant-garde débouche de Langensoultzbach à 8 h. 15 (2) ; un peu plus tard, la batterie Kirchhoffer (2/4), relevée bientôt par la batterie Hérold (V/4) (3), prend position au Nord-Est de Langensoultzbach, pour riposter à l'artillerie française de la division Ducrot qui vient d'ouvrir le feu des hauteurs de Frœschwiller, sur le 6ᵉ bataillon de chasseurs bavarois.

§ 4. — *Engagement de l'avant-garde du XIᵉ corps à Gunstett.*

Conformément à l'ordre du 5 août de la IIIᵉ armée, le XIᵉ corps « conversant à droite » devait venir de Soultz « bivouaquer à Hœlschloch, lançant des avant-postes vers la Sauer », occuper Surbourg et garder la route de Haguenau.

En conséquence, le général de Bose, commandant le XIᵉ corps, avait ordonné pour le 6 août : à la 21ᵉ division et à l'artillerie de corps de venir bivouaquer au Sud-Ouest d'Hœlschloch ; à la 22ᵉ division d'occuper Surbourg en surveillant la direction de Haguenau. L'avantgarde composée de la 41ᵉ brigade, de deux escadrons du 14ᵉ hussards (4), et de deux batteries (1/11 Normann, 2/11 Engelhard), sous les ordres du colonel de Ko-

---

(1) *Historique du Grand État-Major prussien*, 3ᵉ livraison, page 221.
(2) *Ibid.*
(3) Le général Hartmann destina la batterie Kirchhoffer à suivre le mouvement de la 7ᵉ brigade (Hoffbauer, *Loc. cit.*, page 19). Cette batterie prit position, mais ne tira pas.
(4) 1ᵉʳ et 2ᵉ escadrons. (*Historique du 14ᵉ hussards*, page 365.)

blinski, doit tenir la forêt à l'Ouest d'Hœlschloch et se relier par Gunstett avec le V⁰ corps. Elle se met en marche à 6 heures du matin ; « le gros de la 21ᵉ division, « l'artillerie de corps d'armée et la 22ᵉ division devaient « la suivre (1) ». Vers 7 heures, on entend le canon dans la direction de Wœrth, « mais le bruit ayant cessé, la « 21ᵉ division, gagnant les bivouacs qui lui étaient « assignés, commençait à s'y installer et à placer ses « avant-postes. En débouchant de la forêt, les têtes de « colonne de l'avant-garde remarquaient un camp fran- « çais sur les hauteurs en arrière de Gunstett ; la canon- « nade reprenait également avec plus de violence à « Wœrth (2) » (7 h. 30 environ).

Le général de Schatchmeyer, commandant la *21ᵉ* division, dirige aussitôt sur Gunstett le 3ᵉ bataillon du *80ᵉ*, tête d'avant-garde, pour se relier aux avant-postes du Vᵉ corps et rassemble la *41ᵉ* brigade (3), au débouché occidental de la forêt, au Nord de la route, le *87ᵉ* en 1ʳᵉ ligne (4), le *80ᵉ*, en 2ᵉ ligne, tandis que l'artillerie et la cavalerie s'établissent au Sud de la route, à couvert. Il appelle en même temps, sur cette position de rassemblement, les deux autres batteries de la division (5).

« Vers 8 heures, une batterie ennemie se montre sur « les hauteurs opposées de la Sauer ; un bataillon des-

---

(1) Hahnke. *Opérations de la IIIᵉ Armée*, page 56.
L'*Historique du Grand État-Major prussien* dit (3ᵉ livraison, page 231) que les deux divisions du XIᵉ corps étaient parties de leurs bivouacs à 6 heures du matin, d'où l'on serait porté à conclure que ces divisions ont suivi deux itinéraires différents. D'après Hahnke, au contraire, il semble que tout le XIᵉ corps ait été engagé sur une route unique.

(2) *Historique du Grand État-Major prussien*, 3ᵉ livraison, page 232.

(3) La *41ᵉ* brigade comprenait les *80ᵉ* et *87ᵉ*.

(4) Moins le 2ᵉ bataillon, occupé à placer des avant-postes sur la lisière méridionale de la forêt, et qui était en train de se rallier.

(5) Hoffbauer, *Loc. cit.*, page 27.

« cependant la colline, marchait, en même temps, à l'at-
« taque de Gunstett (1) ».

Le général de Schatchmeyer ordonne alors à l'artillerie divisionnaire de prendre position au Nord de Gunstett et de contre-battre les batteries de la division de Lartigue.

§ 3. — *Marches du Ier corps bavarois et du corps Werder.*

L'ordre de la IIIe armée, du 5 août, prescrivait au Ier corps bavarois de se porter « jusqu'aux environs de
« Lobsann et de Lampertsloch, poussant ses avant-
« postes à travers le Hochwald, vers la Sauer. » Son avant-garde, composée de la 2e brigade d'infanterie, du 3e régiment de chevau-légers et de la 3e batterie du 2e, quitte Ingolsheim à 6 heures du matin et gagne par Memelshofen, Lampertsloch où elle se rassemble à 10 h. 30, « bien que les chemins détrempés par la pluie, eussent rendu sa marche particulièrement pénible (2). »
Le reste de la 1re division suit à une demi-heure de l'avant-garde, puis vient la 2e division. Depuis 8 heures du matin, la canonnade se fait entendre et son intensité toujours croissante déterminera, vers 11 h. 30, le lieutenant-général de Stephan, commandant la 1re division, qui marche avec l'avant-garde, à assigner à celle-ci, comme objectif, le village de Frœschwiller que l'on aperçoit au loin. Il enverra en même temps à la 1re brigade, qui se trouve en tête du gros, l'ordre de suivre la 2e brigade, et aux batteries de 6 l'avis de prendre le trot, « pour leur faire gagner les devants (3). »

D'après l'ordre du 5 août, le corps Werder devait, des environs d'Aschbach, gagner Reimerswiller et faire

---

(1) *Historique du Grand État-Major prussien*, page 232.
(2) *Ibid.*, page 238.
(3) *Ibid.*, page 239.

front vers le Sud en établissant des grand'gardes vers la forêt de Haguenau et de forts avant-postes sur la route de Fort-Louis à Kuhlendorf et près de la voie ferrée, à Hoffen. La marche s'effectue en une seule colonne.

La 1re brigade würtembergeoise (5 bataillons, 2 escadrons et une batterie), en avant-garde, rompt d'Aschbach à 6 heures du matin et atteint, à 9 heures, les abords de Schwabwiller et de Betschdorf, « indiqués comme devant former la ligne des avant-postes vers la forêt de Haguenau (1) » ; la tête du gros entre à Reimerswiller à 10 heures. Vers 11 heures, le général de Werder, informé par le général de Bose que le XIe corps, marchant au canon, se porte sur Gunstett, laissera alors la 1re brigade dans sa position d'avant-postes, « avec ordre de s'y maintenir contre toute attaque qui viendrait à se produire par la forêt de Haguenau (2) » et prescrira :

A la brigade de cavalerie (5 escadrons) de se porter sur Surbourg où elle devra se mettre à la disposition du commandant du XIe corps ;

A la 2e brigade, dont le 3e bataillon de chasseurs, accompagné des 5e et 6e batteries, a déjà été dirigé sur Gunstett, de suivre le mouvement par Surbourg ;

A la 3e brigade de marcher de Reimerswiller sur Dieffenbach, avec la réserve d'artillerie ;

A la division badoise, arrivée à Hohwiller, de se tenir prête à continuer son mouvement en avant.

La 4e division de cavalerie occupe toujours ses bivouacs de Schœnenbourg, conformément aux prescriptions de l'ordre du 5 août.

---

(1) *Historique du Grand État-Major prussien*, page 240.
(2) *Ibid.*, page 240.

§ 6. — *Déploiement de l'armée française.*

Au moment où la batterie Caspari du Ve corps ouvrit le feu, la sécurité la plus complète régnait dans les camps français. Des corvées envoyées par divers corps, de nombreux isolés se trouvaient à Wœrth et à Frœschwiller, et certaines batteries avaient conduit leurs chevaux à la Sauer.

Le bruit de la canonnade fit courir aux armes toutes les troupes de l'armée d'Alsace et détermina leur déploiement presque instantané, conséquence de leur mode de stationnement sur les positions mêmes qu'elles avaient à défendre.

Vers 8 heures, les différentes fractions de l'armée occupaient ou achevaient de gagner les emplacements suivants :

La 1re division (Ducrot), campée face à Neehwiller, au Nord de la route de Wœrth à Reichshoffen, « fit un « changement de front en avant sur son aile droite, « afin d'empêcher l'ennemi de tourner la position géné- « rale (1) » et se forma sur deux lignes :

1re ligne : 8 bataillons, entre Frœschwiller et Neehwiller.

« Le 96e (1re brigade Wolff) a sa droite appuyée au « village de Frœschwiller et se développe vers la « gauche parallèlement au chemin qui conduit de « Frœschwiller à Neehwiller, le 3e bataillon à hauteur « du grand ravin qui descend vers la Sauer (2) ». Les deux bataillons des ailes sont formés en colonne, celui du centre est déployé en tirailleurs (3).

---

(1) Rapport du maréchal de Mac-Mahon à l'Empereur.

(2) Rapport du général Ducrot, sur la journée du 6 août, daté de Lorrey, 12 août.

(3) Rapport du lieutenant-colonel Bluem, du 96e, sur la journée du 6 août, daté de Sarrebourg, 7 août.

Le 1er régiment de zouaves (2e brigade, du Houlbec) se forme « en bataille par bataillons en masses (1) », à la gauche du 96e, les 1er et 3e bataillons en première ligne, faisant face à la forêt de Langensoultzbach.

Les 2e et 3e bataillons du 45e (2e brigade), en colonne double, occupent le terrain entre la gauche du 1er zouaves et la sortie Sud de Neehwiller (2).

En avant de ce front, qui mesure 1500 mètres environ, se trouve une ligne de tirailleurs.

2e ligne : 4 bataillons : 13e bataillon de chasseurs et 18e de ligne (1re brigade), au Nord de la route de Frœschwiller à Reichshoffen, à proximité de la lisière orientale du Gross-Wald ; le 13e bataillon de chasseurs ployé en colonne serrée par peloton (3), le 18e de ligne en bataillons en colonne, à distance de 30 pas (4).

Artillerie. — La 6e batterie de 4 du 9e (Biffe) s'établit, face au Nord-Est, à 500 mètres environ au Sud de la cote 264, « à droite et à gauche du 13e batailon de chas- « seurs à pied », avec mission de surveiller les directions de Langensoultzbach et de Neehwiller, dans le cas où l'ennemi tenterait un mouvement débordant par le Nord ; sa section de droite (Lebeau) à la lisière Nord de Frœschwiller, chargée de battre le vallon au Nord de la cote 241. La 7e batterie de 4 du 9e (Vernay) prit position au Nord de Frœschwiller près de la section Lebeau de la 6e batterie, et avec le même rôle ; sa section de droite (Delangle) à la tête du grand ravin qui descend vers le

---

(1) Rapport du général du Houlbec, commandant la 2e brigade de la 1re division.

(2) Note fournie à la Section historique, le 11 décembre 1901, par le commandant Hoblingre.

Le 1er bataillon du 45e est détaché en flanc-garde à Jœgerthal.

(3) Historique du 13e bataillon de chasseurs.

(4) Rapport du colonel du 18e de ligne.

Sultzbach et qui sépare le bois de Frœschwiller de la forêt de Langensoultzbach (1).

La 8ᵉ batterie du 9ᵉ (de Mornac, mitrailleuses) s'établit également à la naissance du grand ravin « de façon à « battre les pentes que l'ennemi avait à descendre pour « arriver sur le village de Frœschwiller (2). »

3ᵉ division (Raoult). — 2ᵉ brigade (Lefebvre) : Le 2ᵉ tirailleurs est déployé, sa droite (3ᵉ bataillon) « appuyée au contrefort au pied duquel est bâti Wœrth (3) », sa gauche (2ᵉ bataillon), au saillant Nord-Est du bois de Frœschwiller, son centre formé par le 1ᵉʳ bataillon, à la lisière de ce bois, face au Sud-Est. Ce dernier bataillon a deux compagnies en réserve.

« Le 48ᵉ de ligne a deux bataillons (3ᵉ et 2ᵉ) dans les « vignes et les vergers, entre le saillant méridional du « bois de Frœschwiller et la route de Frœschwiller à « Wœrth. Son 1ᵉʳ bataillon est en réserve près de la « lisière Sud du bois précité, à proximité du point où « le chemin de Frœschwiller à Mattstall entre sous « bois (4) ». Trois compagnies du 3ᵉ bataillon sont détachées, avec la 6ᵉ batterie du 12ᵉ, sur le contrefort à 800 mètres au Nord-Ouest de Wœrth, où elles sont installées dans des tranchées-abri.

1ʳᵉ brigade (L'Hériller) : Le 3ᵉ bataillon du 36ᵉ, en colonne par division, est au Nord de la route de Frœsch-

---

(1) Ce ravin est parcouru par un ruisseau, affluant du Sultzbach, que certaines cartes allemandes appellent Schletter-Bach. Dans la suite du récit on l'appellera, pour abréger, « Grand ravin ».

(2) Rapport du lieutenant-colonel commandant l'artillerie de la 1ʳᵉ division.

(3) Rapport sur la part prise par le 2ᵉ régiment de tirailleurs à la bataille de Wœrth, daté de Kœnigsberg, 20 août 1870, et rapport du capitaine Viénot, daté de Bayon, 11 août 1870.

(4) Général Bonnal : *Frœschwiller*, page 194. — Le général Bonnal appartenait, comme sous-lieutenant, au 48ᵉ de ligne.

Chaque compagnie des 2ᵉ et 3ᵉ bataillons a, en avant d'elle, un

willer à Wœrth, un peu en retrait par rapport aux bataillons du 48ᵉ.

Les 1ᵉʳ et 2ᵉ bataillons du 36ᵉ, arrivés à Reichshoffen, par chemin de fer, à 4 heures du matin, s'étaient mis en marche pour Frœschwiller à 7 heures. Après avoir atteint ce village, vers 8 h. 30, ils iront se placer au Nord-Est, dans le bois, près du 1ᵉʳ bataillon du 48ᵉ (1).

Le 2ᵉ zouaves est déployé en bataille sur une seule ligne, à peu près à mi-distance entre Frœschwiller et Wœrth, sa droite près du chemin de Wœrth à Elsashausen. « Des compagnies de tirailleurs sont placées en « avant, dans des vignes qui dominent le village de « Wœrth, à une distance d'environ 400 mètres (2) ».

Le 8ᵉ bataillon de chasseurs a 4 compagnies en réserve à Frœschwiller ; 2 compagnies (1ʳᵉ et 2ᵉ) en soutien de la 5ᵉ batterie du 12ᵉ d'artillerie au Sud de cette localité.

Artillerie. — Les trois batteries divisionnaires sont établies, savoir :

La 5ᵉ du 12ᵉ (Ferreux), au Nord-Ouest d'Elsashausen.

---

demi-section déployée en tirailleurs. (Rapport du colonel commandant le 48ᵉ de ligne.)

(1) Ces deux bataillons étaient partis de Haguenau, par chemin de fer, le 5 août dans la soirée. « Vers minuit et demi, le général Nansouty, « prévenu du voisinage d'un corps prussien, fit arrêter la marche du « convoi. Les hommes descendent au milieu d'un violent orage et « sont placés le long du talus de la voie. Le régiment resta deux heures « dans cette position ». (Historique du 36ᵉ de ligne.)

Le 1ᵉʳ bataillon du 36ᵉ « reçut, sur le terrain même, environ « 500 hommes de la réserve, auxquels on dut enseigner, séance tenante, « la manœuvre du chassepot. Ce renfort fut plutôt un embarras qu'un « secours ». (Rapport du général L'Hériller sur le rôle de la 3ᵉ division, le 6 août, daté de Louvercy, 17 août.)

Le 48ᵉ de ligne avait reçu également, le 5 août, un détachement de 500 réservistes « qui ne savaient même pas charger leur chassepot ». (Journal de marche de la brigade L'Hériller, 5 août.)

(2) Historique du 2ᵉ zouaves.

La 6ᵉ du 12ᵉ (Desruols), sur le contrefort situé à 800 mètres environ au Nord-Ouest de Wœrth, abritée par un épaulement.

La 9ᵉ du 12ᵉ (Wohlfrom, mitrailleuses), sur un éperon du saillant Nord-Est du bois de Frœschwiller, dissimulée par une levée de terre et des branchages, entre le 1ᵉʳ et le 2ᵉ bataillon du 2ᵉ tirailleurs (1).

La compagnie du génie divisionnaire (9ᵉ du 1ᵉʳ régiment) est dans Frœschwiller, qu'elle met en état de défense.

1ʳᵉ division du 7ᵉ corps (Conseil-Dumesnil). 1ʳᵉ brigade (colonel Champion) (2). — Le 1ᵉʳ bataillon du 21ᵉ de ligne, le seul disponible du régiment (3), déployé le long du chemin creux qui va d'Elsashausen au Nieder-Wald : une compagnie détachée sur le mamelon situé au Nord du coude de la route de Wœrth à Haguenau.

Le 3ᵉ de ligne, formant seconde ligne, rangé par bataillons déployés à l'Ouest d'Elsashausen, les deux premiers au Sud du chemin de Gundershoffen, le 3ᵉ au Nord.

Le 17ᵉ bataillon de chasseurs, un peu en arrière et à droite du bataillon de droite du 3ᵉ de ligne.

La *2ᵉ brigade* (Maire) (47ᵉ et 99ᵉ de ligne), dont les derniers éléments n'avaient été débarqués à Reichshoffen qu'à 3 heures du matin, avait bivouaqué jusqu'à

---

(1) On a vu que le feu de la batterie Caspari, du Vᵉ corps, avait obligé les batteries françaises (6/12 et 9/12) à se retirer sur Frœschwiller vers 8 h. 30.

(2) Remplaçant le général Nicolaï, dirigé sur les ambulances de Reichshoffen le 6 août au matin, et qui avait reçu les soins nécessaires chez le comte de Leusse, maire de Reichshoffen. (Journal inédit du comte de Leusse).

(3) Le 2ᵉ bataillon du 21ᵉ avait été maintenu à Haguenau, le 3ᵉ était avec l'artillerie divisionnaire. (Voir la note (1) page 32.)

7 heures aux environs de la gare, puis s'était mise en marche sur Frœschwiller (1). Vers 9 heures du matin, elle viendra se placer derrière le 3ᵉ de ligne, en colonne serrée, le long du chemin qui mène de Frœschwiller à Eberbach (2).

La compagnie divisionnaire du génie fut laissée au camp, à l'Ouest d'Elsashausen, sans instructions (3).

4ᵉ division du 1ᵉʳ corps (de Lartigue). 1ʳᵉ brigade (Fraboulet de Kerléadec). — Le 3ᵉ zouaves est chargé de l'occupation du Nieder-Wald. Le 2ᵉ bataillon est dans la partie Nord avec trois compagnies (1ʳᵉ, 2ᵉ, 3ᵉ), en première ligne; le 1ᵉʳ bataillon dans la portion Sud, avec quatre compagnies (1ʳᵉ, 2ᵉ, 3ᵉ, 4ᵉ), en première ligne. Le 3ᵉ bataillon est en réserve à l'extrémité Ouest de la lisière Nord, couvert à deux cents mètres en avant par la 5ᵉ compagnie.

Le 1ᵉʳ bataillon de chasseurs (moins les 1ʳᵉ et 2ᵉ compagnies, soutien de l'artillerie) est déployé le long de la route de Haguenau, en face de Bruck-Mühl; la 4ᵉ compagnie sur les pentes à l'Ouest de la Ferme Lansberg.

---

(1) L'artillerie divisionnaire débarqua à la gare de Haguenau entre 10 heures et 11 h. 30. Elle se mit en marche sur Reichshoffen avec le 3ᵉ bataillon du 21ᵉ de ligne, le 1ᵉʳ bataillon du 50ᵉ et deux escadrons du 6ᵉ lanciers. La colonne arriva vers 3 h. 15 près de Gundershoffen, fut arrêtée par les premières troupes qui battaient en retraite, et à 6 heures rétrograda sur Bouxwiller où elle arriva à 10 heures du soir.

(2) L'*Historique du Grand État-Major prussien* indique (3ᵉ livraison, page 218) la division Conseil-Dumesnil comme ayant été placée en arrière de la 4ᵉ division du 1ᵉʳ corps, et le plan de la bataille de Wœrth joint à cette livraison confirme cette erreur du texte. A la vérité, le 1ᵉʳ bataillon du 21ᵉ de ligne avait été tout d'abord dirigé sur Morsbronn à son arrivée à Reichshoffen, le 5 août. Mais, le même jour, à 4 heures du soir, le général Colson, chef d'état-major général du 1ᵉʳ corps, avait conduit et placé lui-même au Sud d'Elsashausen ce bataillon qui avait été rejoint un peu plus tard par le reste de la 1ʳᵉ brigade.

(3) Historique du 2ᵉ régiment du génie.

Le 3ᵉ régiment de tirailleurs occupe les hauteurs au Sud de la cote 233 jusqu'au mamelon 222, le 1ᵉʳ bataillon à gauche, le 3ᵉ à droite, le 2ᵉ en réserve derrière celui-ci (les 4ᵉ et 5ᵉ compagnies du 2ᵉ détachées plus tard, vers 9 heures, à Morsbronn).

Le 56ᵉ de ligne (2ᵉ brigade, Lacretelle) est en réserve, déployé derrière le centre, le long du chemin qui conduit de Morsbronn à Frœschwiller (1).

Artillerie. — 11ᵉ batterie du 12ᵉ (Ducasse) à la cote 233 ; 10ᵉ du 12ᵉ (Zimmer, mitrailleuses), 7ᵉ du 12ᵉ (Soubrat) au Sud de ce point.

Compagnie du génie. — Avec le convoi de la division.

2ᵉ division du 1ᵉʳ corps (Pellé). — En réserve au Sud-Ouest de Frœschwiller, dans le vallon des sources Est de l'Eberbach (2) ; le 16ᵉ bataillon de chasseurs, arrivé de Haguenau à Reichshoffen à 5 heures du matin, est sur les hauteurs à l'Est de Niederbronn, « couvrant les routes de Bitche et de Saverne (3) ».

Brigade de cavalerie de Septeuil (4). — Au Sud-Ouest de Frœschwiller, dans le vallon des sources nord de l'Eberbach.

Division de cuirassiers de Bonnemains. — En colonne par régiments en masse dans le même vallon, en arrière et à gauche de la brigade de Septeuil, avec le 2ᵉ lanciers de la division Duhesme, arrivé de Haguenau, à deux heures du matin.

---

(1) Le 87ᵉ de ligne, deuxième régiment de la brigade Lacretelle, avait été laissé à Strasbourg.

(2) Moins le 2ᵉ bataillon du 50ᵉ qui marcha de Haguenau avec l'artillerie de la division Conseil-Dumesnil, arriva jusqu'à Reichshoffen quand la bataille était finie et battit en retraite sur Saverne.

(3) Historique du 16ᵉ bataillon de chasseurs.

(4) 1ʳᵉ de la division de cavalerie Duhesme du 1ᵉʳ corps.

Brigade de cuirassiers Michel (1). — Dans le vallon de l'Eberbach, sur la rive gauche du ruisseau, au Nord-Est du village de ce nom.

Les 1er et 3e escadrons du 6e lanciers, affectés comme cavalerie divisionnaire à la division de Lartigue, sont en reconnaissance sur Morsbronn; plus tard, ils viendront prendre la gauche de la brigade de cuirassiers Michel.

Réserve d'artillerie. — Les huit batteries massées en colonne serrée près et à l'Ouest de Frœschwiller (2).

Parc d'artillerie. — A Reichshoffen, où il était arrivé de Strasbourg le 5 août (3).

II. — ENGAGEMENTS DES AVANT-GARDES.

§ 1er. — *Combats au Sud de Langensoultzbach.*

La *4e* division bavaroise, qui avait reçu du général de Hartmann l'ordre de marcher sur Frœschwiller (8 heures), prend, à cet effet, les dispositions suivantes :

Le *6e* bataillon de chasseurs, formant tête d'avant-garde, laisse sa 4e compagnie en soutien de la batterie

---

(1) 3e de la division de cavalerie Duhesme du 1er corps. La 2e brigade de cette division se composait des 2e et 6e lanciers.

(2) Toutes les batteries du 1er corps, sauf celles de la 2e division, avaient leur approvisionnement au complet. Mais les batteries de la réserve n'avaient pas l'entière disposition de leurs attelages dont un certain nombre avaient été envoyés, le matin même, à Niederbronn, d'après les ordres du maréchal de Mac-Mahon, pour en ramener un convoi de munitions demandé d'urgence à Strasbourg.

(3) Dans la matinée du 6 août, le général commandant l'artillerie du 1er corps n'avait encore aucune nouvelle du parc du corps d'armée et n'était pas prévenu de sa présence à Reichshoffen. « S'il en avait été autrement, on n'aurait point eu à envoyer jusqu'à Niederbronn les attelages qui firent si grand défaut pour l'enlèvement des voitures de réserve et dont l'absence causa la perte de nombre d'entre elles ». (Rapport du général Forgeot, commandant l'artillerie du 1er corps, sur la part prise

Hérold (V/4), au Nord-Est de Langensoultzbach, débouche de ce village (8 h. 15) et, « déployé en tirailleurs, prend « sa direction vers la pente boisée qui monte à Neeh-« willer (1) ». Deux bataillons du 9ᵉ régiment suivent en lignes de colonnes de compagnies, le 1ᵉʳ bataillon à gauche (2), le 2ᵉ à droite; le 3ᵉ bataillon, en ordre serré, ferme la marche. La 7ᵉ batterie du 9ᵉ de la division Ducrot, ouvre le feu sur ces troupes; la batterie Hérold riposte; mais ce combat d'artillerie est sans grand effet, à cause de la distance (3,000 mètres) (3). En même temps, la 8ᵉ brigade rompt de Mattstall et suit le mouvement de la 7ᵉ sur Langensoultzbach.

« Après avoir péniblement gravi la montagne, les « chasseurs du 6ᵉ bataillon parviennent jusqu'au bord « Sud du bois (de Langensoultzbach); mais là, fusillés à « 300 pas par les tirailleurs postés sur la lisière opposée, « criblés de projectiles par les pièces et les mitrailleuses, « ils ne peuvent pousser plus en avant (4). »

---

par l'artillerie à la bataille de Frœschwiller, daté du camp de Châlons, 20 août.) Le rapport du chef d'escadron, commandant la portion du parc à Reichshoffen, est muet sur les motifs qui l'ont empêché de se mettre, dès son arrivée, en relation avec le général commandant l'artillerie du corps d'armée.

(1) *Historique du Grand État-Major prussien*, 3ᵉ livraison, page 221.

(2) La 4ᵉ compagnie du 1ᵉʳ bataillon marchait un peu en arrière des trois premières, constituant d'après l'Historique du 9ᵉ (page 106) « une réserve particulière », tandis que le 3ᵉ bataillon formait la « réserve principale ».

(3) Hofbauer. *Loc. cit.*, page 19.

(4) *Historique du Grand État-Major prussien*, 3ᵉ livraison, page 221.

D'après le général Bonnal, témoin oculaire, « les Bavarois, en arrivant sur la lisière Sud de la forêt, ouvrirent un feu désordonné contre la lisière Nord du bois de Frœschwiller, éloignée de 300 à 400 mètres, et cela, dans un moment où celle-ci n'était pas encore occupée ». (*Frœschwiller*, page 240.) On remarquera que la 4ᵉ division bavaroise, qui avait reçu l'ordre de marcher sur Frœschwiller, s'était, tout d'abord, dirigée sur Neehwiller. Le 6ᵉ bataillon de chasseurs se trompa sans doute de direction.

La lisière Nord du bois de Frœschwiller, inoccupée jusqu'à l'arrivée des chasseurs bavarois sur la lisière Sud du bois de Langensoultzbach, s'était garnie, en effet, en peu de temps, de bataillons français, qui ouvrirent le feu au fur et à mesure de leur entrée en ligne. C'étaient, de la droite à la gauche, le 2e bataillon du 2e tirailleurs, le 1er bataillon du 48e, les 1er et 2e bataillons du 36e, appartenant à la 3e division (Raoult) ; le 3e bataillon du 96e de la 1re division (Ducrot). D'autre part, le 1er bataillon du 1er zouaves (1re division), établi parallèlement au chemin de Frœschwiller à Neehwiller, flanquait la lisière Nord du bois de Frœschwiller et tenait sous son feu la clairière, large de 200 à 400 mètres, qui sépare ce bois de la forêt de Langensoultzbach. Enfin, la 7e batterie de 4 du 9e (1), établie au Nord de Frœschwiller, et la 8e du 9e (mitrailleuses), placée à la tête du grand ravin, joignaient leur action à celle de l'infanterie.

Les deux premiers bataillons du 9e régiment bavarois renforcent le 6e bataillon de chasseurs en prolongeant la ligne et en en fermant les vides ; mais ils sont incapables de l'entraîner d'un pas en avant. Le 3e bataillon arrive à son tour, « un peu débandé par sa marche à travers bois (2) », aide l'aile gauche à contenir un mouvement offensif du 2e bataillon du 1er tirailleurs, et se déploie également tout entier. Le 9e régiment et le 6e bataillon de chasseurs ne constituent plus dès lors qu'une chaîne confuse de tirailleurs à la lisière méridionale de la forêt (9 h. 15) (3), et toutes les tentatives pour en déboucher demeurent infructueuses (4).

Sur ces entrefaites, le détachement, composé des 1er et

---

(1) Moins une section détachée à la 6e batterie, mais renforcée par une section de cette dernière.
(2) *Historique du Grand État-Major prussien*, 3e livraison, page 222.
(3) Historique du 9e régiment d'infanterie bavarois, page 106.
(4) *Ibid.*

2ᵉ bataillons du 5ᵉ et du 4ᵉ escadron du *2ᵉ* chevau-légers, que le général de Bothmer avait envoyé de Mattstall sur le Kuhbrücke pour se relier avec la droite du Vᵉ corps, avait poussé de l'avant et pénétré dans le massif boisé compris entre le Vieux Moulin (1) et la Scierie (2), un peu après 9 heures (3). Là, il se heurte à une compagnie de grand'garde du 2ᵉ bataillon du 2ᵉ Turcos (3ᵉ division) qui, battant en retraite, tout en tiraillant (4), se rallie au gros du bataillon, déployé sur la rive droite du Sultzbach, au saillant Nord-Est du bois de Frœschwiller.

« Au moment où, à 9 h. 30, la tête de la *8ᵉ* brigade
« d'infanterie atteignait le débouché Sud de Langen-
« soultzbach, l'action était devenue très vive, notamment
« à l'aile gauche bavaroise. Cette situation paraissant
« surtout compromettante pour le flanc gauche de
« l'avant-garde, le lieutenant-général comte Bothmer
« jette dans cette direction les quatre bataillons (5) qui
« débouchent en premier lieu, et prolonge sa ligne de
« bataille jusqu'à la Scierie (Säge-Mühle (6). »

Mais ces renforts sont impuissants à entraîner la première ligne en avant, dans la clairière comprise entre la forêt de Langensoultzbach et le bois de Frœschwiller (7); « toute tentative d'attaque eût été certaine-

---

(1) Alter-Mühl, sur la rive gauche de la Sauer.

(2) Mühl-Acker ou Säge-Mühle (cartes allemandes), sur la rive gauche du Saltzbach.

(3) Les deux bataillons du 5ᵉ allèrent jusqu'à l'usine de Liebfrauenthal, qui fut aussitôt mise en état de défense et occupée par la 4ᵉ compagnie. Le reste franchit la Sauer au pont de l'Altmühle et gravit les pentes du mamelon boisé. (Historique du 5ᵉ régiment d'infanterie bavarois, 3ᵉ partie, page 197.)

(4) Historique du 2ᵉ régiment de tirailleurs, page 393.

(5) Les 3ᵉˢ bataillons des *1ᵉʳ*, *11ᵉ*, *14ᵉ* régiments et le 1ᵉʳ bataillon du 7ᵉ.

(6) *Historique du Grand Etat-Major prussien*, 3ᵉ livraison, page 222.

(7) Hoffbauer. *Loc. cit.*, page 19.

« ment repoussée avec des pertes très considérables (1) ».

La batterie Hérold (2) s'était vainement efforcée, par deux changements de position en avant et vers le Sud, de venir en aide à son infanterie d'une manière efficace ; elle était encore trop éloignée pour y parvenir, ainsi que les batteries Wurm (1/4) et La Roche (3), qui l'avaient rejointe sur les hauteurs, à 400 mètres de l'entrée sud de Langensoultzbach. La batterie Kirchhoffer (2/4), suivie d'une section de la batterie Wurm, essaya, il est vrai, de prendre position sur le plateau au Sud-Ouest de Langensoultzbach, mais elle s'y trouva en butte au feu de l'infanterie française, qui occupait la portion de la lisière Nord, voisine du saillant Nord-Est du bois de Frœschwiller, et revint presque aussitôt s'établir à l'Est de Langensoultzbach (4), auprès de la batterie Hérold (5). Le feu de la batterie La Roche, qui avait pour objectif le saillant Nord-Est du bois de Frœschwiller, permit pourtant à quelques fractions d'infanterie de l'aile gauche de progresser de ce côté, conjointement avec une compagnie du 3e bataillon du 1er régiment, qui avait longé la rive gauche du Sultzbach jusqu'à la Scierie.

« Vigoureusement soutenu par deux compagnies du

---

(1) Historique du 5e régiment d'infanterie bavarois, page 199.
(2) Appartenant à la 4e division d'infanterie bavaroise (5/4).
(3) 1re batterie à cheval du 2e régiment d'artillerie, appartenant à la réserve d'artillerie du IIe corps bavarois.
(4) Hoffbauer. *Loc. cit.*, page 20.
Le feu de mousqueterie qui avait fait rétrograder la batterie Kirchhoffer provenait de « 500 ou 600 tireurs français, resserrés sur un front de 200 à 300 mètres, exécutant « inconsciemment un tir incliné des plus rasants, attendu que, ayant pris la hausse de 350 mètres, correspondant à peu près à la distance réelle, ils visaient le bord du plateau en face qui les dominait de 10 à 15 mètres ». (Général Bonnal. *Frœschwiller*, page 243.)
(5) La batterie Bauer, la quatrième de la division Bothmer, avait été laissée à Mattstall. (Hoffbauer. *Loc. cit.*, page 20.)

« 7ᵉ régiment sur la route de Wœrth, et par deux com-
« pagnies du *11ᵉ*, dans la vallée du Sultzbach, on était
« parvenu à refouler les tirailleurs ennemis sous le cou-
« vert et à y pénétrer derrière eux, mais pour se voir
« contraint d'en ressortir bientôt (1). »

Le lieutenant-colonel Colonieu, du 2ᵉ tirailleurs, avait fait renforcer, en effet, le 2ᵉ bataillon, d'abord par une section, puis par toute la 3ᵉ compagnie du 1ᵉʳ bataillon.

« Le commandant Jodosius entraîne alors à sa voix les
« cinq compagnies (2) et les lance sur les Bavarois ; il en
« résulte une courte et violente lutte à la baïonnette. Le
« commandant Jodosius est tué raide pendant la
« charge, ainsi que les lieutenants Gillibert et Morel.
« Mais les Bavarois, surpris, sont rompus : ils repassent
« le Sultzbach et disparaissent dans les bois du Hoch-
« wald. Ils remontent les pentes qu'ils viennent de
« descendre (3), tandis que les compagnies de tirailleurs
« reviennent occuper leurs emplacements sur la lisière
« du bois de l'Éperon (4) (rive droite du Sultzbach) ».

Le colonel Suzzoni, du 2ᵉ tirailleurs, parcourt, d'ailleurs, le front des troupes, et donne ses instructions :

« Nous livrons un combat défensif ; nous devons
« garder nos positions, et si nous avons à faire un mou-
« vement en avant pour repousser une attaque trop
« vive, il ne faut pas nous laisser entraîner à une pour-
« suite prolongée (4). »

Vers dix heures, la 4ᵉ division bavaroise s'étend depuis le saillant Sud-Ouest de la forêt de Langensoultz-bach jusqu'à la Sauer, vers la scierie, sur une ligne qui mesure 3,000 mètres. Elle a engagé 10 bataillons sur 12 ;

---

(1) *Historique du Grand État-Major prussien*, 3ᵉ livraison, page 223.
(2) 4 du 2ᵉ bataillon, 1 du 1ᵉʳ bataillon du 2ᵉ tirailleurs.
(3) Sur la rive gauche du Sultzbach.
(4) Historique du 2ᵉ tirailleurs, page 394. Le bois de l'Éperon est le saillant Nord-Est du bois de Frœschwiller.

il ne lui reste, en fait de réserves, à Langensoultzbach, que le 3⁰ bataillon du 5ᵉ régiment, trois compagnies du *10*ᵉ bataillon de chasseurs (1), trois escadrons et trois batteries, et il lui est impossible de faire le moindre progrès, bien que l'effectif de ses douze bataillons s'élève à 10,000 hommes au minimum, contre huit bataillons français, qui comptent, au plus, 6,000 fusils (2).

« Jusqu'alors, la *4*ᵉ division demeurait réduite à ses
« propres forces, la *3*ᵉ division ayant été maintenue en
« observation vers Bitche, et le Iᵉʳ corps bavarois dé-
« bouchant seulement aux environs d'Ingolsheim. En
« outre, le Vᵉ corps n'avait pas encore gagné du terrain
« sur la rive occidentale de la Sauer, et, sur son propre
« front, la division bavaroise ne pouvait faire soutenir
« son infanterie par une artillerie suffisante. L'ensemble
« de ces conditions ne permettait pas d'aborder les
« redoutables hauteurs de Frœschwiller : on parvenait,
« cependant, à se maintenir, en attendant, dans la posi-
« tion chèrement conquise au pied des pentes (3) »

Encore, vers 10 h. 30, fallut-il y renoncer. La *4*ᵉ division bavaroise fit une tentative plus sérieuse que les pré-

---

(1) Une compagnie du *10*ᵉ bataillon de chasseurs, avait été détachée avec les 1ᵉʳ et 2ᵉ bataillons du *5*ᵉ régiment, sur la croupe boisée entre le Sultzbach et la Sauer. (Historique du *5*ᵉ régiment, page 199.)

(2) L'Historique du *5*ᵉ régiment d'infanterie bavarois donne les chiffres de 7,230 bavarois contre 6,300 français. Il n'a pas compté sans doute, dans le premier de ces nombres, les deux bataillons de réserve qui se trouvaient à Langensoultzbach.

(3) *Historique du Grand Etat-Major prussien*, 3ᵉ livraison, page 224.
« Que l'on suppose une division d'infanterie de la vieille Prusse au
« lieu et place de la 4ᵉ division bavaroise.
« D'abord elle ne se serait pas morcelée en deux groupes égaux
« avant d'arriver à Langensoultzbach.
« Son avant-garde n'aurait pas pris un objectif pour un autre. Elle
« aurait jeté un bataillon dans la forêt de Langensoultzbach, une
« ou deux compagnies à la Scierie, sans s'occuper du Vieux-Moulin qui
« était en dehors de sa zone d'action, se serait déployée ayant en

cédentes pour franchir la clairière au Sud de la forêt de Langensoultzbach, pendant que quelques fractions essayaient d'en déboucher par la lisière Sud-ouest. Accueillis par une fusillade violente, par le feu de la 7ᵉ batterie de 4 du 9ᵉ (Vernay) et celui des batteries de mitrailleuses des divisions Ducrot et Raoult (1), les Bavarois furent obligés de rentrer sous bois presque aussitôt. La batterie de mitrailleuses de la 1ʳᵉ division (8ᵉ du 9ᵉ, de Mornac) exécuta un léger changement de position pour mieux découvrir le saillant Sud-Ouest de la forêt de Langensoultzbach (2), et préparer l'attaque de l'infanterie par quelques salves. Puis, le 1ᵉʳ bataillon du 1ᵉʳ zouaves (commandant Marion) se lança à la baïonnette vers ce saillant, y pénétra à la suite des Bavarois, et les força à évacuer toute la lisière Sud. En même temps, quatre compagnies du 3ᵉ bataillon abordaient la lisière occidentale. Les zouaves traversèrent la forêt de l'Ouest à l'Est, parvinrent jusqu'à la lisière orientale, non loin de la sortie Sud de Langensoultzbach, et déterminèrent la retraite précipitée des Bavarois établis sur la croupe découverte à l'Est de la forêt (3).

« arrière et non loin d'elle toute l'artillerie de la division sur le pla-
« teau, et aurait avancé, en combattant, vers le bois de Frœschwiller.
   « Le gros de la division serait venu se rassembler à l'Ouest, et près
« de Langensoultzbach qu'aurait occupé un bataillon, et le combat
« aurait suivi son cours normal par le renforcement successif de
« l'avant-garde, jusqu'au moment où une action de vigueur aurait été
« jugée possible contre le saillant Nord-Est du bois de Frœschwiller,
« après s'être garanti, toutefois, des attaques, si faciles à exécuter par
« l'ennemi, des environs de Frœschwiller dans son flanc droit. »
(Général Bonnal, *Frœschwiller*, page 252).
   (1) On a vu, page 19, que la batterie de mitrailleuses de la division Raoult était venue s'établir près de Frœschwiller.
   (2) Rapport du lieutenant-colonel commandant l'artillerie de la 1ʳᵉ division.
   (3) « Nous avons encore aujourd'hui la vision très nette de petits
« groupes se tenant, vers 10 heures, auprès des pommiers qui

« En réalité, la division Bothmer presque tout entière « a déserté la lutte entre 10 h. 30 et 11 heures, « parce que, découragée par ses tentatives infructueuses « d'offensive, battue par un feu supérieur, non soutenue « par son artillerie, emprisonnée dans les bois, elle s'est « crue tournée par la forêt de Langensoultzbach (1) », au moment où se produisit la charge du 1er zouaves. Ceux-ci reçurent bientôt l'ordre de s'arrêter (2) ; ils n'avaient subi que de faibles pertes, parmi lesquelles le commandant Marion, tué en conduisant, à cheval, son bataillon à l'assaut. La retraite des Bavarois ne fut, d'ailleurs, nullement inquiétée par les bataillons français déployés à la lisière Nord du bois de Frœschwiller, qui se contentèrent de conserver leurs positions, sans même faire suivre par des patrouilles l'ennemi qui se retirait devant eux (3).

Vers 10 h. 45, la fusillade cessa de part et d'autre, sauf aux abords de la Scierie et au saillant Nord-Est du bois de Frœschwiller ; les batteries de la 4e division bavaroise continuèrent seules à se faire entendre pendant quelque temps par un tir lent, dirigé sur le village et sur la partie du bois de Frœschwiller qu'elles

---

« parsèment la croupe découverte au Sud de Langensoultzbach.

« Les Bavarois qui les composaient se tenaient debout, serrés les « uns contre les autres, derrière les pommiers en question, et n'avaient « même plus le courage de tirer ». (Général Bonnal, *Frœschwiller*, page 244.)

(1) Général Bonnal, *Frœschwiller*, page 243.

(2) Historique du 1er zouaves, tome II, page 7.

(3) « L'ennemi s'en allait; on le laissa partir sans même le faire « suivre pour savoir où il s'arrêterait. Cette négligence, imputable au « commandement supérieur et au manque d'initiative des officiers « français, était la conséquence de notre ignorance des règles les plus « élémentaires de la tactique, comme aussi de la situation d'ensemble « et des projets du Maréchal ». (Général Bonnal. *Frœschwiller*, page 249).

apercevaient. Cette accalmie n'était pas due seulement à l'ordre qu'avaient reçu les zouaves du 1er régiment de ne pas continuer la poursuite et à l'immobilité qu'avaient gardée les bataillons français établis à la lisière Nord du bois de Frœschwiller. « Un officier d'ordonnance prus-
« sien, dit l'*Historique du Grand Etat-Major prussien*,
« vient apporter au général de Hartmann l'invitation
« *verbale* de cesser le combat (1). » Le commandant du IIe corps bavarois renvoya sur les bivouacs de Lembach la brigade de uhlans et la plupart des batteries, et donna l'ordre à toutes les fractions engagées de se rallier à l'Est de Langensoultzbach, sous la protection des deux bataillons de réserve, qui occupèrent ce village, et de la batterie Hérold, qui resta en position. Les batteries Speck (3/2) et du Rhein (4/2), appartenant à la réserve d'artillerie, furent appelées de Mattstall à Langensoultz-bach pour appuyer éventuellement la batterie Hérold.

Ces dispositions étaient déjà en voie d'exécution, quand arriva le lieutenant de Reibnitz, envoyé par le général de Kirchbach au général de Hartmann, pour mettre celui-ci au courant de ce qui se passait au Ve corps, et le prier « de faire agir sur les flancs de l'ennemi, pen-
« dant que le Ve corps le maintiendrait de front..... Le
« général de Hartmann se retrancha derrière un ordre
« *écrit* qu'il recevait à l'instant, lui prescrivant de cesser
« le combat; il consentit cependant à arrêter sur les
« points qu'elles occupaient ses troupes, déjà en retraite
« sur Lembach (2) ».

« L'ennemi se montrant peu pressant, dit l'*Historique*

---

(1) *Historique du Grand Etat-Major prussien*, 3e livraison, page 224.
(2) Stieler von Heydekampf. *Opérations du Ve corps prussien*, page 46.
   « Il n'a pas été possible, dit le major von Hahnke, de retrouver l'of-
« ficier qui a communiqué ces instructions au général v. Hartmann,
« ni de savoir par qui elles lui furent envoyées. On comprend facile-

« *du Grand État-Major prussien*, à 11 h. 30, on avait
« réussi à retirer du combat la majeure partie des
« troupes et à les amener en arrière de Langensoultz-
« bach. A l'aile gauche, on tenait toujours le mamelon
« boisé qui s'élève entre le Sultzbach et la Sauer ; les
« deux compagnies du *11ᵉ* régiment occupaient la Scierie,
« et, un peu plus tard, les deux bataillons du *5ᵉ* s'éta-
« blissaient au Vieux-Moulin (1). »

On jouit alors, à la division Ducrot, d'une période de répit assez longue.

« Le feu avait complètement cessé de notre côté ; nos
« tirailleurs étaient en position, attendant avec calme et
« ne ripostant même pas aux quelques coups de fusil
« qui partaient du bois (2). »

A midi, le feu reprit avec une nouvelle intensité vers Neehwiller. La 1ʳᵉ division n'avait fait voir que peu de monde sur ce point. L'ennemi en avait conclu « qu'une

---

« ment, d'après la situation même, que ce ne put être le général v.
« Kirchbach ». (*Opérations de la IIIᵉ armée*, page 64, note 1.)

On remarquera en outre, que l'*Historique du Grand État-Major prussien* mentionne une invitation *verbale*, tandis que Stieler von Heydekampf parle d'un ordre *écrit*.

L'opinion du général Bonnal est que « l'ordre de retraite, s'il a été
« donné, émanait du général Hartmann en personne ». (*Frœschwiller*, page 244.)

L'ouvrage du colonel Heilmann dit simplement que, « vers 10 h. 30,
« arriva au IIᵉ corps bavarois l'ordre de rompre le combat, parce que
« le but qui était de reconnaître l'ennemi était atteint ». (*Antheil des II bayerischen Armee Corps an dem Feldzuge* 1870-1871, page 19.)

D'après le major Kunz, « le général de Walther aurait envoyé vers
« 8 h. 30, au général de Hartmann, son adjudant de brigade pour l'in-
« former qu'il avait reçu l'ordre de cesser le combat ». (*Die Schlacht von Wörth*. Berlin 1891. Luckhardt, page 37.)

Cet officier joignit le général de Hartmann vers 10 h. 30, et à ce moment, la situation générale s'était complètement modifiée.

(1) 3ᵉ livraison, page 225.
(2) Rapport du général Ducrot sur la journée du 6 août, daté de Lorrey, 12 août 1870.

« attaque, exécutée à l'improviste dans cette direction,
« pouvait réussir, même avec des forces restreintes ». Le
général de Hartmann en avait chargé le 10ᵉ bataillon de
chasseurs, auquel il avait adjoint la batterie Speck et un
escadron du 2ᵉ chevau-légers. Ce bataillon, réduit à trois
compagnies (1), s'avance sur Neehwiller, à travers la
forêt, et en atteint la lisière occidentale ; mais il est bien
vite obligé de rétrograder, poursuivi par le 3ᵉ bataillon
du 1ᵉʳ zouaves (commandant Désandré), qui le harcela
jusque dans les environs de Langensoultzbach (2).

Profitant de ce succès, le général du Houlbec, commandant la 2ᵉ brigade de la 1ʳᵉ division, donna l'ordre
au 1ᵉʳ zouaves « de prendre position le long de la
« lisière (orientale) du bois, de manière à commander
« complètement la route de Langensoultzbach et à
« menacer le flanc droit des Bavarois. La 4ᵉ division
« bavaroise n'étant encore qu'incomplètement réunie,
« ne pouvait résister à cet élan des zouaves du 1ᵉʳ, qui
« avançaient sans hésitation, malgré une vive fusillade
« et au prix de pertes cruelles. Et les Bavarois reculaient
« encore, quand un ordre du général Ducrot ramena les
« zouaves au sommet du plateau..... (3) ».

Le maréchal de Mac-Mahon s'était porté à son aile
gauche, dès les premiers engagements sur ce point du
champ de bataille, où il crut, un moment, à une attaque
sérieuse, cherchant à tourner la division Ducrot par le
Nord. Après la retraite des Bavarois, il revint au centre
et se plaça sur un mamelon à l'Est d'Elsashausen, à
mi-distance entre cette localité et Wœrth (4).

---

(1) La 4ᵉ était dans la forêt, près du Vieux-Moulin.
(2) Historique du 1ᵉʳ zouaves, tome II, page 8.
(3) *Ibid.*
(4) *Souvenirs inédits du maréchal de Mac-Mahon.* De cet observatoire
on découvre bien la vallée de la Sauer et les hauteurs adjacentes depuis
Wœrth jusque vers le Vieux-Moulin, tandis que le champ de bataille, au

§ 2. — *Déploiement de l'artillerie et dispositif préparatoire de combat du Ve corps.*

Le général de Walther, commandant l'avant-garde du Ve corps, venait de donner l'ordre de cesser le feu sur Wœrth (8 h. 30), lorsqu'il rencontra au Nord-Ouest de Dieffenbach le colonel von der Esch, chef d'état-major du Ve corps, qui, au bruit de l'engagement, s'était rendu aux avant-postes. On ne tarda pas à percevoir les échos d'un violent combat d'artillerie et de mousqueterie vers Langensoultzbach; on distinguait même sur les hauteurs à l'Ouest de Wœrth les lueurs produites par des batteries françaises; enfin, un autre engagement commençait près de Gunstett.

« Dans ces conditions, le colonel von der Esch, d'ac-
« cord avec le commandant de l'avant-garde, jugeait
« opportun de reprendre le combat à Wœrth, afin d'em-
« pêcher l'adversaire de porter, peut-être toutes ses
« forces contre l'une des ailes de l'armée allemande (1) ».

La batterie Caspari, qui venait de regagner son bivouac, fut immédiatement rappelée à Dieffenbach, et reçut l'ordre d'ouvrir le feu sur le bois de Frœschwiller, où l'on apercevait de la fumée provenant du tir de l'infanterie. Elle s'établit à cet effet un peu à l'Ouest de sa position primitive, au Nord de la route de Wœrth, et à 3,000 mètres environ du saillant Nord-Ouest de Frœschviller (2).

« Avec l'assentiment du commandant de la division,
« le lieutenant général de Schmidt, présent sur les lieux,

Sud de Wœrth, est masqué à la vue par le mamelon dit du Calvaire, situé au Nord du coude de la route de Haguenau, et par le Nieder-Wald.

(1) *Historique du Grand État-Major prussien*, 3e livraison, page 226.
(2) La distance à l'infanterie ennemie était de 2,400 mètres. (Hoffbauer, *loc. cit.*, p. 22.)

« des ordres étaient donnés, en outre, pour amener en
« face de la ligne ennemie trois batteries de la 10ᵉ divi-
« sion et toute l'artillerie de corps. La 10ᵉ division
« devait prendre position à l'Est de Dieffenbach ; la 9ᵉ
« un peu en arrière, des deux côtés de la route. Ces
« dispositions étaient communiquées au commandant du
« corps d'armée, qui les approuvait, et qui arrivait
« bientôt en personne sur le champ de bataille.... (1). »

La batterie Ferreux (5ᵉ du 12ᵉ), de la 3ᵉ division, établie au Nord-Ouest d'Elsashausen, riposta aussitôt à la batterie Caspari et parvint à régler rapidement son tir, mais la plupart des projectiles n'éclatèrent pas ou s'enfoncèrent dans le sol détrempé sans produire beaucoup d'effet (2). La batterie de mitrailleuses Wohlfrom (9ᵉ du 12ᵉ), de la 3ᵉ division, placée près du débouché Nord-Est de Fræschwiller ouvrit également le feu sur la batterie ennemie.

A 9 h. 30, toute l'artillerie du Vᵉ corps (artilleries divisionnaires et artillerie de corps) se déploie au Nord et au Sud de la route Dieffenbach à Wœrth, à l'Ouest du chemin de Dieffenbach à Gœrsdorf : au Nord, et à droite de la batterie Caspari, les 2 batteries à cheval et les 2 batteries lourdes de l'artillerie de corps ; au Sud, les 2 batteries légères de l'artillerie de corps, les 3 autres batteries de la 10ᵉ division, puis l'artillerie de la 9ᵉ division, dont l'avant-dernière batterie touche au bois de Dieffenbach, et dont la dernière, à l'extrême gauche, s'établit un peu en avant de ce bois. Cette masse de 14 batteries est sous le commandement du colonel Gaëde, commandant l'artillerie du Vᵉ corps.

La batterie Ferreux ne peut soutenir cette lutte disproportionnée. « Après avoir subi des pertes sérieuses,

---

(1) *Historique du Grand État-Major prussien*, 3ᵉ livraison, page 226.
(2) Hoffbauer, *loc. cit.*, page 22.

« voyant que l'ennemi avait réglé son tir d'une façon
« remarquable, et qu'aucun coup ne manquait la bat-
« terie, elle dut se replier en arrière (1). » La batterie
Wohlfrom, dont le tir était peu efficace, à la distance de
3,000 mètres avait déjà cessé le feu et était revenue à
l'Ouest de Fræschwiller.

Sur l'ordre du maréchal de Mac-Mahon, les 4 batteries
à cheval de la réserve d'artillerie du 1er corps (1re, 2e,
3e et 4e du 20e) quittent leur position d'attente au Sud-
Ouest de Fræschwiller et viennent se déployer (9 h. 30)
« avec de larges intervalles (2) » entre le hameau d'Elsashausen et la route de Fræschwiller à Wœrth. La
batterie Desruols à leur gauche, la batterie Ferreux à
leur droite se joignent à elles pour combattre l'artillerie
ennemie (distance : 3,500 mètres environ). Malgré la
supériorité des batteries adverses en nombre (14 batteries contre 6) et en matériel, la lutte dura près d'une
heure (3).

« On constata que les batteries prussiennes avaient
« souffert, mais elles ne se retiraient pas, et se bor-
« naient à ralentir de plus en plus leur tir. Les 4 batte-
« ries à cheval avaient déjà consommé plus de 100 coups
« par pièce. La crainte de voir les munitions s'épuiser
« complètement avant l'arrivée d'un convoi, décida le
« général commandant l'artillerie du 1er corps à pres-
« crire un mouvement en arrière (4). » Les 4 batteries
à cheval de la réserve d'artillerie et la batterie Ferreux

---

(1) Rapport du lieutenant-colonel, commandant l'artillerie de la division Raoult, et rapport du capitaine Ferreux sur la journée du 6 août.

(2) Rapport du général Forgeot sur la part prise par l'artillerie à la bataille de Wœrth, daté du camp de Châlons, 20 août 1870.

(3) Hoffbauer, *loc. cit.*, page 25 ; Stieler von Heydekampf, *loc. cit.*, page 43.

(4) Rapport du général Forgeot, etc.

de la 3ᵉ division rejoignirent les 4 batteries montées au Sud de Frœschwiller ; la batterie Desruols, seule, continua le feu (1).

---

(1) « L'obus prussien était alors armé d'une fusée percutante, qui ne
« détonait que lorsqu'elle frappait un sol résistant. Le terrain étant
« détrempé par la pluie de la nuit précédente, beaucoup de projectiles
« n'éclataient pas. Ils s'enfonçaient dans le sol et produisaient relati-
« vement peu d'effet. L'artillerie ennemie obligea néanmoins plusieurs
« troupes à se déplacer, notamment la brigade Montmarie, qui se rap-
« procha du Gross-Wald, et la division de cavalerie de réserve, qui
« appuya vers les sources de l'Eberbach. Son irrésistible supériorité s
« manifesta bientôt. Le nombre de ses pièces en action était plus que
« le double de celui des nôtres. Ses obus tombaient tous serrés les uns
« près des autres autour du point visé, témoignage évident de sa jus-
« tesse. On connaissait l'étendue de sa portée. Il fallait reconnaître
« l'infériorité de notre canon, aussi bien sous le rapport de la précision
« que sous celui de la distance. Si la fusée des Prussiens laissait à
« désirer, celle dont étaient armés presque tous nos projectiles était
« vicieuse. C'était une fusée fusante. On ne pouvait juger, par le point
« d'éclatement, si le tir était long ou court, et il était impossible de le
« rectifier. Cette fusée n'éclatait qu'à 1500 ou 3,000 mètres. Il fallait
« être à peu près à l'une de ces deux distances de l'ennemi pour
« que l'on eût chance de l'atteindre. Cette circonstance faisait de l'éva-
« luation des distances un élément ayant sur le résultat du tir une
« influence capitale et rendait le manque de cartes où l'on était encore
« plus fâcheux. C'était seulement par hasard que l'on se mettait en bat-
« terie en un point convenablement éloigné du but à battre et que l'on
« pouvait atteindre une mince ligne de troupes déployées. Aussi nous
« devint-il bientôt très difficile de soutenir la terrible canonnade enga-
« gée. Le grand parc n'avait pas atteint le terrain du combat. Il fal-
« lait être économe des munitions amenées dans les coffres des batte-
« ries et dans ceux des réserves divisionnaires. Au lieu de s'entêter
« dans une lutte désavantageuse, on résolut de réserver ce que l'on pos-
« sédait encore de projectiles pour s'en servir contre l'infanterie et la
« cavalerie, dans les nombreuses occasions qui ne pouvaient manquer
« de se présenter. Les batteries n'avaient du reste éprouvé jusqu'ici que
« des pertes légères en personnel et en matériel ». (De Chalus, chef
d'escadron d'artillerie : *Wissembourg, Frœschwiller*. Paris, Dumaine,
1882, page 96.)

Le commandant de Chalus a recueilli les témoignages de plus de
250 officiers qui ont assisté à la bataille.

L'artillerie prussienne prend alors pour objectif les troupes d'infanterie ou de cavalerie qu'elle aperçoit, puis elle fouille de ses obus les bois, les localités et les plis de terrain où elle soupçonne que des troupes ont cherché un abri. Quelques incendies se déclarent dans les maisons d'Elsashausen.

Vers 10 h. 30, le 78ᵉ de ligne (2ᵉ division, Pellé), rassemblé dans le vallon au Sud-Ouest de Frœschwiller et mis par le maréchal de Mac-Mahon à la disposition du général Raoult, s'était porté en avant « en colonne par « pelotons, la gauche en tête (1) ». Il traversa ce village et prit, à la sortie Nord-Est, le chemin qui le relie à Langensoultzbach. Aussitôt que les premières fractions apparurent en terrain découvert, les batteries du Vᵉ corps ouvrirent sur elles un feu d'une violence telle, que le 3ᵉ bataillon fut obligé de gagner au pas de course le bois de Frœschwiller. Il en fut de même des 2ᵉ et 1ᵉʳ bataillons, qui vinrent se confondre en peu d'instants avec des éléments du 48ᵉ de ligne et du 2ᵉ tirailleurs, qui occupaient ce bois (2). Il fallut un certain temps

---

(1) Historique du 78ᵉ de ligne ; de Chalus, *loc. cit.*, page 102.

D'après l'Historique précité, ce mouvement du 78ᵉ se serait effectué à *8 heures*, mais cette indication doit être erronée. Le rapport du général Pellé dit, en effet, que le 78ᵉ se porta en avant vers *9 heures du matin* et, un peu plus loin, il ajoute : « Peu de temps après que « le 78ᵉ eût été séparé de la division, c'est-à-dire vers *11 h. 30....* »

(2) « Dans le cas du 78ᵉ, il fallait faire marcher les trois bataillons « en bataille, sur une ou plusieurs lignes, à partir du moment où l'on « entrait dans le terrain découvert, vu et battu par l'artillerie, afin de « présenter à celle-ci des buts mobiles, larges et peu profonds.....

« Si les adjudants-majors eussent pris les devants, pour reconnaître « le terrain, ses cheminements, ses espaces découverts exposés au « canon, les points enfin où devaient aboutir les bataillons, la surprise « et la désorganisation du 78ᵉ ne se seraient pas produites.

« A la guerre, on peut être battu sans déshonneur ; on n'a pas le « droit d'être surpris, aussi bien sur le champ de bataille que dans les « marches et les cantonnements ». (Général Bonnal, *loc. cit.*, page 286.)

pour reformer les unités du 78ᵉ sur deux lignes : le 3ᵉ bataillon dans le bois, le 2ᵉ à sa droite, dans les vignes et les houblonnières, le 1ᵉʳ bataillon en réserve.

Sur ces entrefaites, le Vᵉ corps s'était rassemblé de la manière suivante :

10ᵉ division.

20ᵉ brigade (Avant-garde.)
- 37ᵉ régiment.
  - 1ᵉʳ bataillon.
    - 1ʳᵉ et 2ᵉ compagnies : Gœrsdorf.
    - 3ᵉ et 4ᵉ compagnies : lisière Nord du bois de Dieffenbach, en soutien de l'artillerie.
  - 2ᵉ et 3ᵉ bataillons : près de la route de Wœrth, à 600 mètres derrière l'artillerie.
- 50ᵉ régiment.
  - 1ᵉʳ et 3ᵉ bataillons : Lisière occidentale du bois de Dieffenbach et village d'Oberdorf.
  - 2ᵉ bataillon : Gunstett.

19ᵉ brigade
- Derrière les 2 bataillons du 37ᵉ, déployée par demi-bataillons (1).
- 3 escadrons du 14ᵉ régiment de dragons derrière l'aile droite.

9ᵉ division.

17ᵉ brigade et 5ᵉ bataillon de chasseurs.
- Sur deux lignes, au Nord de Dieffenbach.
- Le 1ᵉʳ bataillon et le bataillon de fusiliers du 59ᵉ sont détachés à Gœrsdorf pour en renforcer le détachement d'occupation (2) et se relier au IIᵉ corps bavarois (3).

---

(1) *L'Historique du Grand État-Major prussien* dit (3ᵉ livraison, page 227) que la 19ᵉ brigade « était en arrière *sur la route* de Wœrth ». Sa formation par demi-bataillons déployés est mentionnée au contraire par Stieler von Heydekampf (*loc. cit.*, page 41) et par l'Historique du 46ᵉ régiment (page 146). Ces deux documents donnent d'ailleurs la même raison pour l'adoption de cette formation : le feu de l'artillerie ennemie. Il a paru plus vraisemblable de retenir la version donnée à la fois par Stieler von Heydekampf qui, appartenant à l'état-major du Vᵉ corps, a vu de près les événements, et par l'Historique du 46ᵉ, publié en 1882, après *l'Historique du Grand État-Major prussien*, et dont l'auteur avait eu connaissance.

(2) Historique du 59ᵉ, p. 34.

(3) Stieler von Heydekampf, *loc. cit.*, page 42.

18ᵉ brigade { Sur deux lignes, entre la route de Soultz à Wœrth et le petit bois de Dieffenbach.
Au Sud du bois, sur le chemin de Spachbach, se trouve le 4ᵉ régiment de dragons.

« Les troupes occupaient déjà cette position quand on
« commença à remarquer l'entrée en action de la
« *21ᵉ* division dans le combat engagé à Gunstett.
« Comme d'ailleurs les autres fractions du XIᵉ corps
« approchaient du champ de bataille, et que la supé-
« riorité du tir de notre artillerie était dûment constatée,
« un peu après 10 heures, le général de Kirchbach
« prescrit à l'avant-garde d'enlever Wœrth et les hau-
« teurs situées en arrière (1) ».

§ 3. — *Engagement et échec de l'avant-garde du Vᵉ corps.*

La 20ᵉ brigade ne disposait plus que de quatre bataillons : 2ᵉ et 3ᵉ du *37ᵉ*, 1ᵉʳ et 3ᵉ du *50ᵉ*, auxquels vient se joindre la 4ᵉ compagnie du 1ᵉʳ bataillon du *37ᵉ*, la 3ᵉ restant auprès de l'artillerie. Les deux bataillons un quart du *37ᵉ* doivent franchir la Sauer à Wœrth, les deux bataillons du *50ᵉ* à Spachbach, pour aborder ensuite les hauteurs d'Elsashausen entre le Nieder-Wald et la route de Frœschwiller.

Le 2ᵉ bataillon du *37ᵉ*, primitivement rassemblé en ligne de colonnes de compagnies, prend sa formation de combat après avoir dépassé l'artillerie. Les 6ᵉ et 7ᵉ compagnies se dirigent vers l'entrée Est de Wœrth, tandis que la 8ᵉ doit aborder le bourg par le Nord et la 4ᵉ par le Sud. La 5ᵉ compagnie, qui n'avait reçu que tardivement l'ordre (envoyé à 8 h. 30) de rompre le combat, s'était rassemblée à l'entrée Est de Wœrth ; elle constitua l'avant-garde du bataillon et traversa le bourg sur l'an-

---

(1) *Historique du Grand État-Major prussien*, 3ᵉ livraison, page 227.

cien pont, qui fut rapidement rendu praticable au moyen de planches et de perches à houblon (1). Elle fut suivie par la 7ᵉ.

La 6ᵉ compagnie franchit la Sauer près du moulin, sur une passerelle improvisée, tandis que les 8ᵉ et 4ᵉ compagnies traversaient la rivière à gué, la première en amont, la seconde en aval de Wœrth. Le général de Walther appelle en ce point la section de pionniers de la 10ᵉ compagnie (3ᵉ bataillon) pour améliorer la passerelle (2) qui, en une demi-heure, est rendue praticable aux chevaux.

Vers 11 heures, le 2ᵉ bataillon du *37ᵉ* occupe la lisière occidentale de Wœrth.

Le 3ᵉ bataillon du *37ᵉ* était destiné tout d'abord à appuyer le 2ᵉ. Déjà il était en marche vers Wœrth, quand un ordre du général de Kirchbach (3) l'envoya dans le bois de Dieffenbach, en soutien de l'artillerie qui semblait pourtant suffisamment couverte par sa position même et par les troupes qui combattaient en avant d'elle. Il venait à peine de s'y établir que le général de Walther lui ordonnait de prendre part, avec deux compagnies, à l'attaque des hauteurs d'Elsashausen. Les 10ᵉ et 11ᵉ compagnies franchissent en conséquence la Sauer, au Moulin-Neuf, en aval de Wœrth, sur l'ancien pont, qu'elles rétablissent à la hâte, et progressent jusqu'à la route de Haguenau.

Les 1ᵉʳ et 3ᵉ bataillons du *50ᵉ* se dirigent vers la Sauer, en amont de Spachbach : le 1ᵉʳ bataillon, à

---

(1) D'après l'*Historique du Grand Etat-Major prussien* (3ᵉ livraison, page 228) la 5ᵉ compagnie « suivait en réserve sur la route ». L'Historique du *37ᵉ* donne au contraire, pour cette compagnie, la version qui a été adoptée ci-dessus (page 134).

(2) Historique du *37ᵉ*, page 134.

(3) Transmis par le major Manché, son 1ᵉʳ aide de camp. (Historique du *37ᵉ*, page 140.)

droite, en deux échelons, les compagnies des ailes déployées, prend pour point de direction le Calvaire; le 3ᵉ bataillon, à gauche, en lignes de colonnes de compagnies, passe immédiatement au Nord de Spachbach (1). Tous deux franchissent la rivière, soit à gué, soit à la nage, soit sur des passerelles construites avec des perches à houblon, et s'avancent jusqu'à la route de Haguenau, dont les fossés marquent un temps d'arrêt et servent d'abri momentané pour la première ligne.

Le passage de la Sauer ne s'était pas effectué sans pertes pour les quatre bataillons de la *20ᵉ* brigade. Si l'artillerie française, à part la batterie Desruols, de la 3ᵉ division (2), était restée silencieuse, les tirailleurs du 2ᵉ zouaves et ceux de quatre compagnies du 1ᵉʳ bataillon du 24ᵉ de ligne, postés au bas des pentes, entre Wœrth et le Nieder-Wald, avaient ouvert un feu violent et efficace. En outre, un certain nombre d'hommes s'étaient noyés en essayant de traverser la rivière (3).

Cependant, vers 11 h. 30, les tirailleurs du *37ᵉ* débouchent de Wœrth, au Sud de la route d'Elsashausen, et marchent sur ce hameau, que le 1ᵉʳ bataillon du *50ᵉ* prend également comme objectif, tandis que le 3ᵉ bataillon du *50ᵉ* fait face à gauche, contre une compagnie du 17ᵉ bataillon de chasseurs, qui occupe la croupe au Sud du plateau du Calvaire. La 12ᵉ compagnie du *50ᵉ* réussit à pénétrer sans résistance dans le Nieder-Wald, par le saillant Nord-Est (4),

---

(1) Historique du *50ᵉ*, pages 226 et 227.

(2) Les obus de la batterie Desruols ne produisaient d'ailleurs pas grand effet. (Historique du *50ᵉ*, page 227.)

(3) Historique du *50ᵉ*, page 227; Historique du *37ᵉ*, page 134.

(4) Historique du *50ᵉ*, page 228.
C'était le capitaine v. Bogulawski qui commandait cette compagnie. Il avait remarqué que des fractions d'infanterie prussienne sortaient constamment de la forêt par la lisière Nord-Est et regagnaient la Sauer, et s'était rendu compte des difficultés d'une attaque contre les hauteurs

et se joint à des éléments du XIe corps (1).

Les deux groupes de la *20e* brigade prussienne qui avaient franchi la Sauer, l'un (deux bataillons un quart du *37e*) à Wœrth, l'autre (deux bataillons du *50e*) à Spachbach, avaient devant eux les fractions d'infanterie françaises ci-après :

La 1re compagnie du 17e bataillon de chasseurs sur la croupe au Sud du plateau du Calvaire (2).

Le 1er bataillon du 21e (3) (commandant de Labaume), dont les 3e, 4e, 5e et 6e compagnies étaient déployées en tirailleurs à la crête du même plateau (4).

Le demi-régiment de droite du 2e zouaves (3e division), en bataille au Sud de la route d'Elsashausen, face à la Sauer, précédé de trois compagnies en tirailleurs et soutiens (5).

Le 3e bataillon du *50e* (V[e] corps) avait engagé, contre la 1re compagnie du 17e bataillon de chasseurs, les 9e, 10e et 11e compagnies, qui avaient exécuté un changement de front vers le Sud-Ouest ; le 1er bataillon du *50e* luttait

---

d'Elsashausen si cette lisière était tout entière aux mains des Français. Les fractions d'infanterie prussienne qui abandonnaient le Nieder-Wald appartenaient au *87e* (XIe corps). Un bataillon de ce régiment « avait « passé la Sauer depuis quelque temps déjà, pénétré dans le Nieder-« Wald, dont il avait trouvé la lisière inférieure inoccupée, rencontré « l'ennemi dans l'intérieur et, finalement, il avait été obligé de se « replier ». (Stieler von Heydekampf, *loc. cit.*, page 44.)

(1) 6 compagnies du *87e* et 2e bataillon du *80e*. Voir pages 64 et 65.
(2) Rapport du commandant Merchier, du 17e bataillon de chasseurs, sur la journée du 6 août.
(3) Division Conseil-Dumesnil, ainsi que le 17e bataillon de chasseurs.
(4) Rapport du colonel Morand, du 21e, sur la journée du 6 août.
(5) Général Bonnal. *Frœschwiller*, page 272 ; historique du 2e zouaves.

Ces troupes présentaient ensemble seize compagnies avec un effectif de 2,000 hommes, dont 700 à 800 déployés en tirailleurs et soutiens. Les quatre bataillons de la *20e* brigade prussienne comptaient au moins 4,000 soldats, dont 2,000 déployés en tirailleurs, les autres en soutiens et réserves. (Général Bonnal, *loc. cit.*).

contre les quatre compagnies de gauche du 1ᵉʳ bataillon du 21ᵉ de ligne ; enfin, le 2ᵉ bataillon du *37ᵉ*, et les 10ᵉ et 11ᵉ compagnies du 3ᵉ bataillon du *37ᵉ* atteignaient déjà le plateau du Calvaire, refoulant devant eux les tirailleurs du 2ᵉ zouaves. Ceux-ci vont se rallier dans les intervalles des bataillons, que les Prussiens n'aperçoivent qu'au moment où ils en sont à 200 mètres. Le demi-régiment de droite du 2ᵉ zouaves se lève alors et exécute un feu à volonté, sur deux rangs, d'une efficacité remarquable, suivi immédiatement d'un vigoureux mouvement en avant. Tout cède : le *37ᵉ* est rejeté au bas des pentes soit sur Wœrth, soit sur le *50ᵉ*, qu'il entraîne dans sa fuite jusqu'aux fossés de la route de Haguenau. Les deux bataillons du *50ᵉ* tentent vainement de reprendre l'attaque ; à chaque fois, ils sont repoussés avec des pertes notables (1). Le *37ᵉ* réussit à grand'peine à empêcher les zouaves de pénétrer dans Wœrth (2).

La situation du *50ᵉ* était des plus critiques. « A chaque « instant, on s'attendait à une attaque en masse des « Français, pour rejeter dans la Sauer les débris (des « deux bataillons du *50ᵉ*); on attendait impatiemment « des renforts, qui tardèrent encore longtemps à « venir (3) ».

Vers 11 h. 1/2, « après le premier insuccès contre les « coteaux d'Elsashausen, les quatre bataillons de la « *20ᵉ* brigade engagés dans cette attaque, et dont une « partie était déjà fort ébranlée (4) », occupent les emplacements ci-après :

A Wœrth, les 4ᵉ, 5ᵉ, 6ᵉ, 7ᵉ, 8ᵉ compagnies et une fraction de la 11ᵉ compagnie du *37ᵉ*.

---

(1) Historique du *50ᵉ*, page 230 et suivantes.
(2) Historique du *37ᵉ*, page 22, et *Historique du Grand État-Major prussien*, 3ᵉ livraison, page 230.
(3) Historique du *50ᵉ*, page 236.
(4) *Historique du Grand État-Major prussien*, 3ᵉ livraison, page 229.

Dans les prairies au Sud du bourg, les 9ᵉ et 12ᵉ compagnies du 37ᵉ.

Dans les fossés de la route de Haguenau, au Nord-Ouest de Spachbach, les 10ᵉ et 11ᵉ compagnies du 37ᵉ, et le 1ᵉʳ bataillon du 50ᵉ.

Plus au Sud, le long de cette route, le 3ᵉ bataillon du 50ᵉ.

« Dans ces positions, battues par un feu terrible, ces
« troupes ne se maintenaient qu'avec peine contre les
« énergiques et incessantes attaques de l'ennemi.....
« Sur aucun point, on ne parvenait à s'avancer au delà de
« Wœrth ; on payait par des pertes nombreuses chacune
« de ces inutiles tentatives et surtout les retraites qui
« les suivaient. C'est ainsi que le major de Sydow,
« groupant toutes les fractions du régiment de fusi-
« liers (37ᵉ) encore en état de combattre, avait débouché
« de Wœrth et abordé de nouveau la pente ; mais, après
« quelques centaines de pas, un retour des Français le
« rejette encore une fois dans le bourg. Serré de près,
« ce n'est qu'à grand' peine et grâce au concours de la
« 19ᵉ brigade, qui s'engage à son tour, qu'il parvient à
« s'y maintenir (1) ».

Peu de temps après l'occupation de Wœrth, le général de Schmidt, commandant la 10ᵉ division, avait mis à la disposition du général de Walther le 1ᵉʳ bataillon et le bataillon de fusiliers du 6ᵉ régiment de grenadiers, qui se portent au secours du 37ᵉ. Celui-ci reprend aussitôt l'offensive, avec l'appui du 1ᵉʳ bataillon du 6ᵉ grenadiers, dans le secteur compris entre la route de Frœschwiller et le chemin d'Elsashausen, mais une nouvelle charge à la baïonnette du demi-régiment de droite du 2ᵉ zouaves rejette les assaillants dans Wœrth. Ils s'empressent de garnir la lisière extérieure, les clôtures et

---

(1) *Historique du Grand État-Major prussien*, page 238.

les premières maisons avec les 1ᵉʳ et 3ᵉ bataillons du 6ᵉ grenadiers (1), pas assez rapidement toutefois pour empêcher les zouaves de pénétrer dans le bourg. Un combat acharné s'engage dans les rues étroites et, « vers midi 30, la situation devenant de plus en plus « menaçante (2) », l'ennemi est obligé d'appeler à Wœrth, comme renfort, le 2ᵉ bataillon du *46ᵉ* (3). Enfin les zouaves, accablés dans une lutte à découvert contre un adversaire posté dans les maisons et plus de trois fois supérieur en nombre, abandonnent le bourg et reviennent s'établir à mi-coteau, sous la protection du 3ᵉ bataillon du 36ᵉ, qui arrête les Prussiens par ses feux.

A la droite des zouaves, le 1ᵉʳ bataillon du 21ᵉ et la 1ʳᵉ compagnie du 17ᵉ bataillon de chasseurs avaient également pris l'offensive, mais sans pouvoir refouler l'ennemi au delà du talus de la route de Haguenau, au coude qu'elle forme à l'Ouest de Spachbach. Les 10ᵉ et 11ᵉ compagnies du *37ᵉ* et le 1ᵉʳ bataillon du *50ᵉ* parviennent à s'y maintenir, malgré l'échec subi à ce moment à leur gauche par onze compagnies prussiennes (4), chassées du Nieder-Wald par le 2ᵉ bataillon du 3ᵉ zouaves (4ᵉ division) et le 2ᵉ bataillon du 56ᵉ de ligne (4ᵉ division).

La situation, sur cette partie du champ de bataille, demeurera stationnaire jusqu'à 2 heures de l'après-midi. Toutes les tentatives que firent les Allemands pour déboucher de Wœrth furent repoussées par le feu avec des pertes considérables. Il en fut de même des efforts du demi-régiment de gauche du 2ᵉ zouaves et du 3ᵉ ba-

---

(1) « Formés en colonnes de compagnie », dit l'*Historique du Grand État-Major prussien* (3ᵉ livraison, page 230).
(2) *Ibid.*
(3) Le *46ᵉ* constitue, avec le *6ᵉ* grenadiers, la *19ᵉ* brigade.
(4) Dix appartenant à l'avant-garde du XIᵉ corps (six compagnies du *87ᵉ*, quatre du *80ᵉ*); une (12ᵉ du *50ᵉ*) à la *20ᵉ* brigade du Vᵉ corps.

taillon du 36ᵉ pour pénétrer dans le bourg. Ces troupes conservèrent leurs emplacements de la matinée. Les 3ᵉ et 2ᵉ bataillons du 48ᵉ, au contraire déployés tout d'abord de part et d'autre du ravin à l'Est de Frœschwiller, se trouvant trop en butte aux feux écrasants de l'artillerie prussienne, rétrogradèrent jusqu'à la lisière Sud du bois de Frœschwiller. Leurs tirailleurs, seuls, restèrent en position : ceux du 3ᵉ bataillon, sur le flanc Nord du ravin, ceux du 2ᵉ sur les pentes Est du mamelon Sud de ce ravin.

Le colonel Suzzoni, du 2ᵉ tirailleurs, ayant fait demander, plus tard, du renfort aux troupes établies sur le plateau de Frœschwiller, on lui envoya les soutiens et compagnies disponibles du 2ᵉ bataillon du 48ᵉ, de sorte que les tirailleurs de ce bataillon en furent définitivement privés (1).

*
* *

Quelques instants avant de donner à la 20ᵉ brigade l'ordre de se porter à l'attaque, le général de Kirchbach avait envoyé le capitaine Mantey auprès du général de Bose, et le lieutenant de Reibnitz auprès du général de Hartmann, pour leur faire connaître la situation à Wœrth, les informer de la décision qu'il avait prise en conséquence, et les prier d'agir sur les flancs de l'ennemi, pendant que le Vᵉ corps le maintiendrait de front. Le Prince royal fut avisé de ces démarches (2).

On sait quelle fut la réponse du général de Hartmann : il avait consenti, malgré l'ordre écrit qu'il avait reçu de cesser le combat, à arrêter sur les points qu'elles occupaient, ses troupes déjà en retraite sur Lembach. De son côté, le général de Bose fit observer que,

---

(1) Général Bonnal, *loc. cit.*, page 284.
(2) Stieler von Heydekampf, *loc. cit.*, page 46.

« d'après l'ordre de l'armée, il ne pouvait, avec son
« avant-garde, s'avancer que jusqu'à la Sauer (1) ».

Le capitaine Mantey et le lieutenant de Reibnitz rejoignirent le général de Kirchbach au moment où la 20ᵉ brigade, appuyée par deux bataillons du 6ᵉ grenadiers et par le 2ᵉ bataillon du 46ᵉ, ne se maintenait qu'avec peine à Wœrth et sur la route de Haguenau au Sud (2). D'autre part, le major de Hahnke, de l'état-major de la IIIᵉ armée, venait de transmettre au général de Kirchbach l'ordre du Prince royal « de ne pas accepter le combat et d'éviter tout ce qui pourrait en amener la reprise (3) ».

« Dans ces conditions, on ne pouvait guère compter
« sur un résultat favorable. Mais, après les pertes consi-
« dérables que l'on avait déjà faites, il n'était pas pos-
« sible de cesser la lutte sans ébranler fortement le
« moral des troupes; le commandant du Vᵉ corps d'ar-
« mée persista dans sa résolution première; il fit inviter
« encore une fois les corps voisins à attaquer de la
« manière indiquée, et prier S. A. R. par le premier
« aide de camp major Manché, de vouloir bien donner
« des ordres dans ce sens.

« Le général de Bose fit répondre qu'il ne laisserait
« pas le Vᵉ corps dans l'embarras (4) (5) ».

---

(1) Stieler von Heydekampf, *loc. cit.*, page 46.

(2) « Le général major Walther de Montbary, craignait de ne pou-
« voir plus tenir longtemps et demandait du secours avec instance..... »
(Stieler von Heydekampf, *loc. cit.*, page 48.)

(3) *Historique du Grand État-Major prussien*, 3ᵉ livraison, page 235.

(4) Stieler von Heydekampf, *loc. cit.*, page 47.

(5) L'*Historique du Grand État-Major prussien* donne (3ᵉ livraison, pages 235 et 236) les raisons suivantes de la détermination prise par le général de Kirchbach de continuer la lutte, malgré l'ordre qu'il avait reçu du Prince royal « de ne pas accepter le combat et d'éviter tout ce « qui pourrait en amener la reprise ».

Il ne se dissimulait pas que, « dans la situation actuelle, il n'était pas

§ 4. — *Engagement de l'avant-garde du XIe corps.*

Vers 8 h. 30 du matin, l'avant-garde du XIe corps (*41e* brigade d'infanterie, 1er et 2e escadrons du *14e* hussards, deux batteries : *1/11, 2/11*) se trouvait rassemblés au débouché occidental de la forêt (Westerholtz) située

possible de rompre le combat sans exposer l'avant-garde à des pertes très fortes, et que la retraite de ces troupes de la rive droite sur la rive gauche de la Sauer, coïncidant avec le mouvement rétrograde des deux corps latéraux, donnerait à l'adversaire le droit incontestable de s'attribuer un succès qui, pour n'être que de peu d'importance au point de vue matériel, n'en aurait pas moins un effet moral fort sérieux. D'autres considérations encore s'ajoutaient à celles qui précèdent ; le roulement des trains, que l'on avait entendu pendant la nuit et qui durait encore au jour, portait à supposer que l'ennemi se renforçait incessamment et que, en différant l'offensive, on ne pouvait qu'ajouter aux difficultés déjà existantes ».

Enfin, le général de Kirchbach pouvait espérer un succès décisif d'une attaque de front immédiate, quand même il ne serait soutenu que plus tard par Langensoultzbach et par Gunstett.

Toutes ces raisons ne paraissent pas également admissibles.

Si le Ve corps avait rompu le combat, son avant-garde n'aurait pas été exposée à des pertes très fortes, car elle aurait mis entre elle et le 1er corps l'obstacle de la Sauer, et la retraite de l'infanterie aurait été protégée par toute l'artillerie du corps d'armée, qui avait pris manifestement la supériorité sur l'artillerie française.

L'effet moral produit par la rupture du combat avait son importance, mais cette raison avait été appréciée d'une façon tout opposée par le Prince royal, ou du moins négligée par lui.

Quant à l'espoir que nourrissait le général de Kirchbach d'un succès obtenu par une attaque de front, rien jusqu'à présent ne l'autorisait à le croire fondé. C'était une hypothèse et non un argument. *L'Historique du Grand Etat-Major prussien* s'exprime ainsi à ce sujet :

« En avant du front du Ve corps, on était parvenu, il est vrai, à « réduire provisoirement au silence l'artillerie ennemie et à prendre « pied sur la rive opposée de la Sauer; mais les péripéties de l'action « n'avaient montré que plus clairement les difficultés d'une attaque de « front contre les hauteurs où l'adversaire occupait une position aussi « forte que bien défendue (page 235). »

Seule, la considération des renforts qui pouvaient arriver aux Fran-

à l'Ouest de Hœlschloch, l'infanterie au Nord de la route de Gunstett, l'artillerie et la cavalerie au Sud. Le 3ᵉ bataillon du *80ᵉ*, tête d'avant-garde, était venu, vers 8 h. 15, soutenir le 2ᵉ bataillon du *50ᵉ* (Vᵉ corps) à Gunstett ; le 2ᵉ bataillon du *87ᵉ*, occupé à placer des avant-postes sur la lisière méridionale de la forêt, se ralliait pour rejoindre le gros de la *11ᵉ* brigade. Sur l'ordre du général de Schachtmeyer, commandant la *21ᵉ* division, l'artillerie divisionnaire prend position, vers 9 h. 15, sur le mamelon 223, au Nord-Ouest de Gunstett, pour contre-battre les trois batteries de la division de Lartigue, établies sur les hauteurs à l'Ouest de la Ferme Lansberg, et qui ont manifesté précédemment leur présence en tirant sur le Bruck-Mühl. Le 1ᵉʳ bataillon du *80ᵉ*, désigné comme soutien de l'artillerie divisionnaire, se place, par demi-bataillon, à chacune des ailes de la ligne des pièces.

Tandis que la batterie de mitrailleuses de la division de Lartigue (10ᵉ du 12ᵉ, Zimmer) ouvre le feu sur l'infanterie prussienne en marche sur Gunstett, les deux batteries de 4 s'engagent contre l'artillerie de la *21ᵉ* division (1).

« La lutte était tout à fait inégale ; nous avions à
« répondre avec deux batteries de 4 à quatre batteries
« de bien plus gros calibre ; les projectiles prussiens
« avaient une trajectoire très tendue, une grande vi-
« tesse, et arrivaient avec une précision remarquable
« dans chacune des batteries, qu'aucun pli de terrain
« ne permettait de défiler. Les dégâts causés par ce

çais était sérieusement valable ; encore fallait-il être bien sûr de la coopération des corps voisins (IIᵉ bavarois et XIᵉ corps) et de l'arrivée en temps utile des corps de seconde ligne.

(1) Rapport du lieutenant-colonel commandant l'artillerie de la division de Lartigue sur le rôle des batteries de la division le 6 août 1870, daté du 13 août 1870.

« tir auraient certainement été très grands si la nuit
« précédente nous n'avions pas eu une pluie torren-
« tielle ; la terre était grasse et compacte, et les projec-
« jectiles, éclatant en terre, n'envoyaient que peu
« d'éclats ; ils étaient tous à fusée percutante, et nous
« n'avons constaté qu'un très petit nombre de ratés (1) ».

Vers 9 h. 30, sur l'ordre du maréchal de Mac-Mahon, les deux batteries de 12 de la réserve d'artillerie (11e et 12e du 6e) avaient été envoyées à la division Conseil-Dumesnil, dont l'artillerie n'avait pas rejoint.

« L'emplacement sur lequel était développée cette
« division ne permettant pas de mettre les douze pièces
« en batterie, j'ai fait mettre en réserve la 12e batterie
« du 6e (capitaine Dupuy), et la 11e batterie du 6e (ca-
« pitaine Rivals) a été mise en batterie en avant du front
« de la division (à l'Est d'Elsashausen), de manière à
« tirer sur une troupe ennemie qui se massait à
« 1,500 mètres en avant dans la plaine..... Cinq
« pièces seulement ayant vue sur les troupes ennemies,
« la sixième a été maintenue à l'écart. Le feu de ces
« cinq pièces a duré environ une heure, pendant laquelle
« elles ont tiré 58 coups. (Le feu des batteries ennemies
« ne lui a fait aucun mal.) Ce tir a eu pour effet de jeter
« un peu de désordre dans les masses ennemies. Mais la
« division ayant fait un mouvement en avant qui mas-
« quait notre tir (2), j'ai dû faire retirer en arrière la
« 11e batterie du 6e, pour la joindre à la 12e. Elles ont
« été mises alors en réserve derrière le chemin sur
« lequel était placée auparavant une partie de la divi-

---

(1) Rapport du lieutenant-colonel commandant l'artillerie de la division de Lartigue sur le rôle des batteries de la division le 6 août, daté du 13 août 1870.

(2) Il s'agit sans doute du mouvement offensif du demi-régiment de droite du 2e zouaves et du 1er bataillon du 21e de ligne contre la 20e brigade (pages 56 et 58).

« sion, laissant le bois à sa droite (1). C'est dans cette po-
« sition qu'un obus tombant au milieu de la 11ᵉ batterie
« a tué le sous-lieutenant Peuillard et blessé grièvement
« un sous-officier, un canonnier et trois chevaux.

« Les batteries ne me paraissant pas en sûreté dans le
« cas où le bois serait occupé par les Prussiens (prévi-
« sion qui a été justifiée un peu plus tard), je les ai
« ramenées dans le vallon à droite de Frœschwiller,
« auprès des autres batteries de la réserve (2) ».

Les deux batteries de 4, puis la batterie de mitrailleuses de la division de Lartigue, cessèrent le feu
également, réservant leurs projectiles pour la suite du
combat. Dès lors, l'artillerie de la *21ᵉ* division devenait
disponible tout entière pour appuyer la marche de
l'infanterie de la *11ᵉ* brigade (3).

Celle-ci, après l'envoi du 3ᵉ bataillon du *80ᵉ* sur
Gunstett, et du 1ᵉʳ bataillon du même régiment en soutien de l'artillerie, ne comprenait plus que quatre bataillons : le 2ᵉ du *80ᵉ* et les trois du *87ᵉ*. Le colonel de
Koblinski, commandant la *41ᵉ* brigade, partage ces
quatre bataillons en deux groupes. Celui de droite,
composé du 3ᵉ bataillon du *87ᵉ* et des 1ʳᵉ et 2ᵉ compagnies du même régiment (première ligne) et du 2ᵉ bataillon du *80ᵉ* (deuxième ligne), est dirigé, par Oberdorf,

---

(1) Probablement le chemin qui va de Frœschwiller à Morsbronn par le Niederwald.

(2) Rapport du lieutenant-colonel commandant supérieur des 11ᵉ et 12ᵉ batteries du 6ᵉ, appartenant à la réserve d'artillerie du 1ᵉʳ corps.

D'après l'*Historique du Grand État-Major prussien* (3ᵉ livraison, page 232), l'artillerie du XIᵉ corps aurait lutté contre les trois batteries de la division de Lartigue et contre deux batteries françaises qui « tiraient d'écharpe de la croupe à l'Est d'Elsashausen. » On a vu que, sur ce dernier point, il n'y avait en réalité que cinq pièces de 12.

(3) Les batteries du XIᵉ corps n'avaient que peu souffert du feu de l'artillerie française. Elles avaient subi plus de pertes dues aux balles qui leur arrivaient du Nieder-Wald et de la route de Haguenau. (Hoff-bauer, *loc. cit.*, page 30.)

sur Spachbach. Celui de gauche, formé des 3ᵉ et 4ᵉ compagnies du *87ᵉ* (première ligne) et du 2ᵉ bataillon du *87ᵉ* (deuxième ligne), marche sur Gunstett, pour renforcer sur ce point le 3ᵉ bataillon du *80ᵉ* et le 2ᵉ bataillon du *50ᵉ* (Vᵉ corps), qui s'y trouvaient déjà. Pendant ce temps, la *42ᵉ* brigade se rassemble à la lisière occidentale de la forêt, à la place même que vient de quitter la *41ᵉ* brigade ; le *11ᵉ* bataillon de chasseurs, qui tient la tête, est dirigé sur Gunstett.

Les six compagnies du *87ᵉ*, constituant la première ligne du groupe de droite, franchissent la Sauer à Spachbach, partie à gué, partie sur une passerelle improvisée, et gagnent la rive droite sans grandes difficultés, la lisière du Nieder-Wald la plus rapprochée (1) n'étant occupée que par une compagnie de grand'garde du 3ᵉ zouaves (2ᵉ du 2ᵉ bataillon).

Mais les prairies qui bordent la rivière jusqu'à la route de Haguenau n'offrent aucun abri aux fractions arrivées les premières. « Un plus long arrêt ne pouvait qu'entraîner des pertes nouvelles. Prenant un rapide parti, les officiers ramassent aussitôt tous les hommes qu'ils ont sous la main et se lancent avec eux vers le Nieder-Wald, en coupant les prairies et la route de Haguenau » (2).

Le 2ᵉ bataillon du *80ᵉ* (deuxième ligne) franchit la Sauer à son tour.

L'infanterie ennemie, dont l'attaque a été appuyée par le feu de l'artillerie de la *21ᵉ* division, refoule la compagnie du 2ᵉ zouaves dans l'étranglement que forme le secteur boisé bordé par la route de Haguenau. Là, elle est soutenue par la 3ᵉ compagnie du 2ᵉ bataillon, puis par le reste de ce bataillon, qui accourt sous les ordres du

---

(1) Saillant nord du secteur boisé qui borde la route de Haguenau.
(2) *Historique du Grand État-Major prussien*, 3ᵉ livraison, page 233.

commandant Pariset et oppose aux Prussiens une barrière infranchissable. Le combat se continue sous bois, à bout portant, avec de fortes pertes de part et d'autre et avec une intensité croissant en proportion des renforts que reçoit l'adversaire : 2ᵉ bataillon du *80ᵉ* et 12ᵉ compagnie du *50ᵉ*.

« Le capitaine de Mascureau tombe le premier; sa
« mort est le signal de hurrahs de la part des Prussiens;
« ses hommes reculent; mais le lieutenant Bardol et
l'adjudant Fabre des Estavels les arrêtent, les ramènent
« au combat et conquièrent le terrain où gisait le
« cadavre de leur capitaine; un moment après, le com-
« mandant Pariset est tué raide; puis ce sont : le lieute-
« nant-colonel Deshorties qui est atteint mortellement,
« le sous-lieutenant Saltzmann qui succombe à la suite
« de plusieurs blessures, MM. Forcioli, Bardol, Gros,
« de Givry et Gaillard qui sont blessés, et enfin le capi-
« taine Jacquot qui, après avoir eu son cheval tué, est
« blessé lui-même et revient au combat après avoir été
« pansé..... (1) ».

Le colonel Bocher, du 3ᵉ zouaves, engage successivement 2 compagnies du 3ᵉ bataillon; les sapeurs accourent eux-mêmes pour dégager le drapeau que tient d'une main ferme le sous-lieutenant Marie, qui a déjà reçu une blessure et dont les vêtements sont troués par les balles (2).

Le colonel Bocher rencontre à ce moment le capitaine adjudant-major Hervé, envoyé en reconnaissance par le général Fraboulet de Kerléadec, commandant la 1ʳᵉ brigade (4ᵉ division), et lui donne l'ordre d'aller rapidement rendre compte au général de Lartigue de la gravité de la situation et de lui demander du secours. Puis il engage sa dernière réserve : trois compagnies du 3ᵉ ba-

---

(1) Historique du 3ᵉ régiment de zouaves.
(2) *Ibid.*

taillon, n'en conservant plus qu'une au carrefour à l'Ouest de la cote 228.

Le général de Lartigue autorise le capitaine Hervé à prendre le 2ᵉ bataillon du 56ᵉ (commandant Billot), mais ce bataillon est déjà engagé en partie à la droite du 3ᵉ tirailleurs, et il faut le temps de le retirer du feu. Au moment où il entra en ligne, « la position était encore à « nous, grâce à la ténacité des officiers et des zouaves, « qui se faisaient tuer sur place plutôt que d'abandonner « la position; cependant, on sentait qu'on avait produit « le maximum d'efforts..... » (1).

Le colonel Bocher tire son épée, fait mettre la baïonnette au canon, battre la charge et s'élance à la tête des zouaves contre l'ennemi. Les Prussiens cèdent; ils sont expulsés du Nieder-Wald, poursuivis à travers la vallée et rejetés sur la Sauer, qu'ils repassent dans la plus grande confusion; « ce n'est qu'à Spachbach qu'il « devient possible de remettre un peu d'ordre parmi « ces troupes (2) » (11 h. 30). Mais, dès que le flot des fuyards s'est écoulé sur la rive gauche de la Sauer, les batteries de gauche du Vᵉ corps et celles de la *21ᵉ* division ouvrent le feu et obligent les zouaves à regagner la lisière du Nieder-Wald. De là, ils entretiennent une fusillade avec l'ennemi, placé de l'autre côté de la rivière. Les choses restèrent en l'état jusque vers midi (3).

---

(1) Historique du 3ᵉ régiment de zouaves.
(2) *Historique du Grand Etat-Major prussien*, 3ᵉ livraison, page 234.
(3) « Le passage de la Sauer par six compagnies du *87ᵉ*, bientôt « suivies du 2ᵉ bataillon du *80ᵉ*, et l'attaque du Nieder-Wald, ont été « prématurées. Si les soldats du *87ᵉ*, postés sur la rive gauche, à hau-« teur de Spachbach et en aval, souffraient du feu des Français sans « pouvoir y répondre, il convenait de les abriter derrière Spachbach en « laissant seulement au bord de l'eau quelques postes de surveillance.
  « Cette attaque était tout à fait intempestive, car, au moment où « elle se fit (10 heures), la majeure partie de l'artillerie du XIᵉ corps « était encore loin en arrière ». (Général Bonnal, *loc. cit.*, page 300.)

Ce glorieux fait d'armes se passait un peu avant le moment où le demi-régiment de droite du 2ᵉ zouaves rejetait dans Wœrth la fraction de droite de l'avant-garde du Vᵉ corps.

A peu près à la même heure, le groupe de gauche de la *41ᵉ* brigade (2ᵉ et 4ᵉ compagnies, et 2ᵉ bataillon du *87ᵉ*) subissait un échec dans une tentative de passage à Gunstett. Ces six compagnies se portent au Bruck-Mühl, pour renforcer deux compagnies du 2ᵉ bataillon du *50ᵉ* (Vᵉ corps) engagées contre le 1ᵉʳ bataillon du 3ᵉ zouaves, tandis que le 3ᵉ bataillon du *80ᵉ* (ancienne tête d'avant-garde de la *41ᵉ* brigade), qui occupait déjà Gunstett, déploie les 10ᵉ et 11ᵉ compagnies aux débouchés Ouest du village ; peu après, le *11ᵉ* bataillon de chasseurs (*42ᵉ* brigade) s'établit dans les vignes, entre Gunstett et le moulin (9 h. 30).

Après une demi-heure d'une fusillade assez vive, le *11ᵉ* bataillon de chasseurs traverse le pont de Gunstett, soutenu par la 6ᵉ compagnie du *50ᵉ*, et marche à l'attaque du 1ᵉʳ bataillon de chasseurs (division de Lartigue). Celui-ci, très éprouvé déjà par les feux combinés de l'artillerie et de l'infanterie ennemies, réduit d'ailleurs à trois compagnies, est obligé de céder le terrain pied à pied et de regagner les hauteurs. Mais il n'allait pas tarder à reprendre l'offensive.

« Il était 11 h. 1/2. Le colonel Gandil (commandant le
« 3ᵉ Tirailleurs) voit le manque d'unité de notre action et
« les progrès des assaillants. Une attaque vigoureuse est
« indispensable si l'on veut empêcher ceux-ci de prendre
« pied sur la rive droite de la Sauer. Il n'a avec lui que
« trois compagnies : 1ʳᵉ, 2ᵉ et 3ᵉ (du 2ᵉ bataillon) ; il les
« forme en bataille, s'élance à leur tête et, d'un bond
« irrésistible, se rue sur la colonne ennemie qui, immé-
« diatement, rétrograde en désordre vers le pont de
« Gunstett. Tout plie, tout cède devant cette charge à
« fond ; les tirailleurs franchissent le pont à la suite des

« Prussiens, poursuivent ceux-ci la baïonnette dans les
« reins, les refoulent jusqu'aux premières maisons de
« Gunstett; mais là, épuisés par l'effort héroïque,
« surhumain, qu'ils viennent de fournir, assaillis par le
« feu qui part du village (1), ils doivent s'arrêter, puis
« céder à leur tour et repasser le pont pour venir se
« reformer en arrière et mettre un peu d'ordre dans
« leurs rangs, qui viennent d'être complètement déci-
« més. Parmi les morts, on compte le capitaine de
« Bourgoing, frappé glorieusement à la tête de la
« 2ᵉ compagnie, et le sous-lieutenant Mustapha-ben-
« Amard (2). »

Cette contre-attaque avait été soutenue en seconde ligne par les 1ᵉʳ et 3ᵉ bataillons du 56ᵉ de ligne, que le général de Lartigue avait appelés au secours du 1ᵉʳ bataillon de chasseurs. Grâce à cet appui, les tirailleurs du 2ᵉ Turcos et du 1ᵉʳ bataillon de chasseurs se maintiennent dans une houblonnière, voisine du pont de Gunstett, d'où ils tiennent ce débouché sous leur feu et « inquiètent la rive gauche de la Sauer » (3).

Le combat se continua par une fusillade sans importance; l'ennemi repoussé se tenait sur la défensive, aussi bien à Gunstett qu'à Spachbach et à Wœrth.

---

(1) Exécuté par les 10ᵉ et 11ᵉ compagnies du 3ᵉ bataillon du *80ᵉ*. Les six compagnies du *87ᵉ*, établies au Bruck-Mühle, avaient pris, de leur côté, des dispositions pour recueillir le *11ᵉ* bataillon de chasseurs, et arrêtèrent les turcos par des feux qui les prenaient d'écharpe.

(2) Historique du 3ᵉ tirailleurs, page 322.

(3) *Historique du Grand État-Major prussien*, 3ᵉ livraison, page 234.
« Cette contre-attaque est remarquable. Rien n'y manque :
« mouvement enveloppant des turcos contre l'aile gauche des cinq
« compagnies prussiennes; marche en bataille de deux bataillons du
« 56ᵉ en deuxième ligne pour soutenir chasseurs et turcos et leur
« donner l'impulsion. Les formations minces de cette contre-attaque
« sont très bien adaptées à la situation d'une infanterie marchant à
« découvert sous le feu d'une artillerie maîtresse du terrain ». (Général Bonnal, *loc. cit.*, page 303.)

III. — ENGAGEMENT GÉNÉRAL.

§ 1ᵉʳ. — *Le XIᵉ corps attaque de front et de flanc l'aile droite française.*

a) *Préparation de l'attaque.* — Sur les instances réitérées du général de Kirchbach, le général de Bose lui avait fait répondre « qu'il n'abandonnerait pas le Vᵉ corps (1) ». La 42ᵉ brigade, qui avait achevé son rassemblement à la lisière occidentale du bois Westerholtz, et qui comprenait le 88ᵉ et deux bataillons (2ᵉ et 3ᵉ) du 82ᵉ (2), fut envoyée au soutien de la 41ᵉ et scindée, comme elle, en deux groupes. Les 1ᵉʳ et 2ᵉ bataillons du 88ᵉ furent portés sur Spachbach par le ravin d'Oberdorf; le 3ᵉ bataillon de ce régiment et les deux bataillons disponibles du 82ᵉ furent dirigés au Nord de Gunstett, derrière le mamelon 223, pour servir de réserve à la 21ᵉ division. Le 14ᵉ hussards vint se placer près de ce dernier groupe.

En outre, le général de Bose appela à Gunstett l'artillerie de corps et celle de la 22ᵉ division et chargea cette division « d'attaquer la droite de la position ennemie (3). » Vers 11 h. 30, les quatre batteries de la 22ᵉ division, après avoir contourné le bois Westerholtz par le Sud, s'établissent sur le mamelon 223, au Nord de Gunstett : trois au Nord des batteries de la 21ᵉ division, face à Wœrth et à Spachbach; la quatrième intercalée dans celles-ci (4). Peu après arrive l'artillerie de corps, dont deux batteries s'établissent à l'aile droite de celles de

---

(1) *Historique du Grand État-Major prussien*, 3ᵉ livraison, page 236.
(2) Le 1ᵉʳ bataillon du 82ᵉ était de garde au quartier général du Prince royal, à Soultz.
(3) *Historique du Grand État-Major prussien*, 3ᵉ livraison, page 237.
(4) Hoffbauer, *loc. cit.*, page 44.

la 21ᵉ division, deux autres dans les intervalles encore existants ; les deux dernières sont conservées en réserve, faute d'espace, sur les pentes Est du mamelon (1). A midi, douze batteries du XIᵉ corps tirent contre le Nieder-Wald et les hauteurs au Nord et au Sud de cette forêt et préparent la voie à l'infanterie.

Le général de Gersdorff, commandant la 22ᵉ division, chargé d'attaquer la droite de la position française, dispose immédiatement de quatre bataillons de la 43ᵉ brigade : les 1ᵉʳˢ et 2ᵉˢ des 32ᵉ et 95ᵉ (2). Il dirige les deux bataillons du 32ᵉ vers l'extrémité Sud de Gunstett, puis, par Dürrenbach, sur Morsbronn ; les deux bataillons du 95ᵉ « plus à droite sur la ligne de bataille de la 21ᵉ division (3) ». La 44ᵉ brigade suit la 43ᵉ par un chemin forestier au Sud de la route de Surbourg à Gunstett ; le général de Schkopp, qui la commande, engage, de sa propre initiative, le 94ᵉ, qui tient la tête, dans la direction de Dürrenbach. Mais le général de Gersdorff lui envoie, sur ces entrefaites, l'ordre de « s'établir en réserve à Gunstett (4) ». Le général de Schkopp, « afin de ne pas replier des troupes déjà engagées (5) », prend la responsabilité de laisser le 94ᵉ poursuivre sa marche sur Dürrenbach ; d'autre part, pour se conformer aux instructions du général commandant la 22ᵉ division, il

---

(1) Hoffbauer, *loc. cit.*, page 45.

(2) Le 3ᵉ bataillon du 32ᵉ avait été désigné pour occuper Surbourg, mais son chef, de sa propre initiative, ne laissa en ce point qu'une compagnie et suivit la 44ᵉ brigade avec les trois autres.

Le 3ᵉ bataillon du 95ᵉ avait été envoyé en reconnaissance avec le 13ᵉ hussards vers la forêt de Haguenau. Ce bataillon et ce régiment marchèrent au canon à la suite de la 44ᵉ brigade, ne laissant en observation au Sud de Surbourg qu'un escadron.

(3) *Historique du Grand État-Major prussien*, 3ᵉ livraison, page 249.

(4) *Historique du Grand État-Major prussien*, 3ᵉ livraison, page 251.

(5) *Ibid.* On observera que le 94ᵉ n'était pas encore engagé au moment où le général de Schkopp reçut cet ordre.

porte le *83ᵉ* sur Gunstett où vient s'établir également le 3ᵉ bataillon du *95ᵉ* (1). De sa personne, le général de Schkopp se met à la tête du *94ᵉ*, disposant ainsi, pour exécuter par Morsbronn l'attaque de flanc contre la droite de la position ennemie, des trois bataillons de ce régiment, de deux bataillons trois quarts du *32ᵉ*, de la compagnie de pionniers de la *22ᵉ* division et de trois escadrons du *13ᵉ* hussards.

b) *Attaque de front du XIᵉ corps contre l'aile droite française.* — Vers midi, le général de Bose se détermine à exécuter une double attaque de front contre l'aile droite française : la première, partant de Spachbach, et dirigée sur le secteur boisé oriental du Nieder-Wald ; la deuxième, débouchant du pont de Gunstett, et ayant pour objectif les hauteurs de la ferme Lansberg. Ces deux attaques seront soutenues par le mouvement enveloppant exécuté par les troupes du général de Schkopp, par Dürrenbach et Morsbronn.

A ce moment, la situation des éléments du XIᵉ corps qui prennent part à l'attaque est la suivante :

XIᵉ corps.

1ʳᵉ *ligne.* — 41ᵉ *brigade.*	{	Les 6 bataillons des *80ᵉ* et *87ᵉ* dispersés en tirailleurs, le long de la rive gauche de la Sauer, depuis et y compris Spachbach, jusqu'au saillant Sud de Gunstett. Le 2ᵉ bataillon du *50ᵉ* (Vᵉ corps) se trouve avec la *41ᵉ* brigade.
2ᵉ *et* 3ᵉ *lignes.* — 42ᵉ *brigade.*	{	*82ᵉ* (2ᵉ et 3ᵉ bataillons) en réserve au Nord de Gunstett, avec le 3ᵉ bataillon du *88ᵉ* et le *14ᵉ* hussards. *88ᵉ* (1ᵉʳ et 2ᵉ bataillons, rassemblés à l'Est de Spachbach).
43ᵉ *brigade.*	{	*95ᵉ*, rassemblé à l'Est de Gunstett. *32ᵉ*, en marche sur Dürrenbach et Morsbronn.

---

(1) C'était un « compromis que l'on peut hardiment taxer de faute « contre la discipline », (Général Bonnal, *loc. cit.*, page 308.)

44ᵉ brigade. { *83ᵉ*, se dirige à l'Est de Gunstett.
94ᵉ, en marche de Dürrenbach sur Morsbronn avec 3 escadrons du *13ᵉ* hussards.

Toute l'artillerie du XIᵉ corps est en position (sauf 2 batteries) sur le mamelon 223, au Nord-Ouest de Gunstett.

D'autre part, les troupes de la division de Lartigue, qui vont avoir à supporter le choc du XIᵉ corps, sont réparties ainsi qu'il suit :

Le 3ᵉ régiment de zouaves (1ʳᵉ brigade) occupe toujours le Nieder-Wald : son 1ᵉʳ bataillon, à la lisière Sud-Est, a déployé ses quatre premières compagnies, les 5ᵉ et 6ᵉ restant en réserve dans une clairière ; son 2ᵉ bataillon occupe la lisière orientale du secteur boisé qui borde la route de Haguenau ; son 3ᵉ bataillon est venu se rassembler en seconde ligne entre la lisière Nord du Nieder-Wald et le Petit Bois situé au Sud d'Elsashausen. La défense de ce bois est confiée au 2ᵉ bataillon du 56ᵉ, placé sous les ordres du colonel du 3ᵉ zouaves, et dont les quatre compagnies de gauche sont établies au saillant Est, les deux autres restant en réserve dans un carrefour. L'accalmie qui s'est produite dans le combat a permis de reconstituer en partie les unités désunies par les engagements précédents sous bois.

Le 3ᵉ régiment de tirailleurs (2ᵉ brigade) a ses trois bataillons, moins deux compagnies, déployés en une ligne mince qui s'appuie à gauche à la ferme Lansberg et se prolonge vers le Sud, parallèlement et à une distance moyenne de 600 mètres de la route de Haguenau. Les tirailleurs des trois bataillons sont embusqués derrière les talus de cette route et dans une houblonnière voisine du pont de Gunstett.

A leur gauche sont déployées les 3ᵉ, 4ᵉ, 5ᵉ et 6ᵉ compagnies du 1ᵉʳ bataillon de chasseurs dont les 1ʳᵉ et

2ᵉ compagnies sont en soutien de l'artillerie divisionnaire.

A droite du 3ᵉ régiment de tirailleurs, et au Sud-Est de la cote 222, le long du chemin creux qui conduit d'Elsashausen à Morsbronn, se trouve le 3ᵉ bataillon du 56ᵉ de ligne (1ʳᵉ brigade), ayant devant lui, à 300 mètres de la Sauer, une compagnie déployée en tirailleurs; puis, en avant et à droite, non loin de la route de Haguenau, le 1ᵉʳ bataillon du même régiment, également couvert par des tirailleurs.

A l'extrême droite de la division de Lartigue, Morsbronn est occupé par les 4ᵉ et 5ᵉ compagnies du 2ᵉ bataillon du 3ᵉ tirailleurs, sous les ordres du commandant Aubry; la 4ᵉ compagnie placée aux diverses issues du village, la 5ᵉ en réserve dans le cimetière qui entoure l'église.

L'artillerie divisionnaire, qui a changé plusieurs fois de position pour se soustraire, mais sans y parvenir, aux effets écrasants du tir des batteries du XIᵉ corps, est venue s'abriter derrière la crête à l'Ouest de la cote 222, d'où la batterie de mitrailleuses reprend le feu par intermittences.

Au Nord-Est du village d'Eberbach, sur la rive gauche du ruisseau, sont massés la brigade de cavalerie Michel (8ᵉ et 9ᵉ cuirassiers) et les 1ᵉʳ et 3ᵉ escadrons du 6ᵉ lanciers, moins deux pelotons envoyés en reconnaissance sur Morsbronn.

Enfin, la compagnie du génie est reléguée au convoi dirigé sur Reichshoffen.

Dix bataillons, d'un effectif moyen de 700 hommes, neuf escadrons et trois batteries vont donc avoir à lutter contre le XIᵉ corps presque tout entier (24 bataillons, 7 escadrons, 14 batteries), disproportion numérique énorme qui avait permis à l'ennemi d'entreprendre un mouvement enveloppant par le Sud, dont le commencement d'exécution n'avait pas échappé, il est vrai, au général de Lartigue.

Vers 10 heures (1), en effet, le colonel d'Andigné, chef d'état-major de la 4ᵉ division, était allé en personne prévenir le maréchal de Mac-Mahon que le combat d'artillerie était devenu très pénible pour les trois batteries divisionnaires; que des masses d'infanterie, très supérieures en nombre, s'étaient portées en avant, empêchant tout progrès, et que les mouvements que l'on apercevait à très grande distance indiquaient l'intention de l'ennemi de tourner l'aile droite française. Le Maréchal lui répondit « de rapporter au général de « Lartigue l'ordre de tenir ferme, de lui rappeler que « la brigade de cuirassiers est à sa disposition et de « recommander de ménager les munitions de nos mi- « trailleuses (2) ».

Vers midi 30, les deux attaques de front du XIᵉ corps se prononcent simultanément :

1° A Spachbach, les 1ᵉʳ et 2ᵉ bataillons du *88ᵉ*, formés en colonnes de compagnie, franchissent la Sauer et entraînent avec eux les fractions des *80ᵉ* et *87ᵉ*, réunies sur ce point après l'échec qu'elles avaient subi dans la matinée (3). Les batteries du XIᵉ corps avaient préparé cette nouvelle attaque du Nieder-Wald par un tir violent qui avait obligé les 1ᵉʳ et 2ᵉ bataillons du 3ᵉ zouaves à rétro-

---

(1) Heure indiquée par l'Historique de la 4ᵉ division. Il était probablement plus tard, d'après la suite même de cet Historique.

(2) Historique de la 4ᵉ division, rédigé par le colonel d'Andigné.

(3) « Les attaques de front du XIᵉ corps, débouchant sur la rive droite de la Sauer en un petit nombre de points, nous suggèrent une observation relative à la rapidité d'évolutions d'une infanterie réputée lourde et ne sachant se mouvoir que d'une façon rigide. Grand fut l'étonnement des officiers français postés au plateau du Lansberg, lorsqu'ils virent, vers midi un quart, un noir fourmillement de Prussiens déboucher du pont de Gunstett à la course, avec toutes les apparences du désordre.

« De cette fourmilière se dégageaient, comme par enchantement, des colonnes de compagnie allant former, sans hésitation et à une

grader dans l'intérieur du bois, de sorte que la lisière n'était plus que faiblement garnie. Le mouvement de l'ennemi, à travers les prairies qui bordent la Sauer, se fit sous un feu trop faible pour que cette masse de cinq bataillons environ put en être arrêtée et la première ligne pénétra, presque d'un seul élan, dans le secteur boisé.

Le 2ᵉ bataillon du 3ᵉ zouaves est refoulé jusqu'au sommet de ce secteur où il parvient à se maintenir grâce l'appui des 1ʳᵉ et 2ᵉ compagnies, puis des quatre autres compagnies du 2ᵉ bataillon du 56ᵉ qui s'engage ainsi en deux échelons sur sa gauche, partie dans le Nieder-Wald, partie au Nord de la lisière.

Un combat d'une intensité extraordinaire s'engage dans la partie Nord-Est de la forêt où quatre compagnies du 3ᵉ bataillon du 3ᵉ zouaves viennent, à leur tour, renforcer le 2ᵉ bataillon. L'ardeur de la lutte, l'épaisseur du fourré, la nature accidentée du sol amènent bientôt le mélange de toutes les compagnies rendent impossible toute direction et toute action d'ensemble. A plusieurs reprises, les Allemands cherchent à s'emparer du saillant situé vis-à-vis du Petit Bois (1) ; toutes leurs tentatives échouent devant l'intrépidité des zouaves dont les officiers, le capitaine de Saint-Sauveur en particulier, donnent le plus brillant exemple.

Malgré leur supériorité numérique, presque du double, les Allemands n'arrivent pas à pénétrer plus avant dans le bois; la lutte, caractérisée d'abord par des engagements partiels, alternativement offensifs et défensifs, dégénérera en un combat de pied ferme

---

allure rapide, un dispositif très régulier..... L'infanterie allemande savait déjà évoluer par les moyens les plus simples et les plus rapides, alors que nous étions encore rivés aux mouvements processionnels du xvIIIᵉ siècle ». (Général Bonnal, *loc. cit.*, page 315.)

(1) Il s'agit du petit bois situé au Sud d'Elsashausen et au Nord du Nieder-Wald. On l'appellera dorénavant le « Petit Bois ».

et restera stationnaire jusqu'au moment où le gros du XIe corps envahira plus tard le Nieder-Wald par sa lisière Sud.

2° L'attaque qui débouche de Gunstett se décompose en deux :

a) A gauche..
- 1ʳᵉ *ligne*. — Les six premières compagnies du *95e* se portent de Gunstett, par le Bruck-Mühl, sur Eberbach. A leur gauche marchent les 6ᵉ et 8ᵉ compagnies du *87e*. Ces troupes refoulent devant elles les tirailleurs du 3ᵉ turcos et quatre compagnies du 1ᵉʳ bataillon de chasseurs, et s'engagent en partie, face à la lisière Sud-Est du Nieder-Wald, contre le 1ᵉʳ bataillon du 3ᵉ zouaves.
- 2° *ligne*. — 3ᵉ, 4ᵉ, 7ᵉ compagnies du *87e* prennent position sur la route de Haguenau à Wœrth, ayant derrière elles les 3ᵉ, 4ᵉ, 10ᵉ, 11ᵉ compagnies du *80e*.
- *A la garde du pont de Gunstett.* — La 5ᵉ compagnie du *87e*.

b) A droite...
- Le *11e* bataillon de chasseurs marche sur la ferme Lansberg (Albrechtshaüserhof), suivi de la 2ᵉ compagnie du *95e*, obligeant les fractions avancées du 3ᵉ tirailleurs à rétrograder vers la crête.

L'artillerie de la division de Lartigue se met en batterie à la cote 222 pour arrêter les progrès de cette attaque, mais elle est obligée bientôt de se retirer en raison du feu écrasant de l'artillerie du XIe corps. « A partir de ce moment, il ne s'agit donc plus que de « chercher des positions défilées de la grande batterie « de Gunstett et permettant de tirer sur l'infanterie (1) ».

Bientôt, il devient impossible aux tirailleurs français « de tenir dans les 200 à 300 mètres de prairies qui sé-

---

(1) Rapport du capitaine Ducasse, commandant la 11ᵉ batterie du 12ᵉ, sur la journée du 6 août, daté de Froville, 11 août.

« parent la route du ruisseau. Le feu de mousque-
« terie dure quelque temps, mais de nouvelles troupes
« allemandes garnissent les pentes de la rive gauche
« et la disproportion numérique force nos hommes, déci-
« més par ces différents étages de feux, à reculer jus-
« qu'aux pentes boisées occupées depuis le matin (1). »

Là, par ses feux rapides, le 3ᵉ régiment de turcos arrêtera longtemps l'ennemi et ce n'est qu'au prix de longs
efforts que les Allemands parviendront à prendre pied
sur le plateau. Il en sera de même sur la lisière Sud-Est
du Nieder-Wald, où quatre compagnies du 1ᵉʳ bataillon
du 3ᵉ zouaves luttent avec la plus grande énergie contre
six compagnies du *95ᵉ*, soutenues en arrière par trois
compagnies du *87ᵉ* et quatre du *80ᵉ*. Là, sont tués les
capitaines Parson, Bruguerolle, Gaillard de la Roche,
celui-ci déjà blessé, le sous-lieutenant Perotel; le
sous-lieutenant Berthelet est frappé de huit balles.

c) *Attaque de flanc du XIᵉ corps par Morsbronn.* —
Les troupes du général de Schkopp, après avoir franchi
la Sauer et le Biberbach aux premiers ponts au Sud de
Gunstett, se déployèrent face aux lisières Sud et Est de
Morsbronn de la façon suivante :

En 1ʳᵉ ligne : 1ᵉʳ et 2ᵉ bataillons du *32ᵉ*, en ligne de
colonnes de compagnie.

En 2ᵉ ligne et en échelon débordant à gauche : 2ᵉ et
3ᵉ bataillons du *94ᵉ*, ayant chacun deux colonnes de
compagnie, suivies par un demi-bataillon en réserve de
bataillon.

En 3ᵉ ligne : les trois compagnies disponibles du
3ᵉ bataillon du *32ᵉ*.

En arrière de la droite de la 1ʳᵉ ligne, les 9ᵉ et 12ᵉ
compagnies du *80ᵉ* débouchaient par le Bruck-Mühl,

---

(1) Historique de la 4ᵉ division du 1ᵉʳ corps, par le colonel d'Andigné.

tandis que le 1ᵉʳ bataillon du *94*ᵉ restait à la garde des ponts de Dürrenbach. Les trois escadrons du *13*ᵉ régiment de hussards couvraient le flanc gauche de l'attaque.

L'artillerie de la division de Lartigue canonna ces troupes pendant la traversée des ponts et pendant qu'elles prenaient leur formation de combat. « Malheu-
« reusement, il ne nous était possible d'atteindre qu'un
« fort petit nombre de bataillons qui, dès qu'ils recevaient
« le moindre projectile, se dispersaient pour se reformer
« plus au loin ou même disséminés en tirailleurs (1) ».

D'ailleurs, l'obligation de se défiler des batteries de Gunstett restreignait le choix des positions utilisables qui, toutes, manquaient de vues suffisantes pour permettre d'agir efficacement (2).

Le commandant d'état-major Warnet est envoyé au Maréchal pour lui apprendre que toutes les réserves de la 4ᵉ division sont engagées et qu'elle ne peut arrêter le mouvement enveloppant de l'aile gauche de l'ennemi.

Le lieutenant-colonel Broye, aide de camp du Maréchal, revient avec le commandant Warnet. « Il nous
« apprend que la division Guyot de Lespart, du 5ᵉ corps,
« marche depuis 4 heures du matin pour venir nous
« rejoindre, et l'espoir qu'elle pourra arriver à temps et
« que le reste du 5ᵉ corps la suit, nous décide à deman-
« der à nos hommes de nouveaux efforts. Mes officiers
« et moi, nous courons annoncer aux divers comman-
« dants l'approche du 5ᵉ corps et porter l'ordre de
« tenir ferme (3). »

Mais les événements allaient se précipiter à l'extrême droite.

---

(1) Rapport du capitaine Ducasse.
(2) *Ibid.*
(3) Historique de la 4ᵉ division, par le colonel d'Andigné.

Deux compagnies seulement, les 4ᵉ et 5ᵉ du 2ᵉ bataillon du 3ᵉ tirailleurs, occupaient Morsbronn : l'une gardant les diverses issues du village, l'autre en réserve dans le cimetière qui entoure l'église. Le chef de bataillon, commandant Aubry, qui s'était établi dans le clocher, « vit bientôt des masses profondes d'infanterie qui com-
« mençaient à tourner notre droite, en suivant les bois
« et à pénétrer sur les derrières de notre position (1). »
Il fit immédiatement prévenir le général Lacretelle, commandant la 2ᵉ brigade, qui vint lui-même à Morsbronn, monta au clocher et jugea toute la gravité de ce mouvement, auquel ces deux faibles compagnies, et même la 4ᵉ division, attaquée de front, étaient dans l'impossibilité de résister. Sur l'ordre du général, le commandant Aubry évacua le village avec sa petite troupe (2) et se porta, sous un feu très vif d'artillerie, dans la partie de la plaine qui se trouve entre le Biberbach et la route de Haguenau à Wœrth, cherchant à se lier aux compagnies de droite du 1ᵉʳ bataillon du 56ᵉ, vigoureusement engagées elles-mêmes dans la direction de Gunstett.

« S'étant bientôt aperçu que ces troupes faiblissaient,
« que le mouvement tournant des Prussiens s'accentuait
« de plus en plus, il battit lui-même en retraite, vint s'éta-
« blir dans le chemin creux qui mène de Morsbronn à
« Gunstett et envoya demander des ordres à M. le
« général de Lartigue (3). »

Sur ces entrefaites, les troupes du général de Schkopp avaient continué leur marche sur Morsbronn évacué où le 1ᵉʳ bataillon du *32ᵉ* était entré sans coup férir, tandis

---

(1) Historique du 3ᵉ tirailleurs.
(2) Ce passage est en désaccord avec l'*Historique du Grand État-Major prussien*, aux termes duquel : « Le village de Morsbronn, faible-
« ment occupé par l'ennemi, est enlevé du premier élan par le 1ᵉʳ ba-
« taillon du 32ᵉ..... » (3ᵉ livraison, page 252.)
(3) Historique du 3ᵉ tirailleurs.

que le 2ᵉ bataillon du *32ᵉ* s'établissait sur les pentes à l'Ouest du village. Elles exécutent alors un changement de direction à gauche pour se porter vers le Nord-Ouest et faire tomber ainsi, en la prenant de flanc et à revers, toute la ligne de défense de la division de Lartigue. Le 56ᵉ de ligne, placé à l'extrême droite (3ᵉ et 1ᵉʳ bataillons), ne recevait pas d'ordre du général de division qui ne voulait pas battre en retraite, mais le sentiment instinctif qui porte à se tourner face à l'ennemi faisait appuyer de plus en plus le 1ᵉʳ bataillon en arrière et à droite.

Le colonel Ména venait d'être frappé de six balles en essayant d'entraîner ses deux bataillons à une contre-attaque ; le lieutenant-colonel Souville était atteint de deux coups de feu, le commandant Niel tué. Les débris du 56ᵉ sont ramenés au Nord, à la défense du plateau et l'aile droite du 3ᵉ tirailleurs, qui vient d'être découverte par la retraite du 56ᵉ, se replie à son tour. Une masse confuse, où se trouvent mêlés chasseurs à pied, fantassins, tirailleurs, se forme obliquement au plateau, faisant face, autant que possible, aux deux attaques à la fois, depuis la pointe Sud du Nieder-Wald, jusqu'à un petit bouquet de bois au Sud-Est d'Eberbach. L'artillerie de la division de Lartigue, établie à l'Ouest de la cote 222, soutient vaillamment l'infanterie, en dirigeant ses feux sur l'adversaire qui commence à déboucher de Morsbronn. Les batteries ennemies de Gunstett cherchent à la réduire au silence, mais leur tir « a perdu beaucoup de sa justesse, et les projectiles de leur vitesse, et ne cause aucun mal (1). »

Malgré l'énergie admirable que déploient officiers et soldats, il faut reculer peu à peu devant des forces très supérieures, d'autant plus que les cartouches com-

---

(1) Rapport du capitaine Ducasse.

mencent à manquer. La ferme de Lansberg, à laquelle l'artillerie ennemie a mis le feu, est évacuée par la 4ᵉ compagnie du 1ᵉʳ bataillon de chasseurs.

D'autre part, les progrès rapides de la brigade de Schkopp font craindre au général de Lartigue de se faire enlever son artillerie et de laisser prendre à revers les fractions de sa division qui combattent face à l'Est. Il envoie en conséquence aux batteries l'ordre d'aller s'établir au Nord-Ouest d'Eberbach ; puis, pour permettre aux 1ᵉʳ et 3ᵉ bataillons du 56ᵉ de ligne, au 3ᵉ tirailleurs et au 1ᵉʳ bataillon de chasseurs d'effectuer leur retraite sur la rive droite de l'Eberbach, le général de Lartigue charge le colonel d'Andigné, son chef d'état-major, de prier le général Duhesme de mettre à sa disposition un régiment de cuirassiers de la brigade Michel (1).

d) *Charge de la brigade de cuirassiers Michel.* — Cette brigade était disposée sur deux lignes, face à l'Est, dans le vallon formé par l'Eberbach, sur la rive gauche du ruisseau, entre le Nieder-Wald et le chemin de Gunstett à Eberbach (2).

---

(1) Historique de la 4ᵉ division du 1ᵉʳ corps, par le colonel d'Andigné.

« Le général Duhesme, à qui son état de santé ne permettait plus de monter à cheval, me fit signe d'approcher de lui. « Au nom du Ciel, me dit-il, dites au général de Lartigue qu'il va faire une folie et faire détruire pour rien mes cuirassiers. »

— « Mon général, lui répondis-je, le général n'a plus d'autre moyen de sauver les débris de sa division, et d'ailleurs écoutez ces braves gens et dites s'ils consentiraient à revenir intacts après avoir été témoins d'un pareil désastre. J'aime trop la cavalerie pour ne pas préférer pour elle ce qui va se passer à la douleur de n'avoir rien fait ; et je n'éprouve qu'un regret, c'est de ne pouvoir charger avec eux. »

Le général me comprit, essuya ses yeux d'un revers de main en disant : « Mes pauvres cuirassiers ! », et il me serra la main. Je ne l'ai plus revu ! » (Historique de la 4ᵉ division du 1ᵉʳ corps).

(2) D'après le rapport du général Duhesme sur la division de cava-

La 1re ligne était formée des quatre escadrons du 8e cuirassiers ;

La 2e ligne, des trois escadrons disponibles du 9e cuirassiers (1) et des 1er et 3e escadrons du 6e lanciers.

La brigade exécute d'abord une conversion à droite pour se placer face au Sud-Est, puis se porte en avant, pour gagner le plateau, en laissant à sa droite le petit bois d'Eberbach. Mais elle n'a pas l'espace nécessaire pour rester dans sa formation primitive, en bataille sur deux lignes, et elle rompt en colonne serrée (2). C'est dans cet ordre qu'elle gravit au petit trot les pentes occidentales du ravin où elle stationnait.

Le général Michel, accompagné du colonel de la Rochère, du 8e cuirassiers, va prendre les ordres du général de Lartigue. Celui-ci leur indique, dans la direction du Sud-Est, les troupes du général de Schkopp qui commencent à déboucher au Nord de Morsbronn, dans la formation suivante :

Le 1er bataillon du *32e* a deux compagnies (2e et 4e) sur les pentes au Nord de Morsbronn ; deux encore dans les rues du village (1re et 3e). A sa gauche, les deuxièmes bataillons du *32e* et du *94e* s'avancent, l'un en ligne de colonnes de compagnie, l'autre en ligne de demi-bataillons. Plus à gauche encore se trouve la compagnie de pionniers de la 22e division. Les 3es bataillons du *32e* et du *94e* ont été arrêtés au Sud de Morsbronn ; les 9e et 12e compagnies du *80e*, venant par le Bruck-Mühl approchent de l'entrée Nord du village. La première

---

lerie du 1er corps dans la journée du 6 août, le général de Lartigue lui fit demander « de mettre à sa disposition *un* régiment de cuirassiers ». Le général Michel chargea tout d'abord avec le 8e cuirassiers que le général Duhesme fit appuyer peu après par le 9e cuirassiers.

(1) Le 1er escadron du 9e cuirassiers était à la garde des bagages de la division de cavalerie du 1er corps.

(2) Rapport du général Michel.

ligne riposte à la fusillade qu'ont ouverte sur elle des groupes de tirailleurs occupant le petit bois d'Eberbach.

Le terrain sur lequel allait charger la brigade de cuirassiers Michel et qui sans doute n'avait pas été reconnu, « était particulièrement défavorable à l'ac-
« tion de la cavalerie ; des rangées d'arbres, des
« souches coupées à fleur de sol, de profonds fossés
« mettaient obstacle au mouvement de masses com-
« pactes, tandis que les pentes adossées et d'ailleurs
« complètement découvertes des collines ménageaient
« à l'infanterie toute l'action de son feu (1) ». Dès que le 8ᵉ cuirassiers apparaît sur le plateau, il est criblé de balles sur son flanc gauche par des fractions ennemies qui avaient atteint à ce moment la croisée des chemins Frœschwiller-Morsbronn et Gunstett-Eberbach et reçoit des obus lancés par l'artillerie du XIᵉ corps. Le régiment supporte ce feu « avec un admirable courage » (2). Il tente de se déployer, mais un bouquet de bois fait refluer les deux escadrons de droite sur la gauche (3) et il ne reste plus le temps d'achever le déploiement « qui, du reste, aurait été impossible devant le feu qui « nous atteignait déjà » (4). La charge a donc lieu sur un front de deux escadrons environ (5).

La direction est prise sur les 2ᵉ et 4ᵉ compagnies

---

(1) *Historique du Grand État-Major prussien*, 3ᵉ livraison, page 253.
(2) *Ibid.*
(3) Rapport du général Duhesme.
(4) Rapport du général Michel.
(5) Rapport du général Duhesme. « Pour rendre plus difficile encore
« ce déploiement à *tiroirs* de la colonne serrée, comme il existait dans
« notre ancien règlement, le terrain sur lequel arrivait la brigade
« était parsemé d'obstacles et couvert d'arbres dont les branches,
« très basses, arrêtaient les cuirassiers. Quelques escadrons cepen-
« dant purent arriver en ligne..... » (Quelques épisodes de la charge de Morsbronn, par un témoin oculaire. *Revue de cavalerie*, août 1887, page 478).

du *32ᵉ*, qui prenaient leur formation de combat de part et d'autre du débouché Nord de Morsbronn et qui étaient plus visibles que les 2ᵉˢ bataillons du *32ᵉ* et du *94ᵉ*, encore masqués par les vignes et les vergers situés plus à l'Ouest. Ces deux compagnies « se réfugièrent immé-
« diatement dans les houblonnières ou regagnèrent les
« lignes de droite et de gauche ; la charge, dont l'impé-
« tuosité ne permettait plus un changement de direc-
« tion, passa donc à travers un espace vide, au milieu
« des feux croisés de l'ennemi (1) ». Le 8ᵉ cuirassiers était soumis, en effet, à gauche, à la fusillade du 1ᵉʳ bataillon du *32ᵉ* ; à droite, à celle des 2ᵉˢ bataillons des *32ᵉ* et *94ᵉ*, dont les compagnies avaient fait un quart de conversion à droite. Néanmoins, la charge continue
« avec la plus impétueuse énergie et descend comme
« un torrent sur Morsbronn (2) ».

Là, le régiment se divise. Quelques fractions des 1ᵉʳ et 3ᵉ escadrons se précipitent sur l'infanterie et renversent une partie des tirailleurs de la 2ᵉ compagnie du *32ᵉ*. La majeure partie de ces deux escadrons saute sur la route placée en contre-bas, où beaucoup de chevaux s'abattent, et s'engage à fond de train dans l'étroite et longue rue de Morsbronn ; des maisons déjà occupées, les Allemands les fusillent à bout portant (3).

« Les cuirassiers qui peuvent arriver au bout du

---

(1) Rapport du général Michel.
L'*Historique du Grand État-Major prussien* dit, au contraire (3ᵉ livraison, page 254) : « Ces troupes auraient pu trouver un appui dans
« les vignes ou les houblonnières voisines ; plus en avant, quelques
« rangées d'arbres leur offraient également un abri à portée ; néan-
« moins, elles attendent de pied ferme la téméraire attaque des cui-
« rassiers, sans recourir ni aux carrés, ni même aux groupes de tirail-
« leurs, et dans la formation qui comportait l'action la plus efficace de
« leurs feux ».
(2) Historique du 8ᵉ cuirassiers, page 269.
(3) 1ʳᵉ et 3ᵉ compagnies du *32ᵉ*.

« village, malgré le feu et les cadavres d'hommes et de
« chevaux amoncelés dans la rue, sont arrêtés par une
« barricade et sont obligés de faire demi-tour sous le
« feu. Les 4ᵉ et 5ᵉ escadrons tournent le village (par le
« Nord), se reforment sous la mitraille pour charger
« encore dans le fond du ravin.....
« Ils font des trouées dans les houblonnières où
« culbutent cavaliers et montures ; ils chargent, ils
« chargent encore, et balaient dans la plaine, jusqu'à
« Dürrenbach et Walbourg, tout ce qui se rencontre
« devant eux (1) ».

Le général Duhesme avait fait appuyer de près la charge du 8ᵉ cuirassiers par le 9ᵉ, et les 1ᵉʳ et 3ᵉ escadrons du 6ᵉ lanciers avaient suivi, sur l'initiative du capitaine Pouet qui les commandait (2).

Grâce au répit que lui a procuré l'attaque du 8ᵉ cuirassiers, le 9ᵉ a eu le temps de se déployer, et charge à son tour, les deux escadrons de lanciers formant deuxième ligne, en arrière et à gauche.

La direction est prise sur l'extrême gauche des troupes du général de Schkopp, constituée par la compagnie de pionniers de la 22ᵉ division, qui, formant un groupe confus et d'un front assez étendu, ouvre le feu à 250 mètres. Elle est, en partie, foulée aux pieds des chevaux ; mais les escadrons sont obligés de s'écouler vers l'Ouest en raison du feu des compagnies du 32ᵉ

---

(1) Historique du 8ᵉ cuirassiers, page 270.

(2) « Voyant les cuirassiers bondir à la charge, le capitaine Pouet
« se retourna vers ses hommes et, mettant le sabre au clair, il leur dit
« avec la plus belle énergie : « Mes amis, nous ne pouvons pas rester
« en place ici ; il nous faut courir au secours et à l'aide de nos bons
« camarades les cuirassiers. » (Notes données à la Section historique
par le capitaine Quirot, attaché à l'état-major de la 2ᵉ brigade de la
division de cavalerie du 1ᵉʳ corps.)

Voir aussi : Commandant Urdy. *Souvenirs d'un officier de lanciers*,
page 98.

voisines qui ont fait un demi à gauche. La charge continue néanmoins; cuirassiers et lanciers obliquent à gauche pour s'engouffrer dans la grande rue qui traverse Morsbronn de l'Ouest à l'Est et dont les maisons et enclos sont occupés par des fractions du 3ᵉ bataillon du *94*ᵉ.

« C'est là qu'eut lieu la grande tuerie; ces malheu-
« reux cavaliers, entassés, serrés, dans un chemin
« encaissé, sont fusillés à bout portant par des fantassins
« postés dans les jardins qui dominent la route; il n'y
« avait pas de lutte, pas un ennemi à la portée des coups
« des cuirassiers; c'était un défilé sous la mitraille. Le
« chemin fut tellement encombré de cadavres de che-
« vaux et d'hommes que, le soir, la bataille terminée,
« lorsque les Prussiens voulurent y passer avec leurs
« prisonniers, ils furent obligés d'y renoncer (1) ».

Le colonel Waternau a un cheval tué sous lui; le maréchal des logis chef, Mansart, lui donne le sien.....
On tente une sortie par le Sud du village, elle échoue; le colonel en tente une seconde par le côté Nord, elle échoue également; le colonel est démonté pour la seconde fois (2). Toutes les rues sont barricadées, même l'entrée de celle par où les cuirassiers ont fait irruption dans Morsbronn; ils tourbillonnent dans le village à la recherche d'une issue et sont presque tous mis hors de combat ou pris. Une cinquantaine de cuirassiers du 8ᵉ, qui étaient parvenus à sortir sains et saufs de Morsbronn, sont aperçus, en arrivant sur les bords de l'Eberbach, par les trois escadrons du *13*ᵉ hussards prussien, en marche vers le Nord. L'un de ces escadrons fait demi-tour et se dirige vers les cuirassiers, ralliés rapidement

---

(1) Quelques épisodes de la charge de Morsbronn. (*Revue de cavalerie, loc. cit.*)
(2) Historique du 9ᵉ cuirassiers, page 210.

par un capitaine du 8ᵉ, secondé par un maréchal des logis chef.

« Ces cinquante hommes s'avancent au-devant des
« hussards qui, malgré leur supériorité numérique,
« n'osent pas encore les aborder. L'ennemi s'arrête et
« semble attendre de pied ferme un choc qui ne peut
« plus être bien dangereux : les chevaux des cuirassiers
« presque tous blessés, harrassés par la longue course
« qu'ils viennent de fournir dans un terrain lourd et
« difficile, sont à bout de forces. Les deux lignes de
« cavalerie, hussards prussiens et cuirassiers français,
« se faisant face, s'arrêtent à dix pas l'une de l'autre ;
« aucune des deux troupes ne songe à charger; tous ont
« le sabre à la main, et personne ne s'en sert. Si, à cet
« instant, un seul des cavaliers se fût précipité hardi-
« ment en avant, nul doute qu'une mêlée de cavalerie,
« dont l'issue ne peut être douteuse, n'en fût résultée.
« Ce choc ne se produisit pas : les cuirassiers si peu
« nombreux, si cruellement éprouvés par leur longue
« et douloureuse charge, affolés peut-être encore par
« l'effroyable carnage de la rue de Morsbronn, sentent-
« ils l'inutilité d'un dernier effort? Les hussards redou-
« tent-ils encore d'affronter ces solides gaillards au
« visage énergique qui viennent de montrer une si
« froide bravoure et qui, malgré leur petit nombre,
« n'hésitent pas à leur faire résolument face à la voix de
« leurs chefs? Personne ne saurait dire ce qui se passait
« alors dans l'âme de tous ces hommes qui se mena-
« çaient à si courte distance, mais ne s'abordaient pas.

« Car, chose étrange, il n'y a eu là aucune mêlée,
« aucun coup de sabre; et si les historiques des régi-
« ments mentionnent des tués et des blessés dans cette
« affaire, ce n'est pas l'arme blanche qui les fit. Hus-
« sards et cuirassiers, arrêtés face à face, à dix pas les
« uns des autres, se fusillent à bout portant; les cuiras-
« siers, laissant pendre au poignet leur latte, sortent

« des fontes leur mauvais pistolet, et une fusillade de
« quelques secondes éclate entre les deux cavaleries.
« La première décharge abat de part et d'autre quel-
« ques chevaux, quelques cavaliers; puis, tout à coup,
« diminués encore, n'ayant plus, comme les hussards,
« d'autres coups de feu à tirer, les cuirassiers qui
« restent s'éparpillent en un clin d'œil et essayent de
« rejoindre les lignes françaises. Les hussards purent,
« sur ce point, ramasser quelques prisonniers tombés
« avec leurs chevaux dans une dernière chute (1) ».

Le 8e cuirassiers laissait sur le champ de bataille les deux tiers de son effectif, morts, blessés ou disparus (2); le 9e avait subi des pertes plus considérables encore (3). Les 1er et 3e escadrons du 6e lanciers avaient perdu onze officiers sur treize et les neuf dixièmes de leur effectif (4).

---

(1) Quelques épisodes de la charge de Morsbronn. (*Revue de cavalerie, loc. cit.*)

D'après l'*Historique du Grand État-Major prussien* (3e livraison, page 255), une « courte mêlée » s'engagea entre les 50 cuirassiers français et les hussards prussiens, « à la suite de laquelle la cavalerie
« française, déjà épuisée, est culbutée et poursuivie à une certaine
« distance ».

(2) Historique du 8e cuirassiers, page 271. — 15 officiers, 280 hommes, 275 chevaux. (Rapport du général Duhesme.)

(3) 30 officiers, 338 hommes et 336 chevaux. (Rapport du général Duhesme.)

(4) Historique du 6e lanciers.

« Cette charge eut toutefois un heureux résultat. Elle permit au
« général de Lartigue de gagner, sans être inquiété, la position du
« Nieder-Wald, et, en y réfléchissant, je ne pense pas qu'on puisse
« regretter cette charge mal dirigée. Elle a, du moins, prouvé à
« l'ennemi que nos cavaliers étaient les dignes émules de ceux du
« premier Empire et qu'ils méritaient toujours cet éloge de Wellington :
« La cavalerie française est la première cavalerie du monde, car elle
« charge à fond ». (*Souvenirs inédits du maréchal de Mac-Mahon*,
6 août.)

e) *Retour offensif des débris de la division de Lartigue.*
— Pendant la charge de la brigade Michel, on avait constitué à la 4ᵉ division des groupes composés de turcos, de chasseurs à pied et de soldats du 56ᵉ. Deux compagnies du 3ᵉ zouaves (5ᵉ et 6ᵉ du 1ᵉʳ bataillon), qui jusquelà avaient été peu engagées, sont lancées en avant de la lisière Sud-Est du Nieder-Wald, dans la direction du Bruck-Mühl, et entraînent avec elles quelques fractions du 3ᵉ tirailleurs et du 1ᵉʳ bataillon de chasseurs encore compactes (1 h. 30). Le *11ᵉ* bataillon de chasseurs cède sous le choc ; « les troupes établies au
« Sud plient également et force est d'évacuer la position
« de l'Albrechtshaüserhof. Mais ce mouvement rétro-
« grade dégage les vues de l'artillerie postée à Guns-
« tett, qui, ne se trouvant plus masquée par ses
« propres troupes, ne tarde pas à arrêter les progrès
« de l'infanterie française ; les tirailleurs prussiens par-
« viennent de nouveau à reprendre pied et à soutenir le
« combat..... (1) ».

Les deux compagnies du 3ᵉ zouaves sont très éprouvées ; le commandant Charmes qui les dirigeait est blessé mortellement.

Grâce à l'héroïsme de la brigade Michel, à la vigueur du retour offensif des glorieux débris de la division de Lartigue, à l'attitude énergique des deux compagnies de zouaves, qui se maintiennent dans le rentrant du Nieder-Wald, au Nord de la cote 233, à la ténacité enfin de quelques groupes du 3ᵉ tirailleurs qui défendent le hameau d'Eberbach et le bouquet de bois au Sud-

---

(1) *Historique du Grand État-Major prussien,* 3ᵉ livraison, page 257.
Cet Historique, mentionnant ce retour offensif exécuté par 300 ou 400 hommes environ, s'exprime ainsi :
« De *fortes* colonnes françaises, précédées d'un *épais* rideau de tirail-
« leurs, se portent vigoureusement contre les hauteurs d'Albrechts-
« haüserhof. »

Est, les restes de la division de Lartigue ont le temps d'évacuer le plateau et de se replier sur les hauteurs à l'Ouest d'Eberbach, où sont déjà établies les batteries divisionnaires.

« Nos pertes en officiers ont été si grandes qu'il « devient bien difficile de régulariser la défense. Les « tirailleurs ont perdu les commandants Clemmer et « Thiénot; le 56e, les colonels Ména et Souville, le com-« mandant Niel. Le commandant Bureau, du 1er batail-« lon de chasseurs, est tué. Il manque enfin aux zouaves « le lieutenant-colonel Deshorties et les commandants « Charmes, Pariset et Morlan. En tout, dix officiers « supérieurs sur seize (1) ».

Cependant, les troupes du général de Schkopp continuent leur mouvement en avant vers le Nord. Le *32e* forme la ligne principale sur les hauteurs au Nord-Ouest de Morsbronn, ayant à sa gauche la compagnie de pionniers de la *22e* division, et se reliant peu à peu par sa droite aux éléments du XIe corps qui ont exécuté l'attaque de front par Gunstett. Deux compagnies du *80e* sont en deuxième ligne « avec un détachement d'isolés « de divers corps (2) ». Le 3e bataillon du *94e* suit le vallon de l'Eberbach; les 9e et 10e compagnies sur la rive gauche, les 11e et 12e sur la rive droite. Enfin, en arrière de la droite du *32e*, marchent sur la route de Morsbronn à Frœschwiller, le 2e, puis le 1er bataillon du *94e*.

La retraite de la division de Lartigue, sur la rive droite de l'Eberbach, détermine une nouvelle phase de la bataille. Désormais l'extrémité Sud de la ligne de résistance du 1er corps est brisée, et comme la défense n'a pas été organisée en profondeur, comme les réserves

---

(1) Historique de la 4º division.
(2) *Historique du Grand État-Major prussien*, 3e livraison, page 256.

sont insuffisantes, cette ligne va nécessairement se rompre, partie par partie, sous la double attaque de front et de flanc. A mesure que la longueur diminue, l'élément qui subsiste sera de plus en plus exposé et serré de plus près par ces deux attaques qui se rapprochent l'une de l'autre, de sorte que la situation des derniers défenseurs deviendra de plus en plus critique.

La bataille, indécise, jusqu'au mouvement enveloppant du général de Schkopp, se dessine donc en faveur des Allemands à partir de 1 heure de l'après-midi.

§ 2. — *Le Prince royal arrive sur le champ de bataille.*

« Au quartier général du Prince royal, à Soultz, on
« entendait, depuis 9 heures, la canonnade du côté de
« Wœrth. Mais comme, par moments, elle se taisait
« presque complètement, on espérait qu'il ne s'agissait
« que d'une affaire d'avant-postes, et que la bataille ne
« s'engagerait pas le jour même. Vers 11 heures, le
« bruit reprit soudain avec tant de force, que le Prince
« royal, dont les chevaux étaient prêts, partit aussitôt à
« toute bride (1), avec la plus grande partie de son état-
« major. Il arriva un peu avant midi, sur les hauteurs
« à l'Est de Wœrth, et se rendit bientôt compte par lui-
« même et par les rapports qu'il reçut, de l'impossibilité
« d'arrêter le combat (2) ». L'affaire était engagée à fond.

Sans doute, pour le moment, « on ne disposait d'au-
« cune réserve proprement dite en arrière de cette ligne

---

(1) Sur les instances du général de Blumenthal. (*Tagebücher des Generalfeldmarschalls Graf von Blumenthal 1866 und 1870-1871.* Berlin, 1902, page 73.)

(2) Von Hahnke. *Opérations de la IIIe armée*, page 67.

« de bataille de quatre kilomètres, s'étendant de Gœrs-
« dorf à Gunstett ; mais à lui seul le V⁰ corps suffisait,
« avec l'appui de 200 bouches à feu, à assurer cette
« ligne contre une tentative éventuelle de l'ennemi pour
« la rompre, et, dans le cours de l'après-midi on allait
« avoir, sur chacune des ailes, de 30,000 à 40,000 hom-
« mes à engager (1). »

Le commandant de la III⁰ armée estimait, d'ailleurs, que l'effectif de l'armée française ne pouvait dépasser 60,000 hommes, en admettant que le maréchal de Mac-Mahon eût réuni au 1ᵉʳ corps une division du 7ᵉ et une du 5ᵉ corps. « Il était fort douteux que l'on pût retrou-
« ver plus tard des circonstances aussi favorables (2). »

Le Prince royal se décidait donc, vers 1 heure, à laisser la bataille se poursuivre, le V⁰ corps gardant la défensive sur la Sauer, « jusqu'au moment où le
« XI⁰ corps entrerait en ligne et pourrait attaquer avec
« toutes ses forces (3). » Le général de Blumenthal expédiait en conséquence au général de Kirchbach l'ordre suivant :

6 août, 1 heure.

« Le V⁰ corps différera son attaque jusqu'à l'approche
« du général von der Tann (4), dirigé au Nord de
« Preuschdorf. Il en est de même de la 21ᵉ division qui
« a l'ordre de marcher sur Wœrth (5). Ils ne pourront

---

(1) *Historique du Grand État-Major prussien*, 3ᵉ livraison, page 241.
(2) *Ibid.*, page 242.
(3) Von Hahnke. *Loc. cit.*, page 68.
(4) Commandant le 1ᵉʳ corps bavarois.
(5) Le Prince royal semblait donc ignorer, à ce moment, que la plus grande partie de la 21ᵉ division était engagée sur la rive droite de la Sauer, entre Spachbach et Gunstett. Il supposait probablement que, conformément à l'ordre de la III⁰ armée, du 5 août, le XI⁰ corps était venu bivouaquer à Hoelschloch, d'où la 21ᵉ division se serait dirigée sur Wœrth.

« guère arriver avant une heure ou deux. Le corps
« Werder est également appelé, mais il se passera bien
« trois heures avant son arrivée (1). »

Signé : von Blumenthal.

Mais, d'une part, le général de Kirchbach fit connaître au Prince royal qu'à l'exception de quelques bataillons conservés en réserve, « tout le reste de son corps d'ar-
« mée était au feu (2) » et, d'autre part, on s'aperçut, sans doute, à l'état-major de la III⁰ Armée, que l'ordre donné à la *21⁰* division de marcher sur Wœrth était inexécutable.

Le Prince royal prescrivit alors :

« Au Ier corps bavarois : de faire passer immédiate-
« ment une division sur la rive droite de la Sauer et de
« la porter sur la ligne de bataille entre le II⁰ corps
« bavarois et l'aile droite du V⁰ corps. »

Au II⁰ corps bavarois : « De prendre vigoureusement
« l'offensive ; »

Au XI⁰ corps : « D'attaquer également dans la direc-
« tion de Frœschwiller par Elsashausen ; »

Au corps Werder : de « faire suivre le XI⁰ corps par
« la division würtembergoise, tandis que la division
« badoise resterait à Surbourg pour couvrir le flanc
« gauche ; »

« La 4⁰ division de cavalerie dont l'emploi paraissait

---

(1) Stieler von Heydekampf. *Loc. cit.*, page 50.
L'*Historique du Grand État-Major prussien* mentionne cet ordre sans faire allusion à la prescription concernant la *21⁰* division de marcher sur Wœrth. (3⁰ livraison, page 242.)

(2) Von Hahnke. *Loc. cit.*, page 70 ; Stieler von Heydekampf. *Loc. cit.*, page 51. D'après ce dernier, il ne restait en réserve à ce moment que les 1er et 3⁰ bataillons du *46⁰*.

« sans utilité dans ce terrain très accidenté, dut, jusqu'à
« nouvel ordre, servir de réserve générale (1) ».

A ce moment (1 heure de l'après-midi), la situation du Ier corps bavarois et du corps Werder était la suivante :

Ier *Corps bavarois.* — La 2e brigade d'infanterie (avant-garde) se rassemblait au Sud de Gœrsdorf ; les deux bataillons d'avant-postes (2) en première ligne, le reste en arrière sur deux lignes ; le 3e régiment de chevau-légers était à l'Est de Gœrsdorf ; la batterie d'avant-garde (3e du 1er régiment Grundherr) avait pris position sur la hauteur au Sud du village ; elle sera rejointe un peu plus tard par les trois autres batteries de la 1re division bavaroise.

La 1re brigade d'infanterie, parvenue à Preuschdorf, prenait à travers champs la direction de Gœrsdorf. Le reste du corps d'armée était encore en marche et se trouvait à peu près à hauteur de Lobsann (3).

Le général von der Tann, commandant le corps d'armée, arrivait sur le champ de bataille et se rendait auprès du général de Kirchbach pour se renseigner sur la situation et arrêter, de concert avec lui, les dispositions ultérieures.

Corps Werder. — La 1re brigade de la division würtembergoise avait été maintenue entre Schwabwiller et Betschdorf avec ordre de résister à toute attaque qui viendrait à se produire par la forêt de Haguenau.

La 2e brigade, venant de Reimersviller, était à Surbourg, arrêtée dans sa marche vers Gunstett par les

---

(1) Von Hahnke. *Loc. cit.*, page 70.
L'*Historique du grand Etat-Major prussien* reproduit ces divers ordres sans parler toutefois de la 4e division de cavalerie.
(2) 4e bataillon de chasseurs, 1er bataillon du 2e régiment.
(3) *Historique du Grand État-Major prussien*, 3e livraison, page 239.

trains du XIe corps; elle sera rassemblée, vers 2 heures, entre le bois Westerholtz et la Sauer ;

La 3e brigade, avec la réserve d'artillerie, venant de Reimerswiller, atteindra Hœlschloch vers 1 h. 30 ;

La brigade de cavalerie, qui compte encore cinq escadrons, avait été mise à la disposition du XIe corps et s'établissait au débouché Ouest du bois Westerholtz;

La division badoise, arrivée à Hohwiller, avait l'ordre de se diriger sur Surbourg.

§ 3. — *Le Ve corps entre en ligne tout entier.*

Entre midi 30 et 1 heure, le général de Kirchbach, « afin de mieux s'assurer à Wœrth (1) », avait porté sur la rive droite de la Sauer, en réserve, les 1er et 3e bataillons du *46*^e (2), de sorte que, déduction faite des détachements laissés à Gunstett (3), à Gœrsdoff (4) et auprès de l'artillerie, toute l'infanterie de la *10*^e division se trouvait engagée en première ligne. Elle luttait sur les lisières Ouest et Sud de Wœrth pour en interdire l'accès au 2e zouaves, appuyé à gauche par le 3e bataillon du 48e (5) par le 3e bataillon du 36e de ligne, la 1re compagnie du 2e bataillon du 78e et deux compagnies du 8e bataillon de chasseurs (6), à droite par le 1er bataillon du 21e de ligne.

---

(1) *Historique du Grand État-Major prussien*, 3e livraison, page 242.

(2) Le 2e bataillon du *46*^e avait déjà été appelé à Wœrth vers midi et demi.

(3) 2e bataillon du *50*^e.

(4) 1re et 2e compagnies du *37*^e, 1er et 3e bataillons du *59*^e, 5e bataillon de chasseurs.

(5) La majeure partie du 2e bataillon du 48e était allée renforcer le 2e tirailleurs; le 1er bataillon se trouvait à la lisière Nord du bois de Frœschwiller.

(6) Les deux premières compagnies de ce bataillon, placées le matin

« Ne voulant pas abandonner le terrain si chèrement
« conquis, que plus tard il faudrait disputer plus chère-
« ment encore, le général von Kirchbach avait fait
« avancer la 9ᵉ division, peu de temps avant d'avoir
« reçu la communication de l'ordre du général en
« chef..... (1) »

La *17ᵉ* brigade avait été dirigée des environs de
Dieffenbach sur Wœrth, la *18ᵉ*, du même point sur
Spachbach.

A ce moment, d'ailleurs (1 h. 30), le commandant du
Vᵉ corps apercevait les progrès du XIᵉ corps (2) et savait
que la première division bavaroise allait entrer en ligne
à l'Ouest de Gœrsdorf (3).

a) *Echec de la 17ᶜ brigade*. — La *17ᵉ* brigade, formée
des *58ᵉ*, *59ᵉ* régiments d'infanterie et du *5ᵉ* bataillon de
chasseurs, ne comptait plus que cinq bataillons depuis
l'envoi à Gœrsdorf des 1ᵉʳ et 3ᵉ bataillons du *59ᵉ*. Elle
détacha encore trois compagnies du *5ᵉ* bataillon de

---

en soutien de l'artillerie divisionnaire, étaient venues à 11 heures se joindre au 1ᵉʳ bataillon du 2ᵉ zouaves. (Historique du 1ᵉʳ bataillon de chasseurs.) Les quatre autres compagnies furent envoyées par le général Raoult au soutien du 2ᵉ tirailleurs.

(1) Stieler von Heydekampf. *Loc. cit.*, page 51.

(2) « Des hauteurs de Dieffenbach, on pouvait suivre les progrès de
« l'attaque du XIᵉ corps ». (*Historique du Grand État-Major prussien*,
3ᵉ livraison, page 268.)

« Le XIᵉ corps avait déjà quelques-uns de ses bataillons près du
« Nieder-Wald ». (Stieler von Heydekampf. *Loc. cit.*, page 51.)

« Des hauteurs à l'Est de Wœrth, on pouvait apercevoir nettement
« les progrès du XIᵉ corps, qui gagnait de plus en plus de terrain vers
« Elsashausen ». (Helvig. *Das I bayerische Armee Corps im Kriege
1870-71*. München, 1872, page 21.)

(3) A 1 h. 30, le Prince royal avait déjà prescrit au général von der
Tann de passer la Sauer pour venir appuyer le Vᵉ corps (*Historique du
Grand État-Major prussien*, 3ᵉ livraison, page 268), et le général de
Kirchbach avait l'assurance d'être soutenu par les corps voisins. (Stieler
von Heydekampf. *Loc. cit.*, page 50.)

7ᵉ fascicule.

chasseurs à Gœrsdorf où elles rallièrent les 1re et 2e compagnies du *37e* (1) (*20e* brigade). Ces cinq compagnies franchirent la Sauer à l'Ouest du village : l'une d'elles (2) resta en réserve au Vieux-Moulin, tandis que les quatre autres s'engageaient, dans le promontoire boisé entre le Sauerbach et le Sulzbach, contre le 2e bataillon du 2e tirailleurs qui bordait la lisière du saillant Nord-Est du bois de Frœschwiller. Malgré l'arrivée de ces troupes fraîches, l'ennemi ne put faire aucun progrès sur ce point où le 1er bataillon du 78e de ligne (commandant Moufflet) avait été envoyé par le général Raoult en deux échelons : le premier de trois compagnies (2e, 3e, 4e), le second de deux autres (5e et 6e), demeurées tout d'abord en soutien de l'artillerie ; la 1re compagnie du même bataillon restant auprès du maréchal de Mac-Mahon.

Plus tard, les cinq compagnies prussiennes « finirent « par se relier à l'infanterie bavaroise (3) ». De son côté, le 2e bataillon du 2e tirailleurs fut renforcé, vers 1 h. 30, par les quatre compagnies de gauche du 8e bataillon de chasseurs, restées jusque là dans la partie occidentale du bois de Frœschwiller (4).

Les éléments de la *10e* division ne se maintenaient à Wœrth qu'avec difficulté et « à peine arrivée sur la « Sauer, la *9e* division dût franchir la rivière pour sou- « tenir la lutte (5) ». Mais il avait fallu procéder à Wœrth au remplacement des passerelles improvisées qui avaient servi jusqu'alors, et la 1re compagnie de pionniers du

---

(1) Qui s'y trouvaient aux avant-postes.
(2) 2e du 5e bataillon.
(3) Stieler von Heydekampf. *Loc. cit.*, page 51.
(4) Elles s'y trouvaient depuis 10 heures, après avoir été « d'abord préposées à la garde d'une batterie d'artillerie ». (Rapport du capitaine Proust, commandant le 8e bataillon de chasseurs à pied.)
(5) Stieler von Heydekampf. *Loc. cit.*, page 52.

V⁰ corps (1), chargée de l'opération, ne l'avait pas encore terminée. D'autre part, « les rues du bourg étaient rem-« plies de troupes, de blessés, d'habitants affolés ; les « obus, éclatant au milieu de cet encombrement, venaient « encore accroître le désordre (2) ». Aussi, les quatre bataillons disponibles de la *17ᵉ* brigade avaient-ils été ralentis dans leur mouvement et l'on ne parvint à réunir tout d'abord, au débouché Nord-Ouest du bourg, que les 1ᵉʳ et 3ᵉ bataillons du *58ᵉ*. Le 2ᵉ bataillon de ce régiment et le 2ᵉ bataillon du *59ᵉ* restaient provisoirement sur la rive gauche de la Sauer où ils constituaient, avec le 2ᵉ bataillon du *6ᵉ* (*19ᵉ* brigade), la réserve d'infanterie du Vᵉ corps. Le *4ᵉ* régiment de dragons venait, du petit bois de Dieffenbach, se masser à l'entrée orientale de Wœrth.

Apercevant des colonnes qui, des hauteurs de la rive gauche de la Sauer, descendaient sur Wœrth et Spachbach, le général Pellé, commandant la 2ᵉ division du 1ᵉʳ corps, avait pris l'initiative d'engager les trois batteries de cette division, jusque-là conservées en réserve. Elles vinrent s'établir vers midi 30 immédiatement au Sud de Frœschwiller, dans l'ordre suivant, de la gauche à la droite : 9ᵉ du 9ᵉ (Didier), 12ᵉ du 9ᵉ (Viel), 10ᵉ du 9ᵉ (de Saint-Georges, mitrailleuses), et ouvrirent le feu sur l'infanterie ennemie. La batterie de mitrailleuses, « sur « laquelle se concentrèrent en un instant les feux de « plusieurs batteries ennemies, eut terriblement à souf-« frir (3) » ; le plateau où elle se trouvait établie fut « criblé d'obus à balles qui renversèrent très rapide-« ment chevaux et servants » et son tir ne' fut que « de courte durée (4) ». Les deux batteries de 4, par

---

(1) Servant l'équipage de ponts léger du Vᵉ corps.
(2) *Historique du Grand État-Major prussien*, 3ᵉ livraison, page 243.
(3) Rapport du lieutenant-colonel commandant l'artillerie de la 2ᵉ division.
(4) Rapport du capitaine commandant la 10ᵉ batterie du 9ᵉ.

contre, se maintinrent très énergiquement pendant près de deux heures, « malgré le feu d'une artillerie très « supérieure en nombre, et elles ne se retirèrent qu'a- « près avoir épuisé toutes leurs munitions (1) ». De son côté, le général Ducrot avait envoyé la 6ᵉ batterie du 9ᵉ prendre position à Frœschwiller même; enfin la batterie de 4 Desruols (6ᵉ du 12ᵉ) de la 3ᵉ division, établie au Nord-Est de ce village continuait à s'y maintenir et y resta en action jusqu'à la fin de la bataille, par un tir intermittent qui lui permit de ménager ses munitions.

Mais le feu des batteries de 4 était bien peu efficace, tant contre l'artillerie adverse que sur l'infanterie qui débouchait de Wœrth. Aussi, vers 2 heures, les 1ᵉʳ et 3ᵉ bataillons du 58ᵉ étaient-ils parvenus à se déployer au delà du débouché Nord-Ouest du bourg d'où ils marchaient sur Frœschwiller, leur droite à la route, refoulant devant eux les tirailleurs du 2ᵉ zouaves. Déjà ils arrivent à moins de 200 mètres de la position qu'occupe le gros du demi-régiment de gauche quand, subitement, « les zouaves se relèvent comme un seul homme à la « voix de leurs officiers restés debout à leur place de « bataille; ils mettent d'eux-mêmes la baïonnette au « canon et, poussant des cris de victoire, bondissent « dans les vignes à la suite du général L'Hériller qui « dirige la contre-attaque, le képi au bout de la canne. « La soudaineté et l'impétuosité de l'attaque sont telles « que tirailleurs et officiers ennemis se débarrassent « de leurs armes et de leurs manteaux en sautoir (2) pour « fuir plus vite. Les soutiens, massés dans les vignes à « peu de distance de Wœrth, ne font aucune résistance

---

(1) Rapport du général Pellé sur la journée de Frœschwiller.

(2) « Le 6 août, l'infanterie du Vᵉ corps prussien a combattu sans sacs, le bonnet sur la tête, le casque accroché au fourreau de baïonnette, le manteau en sautoir, les cartouches dans l'étui-musette ». (Général Bonnal, *Frœschwiller*, page 351.)

« et les zouaves pénètrent pêle-mêle dans le village. Ils
« y sont accueillis par une fusillade meurtrière partant
« des soupiraux, des fenêtres et surtout des toitures où
« les défenseurs ont pratiqué des ouvertures. Le sous-
« lieutenant Cheylard tombe percé de sept blessures
« dans la grande rue; le sous-lieutenant de Goué, qui
« dirige le feu d'une poignée d'hommes contre les
« toits, reçoit une balle en pleine poitrine..... Mais
« ce sublime élan de tous devient inutile; ce suprême
« effort coûte au régiment plus de la moitié de son effec-
« tif..... Sans soutiens, ni à droite, ni à gauche, ni en
« arrière, les zouaves reculent lentement pour regagner
« les hauteurs. L'ascension des vignobles plantés sur un
« terrain en pente très raide et soutenus par des échalas
« s'opère difficilement; épuisés par les efforts qu'ils
« viennent de faire, les zouaves subissent les plus
« grandes pertes (1) ».

---

(1) Historique du 2ᵉ zouaves.
« Cette brillante contre-attaque du 2ᵉ zouaves est contestée ou passée sous silence par les relations allemandes. Elle nous a été confirmée par un témoin oculaire ». (Carl Bleibtreu, *Die Wahrheit über 1870*, Munich, 1901, page 5.)
« Nous empruntons à un de nos camarades du 2ᵉ zouaves le récit
« suivant de la charge exécutée par le 3ᵉ bataillon (commandant Coiffé)
« et les trois compagnies de gauche du 2ᵉ bataillon de son régiment :
« Mon bataillon (3ᵉ) était formé en ligne le long d'un fossé pourvu d'un bourrelet de terre. Le feu était des plus vifs. Les Prussiens étaient arrivés à 150 ou 200 mètres de nous, mais n'osaient plus avancer.
« Alors passe un général. Le capitaine Prévault lui crie : « C'est le
« moment de charger ! » « Pas encore », répond le général.
« Le feu redouble d'intensité; nos pertes sont grandes..... Tout à coup, le cri répété par tous : « A la baïonnette ! » retentit.
« Les officiers sautent de l'autre côté du fossé, les hommes ajustent
« leur baïonnette au bout du fusil; un formidable cri de : « En avant ! »
« part de toute la ligne et nous nous précipitons comme une avalanche
« sur l'ennemi qui fuit à toutes jambes..... Nous courions très vite,
« le terrain s'y prêtait, étant incliné vers Wœrth; aussi, dès la pre-

b) *Échec de la 18ᵉ brigade.* — L'attaque de la *18ᵉ* brigade (*47ᵉ* et *7ᵉ*) contre les défenseurs du Calvaire n'avait pas été plus heureuse que celle de la *17ᵉ* contre le demi-régiment de gauche du 2ᵉ zouaves.

La 3ᵉ compagnie de pionniers avait été chargée d'établir des ponts sur la Sauer aux abords de Spachbach, mais les 1ᵉʳ et 2ᵉ bataillons du *47ᵉ* (1) n'avaient pas attendu qu'ils fussent achevés pour se porter au secours des six compagnies du *37ᵉ* et du *50ᵉ* (2), dont la situation, le long de la route de Haguenau, au coude qu'elle forme à l'Est d'Elsashausen, était des plus précaires (3).

« mière centaine de pas, nous étions sur sept ou huit rangs, et le
« dernier tirait par dessus les autres ; les balles sifflaient aussi bien
« par derrière que par devant..... Je passe à côté de deux officiers
« prussiens blessés qui sont adossés à un arbre ; je crie aux hommes
« de les respecter. Nous joignons l'ennemi près de Wœrth ; j'ajuste
« un Prussien avec mon revolver, mais la baguette se trouvant engagée
« dans le barillet, le coup ne part pas ; ledit Prussien est tué par un
« de mes voisins. Enfin, toujours courant, nous arrivons à Wœrth et
« nous nous y engouffrons. Là, nous sommes assaillis par un feu
« extrêmement violent ; nous tourbillonnons dans la rue. Je m'abrite
« un instant dans l'encadrement d'une maison pourvue d'une boîte
« aux lettres, puis je suis emporté par un flot d'hommes qui se
« retirent ; je passe près d'un petit calvaire et je me retrouve sur la
« route de Wœrth à Frœschwiller.....
« La montée ne s'effectue pas aussi facilement que la descente quand
« nous chargions......; nous sommes éreintés. Nous souhaitons presque
« de recevoir une balle pour ne pas avoir à aller plus loin ». (Général
« Bonnal, *Frœschwiller*, page 351.)

(1) « Le 3ᵉ bataillon du *47ᵉ* franchit la Sauer avec les 1ᵉʳ et 2ᵉ, mais fut rappelé ensuite par le général commandant la *18ᵉ* brigade, à la lisière Ouest du petit bois de Dieffenbach, pour y former un repli éventuel. Toutefois, cet ordre ne parvint pas aux tirailleurs des 10ᵉ, 11ᵉ, 12ᵉ compagnies, ni à la 9ᵉ compagnie qui continuèrent leur mouvement vers les hauteurs du Calvaire. » (Historique du *47ᵉ*, page 20.)

(2) 10ᵉ et 11ᵉ compagnies du *37ᵉ*, 1ᵉʳ bataillon du *50ᵉ*.

(3) Historique du *50ᵉ*, page 236 ; *Historique du Grand État-Major prussien*, 3ᵉ livraison, page 243.

Ces deux bataillons franchissent la rivière à gué, partie à Spachbach même, partie en amont et en aval de cette localité (1), non sans éprouver des pertes assez sérieuses. Ils traversent ensuite les prairies en se reliant par leur gauche (4ᵉ compagnie) aux six compagnies du *87ᵉ* (XIᵉ corps) qui occupaient le secteur boisé du Nieder-Wald, contigu à la route de Haguenau, et rejoignent le 1ᵉʳ bataillon du *50ᵉ*. Les trois bataillons gravissent alors les pentes méridionales du Calvaire, refoulant devant eux les tirailleurs français du 1ᵉʳ bataillon du 2ᵉ zouaves, du 1ᵉʳ bataillon du 21ᵉ de ligne et du 17ᵉ bataillon de chasseurs, et atteignent le plateau. Le 1ᵉʳ bataillon du 2ᵉ zouaves, qui se tenait un peu en arrière de la crête, exécute alors une charge à la baïonnette à laquelle se joignent le 1ᵉʳ bataillon du 21ᵉ et le 1ᵉʳ bataillon de chasseurs. Les trois bataillons prussiens cèdent et sont refoulés en désordre, avec des pertes considérables, jusqu'aux fossés de la route de Haguenau. Le colonel Michelmann, du *50ᵉ*, est grièvement blessé ; le colonel de Burghoff, du *47ᵉ*, tué.

L'élan de l'infanterie française est si impétueux que quelques compagnies dépassent la route et viennent se heurter au régiment des grenadiers du Roi n° 7 qui formait la seconde ligne de la 18ᵉ brigade, et dont le 1ᵉʳ bataillon atteignait à ce moment le pied des pentes orientales du Calvaire (2). Les grenadiers prussiens plient sous le choc et s'enfuient en désordre vers la Sauer. Mais les Français sont fusillés en flanc et de dos par les fractions ennemies qui occupent encore la route de

---

(1) Historique du *47ᵉ*, page 19 (édité en 1874). L'*Historique du Grand Etat-Major prussien* (édité en 1873) dit au contraire que tout le 47ᵉ franchit la Sauer au Nord de Spachbach.

(2) Le 2ᵉ bataillon était resté en arrière comme soutien des batteries du Vᵉ corps ». (Stieler von Heydekampf, *loc. cit.*, page 53.) Le 3ᵉ bataillon (fusiliers) était encore sur la rive gauche de la Sauer.

Haguenau et par des compagnies des *80ᵉ* et *87ᵉ* (XIᵉ corps) qui débouchent du secteur boisé du Nieder-Wald au secours de la *18ᵉ* brigade (1). Ils sont décimés à leur tour et regagnent pas à pas, en combattant, les hauteurs du Calvaire.

La situation sur ce point du champ de bataille parut si critique à l'ennemi qu'on jugea « nécessaire de pré-« parer sur cette aile une position plus en arrière, pour « le cas surtout où il faudrait repasser la Sauer. A « cet effet, le capitaine Günzel (3ᵉ compagnie de pion-« niers) reçut l'ordre de creuser sur-le-champ une tran-« chée sur le versant à l'Est de Spachbach (2). Le « bataillon de fusiliers du régiment de grenadiers du « Roi devait l'occuper (3). » Plus en arrière se trouvait le 3ᵉ bataillon du *47ᵉ*, en position de repli à la lisière Ouest du bois de Dieffenbach.

c) *Deuxième attaque des 17ᵉ et 18ᵉ brigades. Prise du Calvaire.* — La première attaque des *17ᵉ* et *18ᵉ* brigades venait d'échouer (2 heures environ), lorsqu'un aide de camp du Prince royal vint informer le général de Kirchbach de l'entrée en ligne très prochaine du Iᵉʳ corps bavarois ; quelques instants après, le général von der Tann rejoignait le commandant du Vᵉ corps et confirmait cette nouvelle (4). Dès lors, il devenait superflu de conserver « une réserve spéciale du Vᵉ corps « et le général de Kirchbach prenait la résolution d'at-« taquer les hauteurs avec toutes les troupes qui se « trouvaient sur la rive droite de la Sauer (5). » Il

---

(1) Stieler von Heydekampf, *loc. cit.*, page 53.
(2) L'*Historique du Grand Etat-Major prussien* dit « sur la colline au Nord de Spachbach » (3ᵉ livraison, page 244).
(3) Stieler von Heydekampf, *loc. cit.*, page 53.
(4) *Ibid.*, page 54.
(5) *Historique du Grand Etat-Major prussien*, 3ᵉ livraison, page 245.

ordonne, en conséquence, une offensive sur toute la ligne.

A droite, les 1ᵉʳ et 3ᵉ bataillons du *58ᵉ* (*17ᵉ* brigade), remis en ordre, après la charge du 2ᵉ zouaves, débouchent de Wœrth en colonnes de compagnie, le 1ᵉʳ bataillon au Nord de la route de Frœschviller, le 3ᵉ à cheval sur cette route même. Les cinq bataillons disponibles de la *19ᵉ* brigade (1ᵉʳ et 2ᵉ bataillons du *46ᵉ*, trois bataillons du *6ᵉ*) prolongent vers le Sud la ligne formée par le *58ᵉ*.

Au centre, les compagnies du *47ᵉ* (*18ᵉ* brigade) qui avaient pu se maintenir le long de la route de Haguenau, escaladent les pentes méridionales du Calvaire, à la suite des fractions françaises en retraite.

A gauche, le 1ᵉʳ bataillon du *50ᵉ* progresse d'abord dans le vallon d'Elsashausen (Regersgraben), échappant en partie aux vues du 2ᵉ bataillon du *56ᵉ* posté à la lisière Orientale du Petit Bois, mais sa marche est bientôt arrêtée par le 3ᵉ bataillon du 3ᵉ zouaves dont les deux dernières compagnies entrent en ligne à la gauche des quatre autres dans le vallon qui sépare le Nieder-Wald du Petit Bois.

En deuxième ligne, les grenadiers du *7ᵉ* régiment « s'avancent sur un front de huit colonnes de compa- « gnie : au centre, celles du 1ᵉʳ bataillon; les 7ᵉ et 8ᵉ à « droite; les 10ᵉ et 12ᵉ à gauche (1) ». Les 7ᵉ et 8ᵉ sont envoyées au soutien du *47ᵉ* sur les pentes Sud du Calvaire; les 10ᵉ et 12ᵉ se portent vers le Nieder-Wald; celles du 1ᵉʳ bataillon vont renforcer le 1ᵉʳ bataillon du *50ᵉ* dans le Regersgraben.

Le Calvaire est donc débordé au Nord et au Sud, en même temps qu'il est attaqué de front et soumis à un feu d'artillerie violent. Cependant, le 1ᵉʳ bataillon du

---

(1) *Historique du Grand Etat-Major prussien*, 3ᵉ livraison, page 244.

2ᵉ zouaves et le 1ᵉʳ bataillon du 21ᵉ s'y maintiennent avec une admirable énergie. Le colonel Morand, du 21ᵉ (1), espère pouvoir éteindre le feu de l'artillerie ennemie au moyen des feux de salve des deux compagnies du 1ᵉʳ bataillon encore en ordre serré. Il les porte sur la ligne où les quatre autres étaient en tirailleurs; mais dès qu'elles parviennent sur la crête, « elles sont « accueillies par un feu si terrible de mitraille et de « mousqueterie, qu'elles n'entendent pas les comman- « dements et ripostent par un feu à volonté des plus « violents. Repoussées un instant, elles furent ramenées « au combat par le lieutenant-colonel Doineau et le com- « mandant de Labaume. C'est en les reportant sur la « ligne que ces deux officiers, déjà blessés une fois, « trouvèrent une mort héroïque (2). »

Grâce à cet incident, des fractions du 47ᵉ, soutenues par les 7ᵉ et 8ᵉ compagnies du 7ᵉ grenadiers, parvinrent à occuper le saillant Sud-Est du Calvaire. Mais là, de même qu'au Sud-Ouest de Wœrth, « toutes les attaques « tentées contre la crête demeurent infructueuses jus- « qu'au moment où, à l'aile droite de la (17ᵉ) brigade, « l'engagement se dessine (3) » à l'avantage des Allemands.

Le colonel von der Esch, constatant les difficultés qu'éprouvaient les 1ᵉʳ et 3ᵉ bataillons du 58ᵉ à progresser à l'Ouest de Wœrth, le long de la route de Frœschwiller, avait pris avec lui le 3ᵉ bataillon du 46ᵉ (19ᵉ brigade), en réserve à Wœrth, l'avait fait déboucher au Nord du bourg, puis dirigé vers le grand ravin qui monte à Frœschwiller, au Sud de la cote 241. La 12ᵉ compagnie,

---

(1) On se souvient que le 21ᵉ de ligne n'avait qu'un bataillon présent.
(2) Rapport du colonel Morand sur la part prise par le 21ᵉ de ligne à la bataille du 6 août, daté de Le Mainville, 12 août.
(3) *Historique du Grand Etat-Major prussien*, 3ᵉ livraison, page 245.

déployée en tirailleurs, ouvrait la marche ; le reste du bataillon suivait en colonne.

Au début de la bataille, le 48ᵉ de ligne avait son 3ᵉ bataillon dans les vignes plantées sur la croupe au Nord de ce ravin, son 2ᵉ bataillon dans les vergers situés entre le ravin et la route de Wœrth à Frœschwiller. Mais la nécessité de soustraire les soutiens et les réserves aux effets du feu de l'artillerie ennemie, autant que des demandes de renfort faites par le colonel Suzzoni, du 2ᵉ tirailleurs (1), avaient amené peu à peu le 48ᵉ de ligne à ne laisser, entre le saillant méridional du bois de Frœschwiller et la route, que les tirailleurs primitivement détachés par les 2ᵉ et 3ᵉ bataillons.

Le colonel von der Esch les refoula facilement et la 12ᵉ compagnie du 3ᵉ bataillon du 46ᵉ atteignait déjà la crête, vers la cote 241, « quand le lieutenant-colonel « Thomassin, secondé par les quelques officiers qui « étaient encore debout, enleva, par un mouvement « énergique, la poignée d'hommes (du 3ᵉ bataillon « du 48ᵉ) qui était autour de lui (2) », ainsi que quelques fractions du 2ᵉ bataillon du 78ᵉ, que le général Raoult avait dirigées à la hâte sur ce point. Mais un feu rapide, exécuté à courte distance, rejeta les Français dans le bois.

En vain le lieutenant-colonel Thomassin s'efforce-t-il de renouveler la charge. « Son képi au bout de son « sabre, il s'élance seul contre l'ennemi, essuie son feu « sans être atteint, continue sa course, trébuche en arri- « vant à la crête, tombe et va rouler dans les jambes « des Prussiens » (3).

---

(1) Ce régiment occupait le saillant Nord-Est du bois de Frœschwiller.

(2) Rapport du colonel commandant le 48ᵉ de ligne, sur la journée du 6 août.

(3) Général Bonnal, *loc. cit.*, page 354.

Ceux-ci continuent leur mouvement vers le Nord-Ouest jusqu'au moment où la fusillade de fractions des 48ᵉ et 78ᵉ de ligne, qui éclate sur la lisière du bois de Frœschwiller, les force à s'arrêter et à faire face au Nord. « La crête, sans abri, n'était pas tenable sous « la mousqueterie qui la balayait à bonne portée..... « Pour le moment, il était donc impossible de pousser « plus loin sur ce point » (1). A chaque tentative du 3ᵉ bataillon du *46ᵉ*, des groupes de soldats du 3ᵉ bataillon du 48ᵉ et du 2ᵉ du 78ᵉ se portaient en avant et exécutaient des feux rapides qui obligeaient l'ennemi à s'abriter dans les houblonnières et dans un chemin creux garnissant les pentes opposées du ravin (2).

La situation ne se modifiera pas sur ce point jusqu'au moment (4 h. 30 du soir) où les Bavarois aborderont Frœschwiller par le Nord, mais le léger succès obtenu par le 3ᵉ bataillon du *46ᵉ* eut une influence morale sur les bataillons des *17ᵉ* et *19ᵉ* brigades, qui redoublèrent d'efforts et parvinrent à gagner du terrain. De leur côté, les bataillons de la *18ᵉ* brigade, engagés dans le vallon d'Elsashausen (Regersgraben), progressèrent également, débordant de plus en plus par le Sud les débris des 1ᵉʳˢ bataillons du 2ᵉ zouaves et du 21ᵉ de ligne. Vers 2 h. 30, le plateau du Calvaire devint intenable et tomba aux mains de l'ennemi.

Alors (2 h. 45) commencèrent, de la part de la division Conseil-Dumesnil, une série de contre-attaques partielles qui se succédèrent à court intervalle jusqu'à ce que le mouvement enveloppant du XIᵉ corps, débouchant par la lisière Nord du Nieder-Wald, vint produire une diversion puissante et enlever au maréchal de Mac-Mahon l'espoir de vaincre qu'il avait conservé jusque-là,

---

(1) *Historique du Grand Etat-Major prussien*, 3ᵉ livraison, page 246.
(2) Historique du 78ᵉ de ligne.

malgré les renseignements transmis par M. de Leusse et d'après lesquels l'effectif de l'armée adverse s'élevait à 120,000 hommes au moins (1).

§ 4. — *Entrée en ligne du Ier corps bavarois.*

a) *Engagement de l'avant-garde.* — L'échec subi par la 4ᵉ division bavaroise au Sud-Ouest de Langensoultzbach, dans la matinée, avait procuré, depuis 11 heures jusqu'à 1 h. 30 environ, une tranquillité relative aux troupes françaises des 1ʳᵉ et 3ᵉ divisions, qui occupaient le bois et le village de Frœschwiller et le terrain au Sud-Est de Neehwiller. La tentative infructueuse du *10*ᵉ bataillon de chasseurs bavarois sur cette dernière localité, vers midi, avait un instant ravivé la lutte sur le front du 1ᵉʳ zouaves et du 45ᵉ de ligne ; mais, depuis ce moment, le feu avait complètement cessé du côté français, où l'on ne ripostait même pas, en général, aux quelques coups de fusil qui partaient des bois. Sur un seul point, aux abords de la Scierie, des fractions du 2ᵉ régiment de tirailleurs entretenaient une fusillade continue avec les deux premiers bataillons du *5*ᵉ et le 3ᵉ bataillon du *11*ᵉ, que la *4*ᵉ division bavaroise avait maintenus à la Scierie, au Vieux-Moulin et sur le promontoire boisé qui sépare la Sauer du Sultzbach.

Vers 1 h. 30, les quatre batteries de la *1*ʳᵉ division bavaroise (Stephan), qui avaient pris position sur la hauteur au Sud de Gœrsdorf, ouvrirent un feu violent sur la lisière orientale du bois de Frœschwiller. A ce moment, la brigade d'avant-garde (*2*ᵉ) du Iᵉʳ corps bavarois se trouvait rassemblée au Sud de Gœrsdorf ; la

---

(1) Journal inédit du comte de Leusse, *Documents annexes*, page 17.

1re brigade se portait de Preuschdorf sur Gœrsdorf, à travers champs.

Après son entretien avec le général de Kirchbach, au cours duquel il avait reçu les instructions du Prince royal, le général von der Tann rejoignit la 2e brigade et prescrivit au général de Stephan, commandant la 1re division, de se porter à l'attaque avec toutes ses forces, en débordant l'aile gauche de l'adversaire (1). Un officier alla renouveler à la 2e division l'avis de hâter le plus possible son arrivée sur le champ de bataille.

La 2e brigade (d'Orff), qui comprenait le 4e bataillon de chasseurs, les 1er, 2e, 3e bataillons du 2e, les 1er et 2e bataillons du 11e, se porte aussitôt vers la Sauer. Le 4e bataillon de chasseurs et le 1er bataillon du 2e, qui avaient couvert le rassemblement, franchissent la rivière vers le Vieux-Moulin ; les autres bataillons de la brigade passent droit devant eux sur deux lignes : 2e bataillon du 2e et 1er bataillon du 11e en première ligne ; 3e bataillon du 2e et 2e bataillon du 11e en deuxième ligne (2).

La 1re brigade reçoit l'ordre de se diriger de Gœrsdorf vers le Vieux-Moulin et de suivre ensuite le chemin de Frœschwiller.

Les fractions du 2e tirailleurs et des 48e et 78e de ligne, qui occupent la lisière Est du bois de Frœschwiller, ouvrent immédiatement le feu ; les Bavarois parviennent cependant à traverser la Sauer (2 heures), grâce à l'appui des quatre batteries de la 1re division. Les deux bataillons de droite, qui échappent aux vues de l'infanterie française, arrivent les premiers sur la rive droite de la rivière, s'engagent dans le promontoire boisé entre la Sauer et le Sultzbach et s'y réunissent

---

(1) *Historique du Grand État-Major prussien*, 3e livraison, page 271.
— Helvig. *Das I bayerische Corps von der Tann im Kriege* 1870-1871, page 22.

(2) Helvig. *Loc. cit.*, page 22.

aux fractions du II⁰ corps bavarois qui s'y étaient maintenues. Les quatre bataillons de gauche franchissent au pas de course les prairies qui séparent la Sauer du Sultzbach, passent ce dernier ruisseau à gué, puis se reforment sur la rive droite :

En première ligne : le 2ᵉ bataillon du 2ᵉ, déployé en colonnes de compagnie ; à sa droite, le 1ᵉʳ bataillon du 11ᵉ, avec deux compagnies en première ligne.

En deuxième ligne : le 3ᵉ bataillon du 2ᵉ, qui appuie bientôt vers le Nord pour trouver un abri et se joint aux fractions du II⁰ corps bavarois ; le 2ᵉ bataillon du 11ᵉ, dont deux compagnies se dirigent également vers le Nord.

« Ainsi mêlées, les troupes réunies à l'extrême droite
« de la ligne de bataille des Allemands cherchent à
« gagner peu à peu du terrain en avant de la crête, mais
« elles ne peuvent y parvenir tout d'abord..... L'action
« se transforme en une fusillade de pied ferme à laquelle
« l'artillerie de la rive gauche de la Sauer prend part
« également, en tirant par dessus ses troupes » (1).

Répandue dans la vallée, cachée derrière les arbres qui bordent les ruisseaux, l'infanterie bavaroise entretient un feu lent qu'elle interrompt de temps en temps par une tentative de se porter en avant, aussitôt réprimée par les balles françaises.

Le colonel Suzzoni, du 2ᵉ tirailleurs, et ses officiers étaient devenus parfaitement maîtres du feu. Ils dirigeaient le tir comme à l'exercice et l'interrompaient pour faire abriter leurs hommes aussitôt que reprenait celui de l'artillerie de Gœrsdorf. Ils laissaient ainsi les Bavarois se rapprocher, puis tout à coup et presqu'au dernier moment, faisaient exécuter un feu rapide qui rejetait aussitôt l'assaillant. Il fallait d'ailleurs

---

(1) *Historique du Grand État-Major prussien*, 3ᵉ livraison, page 272.

économiser les munitions. Bien qu'il eût été distribué, vers 7 heures du matin, deux paquets supplémentaires par homme, les cartouches commençaient à manquer, car on en avait fait une consommation notable dans le combat de la matinée. « Plusieurs officiers, en-
« voyés à l'arrière pour en chercher, étaient revenus
« avec la même réponse : « Il n'y en a pas..... Tenez
« quand même (1) ». Le feu de l'artillerie allemande reprend avec une nouvelle intensité pour aider l'infanterie et cause de grandes pertes au 2ᵉ tirailleurs. « Les
« arbres sont écorchés par la mitraille, les branches
« craquent sous les obus, tombent sur la tête des hommes
« et forment, en quelques endroits, de véritables
« abatis (2) ».

Néanmoins, les turcos se maintiennent avec une inébranlable fermeté « sous une véritable pluie de fer et de
« balles (3) ». Le colonel Suzzoni parcourt le terrain, exhortant au calme, au sang-froid, tout en communiquant à tous la généreuse ardeur dont il est animé (4).

« Nous mourrons tous ici, s'il le faut, dit-il en arabe
« aux tirailleurs et nous ne reculerons pas d'un seul
« pas ». Les tirailleurs lui affirment chaleureusement
« qu'il peut compter sur eux et demandent à charger
« l'ennemi (5) ». Le général Raoult, se rendant compte de l'importance qu'il y avait à se maintenir dans le bois de Frœschwiller, qui séparait les attaques du Vᵉ corps et du Iᵉʳ corps bavarois, avait déjà renforcé le 2ᵉ tirailleurs par le 1ᵉʳ bataillon du 78ᵉ et quatre compagnies du 8ᵉ bataillon de chasseurs. Il avait adressé ensuite, vers

---

(1) Historique du 2ᵉ régiment de tirailleurs, page 396.
(2) *Ibid.*, page 397.
(3) Rapport du commandant Mathieu, commandant le 1ᵉʳ bataillon du 2ᵉ tirailleurs, daté de l'ambulance de Mannheim, 16 août 1870.
(4) Historique du 2ᵉ tirailleurs, page 397.
(5) Rapport du commandant Mathieu.

1 h. 30, au général Ducrot, une demande de renforts. Le 13ᵉ bataillon de chasseurs et neuf compagnies (1) du 18ᵉ de ligne qui formaient en partie la réserve de la 1ʳᵉ division dans l'angle formé par la route de Frœschwiller à Reichshoffen et le chemin de Frœschwiller à Neehwiller, furent envoyés à la 3ᵉ division. Le 13ᵉ bataillon de chasseurs (commandant de Bonneville) se porta dans le bois et se rassembla derrière le 2ᵉ régiment de tirailleurs, vers le centre, et un peu en arrière de la crête, ses 1ʳᵉ et 2ᵉ compagnies s'engagèrent presque aussitôt. Les neuf compagnies du 18ᵉ de ligne restèrent à la lisière Sud du bois de Frœschwiller, non loin du saillant Nord-Est de cette localité, constituant, avec les quatre compagnies disponibles (3ᵉ, 4ᵉ, 5ᵉ, 6ᵉ) du 8ᵉ bataillon de chasseurs, la réserve de la division Raoult (2).

b) *Engagement de la 1ʳᵉ division bavaroise.* — La 1ʳᵉ brigade bavaroise (Dietl), dont la tête était arrivée à Gœrsdorf vers 1 h. 45, avait continué sa marche par le chemin de Gœrsdorf au Vieux-Moulin ; elle comprenait le régiment du Corps à trois bataillons ; les 1ᵉʳ et 2ᵉ bataillons du *1*ᵉʳ régiment, les *2*ᵉ et *9*ᵉ bataillons de chasseurs. Cette brigade s'engage en arrière et à droite de la *2*ᵉ. Les deux premiers bataillons du régiment du Corps se portent à droite et à hauteur du 3ᵉ bataillon du *2*ᵉ régiment (*2*ᵉ brigade) ; le 3ᵉ bataillon se déploie en seconde ligne au pied des pentes. Les deux bataillons du *1*ᵉʳ régiment qui venaient ensuite, les *9*ᵉ et *2*ᵉ bataillons de chasseurs s'établirent en réserve au pont de la route sur

---

(1) Trois du 1ᵉʳ bataillon, six du 3ᵉ bataillon. Les trois autres compagnies du 1ᵉʳ bataillon avaient été envoyées sur la route de Reichshoffen pour « couvrir cette route ». (Rapport du colonel du 18ᵉ de ligne sur la journée du 6 août.)

(2) Les 1ʳᵉ et 2ᵉ compagnies de ce bataillon avaient été mises tout d'abord en soutien de l'artillerie de la 3ᵉ division ; plus tard, elles combattirent avec le 2ᵉ régiment de zouaves.

7ᵉ fascicule.

le Sultzbach ; le *3ᵉ* régiment de chevau-légers va se masser au Vieux-Moulin. Enfin, à Gœrsdorf se trouvaient les 1ᵉʳ et 3ᵉ bataillons du *59ᵉ* (Vᵉ corps) dont le colonel s'était mis à la disposition du général von der Tann (1).

« Tout d'abord, l'intervention de ces nouvelles troupes « ne produisit aucun résultat ; plusieurs attaques à la « baïonnette étaient arrêtées par le feu meurtrier de « l'ennemi (2) ». Le général d'Orff, constatant qu'il était impossible de progresser sur la route du Vieux-Moulin à Frœschwiller au delà du promontoire boisé, le fit traverser du Sud-Est au Nord-Ouest par le 1ᵉʳ bataillon du *2ᵉ*, par les *2ᵉ*, *4ᵉ*, *9ᵉ* bataillons de chasseurs bavarois et par le *5ᵉ* bataillon de chasseurs prussiens (Vᵉ corps), dans le but d'atteindre le terrain au Sud de Langensoultzbach et de déborder l'aile gauche française. Le reste de la *1ʳᵉ* brigade (Dietl) suivit ce mouvement. Le combat demeurera stationnaire en face de la lisière orientale et du saillant Nord-Est du bois de Frœschwiller jusqu'au moment (3 h. 15 environ) où le mouvement débordant exécuté par les troupes du général d'Orff se sera suffisamment accentué.

§ 5. — *Contre-attaques sur le Vᵉ corps.*

a) *Contre-attaque du 3ᵉ de ligne sur la 18ᵉ brigade.* — De son observatoire, situé à mi-distance d'Elsashausen et de Wœrth, un peu au Sud du chemin qui relie ces deux localités, le maréchal de Mac-Mahon avait vu les Prussiens du Vᵉ corps s'emparer du Calvaire. Il envoya aussitôt à la 1ʳᵉ brigade (Nicolaï) de la division Conseil-Dumesnil l'ordre d'exécuter une contre-attaque sur ce point. Le colonel Champion, qui commandait cette bri-

---

(1) Helvig. *Loc. cit.*, page 22.
(2) *Historique du Grand État-Major prussien*, 3ᵉ livraison, page 273.

gade en l'absence du général Nicolaÿ, malade à Reichshoffen, ne disposait plus que de son régiment, le 3ᵉ de ligne, disposé en réserve au Sud-Ouest d'Elsashausen. A ce moment, les débris du 1ᵉʳ bataillon du 21ᵉ de ligne, qui n'avaient plus de cartouches et ceux du 1ᵉʳ bataillon du 2ᵉ zouaves rétrogradaient pas à pas devant les tirailleurs prussiens de la *18ᵉ* brigade.

Le colonel Champion fait renforcer d'abord le 1ᵉʳ bataillon du 21ᵉ par le 1ᵉʳ bataillon du 3ᵉ, les deux autres restant en échelons en arrière et à droite, puis il porte son régiment en avant, les trois bataillons déployés sur une seule ligne, laissant Elsashausen à leur gauche. Il est aussitôt assailli par une grêle de balles partant du Calvaire et des vignes voisines, et par les obus des batteries du Vᵉ corps. Les hommes se couchent. « Pour ne pas
« rester plus longtemps sous le feu d'un ennemi invi-
« sible, le colonel Champion commande : « En avant! »
« Tout le régiment s'avance en très bon ordre ; à son
« approche, les Allemands se retirent en continuant le
« feu. Le 3ᵉ de ligne est de nouveau arrêté. Le colonel
« ordonne de déployer deux compagnies en avant, mais
« aussitôt il commande : « En avant! pour tout le
« monde ». « Les sacs sont déposés et on bat la charge.
« Le régiment s'avance dans un ordre magnifique et
« aborde le plateau avec un ensemble et un aplomb qui
« font l'admiration de tous ceux qui, de loin, assistent à
« cette belle charge. Les Allemands prennent la fuite et
« se rallient sur le bord extérieur du plateau, sur le
« monticule et dans les vignes.

« Parvenu sur le plateau sans avoir tiré un seul coup
« de fusil, le régiment est arrêté et le colonel fait com-
« mencer le feu. Nous perdons du monde sans avancer,
« et, pour enlever définitivement la position, le colonel
« fait cesser le feu et commande : « En avant! » « Il y
« a un moment d'hésitation dans les rangs. A cette vue,
« le colonel Champion passe à hauteur du drapeau;

« devant le premier rang, l'épée haute ; il commande de
« nouveau : « En avant! » et enlève son régiment, qui
« refoule l'ennemi..... » (1).

Les Prussiens se replient en désordre et ne s'arrêtent que sur les pentes du mamelon et dans les vignes, où ils trouvent un abri. Une lutte des plus vives, des plus meurtrières, s'engage alors. Le Calvaire est le centre d'un combat acharné où l'on se fusille presque à bout portant et où sont engagés pêle-mêle des hommes du 3e et du 21e de ligne, du 2e zouaves et du 17e bataillon de chasseurs d'une part; du *47e* et du *7e* grenadiers de l'autre. « L'ennemi fait un retour offensif sur le plateau ;
« il en est chassé une seconde fois, grâce à un renfort de
« zouaves et de soldats du 21e » (1). Les pertes du 3e de ligne sont considérables : le colonel Champion, après avoir eu son cheval tué sous lui, reçoit trois blessures qui le mettent hors de combat et dans l'obligation de céder le commandement de la 1re brigade au colonel Morand, du 21e. « Là sont tués : le capitaine Vasseur, les
« lieutenants Andrieu et Ancelin, le sous-lieutenant
« Garrel ; sont blessés grièvement : les capitaines Mail-
« lard, Feuillot et Gradoux ; les lieutenants Millet et
« Pujol, les sous-lieutenants Régnier et Ply » (1). Les Prussiens font converger sur le plateau le feu de plusieurs batteries et exécutent un retour offensif qui oblige le 3e de ligne, manquant de cartouches, à abandonner le Calvaire après avoir subi des pertes considérables, dont 19 officiers blessés.

Il est recueilli par le 17e bataillon de chasseurs, établi à la lisière Nord-Est du Petit Bois, et par le 1er bataillon du 47e de ligne, que le général Maire a fait déployer au Nord du Petit Bois.

b) *Contre-attaque de la brigade Maire sur les 17e et*

---

(1) Historique du 3e de ligne.

19ᵉ brigades. — Après la première occupation du Calvaire par les troupes de la *18ᵉ* brigade, celles des *17ᵉ* et *19ᵉ* brigades avaient progressé dans la direction de Frœschwiller, au Nord et au Sud de la grande route, refoulant le 3ᵉ bataillon du 2ᵉ zouaves et le 3ᵉ du 36ᵉ. Voyant l'adversaire contenu momentanément à l'Est d'Elsashausen par la ferme attitude du 17ᵉ bataillon de chasseurs et du 1ᵉʳ bataillon du 47ᵉ, autour desquels s'étaient ralliés et reformés les débris du 3ᵉ de ligne et du 1ᵉʳ bataillon du 21ᵉ, le maréchal de Mac-Mahon donna l'ordre à la 2ᵉ brigade (Maire) de la division Conseil-Dumesnil de prononcer une contre-attaque dans la direction de Wœrth.

Cette brigade, disposée à l'Ouest d'Elsashausen en ligne de bataillons en colonne double (1), laisse le 1ᵉʳ bataillon du 99ᵉ (commandant Varné-Janville) en réserve au Petit Bois, sous les ordres du lieutenant-colonel de Joinville, et se porte en avant dans l'ordre suivant :

Le 47ᵉ (colonel de Grammont), 2ᵉ et 3ᵉ bataillons (commandants Galland et de Ravel), à droite ; le 99ᵉ (colonel de Saint-Hilaire), 2ᵉ et 3ᵉ bataillons (commandants Petit et Prieur), à gauche. Le général Maire porte sa brigade en avant, le 3ᵉ bataillon du 47ᵉ, laissant Elsashausen à sa droite.

Dès que la ligne formée par ces quatre bataillons massés en colonne double apparaît, elle est criblée de balles et d'obus qui lui causent des pertes énormes. Le déploiement s'exécute sans retard, avec régularité même ; puis le général Maire fait déposer les sacs et battre la charge. Les deux régiments se précipitent en avant à la baïonnette et rejettent l'ennemi dans les vergers et les

---

(1) Rapport du colonel de Saint-Hilaire sur le rôle de la 2ᵉ brigade de la 1ʳᵉ division du 7ᵉ corps à Frœschwiller, daté du 13 août.

vignes qui avoisinent Wœrth. Quelques maisons du bourg tombent même au pouvoir des Français, sont réoccupées par les Prussiens, reprises encore (1) et finalement évacuées quand le feu violent des batteries de la rive gauche de la Sauer et des défenseurs de Wœrth oblige la 2e brigade à reculer. Une foule d'officiers tombent tués ou blessés (32 au 47e, 24 au 99e); le général Maire est frappé à mort; le colonel de Grammont a le bras emporté par un obus; les deux bataillons du 47e sont commandés par un capitaine. Les débris de la brigade battent en retraite « en se ralliant plusieurs fois « derrière des plis de terrain » (2); le 1er bataillon du 99e se déploie et couvre ce mouvement, mais il subit également de fortes pertes, parmi lesquelles le lieutenant-colonel de Joinville et le commandant Warné-Jauville.

En même temps que la brigade Maire, se replient lentement sur Frœschwiller les restes des 2e et 3e bataillons du 3e zouaves et du 3e bataillon du 36e, de la brigade L'Hériller (3e division).

c) *Contre-attaque du 36e de ligne sur les 7e et 9e brigades.* — Les 1er et 2e bataillons du 36e de ligne (brigade L'Hériller) avaient été placés tout d'abord à la lisière Nord du bois de Frœschwiller et avaient participé à sa défense contre la 4e division bavaroise. « Vers 2 heures, « le colonel Krien s'aperçut que les Prussiens, qui « s'avançaient toujours en faisant un mouvement sur « leur gauche, pouvaient facilement gravir les pentes « du plateau de Frœschwiller et, par conséquent, tour- « ner et prendre à revers la 1re division. Il voulut « s'opposer à ce mouvement en établissant un nouvel

---

(1) Rapport du colonel de Saint-Hilaire sur le rôle de la 2e brigade de la 1re division du 7e corps à Frœschwiller, daté du 13 août; rapport du capitaine Spickert, commandant provisoirement le 47e de ligne.

(2) Rapport du capitaine Spickert.

« ordre de bataille. Pour cela, il envoya le drapeau avec
« sa garde marquer le point où devait s'établir le centre
« du régiment et, par un changement de front en arrière
« sur l'aile droite, il fit occuper une position presque
« perpendiculaire à celle qu'il occupait. La droite du
« régiment était appuyée au village de Frœschwiller et
« le régiment faisait face au village de Wœrth.....
« Pendant que ce mouvement s'opérait, l'ennemi s'avan-
« çait à grands pas » (1).

Le colonel Krien donne l'ordre à ses deux bataillons de charger à la baïonnette, mais l'attaque échoue et coûte au régiment le colonel Krien, le lieutenant-colonel Cloux, le commandant Croix, le capitaine Manson, blessés; le capitaine Terrin, tué. Le 36e se reforme et exécute une deuxième charge qui, comme la première, vient se briser contre des forces supérieures. Les débris du 36e, qui a perdu 26 officiers, se réfugient dans le bois de Frœschwiller et viennent s'y grouper peu à peu à la lisière Nord (2).

d) *Offensive générale du Ve corps.* — « Il s'agissait
« maintenant de pouvoir conserver, contre les attaques
« énergiques et réitérées des Français, le terrain conquis
« au prix de si lourds sacrifices. Le commandant en
« chef du Ve corps jugeait donc opportun d'y appeler
« également les dernières réserves laissées sur la rive
« gauche de la Sauer. Il importait aussi, et avant tout,
« de rendre de l'action à l'artillerie, dont le feu se trou-
« vait, en grande partie, masqué par les progrès de
« l'infanterie sur la rive opposée » (3).

Les batteries du Ve corps sont, en conséquence, scindées en deux fractions (2 h. 30) :

La première, comprenant les batteries de la *10e* divi-

---

(1) Historique du 36e de ligne.
(2) Général Bonnal, *loc. cit.*, page 362.
(3) *Historique du Grand Etat-Major prussien*, 3e livraison, page 247.

sion et la moitié de l'artillerie de corps (1), franchit la Sauer au pont de Wœrth et s'efforce de se frayer un passage dans les rues encombrées du bourg, pour gagner ensuite le chemin de Wœrth à Elsashausen ;

La seconde, comprenant les batteries de la *9e* division, la 3e batterie légère du *5e* (2) et l'Abtheilung à cheval du *5e* (3), se porte, sous la protection d'une compagnie du *6e* régiment, jusqu'au chemin de Wœrth à Gœrsdorf, à l'Est duquel se trouvait déjà en position l'artillerie de la *1re* division bavaroise (4).

Le général de Kirchbach appelle en première ligne toute l'infanterie qui se trouve encore sur la rive gauche de la Sauer, savoir :

Trois compagnies du 3e bataillon du *47e* qui avaient été laissées en soutien à la lisière Ouest du petit bois de Dieffenbach quand ce régiment s'était porté en avant, traversent Wœrth en se glissant le long de la colonne d'artillerie et suivent les troupes engagées au Sud de la route de Frœschwiller ;

Les 2es bataillons du *6e*, du *58e* et du *59e*, qui avaient formé jusqu'à présent la réserve d'infanterie du Ve corps, franchissent la Sauer au Sud de Wœrth et se dirigent

---

(1) Savoir : 3e batterie lourde, 4e lourde, 4e légère du *5e* régiment, appartenant à la 2º Abtheilung montée. (Hoffbauer. *Loc. cit.*, page 42.)

(2) Appartenant à la 2e Abtheilung montée (artillerie de corps).

(3) Appartenant à l'artillerie de corps.

(4) L'*Historique du Grand Etat-Major prussien* dit, au contraire (page 247), que cette deuxième fraction fut renforcée ultérieurement par des batteries du 1er corps bavarois. Or, il ressort nettement de l'ouvrage du major Hoffbauer que l'artillerie de la 1re division bavaroise était en batterie au Sud-Ouest de Gœrsdorf avant l'arrivée des batteries du Ve corps. Il mentionne, en effet (page 37), que les quatre batteries de la 1re division bavaroise étaient en position à 2 heures, et dit, d'autre part (page 42), que « la nécessité de porter toute la ligne « d'artillerie du Ve corps en avant se fit sentir vers 2 heures, quand « retentit le signal de l'offensive générale. »

ensuite, le premier vers Frœschwiller, le second vers Elsashausen ; le troisième est maintenu provisoirement près de Wœrth pour couvrir l'artillerie engagée dans les rues du bourg.

La compagnie de pontonniers, elle-même, reçoit l'ordre de suivre l'infanterie en ne laissant qu'un petit détachement à la garde du pont (1).

« Ainsi, toutes les forces du V° corps se trouvaient actuellement en jeu pour prendre pied solidement sur la rive droite de la Sauer et pour occuper l'adversaire sur son front jusqu'à ce que les corps latéraux pussent agir vigoureusement contre les flancs de la position.

« Jusqu'alors, toute l'action avait consisté, de part et d'autre, en une succession d'attaques incessamment renouvelées. A chaque tentative, la configuration du terrain et la puissance des feux causaient à l'assaillant des pertes énormes et permettaient, le plus souvent, au défenseur de conserver ses positions. Les troupes prussiennes n'avançaient que péniblement et pas à pas. Tous leurs bataillons se trouvaient confondus ; les officiers étaient, en majeure partie, tués ou blessés.....

« Dans de semblables conditions il fallait, pour persévérer jusqu'au bout, toute la confiance du général de Kirchbach, toute l'énergie des chefs et le plus absolu dévouement des troupes. Le concours attendu se produisait, en premier lieu, à l'aile gauche, où le XI° corps dirigeait, contre la droite française, une attaque couronnée de succès (2) ».

---

(1) A ce moment, ce pont n'avait pas encore été suffisamment réparé pour permettre le passage de l'artillerie. Le V° corps n'employa pas, d'ailleurs, son équipage de ponts, qui resta toute la journée à Preuschdorf. Il en résulta que l'artillerie ne put, plus tard, franchir la Sauer assez à temps pour venir en aide à l'infanterie. (*Militär Wochenblatt*, 1893, n° 71. — *Taktische Folgerungen aus der Schlacht von Wörth*, page 1816, note 1, rédigée d'après les Archives de la Guerre.)

(2) *Historique du Grand État-Major prussien*, 3ᵉ livraison, page 248.

§ 6. — *Le XIe corps s'empare du Nieder-Wald.*

a) *Occupation de la lisière Sud du Nieder-Wald.* — Vers 1 h. 30, après l'insuccès du retour offensif des débris de la division de Lartigue, écrasés par le feu des batteries du XIe corps, « les tirailleurs prussiens par-
« viennent de nouveau à reprendre pied et à soutenir le
« combat jusqu'au moment où les troupes fraîches, qui
« débouchent de Gunstett, entrent en ligne de la façon la
« plus opportune (1) ».

Les vingt compagnies (2), qui avaient fourni l'une des deux attaques de front du XIe corps et qui combattaient, mêlées les unes aux autres, près de la ferme de Lansberg, sont renforcées par le 3e bataillon du *95e* et le *83e* régiment tout entier. Le général de Bose garde encore en réserve les 2e et 3e bataillons du *82e* et le 3e bataillon du *88e*.

Le 3e bataillon du *95e*, qui arrive le premier sur la rive droite de la Sauer, se forme en ligne de colonnes de compagnie, face à la portion de lisière du Nieder-Wald, comprise entre la route de Haguenau et la ferme Lansberg.

Les 1er et 2e bataillons du *83e*, sur deux lignes de colonnes de compagnie, marchent vers la hauteur 233, au Nord-Ouest de la ferme Lansberg. Le 3e bataillon du *83e* s'avance sur la route de Wœrth pour déborder, par l'Est, le saillant Sud-Est du Nieder-Wald.

Les 1er et 2e bataillons du *83e* arrivent jusqu'à la crête marquée par la cote 233 sans être vus des fractions du 1er bataillon du 3e zouaves (5e et 6e compagnies) qui

---

(1) *Historique du Grand État-Major prussien*, 3e livraison, page 257.
(2) Savoir : Les six premières compagnies du *95e*; les 3e, 4e, 5e, 6e, 7e, 8e compagnies du *87e*; les 3e, 4e, 10e, 11e compagnies du *80e*; le *11e* bataillon de chasseurs.

occupent l'angle rentrant du Nieder-Wald en contre-bas et au Nord de ce point; là, ils ne sont plus qu'à une centaine de mètres de la lisière qu'ils abordent à l'Est du chemin de Morsbronn et où ils prennent pied (1). En même temps, le 3e bataillon du 95e envahit le saillant Sud-Est de la forêt. Les zouaves du 1er bataillon ne cèdent le terrain que pied à pied et en exécutant constamment des retours offensifs. Le capitaine Henry, commandant la 5e compagnie, est tué; « dans cette phase « de la bataille tombent aussi le lieutenant Lafon, les « lieutenants Perret et Gasc, blessés, l'adjudant Riviez, « blessé gravement à la jambe (2) ».

Le colonel Bocher, après avoir engagé ses dernières fractions disponibles, ordonna de cesser un combat qui ne pouvait amener que la destruction complète de son régiment, débordé de toutes parts. Il chargea le capitaine Saint-Marc de rallier les zouaves sur la rive droite de l'Eberbach sous la protection de quelques groupes du 3e tirailleurs et des 1er et 3e bataillons du 56e de ligne; ceux-ci, ayant été moins engagés que les autres corps de la division de Lartigue, présentaient plus de cohésion et formaient l'arrière-garde sur les hauteurs au Nord-Ouest d'Eberbach. Le capitaine Hervé suivit, avec un clairon, la lisière Ouest du Nieder-Wald et fit sonner la retraite. A cet appel, quelques groupes sortirent du bois, conduits par des officiers blessés pour la plupart; d'autres se virent la retraite coupée par l'ennemi et continuèrent à combattre pour l'honneur. « Là, il se pro- « duisit des efforts désespérés, des traits de valeur qui « resteront toujours ignorés. (3) ».

---

(1) L'*Historique du Grand Etat-Major prussien* dit (page 257) que le défenseur ne s'était retiré « dans l'intérieur du bois qu'au moment où « l'assaillant n'était plus qu'à cinquante pas. »

(2) Historique du 3e régiment de zouaves.

(3) *Ibid.*

Plusieurs fractions entre autres celles qu'avaient ralliées les capitaines Corps et Voisin, et le lieutenant Vermel, tombèrent successivement entre les mains des Allemands, non sans avoir opposé la résistance la plus énergique. Le commandant Morland, bien qu'entouré de toutes parts, brûla sa dernière cartouche avant d'être pris avec les quelques hommes encore debout autour de lui : huit officiers furent tués et douze blessés dans cette dernière période de luttes partielles.

Le combat du 3º zouaves dans le Nieder-Wald est un titre immortel de gloire pour ce régiment. Le 6 août, au matin, il avait un effectif de 65 officiers et 2,000 sous-officiers et soldats. A l'appel du 7 août, à Saverne, il ne comptait plus que 24 officiers et 415 sous-officiers et soldats : 17 officiers avaient été tués, 24 blessés, 1585 hommes de troupe, presque tous tués ou blessés, avaient été laissés dans le Nieder-Wald.

b) *Retraite de la division de Lartigue sur Schirlenhof.* — Pendant ce temps, le général de Lartigue essayait d'organiser la défense sur la rive droite de l'Eberbach. 500 ou 600 tirailleurs, tout ce qui reste du 3º régiment se déploient sur la crête au Nord-Ouest d'Eberbach où déjà ont pris position les batteries divisionnaires et font face vers le Sud aux troupes du général de Schkopp qui remontent le vallon d'Eberbach par les deux rives du ruisseau. Mais ce dernier effort dépasse les forces humaines. Les soldats de la 4º division sont exténués par cette lutte incessante, sans recevoir aucun secours, contre des forces trois fois supérieures et, par surcroît, les cartouches manquent. Les turcos, privés de la plupart de leurs officiers, sans liens organiques, sans cohésion, débordés d'ailleurs sur leur gauche par le 3º bataillon du *94º*, sont bientôt obligés de se replier. Quelques fractions compactes des 1ᵉʳ et 3º bataillons du 56º de ligne, qui occupent le bois à l'Est de Schirlenhof, couvrent ce mouvement.

L'artillerie divisionnaire, après avoir tenu le plus longtemps possible, se met également en retraite, en occupant plusieurs positions en arrière, d'où la batterie de mitrailleuses, en particulier, a une action assez efficace ; puis elle se retire, la 11ᵉ batterie du 12ᵉ sur Gundershoffen, les deux autres sur Reichshoffen, à travers bois.

Le général de Lartigue, qui était dans un verger au Nord-Ouest d'Eberbach avec quelques groupes du 3ᵉ zouaves, ne se décida à quitter le champ de bataille que quand les Prussiens arrivèrent à très courte distance. Il ordonna enfin aux zouaves de battre en retraite en tiraillant. Le dernier lancier de son escorte est tué à ses côtés ; les branches des arbres hachées par les balles l'aveuglent lui et son entourage (1). « La lutte continue « pendant une demi-heure environ, mais alors il n'est « plus possible de défendre aucune position. Les hom- « mes n'en peuvent plus et n'en veulent plus ; l'ennemi, « d'ailleurs très fatigué, aussi, poursuit mollement (2) ». Les débris de la division de Lartigue rétrogradent jus- qu'à Schirlenhof, ne laissant entre les mains des Alle- mands d'autre trophée qu'un fanion de turcos qui fut pris « sur le cadavre de celui qui le portait (3). »

c) *Le XIᵉ corps occupe tout le Nieder-Wald.* — Le 3ᵉ bataillon du *95ᵉ* et les 1ᵉʳ et 2ᵉ bataillons du *83ᵉ*, qui avaient enlevé la lisière Sud du Nieder-Wald, conti- nuent leur marche vers le Nord, suivis d'une foule d'isolés appartenant aux 1ᵉʳ et 2ᵉ bataillons du *95ᵉ*, au *80ᵉ*, au *87ᵉ* et au *11ᵉ* bataillon de chasseurs ; mais ce n'est que « lentement et au prix de lourds sacrifices « qu'ils gagnent du terrain (4). » Les débris des 1ᵉʳ et

---

(1) Historique de la 4ᵉ division.
(2) *Ibid.*
(3) *Historique du Grand Etat-Major prussien*, 3ᵉ livraison, page 259.
(4) *Ibid.*, page 261.

2ᵉ bataillons du 3ᵉ zouaves opposent une résistance des plus vives et les Allemands sont contraints, peu à peu, à déployer en tirailleurs les huit compagnies du *83*ᵉ et une partie du 3ᵉ bataillon du *95*ᵉ. Cette longue ligne parvient enfin à hauteur du sommet du secteur boisé contigu à la route de Haguenau, où luttent sans succès depuis midi 30 les 1ᵉʳ et 2ᵉ bataillons du *88*ᵉ, ainsi que des fractions du *80*ᵉ et du *87*ᵉ contre les 2ᵉ et 3ᵉ bataillons du 3ᵉ zouaves. La jonction s'opère entre le *88*ᵉ et le *83*ᵉ qui, faisant un vigoureux effort, atteignent vers 2 h. 1/2 la lisière Nord du Nieder-Wald.

Les troupes du général de Schkopp, après avoir délogé les tirailleurs de la 4ᵉ division de leur position à l'Ouest d'Eberbach, s'étaient divisées en deux groupes : le *32*ᵉ, éclairé sur sa gauche par le *13*ᵉ hussards, se portait vers le Nord-Ouest à la poursuite des débris de la division de Lartigue; le *94*ᵉ continuait sa marche vers le Nord, par le vallon de l'Eberbach, contournant ainsi la lisière occidentale du Nieder-Wald.

« Il s'agissait maintenant, pour se conformer aux
« instructions envoyées sur ces entrefaites par le Prince
« royal, de poursuivre le mouvement contre les posi-
« tions d'Elsashausen et de Frœschwiller, en les com-
« binant, autant que possible, avec l'attaque de front du
« Vᵉ corps. Afin de mieux en assurer le succès, le
« général de Bose n'hésite pas à engager toutes ses
« forces; il fait donc prescrire à l'artillerie et aux trois
« bataillons encore en réserve à Gunstett de se porter en
« avant (1) ».

---

(1) *Historique du Grand Etat-Major prussien*, 3ᵉ livraison, page 259. D'après le major Hoffbauer, le général Hausmann reçut du général de Bose l'ordre de laisser un certain nombre de batteries en position de recueil au Nord de Gunstett, jusqu'à ce que la possession du Nieder-Wald fût complètement assurée, et de diriger les autres sur la route de Wœrth pour soutenir l'infanterie. (*Loc. cit.*, page 51.)

Déjà le général Hausmann, commandant l'artillerie du XIᵉ corps, avait envoyé la 1ʳᵉ batterie à cheval du *11ᵉ*, (Sylvius) sur la rive droite de la Sauer; elle avait suivi, sur la route de Wœrth, le 3ᵉ bataillon du *83ᵉ*. Le *14ᵉ* régiment de hussards avait également franchi la rivière et était venu se rassembler à l'Est du Nieder-Wald. Les trois bataillons de réserve du XIᵉ corps (3ᵉ du *88ᵉ*, 2ᵉ et 3ᵉ du *82ᵉ*) quittèrent leur position de rassemblement, au Nord de Gunstett et traversèrent la Sauer au Sud de Spachbach, partie à gué, partie sur des passerelles improvisées (1). Parvenus sur la rive droite, ils se formèrent sur deux lignes : le 3ᵉ bataillon du *88ᵉ* prenant la tête, suivi des 2ᵉ et 3ᵉ bataillons du *82ᵉ*, déployés en quatre demi-bataillons, et pénétrèrent dans le vallon au Sud-Est d'Elsashausen (Regersgraben).

Sur l'ordre du général Hausmann, les trois Abtheilungen montées du XIᵉ corps laissèrent chacune une batterie en position au Nord de Gunstett (2); les trois batteries restantes de chaque Abtheilung franchirent la Sauer au pont de Gunstett, ainsi que la 3ᵉ batterie à cheval de l'Abtheilung à cheval de l'artillerie de corps.

Mais l'état du sol détrempé par la pluie rendait très difficile le mouvement des batteries sur les pentes raides du versant Ouest de la rivière. D'autre part, les Français luttaient avec acharnement entre Elsashausen et le Nieder-Wald d'où les Allemands n'avaient pas encore débouché. Les péripéties du combat, jointes aux difficultés du terrain, amenèrent un petit nombre seulement de batteries à s'engager les unes après les autres, de sorte qu'il fut impossible, dans ces conditions, de rétablir les groupes constitués, dont la scission s'était déjà produite sur le mamelon au Nord de Gunstett.

---

(1) Historique du *82ᵉ*, page 134.
(2) Savoir : 1ʳᵉ légère, 3ᵉ lourde, 6ᵉ lourde, du *11ᵉ*.

L'occupation complète du Nieder-Wald par le XIe corps déterminait dans la situation un changement notable en faveur des Allemands. Jusqu'à ce moment le couvert constitué par cette forêt avait séparé les attaques des XIe et Ve corps; désormais aucun obstacle de terrain n'empêchait la droite du premier de se relier à la gauche du second et de former une équerre, dont les deux branches vont se resserrer de plus en plus autour du centre de la position française.

§ 7. — *Contre-attaques de la brigade Wolff.*

a) *Contre-attaque du 96e de ligne. Le XIe corps s'empare du Petit Bois.* — Vers 2 heures de l'après-midi, le centre de l'armée était de plus en plus menacé, de front par le Ve corps qu'on n'avait pu rejeter dans la Sauer, et de flanc par les progrès du XIe corps dans le Nieder-Wald. Le maréchal de Mac-Mahon envoya son chef d'état-major, le général Colson, à la 1re division pour demander au général Ducrot de diriger sur Elsashausen toutes les troupes dont il pouvait disposer. La 1re division, qui combattait depuis le matin, n'avait encore engagé que sa 2e brigade. De la première, le 13e bataillon de chasseurs et neuf compagnies (trois du 1er bataillon, six du 3e) du 18e de ligne avaient déjà été envoyés au soutien de la division Raoult qui les avait employés dans le bois de Frœschwiller (1); il ne lui restait donc plus que quatre bataillons : le 2e du 18e de ligne, en réserve à l'Ouest de Frœschwiller (2), trois du 96e, déployés au Nord de cette localité.

Le 96e (colonel de Franchessin), formé en colonne par

---

(1) Voir page 414.
(2) « Les trois autres compagnies du 1er bataillon avaient été « envoyées dès le matin sur la route de Reichshoffen pour couvrir « cette route ». (Rapport du colonel du 18e.)

pelotons, la droite en tête, se dirigea de Frœschwiller vers Elsashausen, en suivant le vallon Est des sources de l'Eberbach, qui le dissimulait aux vues de l'ennemi. Quand le centre du régiment fut parvenu à 500 mètres environ à l'Ouest d'Elsashausen, chaque bataillon se forma en colonne serrée par division et fit face à l'Est. Le 3e bataillon (commandant Lamy) fut détaché pour soutenir la droite de la division Raoult ; les 1er et 2e bataillons se dirigèrent, accolés, en ligne de colonnes de bataillon, l'un à droite, sur le Petit Bois, l'autre à gauche, sur Elsashausen. « En dépassant la « crête, ces trois bataillons furent accueillis par un feu for-« midable qui leur fit éprouver des pertes énormes (1) ». Néanmoins, la marche en avant continue.

Le 1er bataillon, avec lequel se trouve le colonel, arrive à temps pour renforcer les débris de divers régiments qui combattaient dans le Petit Bois et tenaient à peine encore. Ses compagnies en garnissent les lisières Est et Sud, exécutent un feu violent sur les nombreux tirailleurs prussiens postés sur la lisière Nord du Nieder-Wald (2), puis le demi-bataillon de droite, entraîné par le commandant Piétri, s'élance en avant et pénètre dans la forêt (2 h. 45).

Le *83e* (XIe corps) « cède sous l'effort de l'assail-« lant ; il est recueilli par les troupes qui venaient en « arrière (3) ». Le *94e*, sous la haute direction du général de Schkopp, parvenait en effet à ce moment près de la lisière Nord du Nieder-Wald, après avoir remonté le vallon de l'Eberbach et pris ensuite à travers bois, pour se souder à droite aux troupes du XIe corps. Ce régi-

---

(1) Rapport du général Ducrot sur la journée du 6 août, daté de Lorrey, 12 août. (Général Bonnal, *loc. cit.*, page 363.)

(2) 1ers et 2es bataillons du *83e* et du *88e* ; fractions des *80e*, *87e*, *95e*.

(3) *Historique du Grand Etat-Major prussien*, 3e livraison, page 261.

ment se déploie, les 1ᵉʳ et 2ᵉ bataillons des deux côtés de la route de Morsbronn, se prolongeant à gauche par le 3ᵉ bataillon et à droite par des fractions du 11ᵉ bataillon de chasseurs. « Toute cette ligne marche, tambour battant,
« à la rencontre des Français qui pénétraient dans la
« forêt ; les troupes de première ligne, qui avaient plié,
« se joignent à ce mouvement (1). » Le colonel de Franchessin est atteint de trois balles (2) ; le commandant Piétri tombe frappé à mort. Les trois compagnies du 1ᵉʳ bataillon du 96ᵉ sont forcées de battre en retraite sur le Petit Bois où les Allemands pénètrent pêle-mêle avec elles. En vain, la 4ᵉ compagnie, « enlevée par le ser-
« gent-major Rame qui remplace ses officiers mis
« hors de combat, tente un retour offensif..... Rame
« est tué et les hommes de la 4ᵉ compagnie, ainsi que
« ceux des 5ᵉ et 6ᵉ, sont exposés à être enveloppés
« (3)..... » Il faut évacuer le Petit Bois. Le 2ᵉ bataillon du 96ᵉ, qui arrivait au secours du 1ᵉʳ, ne put que le recueillir et le lieutenant-colonel Bluem les reporta tous deux près d'Elsashausen. Quant au 3ᵉ bataillon, il avait été assailli par un tel feu en atteignant la crête du terrain, qu'il avait pu à peine se déployer et avait dû se replier presque aussitôt. Le 96ᵉ laissait sur le terrain 20 officiers dont 10 tués et 10 blessés. C'est à ce moment que fut frappé mortellement le général Colson, chef d'état-major général du 1ᵉʳ corps, aux côtés mêmes du maréchal de Mac-Mahon, près d'Elsashausen.

(1) *Historique du Grand Etat-Major prussien*, 3ᵉ livraison, page 261.
(2) « Le colonel de Franchessin fut d'abord atteint d'une balle qui lui traversa le pied gauche de part en part. Il continua cependant à marcher, appuyé sur l'épaule d'un caporal fourrier, et à entraîner en avant les soldats du 96ᵉ. Une deuxième balle l'atteignit bientôt au côté gauche, puis une troisième au côté droit. Malgré ces trois blessures et avec un courage surhumain, il cria : « En avant ! en avant ! » jusqu'au moment où les forces l'abandonnèrent ». (Historique du 96ᵉ.)
(3) Historique du 96ᵉ.

b) *Contre-attaque du 18ᵉ de ligne*. — Sur ces entrefaites, le général Wolff avait rassemblé le 3ᵉ bataillon et 3 compagnies du 1ᵉʳ bataillon (1) du 18ᵉ de ligne à l'extrémité Sud de Frœschwiller, face à l'Est ; les fractions ralliées du 96ᵉ de ligne viennent se placer à la droite du 18ᵉ. « Le général Wolff se porte sur le front des
« troupes et indique la direction (de Wœrth) en levant
« son képi. A la sonnerie de la charge, les hommes,
« entraînés par les officiers, qui s'élancent bravement
« en avant, ne peuvent aller bien loin sans tomber en
« foule sous le feu écrasant de l'artillerie et de l'infan-
« terie. On est pourtant obligé de les arrêter par la
« sonnerie de « Halte ». « Mais les pertes s'accumulent
« dans les compagnies engagées..... Le 18ᵉ se replie
« lentement sur les maisons du village, où il continue à
« combattre » (2).

Ces neuf compagnies ont perdu, en un quart d'heure, 16 officiers tués ou blessés, ainsi que 373 sous-officiers, caporaux et soldats (3). Le 96ᵉ subit également des pertes considérables en se repliant sur Frœschwiller, son drapeau n'est sauvé que grâce à l'intrépidité du capitaine adjudant-major Obry et au courage des sergents Pic, Faure, Mespoulède et du soldat Bellougrand qui lui font un rempart de leurs corps. Le capitaine Boullanger reçoit une balle dans le flanc ; ne pouvant se tenir debout, il s'asseoit, en s'adossant à un arbre et, muni d'un fusil et de cartouches qu'il avait ramassées, il tirailla pendant plus d'une heure, jusqu'à ce qu'une voiture d'ambulance vint l'enlever (4).

---

(1) Qui se trouvaient à la lisière Sud de la partie occidentale du bois de Frœschwiller.
(2) Historique du 18ᵉ
(3) Rapport du colonel du 18ᵉ.
(4) Historique du 96ᵉ.

§ 8. — *Le XIe corps s'empare d'Elsashausen.*

a) *Situation générale vers 3 heures.* — A l'aile gauche française, la division Ducrot avait réussi, non sans succès dans plusieurs contre-attaques (1), et diminuée des renforts qu'elle avait envoyés aux divisions Raoult et Conseil-Dumesnil (2), à conserver ses positions de la matinée. Entre la sortie Sud de Neehwiller et la naissance du Grand Ravin s'échelonnaient : les 3e et 2e bataillons du 45e de ligne (3) appuyés en arrière par le 2e bataillon du 18e (4), puis les 3e, 2e et 1er bataillons du 1er zouaves, enfin les 7e et 8e batteries du 9e. La 3e batterie de l'artillerie divisionnaire (6e du 9e) était à la sortie Nord-Est de Frœschwiller, à gauche de la 6e du 12e de la 3e division : elles avaient toutes deux pour objectif les batteries prussiennes du Ve corps en position au Nord de la route de Dieffenbach à Wœrth. La batterie de mitrailleuses (9e du 12e) de la 3e division était établie à l'Ouest de Frœschwiller, face au Nord-Est.

Au saillant Nord-Est du bois de Frœschwiller, le 2e Tirailleurs avait été renforcé : au centre, entre les 1er et 2e bataillons, par le 1er bataillon du 78e, à droite par le 13e bataillon de chasseurs et une partie des 2e et 3e bataillons du 48e de ligne (5). Il avait fait échouer toutes les tentatives de l'aile droite du Ve corps et d'une partie de la 2e brigade bavaroise, soutenues par une puissante artillerie (6), pour gagner du terrain.

---

(1) Voir pages 41 et 45.
(2) Voir pages 113 et 128.
(3) Le 1er bataillon du 45e se trouvait toujours à Jægerthal.
(4) Le général Ducrot lui-même avait dirigé ce bataillon « à l'extrême « gauche de nos lignes de défense ». (Rapport du colonel du 18e de ligne.) Il fut ensuite ramené vers Frœschwiller.
(5) Voir page 107
(6) Voir pages 109 et 120.

Sur la lisière Nord du bois se trouvaient le 1er bataillon du 48e de ligne et les débris des 1er et 2e bataillons du 36e ; sur la lisière Sud combattaient mêlées, des fractions des 2e et 3e bataillons du 48e et du 78e de ligne ; dans la partie centrale, les quatre compagnies de gauche du 8e bataillon de chasseurs étaient encore en réserve. A l'Est de Frœschwiller, le 3e bataillon du 36e de ligne et le 2e zouaves de la brigade L'Hériller (3e division), avaient été forcés de se replier pied à pied devant les forces très supérieures des *17e* et *19e* brigades prussiennes. Leurs débris, mêlés à des fractions des 18e, 48e et 96e de ligne, formaient une ligne mince à 500 mètres environ à l'Est de Frœschwiller.

Les restes de la division Conseil-Dumesnil luttaient avec peine : à l'Est d'Elsashausen, contre la *18e* brigade prussienne ; à l'Ouest, dans le chemin creux de Gundershoffen, contre une partie du XIe corps ; le hameau même était occupé par le 1er bataillon du 99e et par un certain nombre d'isolés qui faisaient face au Petit Bois. Les deux batteries à cheval de la 2e division de cavalerie de réserve (7e du 19e, Raffron de Val ; 8e du 19e, canons à balles, Gonnard), sous les ordres du commandant Astier, avaient pris position successivement à l'Ouest d'Elsashausen pour en appuyer la défense.

La ligne allemande formait une équerre dont la branche horizontale, garnie par le XIe corps, suivait d'abord le vallon qui se trouve immédiatement au Nord du Petit Bois et remontait ensuite sur les hauteurs, à 500 mètres à l'Est d'Elsashausen ; dont la branche verticale, occupée par le Ve corps, passait à 800 mètres environ à l'Est de Frœschwiller et se recourbait plus loin vers le Nord-Est, pour rejoindre par le lit du Sultzbach, la gauche de la *1re* division bavaroise, qui bordait la lisière Sud de la forêt de Langensoultzbach. Il ne restait donc au maréchal de Mac-Mahon que le tiers de l'espace sur lequel son armée s'était déployée le matin ;

il n'y avait plus guère un point du centre français qui ne fut soumis à des feux croisés partant du Sud et de l'Est. Les seules troupes encore disponibles étaient :

A la division Pellé : deux bataillons du 50ᵉ de ligne, réduits au chiffre de 800 hommes; deux bataillons du 74ᵉ de ligne, ne comptant plus que 697 hommes; le 1ᵉʳ régiment de tirailleurs algériens n'ayant que 1733 hommes.

La brigade légère et le 2ᵉ lanciers de la division de cavalerie Duhesme ;

La 2ᵉ division de réserve de cavalerie (moins ses deux batteries à cheval);

La réserve d'artillerie du 1ᵉʳ corps (huit batteries).

Ces troupes occupaient à peu près leurs emplacements de la matinée (1).

D'autre part, le général de Bose ne disposait plus que de trois bataillons encore intacts : le 3ᵉ du *83*ᵉ qui arrivait par la route de Haguenau à Wœrth, avec l'artillerie, et les 2ᵉ et 3ᵉ du *82*ᵉ, qui avaient franchi la Sauer à Spachbach et cheminaient par le Regers-Graben (2). Le Vᵉ corps tout entier était engagé. Mais l'artillerie du XIᵉ corps allait faire pencher définitivement la balance en faveur des Allemands au Nord du Nieder-Wald.

b) *Prise d'Elsashausen*. — Cinq batteries du *11*ᵉ régiment viennent successivement prendre position pour préparer l'attaque d'Elsashausen :

Les 1ʳᵉ et 3ᵉ à cheval à 700 mètres, la 5ᵉ lourde à 900 mètres au Sud-Est du hameau.

Les 4ᵉ et 3ᵉ légères et la 4ᵉ lourde, au Sud-Est de Wœrth, à 900 mètres environ d'Elsashausen (3).

---

(1) Voir page 33.

(2) Le 3ᵉ bataillon du *88*ᵉ qui précédait les 2ᵉ et 3ᵉ du *82*ᵉ avait fait sa jonction dans le Nieder-Wald avec les deux premiers bataillons du *88*ᵉ.

(3) Ces indications ne concordent pas avec celle que donne l'*Histo-*

Les 5ᵉ, 6ᵉ et 2ᵉ légères, 1ʳᵉ et 2ᵉ lourdes, sont encore en colonne sur la route de Haguenau à Wœrth.

Ces cinq batteries font converger leurs feux sur le hameau d'Elsashausen et réussissent à y provoquer des incendies « sans que, pour cela, le défenseur se décide à « l'évacuer (1) ». Les deux batteries de la 2ᵉ division de réserve de cavalerie, sans répondre à l'artillerie adverse, couvrent de projectiles et de mitraille la lisière Nord du Nieder-Wald et le Petit Bois, et empêchent les Allemands d'en déboucher. Il ne restait à ceux-ci « d'autre « alternative que de pousser plus en avant ou de « renoncer aux avantages achetés au prix de si lourds « sacrifices (2) ». Mais les trois bataillons intacts du XIᵉ corps arrivent à ce moment par le Regers-Graben. Le général de Bose ordonne alors l'attaque générale, au moyen de la sonnerie « tout le monde en avant! » A ce signal, les abords d'Elsashausen au Sud, à l'Est et à l'Ouest, se couvrent de troupes du XIᵉ corps qui, abandonnant leur dernier couvert, se précipitent sur le hameau. Les fractions voisines de l'aile droite du Vᵉ corps se joignent également à cette attaque,

---

rique du Grand État-Major prussien, 3ᵉ livraison, page 262, d'après laquelle « le colonel de Bronikowski prenait position, en arrière d'une « allée de cerisiers à l'Est d'Elsashausen, avec la 1ʳᵉ batterie à cheval « et la 5ᵉ batterie lourde; à gauche entraient en action, sous la direc- « tion du général Hausmann, la 3ᵉ batterie à cheval, les 5ᵉ et 6ᵉ batte- « ries légères, ainsi que les 3ᵉ et 4ᵉ batteries légères de la IIᵉ Abthei- « lung, et, plus en arrière, la 4ᵉ batterie lourde. »

L'Historique du *11ᵉ* régiment d'artillerie, rédigé très succinctement, est en contradiction avec l'*Historique du Grand État-Major prussien*. Il dit (page 139) que la 1ʳᵉ batterie à cheval s'établit à une distance de 1500 à 1800 pas à l'Est d'Elsashausen; la 3ᵉ batterie se plaçant un peu plus près; entre elles, les 3ᵉ, 4ᵉ, 5ᵉ, 6ᵉ batteries légères. On a adopté la version donnée par le major Hoffbauer, dont l'ouvrage est fait avec un très grand soin. (*Loc. cit.*, page 52.)

(1) *Historique du Grand État-Major prussien*, 3ᵉ livraison, page 263.
(2) *Ibid.*, page 262.

que les batteries appuient par un tir violent. Le 3e bataillon du *83e* et une partie du 2e bataillon du *82e* envahissent la lisière orientale, pêle-mêle, avec des groupes de soldats du Ve corps. Le reste du 2e bataillon du *82e* contourne Elsashausen par l'Est, pour menacer la retraite des derniers défenseurs. Enfin les 3es bataillons du *82e* et du *88e*, les 1res et 5es compagnies du *83e*, le 1er bataillon du *94e*, suivis de fractions d'autres régiments se portent vers les hauteurs à l'Ouest du hameau, où se trouvent établies les deux batteries à cheval de la division de Bonnemains. Celles-ci s'étaient maintenues sur leur position et avaient prêté leur appui jusqu'au dernier moment à l'infanterie, en dépit des feux d'artillerie et de mousqueterie auxquels elles étaient soumises et dont elles avaient beaucoup souffert. Elles continuèrent à tirer à mitraille jusqu'au moment où les Allemands n'étaient plus qu'à cinquante pas ; la 8e batterie du 19e fut même envahie par les tirailleurs ennemis à l'instant où elle venait d'amener les avant-trains. « Quatre pièces (canons à balles) privées de leurs con-« ducteurs, restèrent sur le terrain ; deux seulement « purent être enlevées au galop par les attelages (1) ». La 7e du 19e fut obligée également d'abandonner sa pièce de droite. Les cinq autres furent réunies aux deux canons à balles qui restaient à la 8e batterie, et le commandant Astier leur fixa un nouvel emplacement à 600 mètres environ au Nord-Ouest de celui qu'elles venaient de quitter, et d'où elles recommencèrent à tirer à mitraille, pour soutenir la retraite de l'infanterie. A Elsashausen, une poignée d'hommes, fantassins, zouaves, chasseurs à pied, se défendent encore malgré

---

(1) Rapport du général Forgeot.
Les attelages des quatre autres pièces avaient été tués ou blessés et les pelotons de chevaux dispersés. (Rapport du capitaine Gonnard, commandant la batterie.)

l'incendie, dans la grande rue qu'ils ont barricadée ; ils ne se replient que sous la menace de l'enveloppement. Les deux batteries à cheval vont s'établir alors à l'Ouest de Frœschwiller, entre la cote 262 et le Gross-Wald.

« L'enlèvement du village, succédant aux combats « dans les bois, avait achevé de confondre toutes les « brigades (du XIe corps) ; les bataillons eux-mêmes « étaient en partie désorganisés. La direction générale « de la nouvelle ligne de bataille bordait le chemin « d'Elsashausen à Gundershoffen. La *44e* brigade (de « Schkopp), avait seule conservé une formation à peu « près régulière. Des fractions de tous les autres régi- « ments étaient groupés sur ses flancs et sur ses derrières, « mais, dans un état tel, que, pour le moment, elles ne « pouvaient compter comme une réserve sérieuse. Durant « les premiers instants, c'était à peine si, de leur côté, « les bataillons de première ligne pouvaient être consi- « dérés comme formant encore des unités tactiques ; « mais, de toutes parts, les officiers s'efforçaient de « reconstituer les compagnies, les bataillons..... (1) ».

A gauche de cette masse confuse, le *32e*, détaché par le général de Schkopp, à la poursuite des débris de la division de Lartigue, avait continué à l'Ouest d'Eberbach, à gagner du terrain vers la route de Reichshoffen. Dans le Nieder-Wald, se ralliaient les 1er et 2e bataillons du *88e* et le 3e du *94e* ; le 2e bataillon du *87e* se rassemblait à Eberbach, le 3e bataillon de ce régiment à Spachbach. A l'Est d'Elsashausen, les fractions du Ve corps qui avaient pris part à l'assaut, appartenant aux 7e, *46e*, 47e, *50e*, *58e* régiments, se reconstituaient avec peine.

Quelques batteries du XIe corps « utilisant jusqu'à leur extrême limite les forces des chevaux (2) »,

---

(1) *Historique du Grand État-Major prussien*, 3e livraison, page 263.
(2) Hoffbauer, *loc. cit.*, page 53.

viennent à temps donner un point d'appui solide à cette infanterie exténuée et désorganisée. Les 1re et 3e batteries à cheval du *11e* prennent position à l'Est d'Elsashausen, à la cote 222 et ouvrent le feu, la première sur Frœschwiller, la seconde sur les troupes françaises qui battent en retraite. La 5e batterie lourde, du même régiment, qui veut les suivre, reste en arrière, embourbée dans un pli de terrain et ne peut faire entrer en ligne qu'une pièce d'abord, puis une seconde à laquelle il faut atteler jusqu'à dix chevaux.

A ce moment, un retour offensif de fractions d'infanterie française, qui avaient été chassées d'Elsashausen, détermine une panique parmi les troupes du XIe corps qui s'enfuient vers le Nieder-Wald, entraînant dans leur retraite la 3e batterie à cheval, alors en marche pour contourner le hameau et venir prendre un nouvel emplacement à l'Ouest. Mais le général Hausmann, commandant l'artillerie du XIe corps, qui arrivait alors sur le théâtre du combat, fait arrêter cette batterie à l'angle Est du Petit Bois, et placer à sa droite les 4e et 6e batteries légères. La 1re batterie à cheval, qui était restée à l'Est d'Elsashausen, ouvre le feu à mitraille.

Les tirailleurs français qui s'étaient approchés jusqu'à 300 mètres du hameau, et qu'aucune troupe compacte ne soutenait en arrière, furent bientôt obligés de se replier sur Frœschwiller.

Neuf batteries du XIe corps vinrent plus tard prendre position à l'Est et à l'Ouest d'Elsashausen :

1° A l'Est : les 1re, 2e, 4e batteries lourdes; les 2e et 6e légères; la 1re à cheval, la 5e lourde;

2° A l'Ouest : la 5e batterie légère et la 3e à cheval.

c) *Charges de la division de cuirassiers de Bonnemains.*
— Après la prise d'Elsashausen, le maréchal de Mac-Mahon ne pouvait plus se faire aucune illusion sur l'issue de la bataille. Les troupes françaises, malgré leur vaillance, malgré l'exemple brillant donné par leurs chefs,

devaient céder sous le nombre de l'infanterie et la supériorité de l'artillerie adverses.

Il n'était plus question, maintenant, d'obtenir la victoire et même de conserver les positions, mais de savoir si l'on pourrait encore effectuer la retraite, si la masse de ces combattants, à bout de forces et presque dépourvus de munitions, pourrait s'écouler vers Reichshoffen ; si, enfin, le torrent des vainqueurs n'allait pas y produire une épouvantable déroute. La dernière heure consacrée aux contre-attaques de la brigade Wolff, dans l'espoir que la division de Lespart arriverait enfin, il fallait la regagner maintenant pour permettre aux troupes de se retirer du combat.

Le maréchal de Mac-Mahon se rendit nettement compte qu'Elsashausen enlevé, les Allemands étaient en mesure, par un simple mouvement en avant, de prendre en flanc les troupes françaises qui allaient s'écouler par la route de Frœschwiller à Reichshoffen (1). Il prescrivit, en conséquence, « au général de Bonnemains de faire
« avancer sa division de cuirassiers et d'arrêter l'ennemi
« assez longtemps pour permettre aux troupes du centre
« et de la gauche de gagner Niederbronn (2). ».

Cette division, placée au début de la bataille, au Sud-Ouest de Frœschwiller, dans le vallon des sources Nord de l'Eberbach, avait dû changer plusieurs fois d'emplacement, pour se soustraire aux projectiles, et s'était enfin reformée, vers 12 h. 30, en ligne de colonnes serrées par demi-régiment, face à l'Est, sur le terrain primitivement occupé (3). A ce moment, le Maréchal avait fait demander une des brigades de la division

---

(1) *Souvenirs inédits du maréchal de Mac-Mahon*, 6 août. Voir Documents annexes, page 13.
(2) *Ibid.*
(3) Historique du 4e cuirassiers, page 386.

« pour l'avoir à sa disposition, plus près de lui (1) ».
La 1ʳᵉ (Girard, 1ᵉʳ et 4ᵉ cuirassiers) désignée, était venue se former en colonne serrée dans le vallon des sources Est de l'Eberbach, à 400 mètres environ du chemin de Frœschwiller à Morsbronn. La 2ᵉ brigade était restée en arrière et avait pris un dispositif d'attente analogue à celui de la 1ʳᵉ.

Vers 3 heures le Maréchal vint donner lui-même, au général Girard, l'ordre de charger l'ennemi qui débouchait d'Elsashausen.

« Vous allez faire charger votre 1ᵉʳ régiment, lui dit-il,
« escadron par escadron, pour faire un mouvement offensif
« qui donnera de la confiance à ces troupes écrasées qui
« se replient déjà un peu (2). »

Le général Girard ayant prié le Maréchal de préciser l'objectif de la charge, car on n'apercevait encore que des tirailleurs, le Maréchal lui répondit : « Ce que je vous
« demande, c'est d'exécuter des simulacres de charge en
« avant, mais au simple galop, sans les pousser à fond ;
« je veux seulement gagner du temps (3). »

Le terrain sur lequel la division de Bonnemains allait charger « était excessivement défavorable (4) ». Il était planté de vignes, de pommiers, de houblonnières, d'arbres taillés à hauteur d'homme et coupé de fossés et de petites carrières qui ne pouvaient se deviner de loin. Des haies épaisses, hautes, infranchissables, des clôtures de vergers et des bouquets d'arbres servaient d'abri aux fantassins allemands.

Le 1ᵉʳ cuirassiers (colonel de Vendoeuvre), partit le premier dans la direction de Wœrth, passant à 500 mètres

---

(1) Historique du 4ᵉ cuirassiers, page 386.
(2) Ibid.
(3) Ibid., page 387.
(4) Historique du Grand Etat-Major prussien, 3ᵉ livraison, page 266.

environ au nord d'Elsashausen, « avec ordre de ne pas « dépasser les obstacles que l'on considérait comme « infranchissables pour la cavalerie (1). » Les capitaines Thévenin, Haas, de Masin et de Benque, se lancent successivement et se portent jusqu'à la ligne des tirailleurs prussiens, sans se laisser arrêter par le feu violent que l'on dirige sur eux. Au retour du 4ᵉ escadron, le général Girard fait sonner demi-tour pour engager le 4ᵉ cuirassiers. Mais le Maréchal, arrivant sur ces entrefaites, prescrit de reporter le régiment en avant. Les trois premiers escadrons exécutent successivement une deuxième charge. Au moment où le 4ᵉ allait suivre le mouvement le général de brigade fait avancer le 4ᵉ cuirassiers (2).

Le régiment se met en mouvement en colonne serrée, marchant de façon à passer au Sud d'Elsashausen (3). Le 1ᵉʳ escadron, conduit par le colonel Billet, prend le galop et gagne la crête qui se trouve en avant de lui. Le terrain oblige bientôt la colonne à rompre par pelotons ; elle traverse le chemin empierré et encaissé qui conduit de Frœschwiller à Morsbronn et qui était garni de tirailleurs de toutes armes : zouaves, chasseurs, fantassins des 3ᵉ, 21ᵉ et 47ᵉ de ligne, arrivés de tous les points du champ de bataille ; on y comptait aussi au moins une vingtaine de cuirassiers démontés venus de Morsbronn ; ils avaient ceint la giberne d'infanterie par dessus leurs cuirasses, sans quitter leurs grands sabres, et faisaient le coup de feu.

A 100 mètres à l'Est du chemin, le régiment, en colonne de pelotons, s'arrête un instant pour permettre aux escadrons de tête de se former en bataille. Pendant ce temps « la fusillade du Nieder-Wald redoublait

---

(1) Historique du 1ᵉʳ cuirassiers, page 207.
(2) *Ibid.*
(3) Historique du 4ᵉ cuirassiers, page 388.

« d'intensité et le crépitement des balles sur les cui-
« rasses s'entendait comme le choc de la grêle sur les
« vitres. » (1).

Le 1er escadron (capitaine Billot), aussitôt déployé, part à la charge; le colonel le dirige à 600 mètres environ en avant vers une houblonnière, occupée par des troupes prussiennes, qui font un feu nourri. L'escadron laisse Elsashausen en flammes à 250 mètres sur sa gauche, descend une pente assez raide, semée d'obstacles, et vient se heurter à des haies et à la houblonnière, dont les perches sont, selon l'usage du pays, reliées par des fils de fer. L'escadron est arrêté court, il ne peut franchir l'obstacle et, sous un feu violent qui fait de nombreuses victimes, il se voit forcé de faire demi-tour.

Le 2e escadron (capitaine Millas), suit le 1er à peu de distance; il est également accompagné par le colonel qui se dirige cette fois un peu plus au Nord; mais le terrain n'est pas plus favorable. Engagé dans des vignes, le 2e escadron ne peut davantage aborder l'ennemi qui le fusille de près.

Le commandant Broutta a l'avant-bras droit enlevé par un obus; le lieutenant Prévost a le bras gauche cassé au coude par une balle; un grand nombre de cuirassiers et de chevaux sont atteints. L'escadron fait demi-tour et vient, en longeant à sa droite les maisons en feu d'Elsashausen, se rallier au 1er escadron derrière le reste du régiment.

A ce moment le maréchal de Mac-Mahon arriva vivement près du colonel du 4e cuirassiers. « N'ayant pu se
« rendre compte des obstacles qui avaient arrêté l'élan
« des deux premiers escadrons, il ne s'expliquait pas
« leur retraite et dit : « Colonel, ce n'est pas là charger

---

(1) Historique du 4e cuirassiers, page 388.

« à fond. » « Nous allons mieux faire », répond le
« colonel Billet. Il se place alors devant le 4ᵉ escadron ;
« il a auprès de lui le commandant Négroni, le lieutenant
« d'état-major Mayniel, qui ne l'a pas quitté, et le sous-
« lieutenant porte étendard Ginter. Il part au grand
« trot en disant : « Suivez-moi. » (1).

Afin d'éviter les obstacles qui ont arrêté les deux premières charges, le colonel remonte, en le longeant, le chemin creux de Morsbronn à Frœschwiller, cherchant un point pour le franchir ; les berges étaient hautes et raides ; le peloton de tête tenta sans succès le passage ; le 2ᵉ peloton traversa quelques pas plus loin et fut suivi par le reste de la colonne.

L'escadron de tête, le 4ᵉ, se trouva ainsi à la naissance d'une petite vallée gazonnée qui s'ouvre au Nord d'Elsashausen, allant sur Wœrth ; le 1ᵉʳ cuirassiers avait déjà chargé sur ce terrain. Il se forma rapidement en bataille et partit au galop.

« Il galopait furieusement depuis près de mille mètres
« sans rien voir, ayant dépassé, à sa droite, une longue
« houblonnière de peu d'épaisseur, à sa gauche, des
« vergers, des haies, des clôtures naturelles, lorsque le
« sous-lieutenant Ginter s'écrie : « **Les voilà** », et il
« montre au colonel un groupe de tirailleurs prussiens
« qui se trouvait à une cinquantaine de pas sur la droite,
« dans un verger planté de pommiers. Ce verger était
« presque entouré de buissons et protégé du côté de la
« charge par une petite tranchée.

« Le colonel Billet ayant à sa droite le capitaine com-
« mandant d'Eggs, à sa gauche le lieutenant Mayniel,
« tous trois presque botte à botte, fond sur l'ennemi ;
« il tenait un Allemand au bout de son sabre, et venait
« de sauter le fossé quand il est croisé, bousculé, désar-

---

(1) Historique du 4ᵉ cuirassiers, page 389.

« çonné, par des cavaliers qui font demi-tour à gauche.
« Il tombe et reste sans connaissance sur le terrain (1).

« En même temps, le capitaine commandant d'Eggs,
« qui arrivait brillamment le premier de son escadron
« sur les tirailleurs ennemis, tombe frappé à mort au
« front par une balle ; le coup de feu avait été tiré à
« 4 mètres de distance sur le groupe de tête. Le lieute-
« nant Motte est tué ; le sous-lieutenant Faure, entouré
« et blessé d'un coup de crosse sur le bras, se dégage
« à coups de sabre ; le lieutenant Pelletier est désar-
« çonné ; sur les six officiers qui appartenaient au 4ᵉ
« escadron, quatre étaient tués ou blessés. Le comman-
« mandant de Négroni avait eu la bombe de son casque
« traversée par un éclat d'obus. Le lieutenant d'état-
« major Mayniel, qui charge pour la troisième fois,
« frappe de son sabre un fantassin allemand ; le briga-
« dier Jousseaulme et le trompette Décloux en tuent
« deux autres de coups de pointe. Mais, sauf quelques
« corps à corps isolés, l'escadron ne réussit pas à abor-
« der le gros de l'ennemi (2) ».

Rompu par les arbres et les haies, fusillé de toutes parts, n'apercevant aucun groupe compact qui offre un but à son attaque, il tourbillonne un instant sous les obus et les balles, puis bat en retraite en se ralliant sur les hauteurs.

---

(1) Le colonel Billet fut relevé et fait prisonnier par des fantassins du 58ᵉ. Vers 5 heures, près de Wœrth, le Prince royal, apercevant ce colonel de cuirassiers au milieu d'un groupe de prisonniers, s'avança vers lui : « J'ai remarqué vos charges, colonel. Dans un combat entre
« Français et Prussiens, il n'y a pas démérite à être battu. Du reste, je
« ne suis pas orateur, mais je dois vous dire simplement : Votre hon-
« neur est sauf, et comme preuve, donnez-moi la main ». (Extrait du carnet de notes du colonel Billet. Historique du 4ᵉ cuirassiers, page 399.)

(2) Historique du 4ᵉ cuirassiers, page 390.

Le 5ᵉ escadron, qui avait appuyé le mouvement du 4ᵉ, joignit à peine l'ennemi. Le lieutenant Schiffmacher, au moment du départ, tomba mortellement frappé d'une balle. Le sous-lieutenant Gauthier, désarçonné, fut fait prisonnier, et l'escadron fut entraîné dans la retraite du 4ᵉ. Cinq officiers, restés sur le terrain, jalonnaient le chemin parcouru par la dernière charge.

Les quatre escadrons, très réduits, vinrent se reformer derrière la crête d'où ils étaient partis, puis la brigade Girard rejoignit la brigade de Brauer, qui s'était avancée pour la soutenir dans le vallon des sources Est de l'Eberbach, en arrière de la crête, la gauche dans la direction de Frœschwiller appuyée à une grande houblonnière, la droite vers les bois (1).

A l'appel du 7 août, à Saverne, il manquait au 4ᵉ cuirassiers 170 hommes tués, blessés ou disparus, c'est-à-dire près du tiers de l'effectif.

Les charges de la brigade Girard n'ayant pas arrêté suffisamment les progès des Allemands, le maréchal de Mac-Mahon demanda au général de Bonnemains si ses cuirassiers pouvaient encore charger. « Certainement oui, répondit le général. » — « C'est un nouveau sacrifice que je vais leur demander. »

L'ordre fut donné alors, à la 2ᵉ brigade (de Brauer), de charger en colonne par demi-régiment. Cette brigade « exécute, avec autant de calme qu'à la manœuvre et avec une précision remarquable (2) », les mouvements nécessaires pour se placer en avant de la 1ʳᵉ brigade, puis elle prend la formation prescrite, le 2ᵉ cuirassiers en tête : « Le chef d'escadron Corot-Laquiante qui com-
« mandait les 1ᵉʳ et 2ᵉ escadrons de ce régiment, se
« mit en mouvement au pas, puis prit le trot, accom-

---

(1) Historique du 4ᵉ cuirassiers, page 393.
(2) *Ibid.*

« pagné pendant quelque temps du général Wolff, qui
« lui indiqua la direction dans laquelle il devait ren-
« contrer l'ennemi qu'on n'apercevait pas encore (1) ».
En arrivant sur le plateau, au Nord-Ouest d'Elsashausen,
les deux escadrons font un quart de conversion à droite
pour charger des tirailleurs prussiens suivis de lignes
épaisses qui arrivent de Wœrth. Désunis par les obstacles du terrain, ils arrivent, sans le voir, devant un
fossé d'environ trois mètres, bordé de pommiers, où
s'abattent un grand nombre de chevaux du 2ᵉ escadron.
Le 1ᵉʳ escadron, qui se trouvait à la droite du 2ᵉ, s'engage entre une houblonnière et un verger planté d'arbres trop peu élevés pour qu'un cavalier put le traverser,
et tous deux occupés par l'ennemi dont il essuie le feu
à 30 mètres. Il arrive ensuite dans une plaine, balayée
par les obus et la mitraille. Le lieutenant-colonel Boré-
Verrier, qui avait accompagné ces deux escadrons, les
voyant réduits à quelques hommes désunis par le feu et
par les difficultés du terrain, fit sonner la retraite.

Le second demi-régiment, sous les ordres du colonel
Rossetti et du chef d'escadron Lacour, avait suivi à quelques minutes d'intervalle le mouvement du premier. Il
ne fut pas moins éprouvé. « Quelques cavaliers arrivèrent
« isolément jusque sur une pièce prussienne placée à
« l'angle d'un verger. Les artilleurs, qui s'étaient jetés
« derrière les arbres, revinrent à leur pièce dès que les
« cuirassiers se furent retirés. Très peu de cavaliers
« purent aborder l'ennemi (2) ».

Le colonel Rossetti se hâta de reformer le régiment à
l'Est du Gross-Wald, près de la grande route, en prévision d'une nouvelle charge. Les pertes s'élevaient à
5 officiers tués, 2 blessés et 141 sous-officiers et soldats.

---

(1) Historique du 2ᵉ cuirassiers, page 666.
(2) *Ibid.*, page 667.

Pendant ce temps, le 3ᵉ régiment de cuirassiers avait formé ses escadrons en bataille, les 1ᵉʳ et 3ᵉ en première ligne, les 4ᵉ et 5ᵉ derrière ceux-ci. « Immobiles sous « une pluie de mitraille, officiers et cavaliers attendaient « depuis une demi-heure l'ordre de charger, et l'inalté- « rable sang-froid qu'ils gardaient durant cette longue « attente, spectateurs impassibles de cette grandiose « mêlée dans laquelle ils allaient se jeter à leur tour, « mérite d'être rappelé comme le plus bel éloge qu'on « puisse faire du 3ᵉ de cuirassiers (1) ».

Le général de Brauer qui était à côté du colonel de Lacarre, en avant du régiment, lui indiqua la direction dans laquelle il devait se porter. Le colonel, se tournant vers les deux premiers escadrons, levait son sabre pour commander la charge quand il eut la tête emportée par un obus. La première ligne (1ᵉʳ et 3ᵉ escadrons), partit au galop sur le terrain qu'avait parcouru précédemment le 2ᵉ cuirassiers, et la seconde allait la suivre quand le maréchal de Mac-Mahon fit donner, au 3ᵉ cuirassiers, l'ordre de la retraite. Les débris des 1ᵉʳ et 3ᵉ escadrons et le 2ᵉ demi-régiment se rallièrent près de la route de Reichshoffen à la lisière orientale du Gross-Wald, où les deux batteries à cheval de la division de Bonnemains vinrent prendre leur dernière position. Les quatre capitaines commandants et un lieutenant avaient été blessés; 34 sous-officiers et soldats tués (2).

d) *Déploiement de la réserve d'artillerie du 1ᵉʳ corps.* — Les 1ᵉʳ et 3ᵉ escadrons du 3ᵉ régiment de cuirassiers chargeaient encore quand la réserve d'artillerie du 1ᵉʳ corps, sous le commandement supérieur du colonel de Vassart, vint se déployer au galop sur le mamelon situé entre Elsashausen et la route de Wœrth à Frœschwiller, dans le but de ralentir les progrès de l'ennemi.

---

(1) Historique du 3ᵉ régiment de cuirassiers, page 338.
(2) *Ibid.*, page 339.

Elle comprenait quatre groupes ou divisions de deux batteries chacune :

1° Deux batteries montées de 4 (5ᵉ et 11ᵉ du 9ᵉ, capitaines Morio et Berthiot); chef d'escadron de Quincerot;

2° Deux batteries montées de 12 (11ᵉ et 12ᵉ du 6ᵉ, capitaines Rivals et Dupuy); chef d'escadron Venot;

Ces quatre batteries sous le commandement du lieutenant-colonel de Brives.

3° Deux batteries à cheval de 4 (1ʳᵉ et 2ᵉ du 20ᵉ, capitaines Mourin et Perrin); chef d'escadron de Carmejane;

4° Deux batteries à cheval de 4 (3ᵉ et 4ᵉ du 20ᵉ, capitaines Bonnet et Debourgues); chef d'escadron Thévenin.

Ces quatre batteries sous les ordres du lieutenant-colonel Grouvel.

« Cette mise en batterie fut exécutée avec un élan et une audace remarquables. Les officiers y donnèrent le plus bel exemple de courage et de sang-froid (1) ».

Les deux batteries du 9ᵉ s'établissent au Nord d'Elsashausen, face au Sud ; les quatre batteries du 20ᵉ prennent position au Sud-Est de Frœschwiller, face à Wœrth. Les deux batteries du 6ᵉ s'intercalent entre celles du 9ᵉ et du 20ᵉ, face au Sud-Est.

« L'artillerie prussienne se taisait pendant que, devant les batteries de la réserve, se présentaient des masses nombreuses d'infanterie. Bientôt ces masses n'étaient plus qu'une nuée de tirailleurs qui criblaient les canonniers et les chevaux de décharges multipliées et de plus en plus rapprochées ». Les batteries exécutaient sous ce feu, à 100 mètres environ de distance, un tir à mitraille qui dut causer aux assaillants de grandes pertes, « car leur marche en avant s'arrêta de ce côté. Mais,

---

(1) Rapport du général Forgeot, commandant l'artillerie du 1ᵉʳ corps.

« durant ce dernier effort, les hommes et les chevaux
« tombaient sous les balles. Les officiers étaient presque
« tous démontés ; un grand nombre d'entre eux étaient
« atteints. Le colonel de Vassart tombait, frappé de
« plusieurs balles..... (1) ».

Les deux batteries du 9e n'ont que le temps de tirer deux ou trois coups à mitraille par pièce sur les nombreux tirailleurs allemands qui, débouchant d'Elsashausen, les envahissent au moment où elles amènent les avant-trains. Elles ne peuvent ramener que cinq pièces ; les autres sont abandonnées sur le terrain, faute d'attelages et de conducteurs. Sur 7 officiers, 3 sont blessés grièvement et 2 légèrement.

Les deux batteries du 6e ont le même sort. « Accablées
« d'une grêle de balles, dans une position tournée,
« abordées même par leur droite, elles subissent de
« grandes pertes en hommes, en chevaux et en maté-
« riel (2) ». Elles exécutent cependant leur tir avec un grand sang-froid et ne se retirent que lorsqu'elles en reçoivent l'ordre du lieutenant-colonel de Brives (3). La 11e batterie du 6e, quoique envahie par les tirailleurs ennemis, parvient à emmener ses six pièces et va prendre une nouvelle position à 600 mètres en arrière. Mais à la 12e du 6e, tous les attelages sont tués ou dispersés ; un grand nombre de servants sont hors de combat, et il faut laisser les 6 pièces sur le terrain.

Les quatre batteries à cheval du 20e, en arrivant sur leur position, sont également en butte aux feux, à courte distance, de masses d'infanterie prussienne. La 3e batterie, arrivée la première, a le temps de tirer trois ou quatre coups à mitraille par pièce. La 4e, qui cherche à se placer à sa droite, n'a pas de vues et passe derrière la

---

(1) Rapport du général Forgeot.
(2) *Ibid.*
(3) Rapport du lieutenant-colonel de Brives.

3ᵉ pour s'établir à sa gauche ; deux pièces seulement arrivent en ligne et lancent quelques boîtes à mitraille. « Avant que les dernières aient pu se mettre en batterie, « on avait déjà commandé de remettre les avant-« trains (1). » Le chef d'escadron Thévenin est blessé ; le lieutenant Bourgeois de la 4ᵉ batterie tué, en servant lui-même la première pièce avec le maréchal des logis et un seul canonnier. Le maréchal des logis Bauré, de la même batterie, blessé dès le troisième coup de canon, avait continué à pointer et, de son quatrième coup à mitraille, avait renversé un peloton de 20 à 30 hommes, puis avait remis la pièce sur son avant-train.

« On fit des prodiges pour ne pas laisser toutes les « pièces au pouvoir de l'ennemi (2). » Les deux sous-verges et le conducteur de devant de la 2ᵉ pièce de la 4ᵉ batterie sont mis hors de combat ; le conducteur de derrière Bollengier, quoique blessé à la tête, attelle le porteur de devant en sous-verge, aidé du chef de pièce et de l'artificier. Ils emmènent ainsi la voiture. Mais bientôt les chevaux refusent de marcher. Bollengier remet alors pied à terre et les fait avancer au pas, en se tenant à leur tête au milieu de la mitraille. Une seule pièce, dont les conducteurs et plusieurs chevaux sont tués, reste sur le terrain.

La 3ᵉ batterie du 20ᵉ avait réussi à emmener tout son matériel et, sur l'ordre du général Forgeot, se remet en position un peu en arrière sous une pluie de balles. Deux pièces seulement ont des vues et ouvrent une seconde fois le feu sur l'ennemi en lui infligeant des pertes énormes, mais il faut se retirer en abandonnant l'une d'elles ; l'autre n'est sauvée que grâce à l'énergie du maréchal des logis Castets qui s'arrête à 200 mètres en arrière et

---

(1) Rapport du capitaine Debourgues.
(2) Rapport du lieutenant-colonel Grouvel.

lance sur l'ennemi la dernière boîte à mitraille qui lui reste. Le conducteur Pierre, de cette batterie, détèle ses chevaux pour aller chercher en arrière une pièce d'une autre batterie et la ramène (1).

Les 1re et 2e batteries du 20e arrivaient sur la position qui leur avait été assignée au moment où les 3e et 4e l'évacuaient. Les tirailleurs prussiens n'étaient plus qu'à une cinquantaine de mètres (2). La 1re batterie suivit le mouvement de retraite des 3e et 4e et alla s'établir plus en arrière. La 2e, au contraire, prit position et chaque pièce put tirer un coup à mitraille à bout portant (3), puis elle amena les avant-trains et se replia sans perte de matériel, grâce à l'énergie du capitaine Perrin, et au dévouement du maréchal des logis Tresse, et de l'artificier Laforest. Cette batterie s'arrêta près du village de Frœschwiller, à côté de la 11e du 6e (Rivals) et, « ouvrant un feu très vif contre les colonnes qui « débouchaient sur la droite de notre position, contri- « bua beaucoup à faciliter la retraite qui s'effectuait « par la gauche, vers la route de Frœschwiller à Reichs- « hoffen (4). »

Les autres batteries de la réserve rétrogradèrent peu à peu sur ce dernier village, non sans tirer les derniers projectiles qui leur restaient. De même que celles de la division de Bonnemains, elles avaient particulièrement souffert.

« Engagées avec une audace que le succès n'a mal- « heureusement pas couronnée, elles ont, en quelques

---

(1) Rapport du capitaine Debourgues.
(2) Rapports des capitaines Castan et Perrin, commandant les 1re et 2e batteries du 20e. Le rapport de la 1re batterie est dirigé par le capitaine en second Castan, le capitaine commandant Mourin ayant été blessé.
(3) Rapport du capitaine Perrin, commandant la 2e batterie du 20e.
(4) Rapport du général Forgeot.

« instants, éprouvé des pertes cruelles; mais si, en
« balayant par leurs feux le terrain situé en avant d'elles,
« elles n'ont pas réussi à rendre possible un retour
« offensif de l'infanterie, elles ont du moins, en arrêtant
« sur toute l'étendue de leur front la marche en avant
« des assaillants, permis aux troupes accumulées der-
« rière elles d'effectuer leur retraite...... (1). »

c) *Retour offensif du 1er régiment de tirailleurs.* — En raison des pertes qu'il avait subies à Wissembourg, le 1er régiment de Tirailleurs, ainsi que les quatre faibles bataillons des 50e et 74e de ligne, avaient été maintenus en réserve pendant toute la bataille au Sud-Ouest de Frœschwiller. Le maréchal de Mac-Mahon avait prévenu le colonel Morandy qu'il gardait son régiment pour les instants suprêmes de la lutte (2).

Vers 3 h. 15, peu après l'engagement de la réserve d'artillerie du 1er corps, le 1er Tirailleurs reçut l'ordre de se porter en avant. Le 3e bataillon (de Lammerz) se déploie aussitôt, en prenant Elsashausen comme point de direction; il est rejoint à gauche par le 2e (Sermensan), à droite par le 4e (de Coulanges), formant avec lui une ligne de trois bataillons en bataille. Le régiment couronne rapidement la crête derrière laquelle il se tenait abrité (400 mètres environ au Nord-Ouest d'Elsashausen), et ouvre un feu rapide sur les masses prussiennes. « Mais les trois bataillons sont déployés sur un
« espace trop restreint et offrent un but trop visible
« aux feux convergents de l'ennemi; la confusion s'est
« mise dans les rangs, on avance en désordre (3) ».
Le colonel arrête ce mouvement offensif et reforme le régiment un peu en arrière de la crête.

---

(1) Rapport du général Forgeot.
(2) L. de Narcy. *Journal d'un officier de turcos, 1870*, page 79.
(3) Notes inédites du lieutenant de Saint-Vincent, de la 4e compagnie du 3e bataillon. (V. Duruy. *Le 1er régiment de tirailleurs algériens*, p. 177.)

« Au tumulte général, succède un moment de calme
« et de recueillement. Chaque compagnie se rassemble
« et se groupe instinctivement autour de ses chefs. Puis
« le colonel lève son épée et un immense cri : « à la
« baïonnette » sort de toutes les poitrines. » (1).

En un clin d'œil, dans un ordre parfait, les officiers
en tête, les tirailleurs algériens arrivent sur le mamelon
qu'ils ont abandonné, puis ils se précipitent sur l'ennemi, baïonnette baissée et déterminent sa retraite sans
tirer un coup de fusil. Les Allemands fuient en désordre
et vont se réfugier, partie dans Elsashausen, partie dans
dans les bois au Sud (2). Le 3ᵉ bataillon reprend les
pièces des batteries du 9ᵉ, que l'ennemi n'avait pas
encore eu le temps d'emmener, envahit les clôtures, les
jardins, les rues d'Elsashausen, en chasse les défenseurs,
puis, secondé sur ses flancs par les 2ᵉ et 4ᵉ bataillons,
traverse le Petit Bois à la suite des fuyards, et arrive en
face du Nieder-Wald, dont la lisière est fortement
garnie (3).

Alors éclate contre les Tirailleurs une fusillade terrible partant de tous les points ; en un instant une foule
d'officiers et de soldats sont frappés. Ils reçoivent aussi
des balles sur leur flanc droit ; elles leur sont envoyées

---

(1) Notes inédites du lieutenant de Saint-Vincent, de la 4ᵉ compagnie
du 3ᵉ bataillon. (V. Duruy. *Le 1ᵉʳ régiment de tirailleurs algériens*,
page 177.)

(2) « La violence du feu dirigé sur eux ne put les arrêter ; notre
« ligne dut plier, de même que les batteries du XIᵉ corps qui se disposaient à prendre position..... ». (Stieler von Heydekamf, *loc. cit.*,
page 62.)

(3) « Sans soutiens compacts, presque sans chefs, les corps déjà
« décimés et épuisés par des engagements opiniâtres et prolongés, ne
« peuvent tenir contre la charge des Français ; ils vont chercher un
« abri dans le Nieder-Wald, entraînant dans leur retraite des troupes
« qui les suivaient immédiatement..... ». (*Historique du Grand État-Major prussien*, 3ᵉ livraison, page 264.)

par les troupes (1) qui poursuivent l'accomplissement du mouvement tournant contre la droite et les derrières de l'armée française, en remontant l'Eberbach.

Par trois fois, le 1ᵉʳ Tirailleurs se rua sur la lisière du Nieder-Wald, trois fois il fut ramené par la mitraille et les balles sans que l'ennemi osât sortir de son couvert pour le poursuivre. Écrasés sous une pluie d'obus et de balles, ayant perdu la moitié de leur effectif, les Tirailleurs durent se replier. 8 officiers tués, 19 blessés, 800 hommes de troupe jonchaient le terrain où s'était effectuée cette charge admirable. Le capitaine adjudant-major de Pontécoulant protégea la retraite, à la tête de quelques fractions qui, par leurs feux de salve, maintinrent les Prussiens à distance.

Les débris du régiment se jetèrent dans le Gross-Wald et en bordèrent la lisière orientale. Là ils résistèrent encore et ce n'est qu'à bout de forces, après avoir épuisé toutes leurs munitions, qu'ils quittèrent définitivement la lutte les derniers et gagnèrent, à travers la forêt, la route de Frœschwiller à Reichshoffen.

f) *Progrès du Vᵉ corps.* — « Tout en coopérant par son
« aile gauche au succès du XIᵉ corps à Elsashausen, le
« Vᵉ avait continué, sans interruption, son attaque de
« front. » (2). Mais depuis le moment, 2 heures environ, où le 3ᵉ bataillon du *46ᵉ*, dirigé par le colonel von der Esch, avait pénétré dans le ravin, à l'Est de Frœschwiller, jusqu'à 3 h. 30, l'aile droite du Vᵉ corps n'avait fait aucun progrès.

« Tout ce qui avait dépassé Wœrth était en ligne,
« et cela ne suffisait pas pour s'assurer le succès; les
« pertes augmentaient d'une manière effrayante. Il ne
« restait plus que peu de compagnies disponibles à

---

(1) *94ᵉ* de la brigade de Schkopp.
(2) *Historique du Grand État-Major prussien*, 3ᵉ livraison, page 270.

« l'Est de Wœrth. Le commandant du corps d'armée
« envoya ses aides de camp les faire avancer. On
« demandait du renfort à tout prix : on dépêcha d'abord
« en avant, à la droite de la grand'route de Frœsch-
« willer, la compagnie des pontonniers du capitaine
« Scheibert..... elle fut bientôt suivie de trois compa-
« gnies de fusiliers du régiment n° 47.....; elles gra-
« virent le chemin d'Elsashausen et se jetèrent ensuite à
« droite sur Frœschwiller (1) ».

La lisière Sud du bois de Frœschwiller, depuis le saillant Sud-Est jusqu'aux environs de la cote 241, était occupée par les fractions des 2ᵉ et 3ᵉ bataillons du 48ᵉ et du 78ᵉ de ligne dont les feux rapides et quelques charges désespérées à la baïonnette, arrêtèrent à plusieurs reprises les Prussiens qui cherchaient à déboucher du ravin à l'Est de Frœschwiller sur le plateau au Sud du bois. Mais, après l'insuccès de la contre-attaque du 18ᵉ de ligne, et après la prise d'Elsashausen, les *17ᵉ* et *19ᵉ* brigades, ne rencontrant plus qu'une faible résistance, s'avancent sur Frœschwiller, en se liant à droite au 3ᵉ bataillon du *46ᵉ* qui progresse vers l'Ouest, par le fond du ravin, à l'Est de Frœschwiller.

Le général Lefebvre, commandant la 2ᵉ brigade de la 3ᵉ division, donna l'ordre (3 h. 45) au colonel du 48ᵉ de ligne de rallier tout ce qu'il pourrait réunir de ce régiment et de défendre les abords de Frœschwiller, à la naissance du ravin. Aux fractions du 48ᵉ, appartenant surtout au 3ᵉ bataillon, vinrent se joindre des groupes du 2ᵉ zouaves, du 1ᵉʳ bataillon du 36ᵉ et du 2ᵉ bataillon du 78ᵉ; leurs feux parvinrent à arrêter momentanément l'ennemi sur ce point du champ de bataille.

Sur ces entrefaites, les sept batteries du Vᵉ corps, qui

---

(1) Stieler von Heydekampt, *loc. cit.*, page 60.

avaient franchi la Sauer à Wœrth (1) et traversé ce bourg avec difficulté, s'étaient dirigées vers Elsashausen. Mais le colonel Kœhler, qui les commandait, attendit, pour gagner ce point, que les charges de la division de cuirassiers de Bonnemains eussent été repoussées. Elles vinrent s'établir alors : les quatre batteries de la *10ᵉ* division à l'Ouest, les trois batteries de l'artillerie de corps à l'Est du hameau, en s'intercalant peu à peu entre les batteries du XIᵉ corps ou en se plaçant sur leurs ailes (2).

Vers 4 heures, 84 bouches à feu étaient en position près d'Elsashausen, tirant à 800 mètres sur les troupes françaises qui défendaient encore Frœschwiller et ses abords. C'étaient, de la droite à la gauche :

a) A l'Est d'Elsashausen.
- 4ᵉ, 2ᵉ, 1ʳᵉ batteries lourdes du XIᵉ corps.
- 2ᵉ batterie légère du XIᵉ corps.
- 4ᵉ batterie légère du Vᵉ corps.
- 6ᵉ batterie légère, 1ʳᵉ à cheval, 5ᵉ lourde du XIᵉ corps.

b) A l'Ouest d'Elsashausen.
- 5ᵉ batterie légère et 3ᵉ à cheval du XIᵉ corps.
- 5ᵉ batterie légère, 6ᵉ et 5ᵉ lourdes, 6ᵉ légère du Vᵉ corps (3).

Les sept autres batteries du Vᵉ corps se tenaient toujours sur la rive gauche de la Sauer, le long du chemin de Wœrth à Gœrsdorf ; leur flanc gauche couvert par le 4ᵉ régiment de dragons.

---

(1) Voir page 119.

(2) La 4ᵉ batterie légère du Vᵉ corps trouva seule immédiatement un emplacement convenable ; les deux autres batteries de l'artillerie de corps (III/5 et IV/5) ne s'établirent à l'Est d'Elsashausen qu'un peu plus tard, quand la 1ʳᵉ à cheval et la 6ᵉ légère du XIᵉ corps firent un bond en avant vers Frœschwiller. (Hoffbauer, *loc. cit.*, page 63.)

(3) Hoffbauer, *loc. cit.*, pages 62 et 63.

§ 9. — *Combats au Nord-Est de Frœschwiller.*

a) *Situation à 3 heures.* — Tandis que les Ve et XIe corps progressaient concentriquement de plus en plus dans le triangle Frœschwiller—Elsashausen—Wœrth, la 2e brigade de la 1re division (Ducrot) et la 1re de la 3e (Raoult) résistaient victorieusement au Nord aux attaques des troupes du général von der Tann.

Vers 3 heures, la situation était la suivante dans ce secteur du champ de bataille, en allant du Sud au Nord :

Le 2e bataillon du 2e régiment et la majeure partie du 1er bataillon du *11*[e], appartenant tous deux à la 2e brigade de la *1*[re] division bavaroise, tiraillaient le long du Sultzbach, au Sud du chemin de Frœschwiller au Vieux-Moulin, contre des fractions du 13e bataillon de chasseurs et du 3e bataillon du 2e régiment de tirailleurs, qui occupaient la lisière orientale du bois de Frœschwiller.

Au Nord de ce chemin, dans le promontoire boisé entre la Sauer et le Sultzbach, le 3e bataillon du 2e, le 2e du *11*[e], les bataillons de la *1*[re] brigade, les 1er et 2e bataillons du *5*[e] (IIe corps bavarois), deux compagnies du *37*[e] (V[e] corps) luttaient contre le gros du 2e Tirailleurs, le 1er bataillon du 78e de ligne et quatre compagnies du 8e bataillon de chasseurs qui les avaient renforcés, pour la possession du saillant Nord-Est du bois de Frœschwiller.

Cette ligne se prolongeait au delà du chemin de Langensoultzbach à Frœschwiller par les *2*[e] et *9*[e] bataillons de chasseurs, faisant face aux débris des 1er et 2e bataillons du 36e et au 1er bataillon du 48e de ligne, tenant la lisière Nord du bois de Frœschwiller.

Plus à droite, se trouvaient les troupes de la 2e brigade bavaroise chargées du mouvement débordant : 1er bataillon du *2*[e], *4*[e] bataillon de chasseurs bavarois, *5*[e] bataillon de chasseurs prussiens (V[e] corps), suivis sur leur aile extérieure par les 3ᵉˢ bataillons des 5ᵉ et 11ᵉ (IIᵉ corps bavarois). Ces troupes, que commandait le général d'Orff, s'élevaient de plus en plus vers l'Ouest, le long de la lisière méridionale du bois de Langensoultzbach. Elles allaient se heurter aux deux seuls régiments dont la 1ʳᵉ division disposait encore (1ᵉʳ zouaves et 2ᵉ et 3ᵉ bataillons du 45ᵉ de ligne).

b) *Contre-attaque du 1ᵉʳ zouaves sur l'aile droite bavaroise.* — Le général Ducrot, voyant les Bavarois accentuer leur attaque sur l'aile gauche française, ordonna au général du Houlbec de porter deux bataillons du 1ᵉʳ zouaves dans le bois de Langensoultzbach, « d'en « chasser l'ennemi en le refoulant vers le fond de la « vallée et de prendre position à la lisière, de manière « à commander complètement la route de Langensoultz- « bach et à menacer le flanc droit de l'ennemi » (1). Les deux bataillons du 45ᵉ de ligne, appuyant au Sud, vinrent remplacer les zouaves.

Malgré une vive fusillade et des pertes sérieuses, le 1ᵉʳ bataillon du 1ᵉʳ zouaves pénètre dans le bois de Langensoultzbach par le Sud-Ouest, suivi par le 2ᵉ bataillon. Une charge à la baïonnette, brillamment exécutée, oblige l'ennemi (2) à se replier précipitamment. Les deux premiers bataillons du régiment du Corps, qui, sur ces entrefaites, étaient venus se déployer entre le bois de Langensoultzbach et la Scierie, face au Sud, sont « assaillis de dos par une fusillade partant de la « forêt et se replient sur la Scierie, entraînant avec eux « le 3ᵉ bataillon du *11ᵉ* (3) ».

---

(1) Rapport du général Ducrot sur la journée du 6 août, daté de Lorrey, 12 août.

(2) 1ᵉʳ bataillon du 2ᵉ, 4ᵉ bataillon de chasseurs bavarois, 5ᵉ bataillon de chasseurs prussiens ; et en deuxième ligne, sur le flanc droit, les 3ᵉˢ bataillons des 5ᵉ et 11ᵉ.

(3) *Historique du Grand État-Major prussien*, 3ᵉ livraison, page 273.

Aussitôt, les débris des 1er et 2e bataillons du 36e de ligne, des fractions du 48e, du 78e et du 2e Tirailleurs débouchent de la lisière Nord du bois de Frœschwiller, à la poursuite de l'ennemi. Mais, à ce moment (3 h. 30), le général Ducrot, qui venait d'apprendre le désastre subi par l'aile droite et le centre de l'armée française, envoyait aux deux bataillons du 1er zouaves l'ordre d'évacuer le bois de Langensoultzbach et de rétrograder sur Frœschwiller. Les 2e et 3e bataillons du 45e, qui avaient appuyé au Sud, suivirent le mouvement.

Les Bavarois, précédemment refoulés, se reportent alors en avant, viennent border la lisière Sud de ce bois et ouvrent le feu sur les fractions françaises qui combattent à découvert. D'autre part, le général Dietl débouche de la Scierie, sur leur flanc droit, avec le 3e bataillon du régiment du Corps et le 2e bataillon de chasseurs, et recueille les trois bataillons, qui avaient subi une panique momentanée. Les Français évacuent alors la clairière entre les bois de Langensoultzbach et de Frœschwiller et vont réoccuper la lisière Nord de ce dernier (3 h. 45).

Pendant ce temps, le 2e Tirailleurs avait pris également l'offensive. Les fractions qui occupaient le saillant Nord-Est avaient pénétré encore une fois dans le promontoire boisé, en repoussant l'ennemi jusqu'au Vieux-Moulin ; d'autres groupes de ce régiment, débouchant de la lisière Sud-Est, avaient obligé le 2e bataillon du 2e et le 1er bataillon du 11e à reculer jusqu'à la Sauer. Le colonel Eyl, commandant le 59e (Ve corps), dont les 1er et 3e bataillons étaient à Gœrsdorf, s'engage alors de sa propre initiative pour recueillir et ramener au combat les troupes bavaroises. Formant ses deux bataillons en ligne de colonnes de compagnies, le 1er bataillon en tête, il leur fait franchir la Sauer, puis le Sultzbach, et pousse jusqu'à la route de Wœrth, la gauche à hauteur du ravin à l'Est de Frœschwiller. De là, il dirige des attaques contre la lisière Sud-Est du bois de Frœschwiller, permettant ainsi aux Bavarois de progresser à sa droite et se reliant par sa gauche aux deux bataillons du 58ᵉ, venus de Wœrth. Les fractions des 48ᵉ et 78ᵉ de ligne qui occupent cette lisière sont obligées, vers 4 heures, de se replier dans l'intérieur, sous la menace de l'enveloppement.

c) *Fin de la résistance dans le bois de Frœschwiller.* — En raison du mouvement offensif exécuté sur sa droite par les deux bataillons du 59ᵉ, le colonel Suzzoni rappelle les turcos à la lisière Nord-Est du bois. Encouragés par cette retraite, les Bavarois qui combattent dans le promontoire boisé entre la Sauer et le Sultzbach, exécutent une attaque vigoureuse sur le 2ᵉ Tirailleurs. Mais à la sonnerie de la charge, tout ce qui reste debout de ce régiment se lance à la baïonnette sur les assaillants qui sont rejetés au bas des pentes et vont se réfugier dans le lit du Sulzbach, d'où ils dirigent sur les turcos un feu rapide à courte distance.

« Le retour s'effectue péniblement, puis, lorsque « l'ennemi a repris courage, il quitte à son tour son abri « et court, en poussant des hourrahs, vers la lisière. Un « feu rapide le force à rétrograder vivement (1) ». Ces attaques et ces contre-attaques se renouvellent plusieurs fois, sans que l'ennemi parvienne à gagner du terrain en face de la lisière Sud-Est et du saillant Nord-Est du bois de Frœschwiller. Le colonel Suzzoni, déjà blessé, voyait cependant approcher l'issue fatale que le manque de munitions, seul, rendait inévitable. Il envoie au général Raoult le capitaine Potier, adjudant-major du 13ᵉ bataillon de chasseurs, pour lui rendre compte de cette situation désespérée et tâcher de ramener des cartouches. Cet officier rencontre le général à quelques centaines de

---

(1) Général Bonnal, *loc. cit.*, page 401.

mètres à l'Est de Frœschwiller et lui expose sa mission :

« Voyez, lui répond le général, je suis seul...., je n'ai « plus d'état-major, plus un seul aide de camp, plus de « cheval. Retournez auprès du colonel, faites ce que « vous pourrez (1). »

Il fut impossible au capitaine Potier de trouver des munitions. Pendant son absence le colonel Suzzoni était tombé, frappé à mort (2). Le lieutenant-colonel Colonieu, blessé deux fois, avait été forcé de se rendre à l'ambulance ; le commandement des débris du régiment passe alors au chef de bataillon Mathieu, le seul officier supérieur qui restât encore debout.

La lutte continua acharnée, sur les lisières Nord-Est et Sud-Est.

« L'effort de l'ennemi se portait principalement sur le « chemin allant à travers les bois de Frœschwiller au « pont du Sultzbach. Le capitaine Donnier, du 2ᵉ ba- « taillon, le fit barrer en y entassant pêle-mêle des havre- « sacs et des ballots de couvertures préparés le matin. « Turcos et chasseurs à pied se groupèrent autour de ce « retranchement improvisé, qui résista longtemps aux « assauts des Bavarois ; d'autres sentiers furent barrés « avec des abatis construits avec les branches coupées « par les obus..... La direction générale du combat « devient impossible ; chaque officier, rassemblant « autour de lui le plus d'hommes qu'il peut, agit « suivant son inspiration et les nécessités du mo- « ment (3) ».

---

(1) Historique du 2ᵉ Tirailleurs, page 399.

(2) Quelques instants avant d'être tué, le colonel Suzzoni avait confié le drapeau du régiment au lieutenant Valès et au sergent Abd el Kadder ben Dekkich qui, après de nombreuses péripéties, arrivèrent à Strasbourg. Ils parvinrent à le soustraire aux Allemands après la capitulation de cette place.

(3) Historique du 2ᵉ Tirailleurs, page 400.

Des centres de résistance, présentant entre eux des lacunes, se constituent ainsi sur la lisière du bois. A droite, le capitaine Ollivier a groupé autour de lui les débris du 3e bataillon ; vers le saillant Nord-Est se trouvent les restes des 1er et 2e bataillons, dirigés par le commandant Mathieu. Les Bavarois parviennent à pénétrer dans le bois par une portion de lisière, inoccupée entre ces deux groupes, et à s'y maintenir. Mais ils ne peuvent progresser au delà ; « on se battait en désespérés ; chacun « tombait à sa place, sans céder un pouce de terrain (1). » Les débris du 78e de ligne manifestaient la même énergie et pourtant « les hommes étaient exténués et les muni- « tions manquaient (2). » Le lieutenant-colonel Bonet, de ce régiment, envoya le capitaine adjudant-major Stanislas au général Lefebvre pour lui demander s'il ne jugeait pas le moment venu de rallier toutes les fractions engagées dans le bois et « de former de « tous ces débris une masse compacte qui pût effectuer « une retraite honorable et sauver l'honneur des armes (3) ».

Il fut impossible au capitaine Stanislas de trouver le général Lefebvre.

Sur la lisière Nord du bois, les fractions des 36e et 48e de ligne, qui l'occupaient, résistaient avec la même énergie aux attaques des Bavarois. Mais, peu à peu, ceux-ci gagnèrent du terrain vers Frœschwiller par les bois de Langenzoultzbach, sans rencontrer aucune résistance, par suite de la retraite volontaire de la 1re brigade de la division Ducrot. En même temps, la droite du Ve corps, formée par les 1er et 3e bataillons du 59e et

---

(1) Rapport du capitaine Viénot, commandant le 2e Tirailleurs, sur la journée du 6 août, daté de Bayon, 11 août.

(2) Historique du 78e de ligne.

(3) *Ibid.*

par deux bataillons du *58ᵉ*, progressa de plus en plus vers l'Ouest, débordant le bois de Frœschwiller par le Sud, de sorte que, finalement, la retraite fut coupée à ses défenseurs.

Vers 4 h. 45, ils furent assaillis à revers par des fractions bavaroises appartenant aux troupes du général d'Orff, dont l'aile droite était déjà à Frœschwiller. Les débris du 2ᵉ Tirailleurs, sous les ordres du capitaine Pacotte, remplaçant le commandant Mathieu, blessé une seconde fois, les restes du 78ᵉ de ligne, des 8ᵉ et 13ᵉ bataillons de chasseurs, de petits groupes des 36ᵉ et 48ᵉ de ligne, se décidèrent alors à se diriger à travers bois sur Frœschwiller. Mais, en y arrivant, ils furent reçus par une vive fusillade et refluèrent dans la forêt. Les 1ᵉʳ et 3ᵉ bataillons du *59ᵉ*, et ceux de la *1ʳᵉ* brigade bavaroise y pénétrèrent à ce moment par le Sud, l'Est et le Nord, et, par un mouvement concentrique, réduisirent de plus en plus l'espace demeuré libre aux derniers défenseurs du bois. Quelques-uns d'entre eux parvinrent pourtant à s'échapper, mais la plupart, à bout de munitions, entourés de toutes parts, furent obligés de se rendre.

Le 2ᵉ Tirailleurs était à peu près détruit ; de 84 officiers et 2,220 hommes, 8 officiers et 441 hommes seulement échappèrent au massacre (1). Le 8ᵉ bataillon de chasseurs avait perdu 16 officiers et 600 hommes de troupe ; le 13ᵉ, 19 officiers sur 22 ; les 36ᵉ, 48ᵉ, 78ᵉ de ligne avaient subi également des pertes énormes. Ces

---

(1) 3 officiers et 241 hommes de troupe ont pu suivre la retraite de l'armée ; 3 officiers et 175 hommes de troupe se sont jetés isolément dans Strasbourg ; 2 officiers et 25 hommes ont pu gagner Bitche. Le major Kunz cite la résistance du 2ᵉ Tirailleurs comme un exemple des efforts que peut fournir un corps de troupe. Ce régiment perdit 93 p. 100 de son effectif ; le *46ᵉ* régiment du Vᵉ corps, le plus éprouvé, n'en perdit que 37,5 p. 100.

chiffres prouvent surabondamment l'abnégation, le courage, l'énergie des troupes qui combattirent dans le bois de Frœschwiller. On peut leur attribuer à toutes les éloges que le général Lefebvre décerna aux soldats de sa brigade.

« La conduite des deux régiments de la 2ᵉ brigade a
« été admirable, leur résistance héroïque. Au moment
« où la retraite a été ordonnée, les débris de ces deux
« braves régiments occupaient leurs positions du matin
« et soutenaient une lutte désespérée, contre les nom-
« breuses réserves de l'ennemi, exposés à un feu ter-
« rible d'artillerie qui s'efforçait de faire disparaître, par
« le canon, ceux qui, pendant plus de huit heures,
« avaient repoussé toutes les attaques de l'infanterie
« prussienne (1). »

§ 10. — *Prise de Frœschwiller.*

a) *Opérations de la division würtembergeoise.* — Vers 11 heures du matin, le général de Werder, informé par le général de Bose que le XIᵉ corps marchant au canon, se portait sur Gunstett, avait prescrit :

A la *1*ʳᵉ brigade de la division würtembergoise de demeurer dans sa position d'avant-postes, entre Schwabwiller et Betschdorf, face à la forêt de Haguenau.

A la *2*ᵉ brigade de se porter sur Gunstett ; arrêtée à Surbourg par les trains du XIᵉ corps, elle n'avait pu se trouver rassemblée entre le bois de Westerholtz et la Sauer qu'à 2 heures de l'après-midi.

A la *3*ᵉ brigade de se diriger de Reimerswiller, par Hoelschloch, sur Dieffenbach avec la réserve d'artillerie ; elle atteignit Hoelschloch vers 1 h. 30.

---

(1) Rapport du général Lefebvre sur le rôle de la 2ᵉ brigade de la 3ᵉ division le 6 août, daté du camp de Châlons, 16 août.

A la brigade de cavalerie de se tenir à la disposition du général de Bose qui, après l'enlèvement des hauteurs de la ferme Lansberg, l'avait poussée par Eberbach sur Reichshoffen, avec la 5ᵉ batterie qui lui était adjointe.

Le général d'Obernitz, commandant la division, avait devancé ses troupes et s'était porté sur les hauteurs au Nord-Ouest de Gunstett. De là, il put se rendre compte de la tournure du combat et prescrivit au général de Starkloff, commandant la 2ᵉ brigade, de se rapprocher de cette localité. En même temps, il envoyait aux autres troupes de la division, à l'artillerie de réserve en particulier, l'ordre de se porter sur Gunstett le plus tôt possible.

Lorsque la 2ᵉ brigade y parvint, le combat se trouvait déjà transporté aux abords d'Elsashausen ; le général d'Obernitz lui fit donc poursuivre sa marche sans arrêt. Le 2ᵉ bataillon du 5ᵉ régiment et la 6ᵉ batterie franchirent la Sauer au pont du Bruckmühl ; les autres bataillons entre Gunstett et Spachbach sur des passerelles établies par les pionniers du XIᵉ corps (1).

A ce moment, 2 h. 45 environ, le général de Starkloff reçut du Prince Royal l'ordre de marcher de Gunstett sur Reichshoffen, pour couper la retraite aux Français (1).

« Cependant l'action devenant plus vive à Elsas-
« hausen, et les officiers prussiens déclarant qu'il serait
« utile d'y amener des renforts, le général de Starkloff
« croit devoir prendre sur lui de modifier la direction
« qui lui avait été assignée..... » (1).

Il reforme donc à la hâte ses bataillons au fur et à mesure qu'ils arrivent sur la rive droite de la Sauer, et les porte successivement droit sur Elsashausen.

---

(1) *Historique du Grand État-Major prussien*, 3ᵉ livraison, page 268.

b) *Arrivée de la 2ᵉ brigade würtembergeoise à Elsashausen* (1). — Le *3ᵉ* bataillon de chasseurs (moins une compagnie, restée en soutien de l'artillerie) et le 1ᵉʳ bataillon du *2ᵉ* régiment arrivent les premiers et vont remplir les vides existant entre les troupes du XIᵉ corps à l'Ouest d'Elsashausen. Le 1ᵉʳ bataillon du *5ᵉ* reste en réserve, ainsi que la 6ᵉ batterie qui ne trouve pas d'emplacement convenable. Le 2ᵉ bataillon du *5ᵉ* reçoit l'ordre de marcher sur Frœschwiller, en passant à l'Est d'Elsashausen; les 5ᵉ et 6ᵉ compagnies du *2ᵉ* régiment restent provisoirement auprès de la 6ᵉ batterie.

« Bien que fractionnés sur divers points du front de
« bataille, les Würtembergeois apportaient partout,
« l'appui d'un noyau compact aux bataillons du XIᵉ corps
« désagrégés par le combat. » (2).

Ce corps était si désorganisé que, sur 25 bataillons, il n'en restait que la moitié capable encore de se porter en avant. C'étaient : dans Elsashausen et autour du village : le 2ᵉ bataillon du *82ᵉ*, les 1ᵉʳ et 3ᵉ du *83ᵉ*; les 3ᵉ du *88ᵉ* et du *95ᵉ*; à l'Ouest entre Elsashausen et l'Eberbach, le *94ᵉ*; plus à gauche encore, le 3ᵉ bataillon du *82ᵉ* et enfin le *32ᵉ*.

Les treize autres bataillons « étaient encore occupés
« à se reformer à Elsashausen et plus au Sud, de sorte
« qu'une portion d'entre eux seulement — par exemple
« des fractions du *80ᵉ* et du *87ᵉ* — revinrent en première
« ligne, assez à temps pour prendre part à l'attaque sur
« Frœschwiller. » (3).

L'arrivée de la *2ᵉ* brigade würtembergeoise était donc opportune et il ne fallut rien moins que l'interven-

---

(1) La 2ᵉ brigade se compose du *3ᵉ* bataillon de chasseurs; du 1ᵉʳ bataillon, des 5ᵉ et 6ᵉ compagnies du *2ᵉ*; des 1ᵉʳ et 2ᵉ bataillons du *5ᵉ*; des 5ᵉ et 6ᵉ batteries de la 2ᵉ Abtheilung de campagne.

(2) *Historique du Grand État-Major prussien*, 3ᵉ livraison, page 269.

(3) *Ibid.*, page 270.

tion de ces troupes fraîches pour entraîner en avant les éléments épuisés des Ve et XIe corps. L'issue de la bataille ne pouvait plus, à ce moment, faire aucun doute, et « le Prince Royal avait pris ses dispositions pour har-
« celer les flancs de l'adversaire, pendant sa retraite
« désormais imminente » (1). Déjà la brigade de cavalerie würtembergeoise, dirigée sur Reichshoffen, par Eberbach, atteignait le Gross-Wald avec quatre escadrons, le 5e ayant été chargé d'escorter les prisonniers qu'elle avait faits près du Nieder-Wald. La colonne würtembergeoise, composée de la *3e* brigade, de cinq batteries de la réserve d'artillerie et de deux escadrons du *1er* régiment de cavalerie, en marche sur Dieffenbach, reçut l'ordre de se diriger sur Reichshoffen, au moment où elle débouchait de Hœlschloch. Les deux escadrons et les cinq batteries prennent aussitôt les devants et gagnent la ferme Lansberg par Gunstett, où la 8e batterie fut mise à la disposition du colonel du *14e* hussards prussiens qui, avec son régiment et un escadron du *14e* dragons, marchait par Eberbach sur Gundershoffen. Les deux escadrons et les quatre batteries würtembergeois continuèrent sur Reichshoffen ; bientôt celles-ci perdirent de vue la cavalerie qui poussa au delà de Schirlenhof. Sur l'ordre du général d'Obernitz, elles installèrent leurs bivouacs près de cette ferme (2).

De son côté, le général de Hartmann avait reçu, à Langensoultzbach, vers 2 h. 30, l'ordre « d'appuyer vers
« la ligne de retraite de l'ennemi, dans la direction de
« Reichshoffen » (3). Après l'échec subi dans la matinée par la *4e* division bavaroise, il avait prescrit, vers 11 heures, à la *3e*, alors en observation à Lembach,

---

(1) *Historique du Grand État-Major prussien,* 3e livraison, page 278.
(2) Hoffbauer. *Loc. cit.*, page 73.
(3) *Historique du Grand État-Major prussien,* 3e livraison, page 279.

de porter sur Langensoultzbach une brigade d'infanterie (5ᵉ), et le gros de la brigade de cavalerie. Ces troupes qui atteignaient, à 3 heures, l'entrée Nord de Langensoultzbach furent aussitôt dirigées sur Reichshoffen par Neehwiller. Les 1ᵉʳ et 2ᵉ escadrons du *1ᵉʳ* chevau-légers (1) et la 3ᵉ batterie du *4ᵉ* suivirent le mouvement, ainsi que le reste de la *3ᵉ* division, moins le *15ᵉ* régiment maintenu face à Bitche (2).

c) *Prise de Frœschwiller*. — « Vers 4 heures de l'après-
« midi, depuis Eberbach jusqu'à la hauteur au Sud-Est
« de Neehwiller, toute la ligne de bataille allemande,
« dont les corps étaient entremêlés en maints endroits,
« s'avançait concentriquement sur Frœschwiller (3). »

Ce village était soumis aux feux convergents de 14 batteries placées à l'Est et à l'Ouest d'Elsashausen, et de 11 batteries établies au Sud-Est de Gœrsdorf, et n'était plus occupé que par des soldats de divers régiments, séparés de leurs corps et ralliés par quelques officiers qui voulaient prolonger la lutte jusqu'au bout. La seule troupe qui demeurât intacte, était la compagnie du génie de la 3ᵉ division (capitaine Lanty). Elle avait été employée d'abord « à barricader tous les intervalles des
« habitations situées sur la gauche du village et à
« créneler les maisons » (4), puis elle avait cherché vainement à empêcher le feu de se propager. Plus tard, le capitaine Lanty amena sa compagnie à l'issue Sud-Est de Frœschwiller, dans une maison dont la défense avait été organisée, et fit ouvrir le feu sur l'ennemi qui fut ainsi maintenu à distance pendant une demi-heure. « Le commandant du génie, n'ayant pu obtenir les ren-

---

(1) Appartenant à la *3ᵉ* division bavaroise.
(2) *Historique du Grand État-Major prussien*, 3ᵉ livraison, page 280.
(3) *Ibid*.
(4) Rapport du capitaine Lanty sur les incidents de la journée du 6 août, daté de Lunéville, 10 août.

« forts qu'il était allé demander et qui faisaient défaut,
« et les sapeurs ayant épuisé toutes leurs munitions » (1)
se replia au moment où la résistance n'était plus possible
et où il allait être coupé de la ligne de retraite sur
Reichshoffen. La 6ᵉ batterie du 9ᵉ se reporta également
à l'Ouest de Frœschwiller. La 6ᵉ du 12ᵉ s'établit dans
le village même, plaça trois pièces à l'entrée des rues
pour tirer à mitraille, puis deux autres à l'extérieur. Elle
ne se replia qu'après avoir tiré ses dernières gargouses,
au moment où les tirailleurs ennemis n'étaient plus qu'à
courte distance.

Les Allemands s'avançaient en effet, de toutes parts,
en masses si serrées qu'à peine pouvaient-elles prendre
place autour du dernier point de la résistance. La 3ᵉ batterie à cheval et la 5ᵉ légère du *11ᵉ* (XIᵉ corps), quittant
leur position à l'Ouest d'Elsashausen, s'étaient portées
audacieusement en avant, et avaient ouvert le feu sur
Frœschwiller, du mamelon situé à 600 mètres environ
au Sud de cette localité. Elles dirigeaient aussi quelques
salves sur les troupes en retraite sur la route de Reichshoffen. Le 2ᵉ régiment de lanciers, passant au Sud-Ouest de Frœschwiller, se porta sur ces batteries pour
les charger, mais la mitraille l'obligea à faire demi-tour,
en laissant sur le terrain le colonel Poissonnier et le
commandant Colné, frappés à mort. Les progrès de
l'adversaire, ralentis à la tête du ravin à l'Est de Frœschwiller par la ferme contenance de groupes du 2ᵉ zouaves,
du 3ᵉ bataillon du 48ᵉ et du 2ᵉ bataillon du 78ᵉ, soutenus
par le tir à mitraille de la 6ᵉ batterie du 12ᵉ, retardés
également à l'issue Sud-Est du village par les sapeurs
du capitaine Lanty, et dans les vergers de la lisière Est
par des isolés de plusieurs corps, allaient en s'accentuant au Sud. Le *3ᵉ* bataillon de chasseurs würtember-

---

(1) Rapport du capitaine Lanty sur les incidents de la journée du
6 août, daté de Lunéville, 10 août.

geois semble avoir pénétré le premier dans Frœschwiller par le Sud-Ouest (4 h. 30). Le général de Schkopp, « à la tête d'une réserve formée à la hâte, au moyen « d'hommes de tous les régiments (1) », l'envahit par le Sud, ainsi que des fractions appartenant au Ve corps et au 1er bataillon du 2e régiment würtembergeois. D'autres groupes des Ve et XIe corps et de la 2e brigade würtembergeoise y font irruption par la route de Wœrth, et au Nord ; enfin les Bavarois atteignent la lisière Nord (2).

« Pendant quelque temps encore, les Français conti-« nuent une résistance acharnée, mais sans espoir, dans « les rues du village, dont le *94e* occupait déjà la por-« tion occidentale (3) ».

Le maréchal de Mac-Mahon ne sortit de Frœschwiller qu'au moment où les Allemands y pénétraient. Il alla donner ses instructions au général Ducrot qu'il chargea de couvrir la retraite avec les troupes disponibles de la 1re division.

Le général Raoult, qui avait résisté à toutes les sollicitations et s'était refusé à faire un seul pas en arrière, resta dans Frœschwiller pour encourager les derniers défenseurs jusqu'à ce qu'enfin il tombât, mortellement frappé, entre les mains des Bavarois (4). A son exemple, et ne cherchant plus, comme lui, qu'une mort héroïque,

---

(1) « Dans cette lutte suprême contre le dernier boulevard de l'armée « française, beaucoup de détails échappent nécessairement au récit... « Toute indication précise d'heure et de durée disparaît en présence « de la tumultueuse mêlée qui s'ensuivit, confondant amis et enne-« mis. » (*Historique du Grand Etat-Major prussien*, 3e livraison, page 274.)

(2) *Ibid.*

(3) *Ibid.*, page 276.

(4) Rapport du général L'Hériller. 6 août, daté de Louvercy, 17 août 1870. Quelques soldats voulurent l'emporter, mais il s'y refusa, menaçant de les frapper de son épée s'ils persistaient à ne pas lui obéir. (*Souvenirs inédits du maréchal de Mac-Mahon.*)

des officiers s'efforçaient de grouper autour d'eux des soldats de tous les corps, et leurs nobles efforts parvenaient à retarder la prise complète du village. Quelques hommes du 36ᵉ de ligne arrivaient à ce moment par le Nord, entourant leur drapeau qu'ils avaient sauvé de la mêlée du bois de Frœschwiller. Ils se heurtent à des groupes de Bavarois (3ᵉ bataillon du 2ᵉ régiment) et sont presque tous tués en essayant de charger à la baïonnette. Il ne reste autour du drapeau que les sous-lieutenants Lacombe et Pihet, deux sapeurs et quelques soldats qui, poursuivis par l'ennemi, entrent dans une grange et cherchent à brûler le précieux emblème. N'y pouvant parvenir, ils le déchirent, cachent la soie sous des fagots ; aussi les Bavarois ne purent-ils s'emparer que de la hampe et de la cravate ; le reste fut sauvé (1).

Bientôt règne dans le village, dont plusieurs maisons sont en flammes ou déjà détruites, une inexprimable confusion. Tout ce qui n'est pas pris se précipite vers les issues, et les quelques fractions qui réussissent à se faire jour tombent sous le feu des batteries allemandes et des troupes du XIᵉ corps qui remontent la vallée de l'Eberbach. Les dernières luttes partielles ne furent terminées qu'à 5 heures. Les Bavarois se reformèrent alors à l'Ouest, les Würtembergeois au Sud-Ouest du village. Le général von der Tann appelait à Frœschwiller sa 2ᵉ division qui arrivait précisément à Gœrsdorf et il lançait à la poursuite des Français, vers Reichshoffen et Niederbronn, les bataillons du 5ᵉ régiment (IIᵉ corps bavarois), avec le 3ᵉ régiment de chevau-légers et la 4ᵉ batterie de 4 (Baumüller) de la 2ᵉ division.

---

(1) Historique du 36ᵉ de ligne.

§ 11. — *Combats d'arrière-garde dirigés par le général Ducrot.*

a) *Engagement de la 1re brigade (de Montmarie) de la 2e division.* — En raison de la tournure que prenaient les événements, le maréchal de Mac-Mahon s'était décidé, vers 4 heures, à envoyer l'ordre au général Pellé, commandant la 2e division, de porter à l'Ouest de Frœschwiller les 1er et 3e bataillons des 50e (800 hommes) et 74e de ligne (697 hommes), très éprouvés déjà à Wissembourg. Leur mission consistait à « soutenir de ce « côté la défense de la position et éventuellement la « retraite (1) ». La batterie de canons à balles (10e du 9e), et à sa droite les batteries de 4 (9e du 9e et 12e du 9e) de la 2e division, vinrent s'établir sur la croupe entre Frœschwiller et la lisière Est du Gross-Wald et ouvrirent le feu sur l'infanterie prussienne en marche d'Elsashausen sur Frœschwiller. Mais elles furent bientôt contre-battues par l'artillerie ennemie d'Elsashausen qui leur mit rapidement un grand nombre d'hommes et de chevaux hors de combat. Après la prise de Frœschwiller, le général Ducrot vint donner au général de Montmarie l'ordre d'exécuter un retour offensif sur le village. Les quatre bataillons furent aussitôt formés en ligne de colonnes doubles et se portèrent en avant, entraînés par les généraux Pellé et de Montmarie qui marchaient en tête. « Malgré la vigueur et l'entrain des « troupes et l'exemple donné par les chefs, la contre-« attaque ne put aboutir et il fallut battre en re-« traite (2) ». Le général Ducrot prescrivit alors au général Pellé de garnir la lisière Est du Gross-Wald, de

---

(1) Rapport du général Pellé sur la journée de Frœschwiller.
(2) Relation relative à la bataille de Frœschwiller. — Souvenirs personnels du général Pédoya.

part et d'autre de la route de Reichshoffen, pour protéger la retraite. Les batteries divisionnaires prirent une nouvelle position à 400 mètres environ à l'Ouest, près du saillant que forme le Gross-Wald. Mais, seule, la 9ᵉ batterie du 9ᵉ put tirer, non sans efficacité d'ailleurs, grâce à son emplacement au Sud de la route. Les deux autres en furent empêchées par la grande quantité de voitures qui passaient devant elles et paralysèrent ainsi leurs efforts (1).

b) *Engagement de la 1ʳᵉ brigade (du Houlbec) de la 1ʳᵉ division*. — Le général Ducrot, chargé de protéger la retraite, avait retiré, sans difficulté, du combat contre les Bavarois, le 1ᵉʳ régiment de zouaves et les 2ᵉ et 3ᵉ bataillons du 45ᵉ de ligne (2). Il les amena au Sud-Ouest de Frœschwiller, en passant entre ce village et le Gross-Wald, dans le but d'exécuter une contre-attaque et de ralentir ainsi les progrès de l'ennemi. Les 7ᵉ et 8ᵉ batteries du 9ᵉ s'établirent à l'Ouest de Frœschwiller, près et au Sud de la route de Reichshoffen, vers la cote 262 ; la troisième batterie divisionnaire, 6ᵉ du 9ᵉ, qui avait quitté sa position aux abords Nord-Est de Frœschwiller, vint ensuite s'intercaler entre elles. L'artillerie ennemie d'Elsashausen les prit immédiatement pour objectif et ne tarda pas à leur causer des pertes graves.

« Le 1ᵉʳ zouaves traversa le plateau dans un ordre
« admirable : les bataillons marchant en bataille, ali-
« gnés successivement aux arrêts par leurs adjudants
« majors sous une grêle de balles et d'obus (3) ».

---

(1) Rapport du lieutenant-colonel Cauvet, commandant l'artillerie de la 2ᵉ division, daté de Sarrebourg, 8 août.

(2) Le 1ᵉʳ bataillon était détaché à Jægerthal où il ne fut pas engagé et qu'il évacua vers 4 h. 15 pour se retirer sur Niederbronn. Il s'y rallia aux autres bataillons.

(3) Historique du 1ᵉʳ zouaves.

Le général Ducrot disposa les 1ᵉʳ et 2ᵉ bataillons, commandés par les capitaines Massonaud et Gillant, au Sud de la route de Reichshoffen, à la lisière orientale du Gross-Wald, tandis que le 3ᵉ bataillon (commandant Désandré), continuant sa marche en bataille, et les deux bataillons du 45ᵉ ployés en colonne derrière ses ailes, se portaient au Sud-Est de Frœschwiller (1). Vainement ceux-ci cherchèrent-ils à se déployer à droite et à gauche des zouaves : les balles et les obus produisirent en quelques instants de tels ravages dans leurs rangs qu'il fut impossible de progresser beaucoup. Le 45ᵉ exécuta sa retraite sur le Gross-Wald sans être inquiété, grâce aux feux des 6ᵉ, 7ᵉ et 8ᵉ batteries du 9ᵉ, et surtout à la ferme contenance du 3ᵉ bataillon du 1ᵉʳ zouaves.

« Ce bataillon formait une chaîne épaisse tirant sans
« relâche, à moins de 200 mètres, sur une chaîne prus-
« sienne également très dense, qui avançait en exécu-
« tant un feu des plus violents.

« Les zouaves chargeaient leurs armes en courant,
« s'arrêtaient pour faire feu, chargeaient de nouveau, à
« la course, tiraient encore après avoir fait demi-tour,
« et, superbes de vaillance, continuaient ainsi, envelop-
« pés d'un épais nuage de poussière et de fumée » (2).

---

(1) « Le fait de placer un bataillon du 45ᵉ en colonne serrée par
« division, derrière chaque aile du 3ᵉ bataillon du 1ᵉʳ zouaves, déployé
« en bataille pour exécuter une contre-attaque destinée à protéger la
« retraite du 1ᵉʳ corps d'armée, constituait un véritable anachronisme
« tactique.

« Ce dispositif, excellent à l'époque des guerres de la République et
« de l'Empire, présentait, sous le feu de l'artillerie et de l'infanterie
« modernes, le plus grave danger.

« La punition de la faute ne se fit pas attendre.

« Les deux bataillons du 45ᵉ furent dispersés par les balles et les
« obus..... » (Général Bonnal. *Loc. cit.*, page 44).

(2) Général Bonnal. *Loc. cit.*, page 420. Le général Bonnal, alors

Après s'être reformés à la lisière orientale du Gross-Wald, les 2ᵉ et 3ᵉ bataillons du 45ᵉ se replièrent sur Reichshoffen et Niederbronn où ils furent rejoints par le 1ᵉʳ bataillon qui avait évacué Jægerthal vers 4 heures.

Sur ces entrefaites, le général Ducrot avait envoyé les 5ᵉ et 6ᵉ compagnies du 2ᵉ bataillon du 1ᵉʳ zouaves au Nord-Est de Reichshoffen, les 1ʳᵉ et 2ᵉ à l'Est vers la cote 252 en deuxième échelon de repli.

La lisière Est du Gross-Wald fut défendue pendant quelque temps encore par les 1ᵉʳ et 3ᵉ bataillons (1) du 1ᵉʳ zouaves, soutenus par l'artillerie de la 1ʳᵉ division, dont la 7ᵉ batterie, après la retraite des 6ᵉ et 8ᵉ du 9ᵉ continua le feu et tira les derniers coups de canon de la bataille (2). Au moment où la proximité des tirailleurs prussiens l'obligeait à amener les avant-trains, « un der-
« nier obus vint briser la roue d'affût de la deuxième
« pièce de la 7ᵉ batterie et la cheville ouvrière de l'a-
« vant-train. Un jeune élève de l'École polytechnique,
« M. Pistor (Édouard), suivant nos batteries en volon-
« taire, vint, avec l'attelage du conducteur Borie, de la
« 6ᵉ batterie, fixa les traits à la lunette de crosse; la
« pièce était sauvée » (2).

Ces trois batteries et la brigade du Houlbec rendirent un service signalé en arrêtant momentanément les progrès de l'ennemi et en procurant à l'armée un certain répit qui lui permit de s'écouler vers Reichshoffen. Elles quittèrent le champ de bataille les dernières; les 1ᵉʳ et 3ᵉ bataillons du 1ᵉʳ zouaves marchant à travers bois, l'artillerie suivant la grande route.

---

sous-lieutenant, blessé deux fois et à la recherche d'un poste de secours, s'était joint à ce bataillon.

(1) Et les 3ᵉ et 4ᵉ compagnies du 2ᵉ bataillon.
(2) Rapport du lieutenant-colonel Lecœuvre, commandant l'artillerie de la 1ʳᵉ division.

Les derniers efforts de la résistance se produisirent près de Reichshoffen. Les quatre compagnies du 2ᵉ bataillon du 1ᵉʳ zouaves, que le général Ducrot avait envoyées à l'Est de cette localité, empêchèrent pendant un certain temps la 5ᵉ batterie würtembergeoise de s'établir sur la croupe 252, au Sud de la grande route, et firent rebrousser chemin au 4ᵉ régiment de cavalerie würtembergeoise (1). Rejointes par quelques fractions de la brigade Wolff appartenant au 2ᵉ bataillon du 18ᵉ de ligne, elles retardèrent la marche de l'ennemi et facilitèrent à l'armée la traversée de Reichshoffen. Elles ne se retirèrent que sous la menace de l'enveloppement.

§ 12. — *Retraite de l'armée française.*

Le maréchal de Mac-Mahon était resté, avec la brigade du Houlbec, à la lisière orientale du Gross-Wald, presque jusqu'au moment où elle dut se replier à son tour. Il se rendit alors à Reichshoffen où il s'arrêta à l'entrée du village pour s'efforcer de mettre un peu d'ordre dans la masse d'hommes, de chevaux et de voitures qui se pressaient sur les ponts fixes et sur des passerelles construites par la compagnie du génie de la 2ᵉ division. Puis il gagna Niederbronn, où il s'arrêta près du point de croisement de la route de Saverne et du chemin de fer, et où il fixa aux troupes Saverne comme point de ralliement.

« En marchant sur Bitche, dont la ligne télégra-
« phique avait déjà été coupée par l'ennemi, il crai-
« gnait que sa colonne, obligée de s'avancer par une
« seule route dans un long défilé, n'y fût coupée par
« quelque nouveau corps ennemi et compromise. D'un
« autre côté, il espérait, en se portant sur la ligne de

---

(1) Voir plus loin page 182.

« communication principale, entre Strasbourg et Paris,
« pouvoir tenir quelque temps sur cette ligne, ralentir
« la marche de l'ennemi et donner le temps de pour-
« voir à l'approvisionnement de Strasbourg, qu'il savait
« être très incomplet » (1).

Le Maréchal expédia de Niederbronn à l'Empereur un télégramme ainsi conçu :

« J'ai été attaqué ce matin, à 7 heures, par des forces
« très considérables. J'ai perdu la bataille; nous avons
« éprouvé de grandes pertes en hommes et matériel. La
« retraite s'opère en ce moment, partie sur Bitche,
« partie sur Saverne. Je tâcherai de gagner ce point, où
« je reconstituerai l'armée. Nos hommes ont perdu la
« plus grande partie de leurs sacs ».

Au moment (4 heures environ) où les premières troupes du 1ᵉʳ corps, en retraite, commençaient à traverser Niederbronn, la division Guyot de Lespart, du 5ᵉ corps, y arrivait par la route Bitche—Philippsbourg, précédée par le 12ᵉ régiment de chasseurs.

La 1ʳᵉ brigade (Abbatucci) marchait en tête, puis venait l'artillerie divisionnaire suivie par la 2ᵉ brigade (de Fontanges). Les troupes de la division prirent aussitôt leurs dispositions pour couvrir la retraite. Le 19ᵉ bataillon de chasseurs et le 27ᵉ de ligne se portèrent sur la hauteur cotée 250, au Sud de Niederbronn, tandis que le 30ᵉ de ligne s'établissait sur la croupe au Nord-Est du bourg, près du 16ᵉ bataillon de chasseurs de la 2ᵉ division du 1ᵉʳ corps, qui s'y trouvait depuis le matin. Le 68ᵉ de ligne, qui avait dégagé la route de Bitche pour laisser passer les éléments du 1ᵉʳ corps et qui avait suivi la voie ferrée, se porta égale-

---

(1) Notes sur les opérations du 1ᵉʳ corps de l'armée du Rhin et de l'armée de Châlons, dictées par le maréchal de Mac-Mahon à Wiesbaden, janvier 1871.

ment sur la hauteur 250. Enfin, le 17ᵉ de ligne, qui s'était engagé d'abord avec une section de la 12ᵉ batterie du 2ᵉ dans la grande rue du bourg, encombrée de voitures et de troupes, rebroussa chemin et s'établit à 400 mètres derrière le 27ᵉ (1).

La section d'artillerie vint se mettre en batterie sur le mamelon 250 et ouvrit le feu sur des escadrons ennemis qui débouchaient du Gross-Wald et qui se replièrent aussitôt. L'apparition de la division de Lespart en imposa aux Allemands, qui ne dépassèrent pas Niederbronn.

La retraite de l'armée d'Alsace se fit suivant plusieurs directions :

Le général Ducrot, coupé de la ligne de retraite sur Niederbronn, dut se jeter sous bois dans la direction de Zinswiller et arriva vers 6 heures au fort de Lichtenberg, avec le 2ᵉ bataillon du 18ᵉ et environ 1200 à 1500 hommes de différents corps. Le 7 août au matin, il se dirigea vers la Petite-Pierre où il trouva une partie du 5ᵉ corps, et de là sur Phalsbourg et Sarrebourg. Il rejoignit dans cette dernière localité le maréchal de Mac-Mahon. La majeure partie des troupes de la 1ʳᵉ division se dirigea vers Saverne ; quelques fractions des 18ᵉ et 96ᵉ gagnèrent Bitche.

Les 2ᵉ, 3ᵉ et 4ᵉ divisions rétrogradèrent également sur Saverne ; quelques groupes de la 3ᵉ prirent cependant la route de Bitche par suite d'un ordre mal interprété, et quelques centaines d'hommes appartenant surtout à la 4ᵉ division firent leur retraite par Gundershoffen et Haguenau sur Strasbourg. La division Conseil-Dumesnil,

---

(1) L'ordre de bataille de l'armée du Rhin, publié par la *Revue militaire* d'avril 1899, contient une erreur en ce qui concerne la divison de Lespart du 5ᵉ corps. Cette erreur existe également dans l'*Historique du Grand État-Major prussien*, 1ʳᵉ livraison, page 13*. En réalité, la 1ʳᵉ brigade (Abbatucci) se composait du 19ᵉ bataillon de chasseurs, des 27ᵉ et 30ᵉ de ligne ; la 2ᵉ brigade (de Fontanges) des 17ᵉ et 68ᵉ de ligne.

qui s'était engagée tout d'abord sur la route de Bitche, reçut l'ordre de faire demi-tour et de suivre celle de Saverne, ainsi que la réserve d'artillerie du 1er corps et ce qui restait des divisions de cavalerie Duhesme et de Bonnemains. Le parc d'artillerie du 1er corps, qui se trouvait depuis le 5 à Reichshoffen, surpris par un parti de cavalerie ennemie au moment où il allait rompre, reflua partie sur Saverne, partie sur Bitche (1).

La division Guyot de Lespart, du 5e corps, resta en position à Niederbronn jusqu'à 7 heures du soir. Quand la route de Saverne fut entièrement libre, le maréchal de Mac-Mahon lui prescrivit d'effectuer sa retraite en deux groupes :

La 1re brigade (Abbatucci), avec les deux batteries de 4 et le 12e régiment de chasseurs, sur Bitche ; la 2e brigade (de Fontanges), avec la batterie de canons à balles, sur Saverne, formant l'arrière-garde du 1er corps.

La brigade Abbatucci partit la première de Niederbronn. Arrivée à Philippsbourg, elle reçut un télégramme du général de Failly lui prescrivant « de se

---

(1) L'artillerie de la division Conseil-Dumesnil (5e, 6e, 11e batteries du 7e), embarquée en chemin de fer à Colmar dans la nuit du 5 au 6 août, ainsi que le 3e bataillon du 21e de ligne, était arrivée à Haguenau le 6 par trois trains, à 4, 6 et 9 heures du matin. Elle y débarqua et se mit en route sur Reichshoffen avec le 3e bataillon du 21e, le 2e bataillon du 30e et les 4e et 5e escadrons du 6e lanciers, qui se trouvaient à Haguenau, sous les ordres du colonel Ardouin, du 30e. En arrivant près de Gundershoffen, vers 3 h. 30, la colonne apprit la défaite de l'armée française. Elle dégagea la route, se rassembla vers Mietesheim et prit plusieurs positions en marchant vers Reichshoffen, dans l'espoir de rallier les fractions de l'armée qui refluaient vers le Sud. Elle se replia à 6 heures du soir sur Bouxwiller.

Le matériel du parc de l'artillerie de la division Conseil-Dumesnil, qui avait continué par chemin de fer de Haguenau sur Niederbronn, fut pris par l'ennemi presque en entier (18 voitures sur 20), ainsi que 3 hommes et 6 chevaux. Le restant du personnel parvint à rejoindre l'artillerie divisionnaire à Sarrebourg.

« jeter dans les bois, de suivre les crêtes des Vosges et
« de chercher à se rallier à lui dans la direction de
« Phalsbourg ». Le général de Bernis, avec le 12ᵉ régiment de chasseurs et les deux batteries de 4, rétrograda sur Bitche où il arriva vers 10 heures du soir et d'où il marcha immédiatement, à la suite du 5ᵉ corps, sur Lemberg et Phalsbourg. Le 19ᵉ bataillon de chasseurs et les 27ᵉ et 30ᵉ de ligne franchirent, par des sentiers forestiers, la crête boisée qui les séparait de la vallée de la Zintzel et gagnèrent Lemberg par Mouterhausen, puis Phalsbourg qu'ils atteignirent le 7 août, à 9 heures du soir, après avoir parcouru plus de 100 kilomètres en trente-six heures.

La 2ᵉ brigade (de Fontanges) effectua sa retraite par échelons : le 17ᵉ de ligne occupa d'abord une position en arrière ; puis le 68ᵉ se replia à son tour, à la nuit close, et dépassa le 17ᵉ qui constitua ainsi l'extrême arrière-garde avec la batterie de canons à balles.

Toutes les troupes qui avaient pris la route de Saverne y arrivèrent dans la matinée du 7 août, après avoir marché toute la nuit ; la brigade Fontanges dans l'après-midi seulement. Elles y furent ravitaillées par les soins des habitants qui leur offrirent généreusement tout ce qu'ils possédaient, et réorganisées le mieux possible.

Les combattants de Frœschwiller avaient passé la nuit du 5 au 6 au bivouac, sous une pluie torrentielle ; ils avaient livré bataille toute la journée du 6 sans boire ni manger et exécuté, du 6 au soir au 7 août dans la matinée, une marche de 45 kilomètres. Ils iront le même jour bivouaquer à 10 kilomètres plus loin, sous les murs de Phalsbourg.

L'*Historique du Grand État-Major prussien* a rendu à leur bravoure l'hommage qui lui était dû (1). L'Histoire

---

(1) « Comme on le voit, le commandant en chef des troupes fran-
« çaises avait lutté jusqu'à la dernière extrémité contre les forces supé-

a le devoir de faire plus encore. Elle accordera sans réserve les témoignages de son admiration aux extraordinaires efforts de la vaillante armée d'Alsace, et dira que de telles troupes étaient dignes de vaincre.

§ 13. — *Poursuite.*

« La lutte cessait à peine autour de Frœschwiller que
« la poursuite commençait..... Cette mission incombait
« naturellement aux ailes de l'armée allemande, les-
« quelles y étaient appelées de préférence, et par les
« directions qu'elles avaient suivies, et par les troupes
« fraîches dont elles disposaient (1) ».

a) *Détachements de poursuite du Sud.* — A l'aile gauche, les détachements de poursuite constituaient trois groupes :

1° Quatre escadrons de la réserve de cavalerie würtembergeoise (1er escadron du *3*^{e} régiment; 2e, 3e, 4e escadrons du *4*^{e}) et la 5e batterie sous les ordres du général de Schéler, dirigés sur Reichshoffen par Eberbach, et qui approchaient de la lisière occidentale du Gross-Wald au moment où la résistance cessait à Frœschwiller ;

2° Deux escadrons du *1*^{er} régiment de cavalerie würbergeoise, sous les ordres du lieutenant-colonel d'Ausin qui se trouvaient en marche de Schirlenhof sur Reichshoffen ;

3° Le *14*^{e} régiment de hussards et un escadron du *14*^{e} dragons prussiens, lancés par Eberbach sur Gunders-

---

« rieures des Allemands ; partant, son armée avait combattu avec grand
« courage ; sa cavalerie tout entière s'était volontairement sacrifiée
« pour dégager les autres armes. Mais quand on fut entouré de toute
« part, quand l'unique ligne de retraite se trouva sérieusement mena-
« cée, la résistance dut enfin cesser. » (3e livraison, page 278.)

(1) *Historique du Grand Etat-Major prussien*, 3e livraison, page 278.

hoffen avec la 8ᵉ batterie würtembergeoise, sous les ordres du colonel de Bernuth.

Au total : 6 escadrons würtembergeois, 5 escadrons prussiens, 2 batteries würtembergeoises.

Le 1ᵉʳ groupe, après avoir été repoussé tout d'abord dans le Gross-Wald par les 1ʳᵉ et 2ᵉ compagnies du 2ᵉ bataillon du 1ᵉʳ zouaves disposées par le général Ducrot à l'Est de Reichshoffen, établit, après leur retraite, sa batterie à la cote 252. Elle ouvrit le feu sur la colonne française en marche sur la grande route, puis se porta un peu plus à l'Ouest, pour canonner Reichshoffen. Les quatre escadrons finirent par pénétrer dans le village où ils firent prisonniers un certain nombre de blessés et d'isolés dont une partie s'échappa. Il restera le soir, entre les mains de la cavalerie würtembergeoise : 2 officiers et 107 hommes, ainsi que le général Nicolaï, alité depuis la veille, et son soldat-ordonnance (1).

Les 2ᵉ et 3ᵉ escadrons du 4ᵉ régiment, rejoints par les deux escadrons du 1ᵉʳ continuent vers Niederbronn. Ils attaquent, près de la Papeterie, la 6ᵉ batterie du 9ᵉ (division Ducrot), qui fermait la marche de la colonne. « Aucune troupe d'infanterie, ni de cavalerie ne se trou-
« vait ni sur ses flancs, ni sur ses derrières pour la pro-
« téger (2). » Arrêtée par un encombrement de voitures, la batterie est entourée par les cavaliers würtembergeois et prise, sauf la première pièce, malgré l'énergie dé-

---

(1) « Le lieutenant Kurr, dit l'*Historique du Grand Etat-Major
« prussien*, devançant sa troupe (4ᵉ escadron du 4ᵉ régiment), pousse
« droit sur le château où il fait prisonnier le général de brigade Nicolaï,
« de la division Conseil-Dumesnil, *avec son état-major.* » (3ᵉ livraison,
p. 281.) L'aide de camp du général Nicolaï, le lieutenant Michel, avait
pris part à la bataille avec la 1ʳᵉ brigade. (Rapport du général Conseil-Dumesnil.)

(2) Rapport du lieutenant-colonel Lecœuvre, commandant l'artillerie de la division Ducrot.

ployée par le personnel, en particulier par le lieutenant Leroux, et les maréchaux des logis Chartier et Ruff. Celui-ci se retournant et voyant un Prussien sur sa pièce, court à lui, lui brûle la cervelle avec son pistolet, et rejoint son lieutenant au galop, satisfait d'avoir vengé ainsi la perte de sa pièce. « Le lieutenant Speth était tué dans cette affaire et le lieutenant-colonel d'Ausin blessé (1) ».

Les escadrons würtembergeois se relient, non loin de Niederbronn à l'infanterie bavaroise qui arrive par l'Est, mais ils rétrogradent à 7 heures en recevant des balles et des obus de la division Guyot de Lespart et établissent leur bivouac à l'entrée Sud de Reichshoffen, après avoir lancé des patrouilles vers Gumbrechtshoffen et Zinswiller.

Pendant ce temps, le colonel de Bernuth, avec les cinq escadrons prussiens et la 8ᵉ batterie würtembergeoise, s'était porté sur Gundershoffen, mais il n'avait pu en forcer l'entrée, défendue par des isolés de la division de Lartigue. Apercevant au Nord, près des Forges, le convoi de cette division escorté par la compagnie du génie, le colonel de Bernuth le fait tourner par le *14ᵉ* régiment de hussards et l'attaque en tête avec l'escadron du *14ᵉ* dragons. « La compagnie du génie (4 officiers et « 106 hommes), après avoir essayé une faible résistance « qui lui coûte le commandant Loyre, un lieutenant et « une vingtaine d'hommes, traverse le Falkensteiner-« Bach et se retire vers les montagnes (2) ». Le convoi reste entre les mains de la cavalerie prussienne. La 8ᵉ batterie würtembergeoise, en position au Nord de Gundershoffen, près du cimetière (3), canonne quelques

---

(1) *Historique du Grand État-Major prussien*, 3ᵒ livraison, page 281.
(2) Historique de la 4ᵉ division du 1ᵉʳ corps, par le colonel d'Andigné.
(3) L'*Historique du grand Etat-Major prussien* dit que cette batterie

groupes français en vue, puis le colonel de Bernuth ramène ses cinq escadrons à Eberbach pour y passer la nuit et renvoie l'escadron de dragons de la *10*ᵉ division, à Frœschwiller.

b) *Détachement de poursuite du Nord*. — Ce détachement, qui était parvenu à Langensoultzbach vers 3 heures, comprenait : la 5ᵉ brigade d'infanterie bavaroise (1) (de Schleich) et la brigade de uhlans du IIᵉ corps bavarois (2) (de Mulzer). La première s'engagea, suivie de la seconde (3), sur le chemin de Langensoultzbach à Neehwiller. Au débouché Ouest de la forêt, une compagnie suivant la lisière occidentale, puis le *8*ᵉ bataillon de chasseurs qui marchait en tête furent dirigés sur Frœschwiller où la lutte était encore fort vive. Quand elle y parut terminée, le détachement se remit en mouvement vers la vallée du Schwarzbach (4), non sans laisser à Neehwiller le 3ᵉ bataillon du 7ᵉ, la brigade de uhlans et la batterie à cheval qui lui était adjointe. Mais le *8*ᵉ bataillon de chasseurs ayant reçu des coups de feu partant de la lisière du Gross-Wald, les 2ᵉ et 3ᵉ bataillons du *6*ᵉ se portent vers le Sud, à travers bois, par la rive gauche du Schwarzbach et débouchent, vers 6 heures du soir, sur les crêtes qui dominent Reichshoffen. Le 3ᵉ bataillon du 7ᵉ avait été également dirigé vers le Sud, sur ces entrefaites, et avait pris position à l'angle Sud-Ouest du Gross-Wald. Le général de

---

s'établit à l'*Est* de Gundershoffen (3ᵉ livraison, page 280). D'après le major Hoffbauer, elle ne prit en ce point qu'une position d'attente et se porta ensuite au *Nord* de Gundershoffen, d'où elle ouvrit le feu. (*Loc. cit.*, page 74.)

(1) *8*ᵉ bataillon de chasseurs; 1ᵉʳ, 2ᵉ, 3ᵉ bataillons du *6*ᵉ; 2ᵉ et 3ᵉ bataillons du 7ᵉ.

(2) *1*ᵉʳ et *2*ᵉ uhlans, 2ᵉ batterie à cheval du *2*ᵉ.

(3) *Historique du Grand Etat-Major prussien*, 3ᵉ livraison, page 282.

(4) Ruisseau qui passe à Jægerthal et vient se jeter dans le Falkensteinerbach, en aval de Reichshoffen.

Schleich ne disposait donc plus que de deux bataillons : 1ᵉʳ du *6*ᵉ, 2ᵉ du *7*ᵉ qui franchissent le Schwarzbach non loin des forges de Rauschenwald. Il se dirige d'abord sur Reichshoffen, mais quelques détachements ennemis apparaissant sur la droite, la majeure partie des deux bataillons se porte contre Niederbronn.

Pendant ce temps, le général de Schleich avait reçu du général de Hartmann l'ordre « de poursuivre vigou-« reusement l'adversaire, d'utiliser sa cavalerie pour « tirer parti de la victoire et surtout d'occuper la gare « de Reichshoffen (1) ». D'autres troupes allemandes étaient déjà maîtresses de cette localité ; aussi le général de Schleich se borna-t-il à y envoyer un bataillon et deux escadrons du *1*ᵉʳ chevau-légers qui l'avaient rejoint (2). Il dirigea ensuite sur Niederbronn les autres unités qu'il avait laissées sur la rive gauche du Schwarzbach. Tandis que les deux batteries bavaroises de Massenbach (3) et Lössl (4), établies sur la croupe à l'Est de Niederbronn, lançaient quelques obus sur les colonnes françaises en retraite, l'infanterie se portait sur cette localité et faisait sa jonction avec deux bataillons du *5*ᵉ et le *3*ᵉ chevau-légers appartenant au Iᵉʳ corps bavarois. Ces troupes y pénètrent, après le départ de la brigade de Fontanges ; le *2*ᵉ régiment de uhlans la suit un instant vers Oberbronn. A la nuit, la *5*ᵉ brigade et les deux batteries installèrent leurs bivouacs à Niederbronn, avec des avant-postes dans les directions de Zinswiller, de Bitche et de Jægerthal. La brigade de uhlans et les troupes détachées du Iᵉʳ corps bavarois s'établirent à Reichshoffen, où elles furent

---

(1) *Historique du Grand Etat-Major prussien*, 3ᵉ livraison, page 283.
(2) Les deux escadrons et une batterie, 3ᵉ du *4*ᵉ, qui les accompagnait, appartenaient à la *3*ᵉ division bavaroise.
(3) 2ᵉ à cheval du 2ᵉ.
(4) 3ᵉ du *4*ᵉ.

rejointes, assez tard, par les fractions de la *3ᵉ division bavaroise* qui avaient participé au mouvement de poursuite.

Les pertes de l'armée française d'Alsace s'élevaient à 607 (1) officiers et environ 20,000 sous-officiers et soldats tués, blessés ou disparus (2).

La victoire avait coûté à la IIIᵉ armée allemande :

489 officiers, 10,538 hommes tués ou blessés, se répartissant ainsi :

	TUÉS.		BLESSÉS.		DISPARUS.	
	Officiers.	Hommes	Officiers.	Hommes	Officiers.	Hommes
Vᵉ corps............	41	877	179	3,782	»	777
XIᵉ corps............	41	457	138	2,243	»	265
Iᵉʳ corps bavarois.........	10	64	27	477	»	205
IIᵉ corps bavarois.........	9	52	27	524	»	91
Division würtembergeoise...	5	33	12	274	»	35
Totaux......	106	1,483	383	7,297	»	1,373

§ 14. — *Emplacements de la IIIᵉ armée dans la soirée du 6 août.*

Vᵉ corps..	Frœschwiller.	
VIᵉ corps .	Elsashausen et Wœrth.	
Iᵉʳ corps bavarois.	1ʳᵉ division............	Frœschwiller.
	2ᵉ division............	Preuschdorf.
	Réserve d'artillerie.....	*Ibid.*
	Brigade de cuirassiers..	Lampertsloch.
	Détachement de poursuite.............	Reichshoffen.

---

(1) A. Martinien. État nominatif, par affaires et par corps, des officiers tués ou blessés dans la première partie de la campagne. Paris, Chapelot, pages 3 et suiv.

(2) Ce chiffre a été obtenu en totalisant les pertes indiquées par les rapports sur la bataille ou, à défaut, par les Historiques des corps.

IIᵉ corps bavarois.	Lembach. Reichshoffen. Niederbronn.

Corps Werder.		
	1ʳᵉ brigade würtembergeoise............	Engelshof.
	2ᵉ brigade würtembergeoise (avant-postes)..	Gundershoffen et Griesbach.
	3ᵉ brigade würtembergeoise............	Engelshof.
	Réserve d'artillerie würtembergeoise........	Ibid.
	Réserve de cavalerie würtembergeoise........	Reichshoffen.
	Division badoise.......	Gunstett et Schwabwiller.

Le commandant de la IIIᵉ armée donna l'ordre au corps Werder de pousser, dans la journée même, une avant-garde vers Haguenau, de traverser la forêt le 7 août sur plusieurs routes, et de se porter au Nord de Brumath. Son avant-garde occuperait le passage de la Zorn et détruirait le chemin de fer dans la direction de Mommenheim (1).

La 4ᵉ division de cavalerie, qui avait reçu à 6 heures du soir l'ordre de se porter à Gunstett, atteignait cette localité à 9 heures. Elle y trouva des instructions du Prince Royal, lui enjoignant de marcher le 7, au point du jour, sur Ingwiller et Bouxwiller, tandis que la cavalerie bavaroise suivrait la route de Bitche, et que les escadrons würtembergeois « fouilleraient les environs « de Zinswiller et d'Uhrwiller » (2). La 4ᵉ division de cavalerie poursuivit aussitôt sa marche sur Eberbach, précédée vers Griesbach et Gundershoffen, par le 2ᵉ régiment des hussards du corps; puis, après un repos de trois heures, elle entama la poursuite.

---

(1) Voir Hahnke, *Opérations de la IIIᵉ armée*, page 80.
(2) *Historique du Grand Etat-Major prussien*, 3ᵉ livraison, page 285.

[La *12ᵉ* division du VIᵉ corps, qui se trouvait réunie le 6 août au matin, à Landau, avait reçu l'ordre du Prince Royal d'envoyer deux bataillons à Wissembourg et « de s'avancer, le jour même, par les vallées d'Ann-
« weiler et de Bergzabern, pour faire une démonstration
« contre Bitche et maintenir la liaison entre la IIᵉ et la
« IIIᵉ armée » (1).

Dans l'après-midi du 6, son avant-garde occupait Dahn, où elle se renforçait du *5ᵉ* bataillon de chasseurs bavarois; le *15ᵉ* régiment de dragons établissait par Hinter-Weidenthal la liaison avec la IIᵉ armée.

---

(1) *Historique du Grand État-Major prussien*, 3ᵉ livraison, page 285.

CONSIDÉRATIONS

SUR LA

BATAILLE DE FRŒSCHWILLER[1]

I. — IIIe ARMÉE.

§ 1. — *Exécution de l'ordre du 5 août.*

XIe corps. — Les bivouacs du XIe corps, installés le 5 août, au Sud de Soultz, devaient être transférés à Hœlschloch. Le général de Bose avait prescrit à la *21e* division et à l'artillerie de corps de s'établir au Sud-Ouest de cette dernière localité : à la *22e* d'occuper Surbourg et ses environs immédiats. Bien que l'*Historique du Grand État-Major prussien* ne le mentionne pas explicitement, il semble que le XIe corps ait effectué en une seule colonne la marche de Soultz à Hœlschloch (8 kilomètres). L'avant-garde du corps d'armée (*41e* brigade) atteignit en effet le débouché occidental du Bois Westerholtz à 8 heures du matin ; l'artillerie de corps ne parvint en ce point qu'à 11 heures ; la 22e division n'entra à Surbourg qu'entre 11 heures et midi.

En admettant que le général commandant le XIe corps n'eût pas voulu faire marcher les grandes unités tac-

---

[1] Voir la carte au 1/50,000 annexée.

tiques massées à travers champs, ou que soit les cultures, soit le terrain, eussent opposé des obstacles sérieux à un mouvement de ce genre, il convenait d'utiliser tous les itinéraires distincts disponibles. La 21ᵉ division pouvait se porter à Hœlschloch : a), par la route de Soultz à Kutzenhausen, le hameau de Feldbach, et le meilleur des deux chemins qui conduit à Hœlschloch : b) par la voie ferrée de Soultz à Haguenau. L'artillerie de corps, une brigade de la 22ᵉ division et les trains de combat auraient suivi la grande route de Soultz à Surbourg ; l'autre brigade se rendant d'abord de Soultz à Reimerswiller et gagnant ensuite Surbourg.

Corps Werder. — Le corps Werder, qui avait bivouaqué dans la nuit du 5 au 6 août à Aschbach, devait se porter à Reimerswiller, c'est-à-dire parcourir une distance de 10 kilomètres, par l'itinéraire : Hoffen, Hermerswiller, Hohwiller.

L'*Historique du Grand État-Major prussien* n'indique pas qu'il ait employé plusieurs chemins pour effectuer sa marche ; le fait paraît admissible cependant. En effet, d'une part, l'*Historique* mentionne l'entrée du gros de la division würtembergeoise à Reimerswiller à 10 heures (1) ; d'autre part, il place l'arrivée de la division badoise à Hohwiller au même moment (2). Or, le gros de la division würtembergeoise comprenait deux brigades d'infanterie et huit batteries, occupant en colonne sur une route près de 8 kilomètres, distance quadruple de celle qui sépare Reimerswiller de Hohwiller. Les deux faits seraient donc inconciliables, à moins que la division würtembergeoise n'ait pris, pour arriver à Reimerswiller, l'itinéraire : Leiterswiller, Kühlendorf. Toutefois,

---

(1) *Historique du Grand État-Major prussien*, 3ᵉ livraison, page 240.
(2) *Ibid.*

on ne s'explique pas les motifs qui ont fait partir du bivouac la division badoise une heure et demie après la division würtembergeoise (1). Leur départ pouvait s'effectuer simultanément, si elles suivaient deux itinéraires distincts, et si elles ont emprunté le même chemin, ce laps de temps était insuffisant pour permettre à la division würtembergeoise de s'écouler. On remarquera que le corps Werder ne pouvait recourir à la marche par brigades ou divisions massées, car il lui fallait franchir le Seltzbach sur les ponts. Mais son mouvement aurait pu être exécuté avec une plus grande rapidité. La division badoise suivant l'itinéraire Aschbach, Oberrœdern, Sägmühl, Leiterswiller, Kühlendorf, Reimerswiller, aurait été rassemblée au Nord-Est de cette localité vers midi. La division würtembergeoise, prenant par Fincken-Mühl, Hermerswiller et Hohwiller, aurait eu alors la libre disposition de ses trois brigades d'infanterie, dont l'une au moins se serait conformée à l'ordre du Prince Royal « de marcher de Gunstett sur Reichshoffen pour couper la retraite aux Français » (2). On a vu, au contraire, que la 1re brigade würtembergeoise resta depuis 9 heures du matin jusqu'au soir, en position face à la forêt de Haguenau, au Nord de la ligne Schwabwiller, Niederbetschdorf, et l'on sait que la division badoise ne parut pas sur le champ de bataille.

Ier corps bavarois. — Le Ier corps bavarois qui avait bivouaqué à Ingolsheim — où la 2e division d'infanterie n'était arrivée le 5 qu'à 11 heures du soir, et l'artillerie de réserve à minuit, — devait se porter « jusqu'aux environs de Lobsann et de Lampertsloch ». L'ordre de la IIIe armée ne spécifiait pas l'itinéraire à suivre à cet effet

---

(1) « Les Würtembergeois s'étaient mis en mouvement à 6 heures. »
« La division badoise, qui n'avait rompu qu'à 7 h. 30..... »
(2) *Historique du Grand État-Major prussien,* 3e livraison, page 268.

et n'interdisait pas l'emploi de la grande route de Soultz. Le corps d'armée pouvait atteindre Lampertsloch par Soultz, Kutzenhausen, Merckwiller, d'où il ne lui serait resté que 2 kilomètres et demi à parcourir sur un chemin vicinal peu accidenté, qui conduit de Merckwiller à Lampertsloch par Bœchelbronn.

Les fractions qui se rendaient à Lobsann auraient suivi également la grande route jusqu'à Soultz, d'où elles auraient emprunté soit le chemin qui remonte le Frœschwiller-Bach, affluent du Seltzbach, soit l'itinéraire Retschwiller, cote 215 (au Sud-Ouest de Memelshoffen). L'État-Major du Ier corps bavarois choisit-il de sa propre initiative le parcours par Memelshoffen, ou y fut-il obligé par un avis ultérieur du quartier général de la IIIe armée? L'*Historique du Grand État-Major prussien* est muet à cet égard.

« L'itinéraire qui se trouvait à la disposition du corps d'armée, dit le capitaine Helvig, était un chemin rural, de dernière classe, étroit et ne permettant pas de marcher dans une formation régulière » (1). De plus, l'orage de la nuit l'avait détrempé et endommagé ; les montées et les descentes et la nature argileuse du sol augmentaient encore les difficultés et les fatigues de la marche. La veille, par le beau temps, la *10e* division qui s'était rendue par le même itinéraire, de Bremmelbach à Lobsann, avait eu une étape particulièrement laborieuse (2).

Il paraît donc certain que si le Ier corps bavarois avait suivi la route de Soultz, son avant-garde aurait pu entrer en ligne avant 2 heures de l'après-midi (3), et que tout le corps d'armée aurait pu participer à l'action.

---

(1) *Das I bayerische Armee-Corps im Kriege* 1870-71.
(2) *Historique du Grand Etat-Major prussien*, 2e livraison, page 200. Stieler von Heydekampf. *Loc. cit.*, page 37.
(3) Helvig. *Loc. cit.*, page 22.

Si l'on suppose, en somme, que le XIe corps ait pris des dispositions de marche plus rationnelles, que le corps Werder ait exécuté son mouvement en deux colonnes sur Reimerswiller avec plus de rapidité, qu'enfin le Ier corps bavarois ait suivi la route de Soultz, la bataille aurait pu être gagnée par les Allemands deux heures plus tôt, avec des pertes moindres et des résultats plus complets (1).

On ne saurait toutefois, en toute équité, rendre les commandants de corps d'armée entièrement responsables de ces erreurs. L'ordre de l'armée, en date du 5 août, ne leur donnait aucun renseignement sur la situation et ne leur faisait pas connaître les projets du commandement (2). Les généraux de Bose, de Werder et von der Tann ignoraient donc les raisons du changement de front à droite prescrit pour le 6 août ; peut-être même n'avaient-ils pas connaissance du contact étroit qui existait sur la Sauer, entre le Ve corps et de forts rassemblements ennemis. Il est donc permis d'estimer que si

---

(1) « Il est hors de doute que les pertes subies par les Allemands auraient été incomparablement plus faibles et qu'en outre leur succès aurait été beaucoup plus complet si les troupes qui prirent part réellement à la bataille avaient été amenées simultanément au combat et si l'unité de direction avait été assurée en vertu de la volonté du commandant en chef de l'armée. En outre, les Allemands pouvaient entrer en ligne, le 6 août, avec des forces beaucoup plus considérables qu'ils ne le firent en réalité; les troupes qu'ils avaient à leur disposition ne prirent pas absolument toutes part au combat.

« Parmi les dix divisions d'infanterie de la IIIe armée allemande qui se trouvaient sur les lieux, on n'engagea au combat, jusqu'au dénouement de la bataille, c'est-à-dire jusqu'à 4 ou 5 heures de l'après-midi, que six divisions en tout et une brigade en partie. Les forces suivantes n'ont donc pas pris part à la bataille : environ 40,000 hommes d'infanterie, 200 pièces et 10,000 hommes de cavalerie. » (De Woyde. *Causes des succès et revers dans la guerre de* 1870, tome I, page 171.

(2) Voir, pour cet ordre, 6e fascicule, page 153.

l'ordre avait fait pressentir une bataille éventuelle et prochaine vers Frœschwiller, les commandants de corps auraient pris — ou auraient dû prendre — de leur propre initiative, des dispositions mieux appropriées aux circonstances. Peut être l'ordre du 5 août est-il resté muet à ce sujet parce que le Prince royal ignorait lui-même, à cette date, si les forces principales de l'adversaire se trouvaient vers l'Ouest, ou vers le Sud, et si la bataille se livrerait vers Wœrth ou vers Haguenau (1). Mais c'est là une explication possible de cette lacune et non sa justification. Il appartenait en effet, à l'État-Major de la IIIe armée, d'orienter les chefs subordonnés sur la situation générale.

§ 2. — *Engagement du Ve corps.*

La cause originelle de la bataille de Frœschviller est dans l'ordre donné le 6 août au matin par le général de Walther à la 6e batterie légère d'ouvrir le feu sur Wœrth, tandis qu'un bataillon se portait sur cette localité. Le commandant de l'avant-garde du Ve corps se proposait vraisemblablement de constater ainsi si le bruit qu'il entendait et les mouvements qu'il apercevait dans le camp ennemi étaient bien réellement les manifestations du départ des troupes françaises.

La mesure prise par le général de Walther était à la fois inutile, intempestive et dangereuse.

Inutile, parce que quelques obus lancés sur Wœrth n'eussent pas empêché le 1er corps français d'évacuer ses positions si telle avait été son intention.

Intempestive, en raison du combat qu'elle pouvait provoquer, contrairement aux projets du Prince royal. Peut-être objectera-t-on que le général de Walther igno-

---

(1) Voir, pour cet ordre, 6e fascicule, page 154.

rait sa volonté de ne pas engager la bataille le 6 août. Il savait, en tout cas, que la journée devait être consacrée au repos, d'après le paragraphe suivant de l'ordre du Ve corps en date du 5 août : « Le général commandant le Ve corps désire que le repos prévu pour demain (6 août) soit employé à faire disparaître la fatigue provoquée par la forte marche d'aujourd'hui (1) ».

Dangereuse enfin, parce que les prescriptions de l'ordre de la IIIe armée indiquaient, dans l'esprit du commandement la nécessité d'exécuter quelques mouvements préparatoires à la bataille. « Le devoir de tous les chefs des grandes unités était, sans aucun doute, de n'entreprendre (le 6 août) une opération d'une certaine envergure que si des circonstances très impérieuses les y obligeaient..... Le commandant de l'avant-garde du Ve corps a dû certainement être pénétré de la nécessité de la mesure qu'il avait prise, mais on observera que, d'après plusieurs autres renrenseignements, on n'avait point remarqué le départ des Français, mais seulement quelques mouvements de troupes à l'intérieur des bivouacs (2) ».

En tout état de cause, le général de Walther « a commis un abus d'initiative. Personne autre que le général en chef n'a le droit de faire tirer le canon, aussi longtemps que l'ennemi ne démasque pas les préparatifs d'une attaque imminente (3) ».

Néanmoins, le quartier général de la IIIe armée a sa part de responsabilité dans l'engagement de la bataille

---

(1) *Militär-Wochenblatt*, 1893, n° 69, page 1776. *Taktische Folgerung aus der Schlacht von Wörth.*

(2) Boguslawski. *Die Entwickelung der Taktik seit dem Kriege von 1870-1871*, tome I, page 27. Berlin, Luckardt.

(3) Général Bonnal. *Frœschwiller*, page 207.

D'après le major Kunz, le général de Walther aurait rendu compte au général de Kirchbach, à 6 heures du matin, de son intention d'exé-

qu'il aurait évitée certainement en prévenant les commandants de corps d'armée des intentions du Prince royal. Tout au moins était-il indispensable d'informer le général de Walther que la canonnade à Wœrth serait interprétée par le II° corps bavarois comme un ordre de jeter une de ses divisions contre l'aile gauche française (1). Le signal d'exécution convenu était d'ailleurs éminemment défectueux : dans la circonstance, en effet, et en raison de la proximité de l'ennemi, de nombreuses éventualités « qui n'avaient rien de commun avec les hypothèses que l'instruction du général de Blumenthal considérait comme prépondérantes (2) » pouvaient amener l'échange de quelques coups de canon (3).

Au moment où le colonel von der Esch, chef d'état-major du V° corps, rencontra le général de Walther au Nord de Dieffenbach, la reconnaissance offensive était terminée, mais « du côté des Bavarois, le combat augmentait d'intensité et d'étendue et semblait gagner du terrain vers l'Est » (4). D'autre part, un nouvel enga-

---

cuter un *mouvement offensif* sur Wœrth à 7 heures. Le cavalier chargé du message revint sans réponse et le général de Walther en conclut que son projet était approuvé. (*Die Schlacht von Wörth*. Berlin. Luckhardt, 1891, page 29.)

(1) *Historique du Grand État-Major prussien*, 3° livraison, page 214.
(2) De Woyde. *Loc. cit.*, page 160.
(3) « Nous ne pensons pas que cette Instruction ait été heureusement conçue. En raison de la proximité des avant-postes des deux partis, il était plus que probable que, le 6 août au matin, on entendrait le canon en un point de la ligne. Si les Bavarois se conformaient à la lettre de l'Instruction, ils engageraient une division et c'était la bataille. Il eût été certainement plus judicieux de détacher auprès du général commandant le V° corps un officier de l'état-major du II° corps bavarois, dont la mission aurait consisté à maintenir la liaison entre les deux commandants de corps d'armée, au moyen de postes de cavalerie échelonnés entre leurs quartiers généraux. » (Kunz. *Loc. cit.*, page 14).
(4) Stieler von Heydekampf. *Loc. cit.*, page 40.

gement commençait près de Gunstett. Le colonel von der Esch voulut empêcher l'ennemi d'attaquer une des ailes de l'armée allemande avec des forces supérieures.

« Une victoire remportée par les Français au début de la campagne, ou une atténuation de la défaite de Wissembourg aurait été pour eux d'une très grande importance et ils auraient pu, non sans raison, s'attribuer un succès si le combat livré par la 4e division bavaroise avait été sans résultat (1) ».

Le colonel von der Esch jugea les événements trop pressants pour qu'on eût le temps d'aller demander des ordres au général de Kirchbach à Preuschdorf et « d'accord avec le commandant de l'avant-garde (2) », il assuma la responsabilité de reprendre le combat à Wœrth. Cette résolution répondait aux exigences de la situation générale, en admettant que le chef d'état-major du Ve corps ignorât les intentions du Prince royal. Elle a son origine dans l'unité de doctrine qui reliait, dès 1870, par des liens puissants, généraux et officiers du Grand État-Major. Le colonel von der Esch était « absolument certain que le général de Kirchbach, non seulement jugera la situation comme lui, mais encore adoptera et fera siennes les mesures prescrites par lui en son absence. L'un et l'autre, à des époques différentes, ont passé par l'académie de guerre et le Grand État-Major. Leur séjour dans ces centres intellectuels..... a développé en eux la faculté précieuse d'observer, de comparer, puis de vouloir à l'unisson.....

« Au Ve corps, comme dans tous les corps de l'armée, la vie déborde. Le moindre incident, aussitôt connu est examiné, commenté. Pas d'interruption, ni de

---

(1) Boguslawski. *Loc. cit.*, page 28.
(2) *Historique du Grand État-Major prussien*, 3e livraison, page 226.

défaillance dans le commandement..... L'armée où règne un tel esprit est sur le chemin qui mène à la victoire (1) ».

*
* *

Le bourg de Wœrth est resté inoccupé tant par les Français que par les Prussiens depuis le retour en arrière du 2ᵉ bataillon du *37ᵉ* (8 h. 30 environ) jusqu'à la fin de la lutte d'artillerie. Dès l'instant où le général de Kirchbach avait pris la détermination de reprendre le combat, l'envoi immédiat à Wœrth de deux bataillons (2ᵉ et 3ᵉ du *37ᵉ*) s'imposait. La compagnie de pionniers de la *10ᵉ* division leur aurait été adjointe, avec la mission de réparer le pont de Wœrth et de construire de nombreuses passerelles en amont et en aval de cette localité.

L'attaque des hauteurs de la rive droite par la *20ᵉ* brigade ne se serait produite qu'après l'achèvement de ce travail, au lieu de le précéder. On aurait évité ainsi de nombreux retards aux unités qui furent appelées plus tard à franchir la Sauer pour renforcer les premières engagées.

La désignation de la *20ᵉ* brigade semble avoir été faite un peu précipitamment, sans autre raison peut-être que le rôle d'avant-garde qui lui était attribué depuis la veille au soir. Cette brigade ne disposait à ce moment que de quatre bataillons ; encore n'étaient-ils pas réunis. Les 2ᵉ et 3ᵉ bataillons du *37ᵉ* se trouvaient près de Dieffenbach ; le 1ᵉʳ bataillon du *50ᵉ* entre le petit bois de Dieffenbach et Oberdorf ; le 3ᵉ bataillon du *50ᵉ* dans ce dernier village. Le *37ᵉ* devait franchir la Sauer à Wœrth ; le *50ᵉ* à Spachbach : leur objectif commun étant Elsashausen. Mais ce hameau est à une

---

(1) Général Bonnal. *Loc. cit.*, page 257.

distance de Spachbach presque double de celle de Wœrth; de plus les difficultés du passage de la Sauer à Spachbach ne pouvaient qu'augmenter encore le retard du *50ᵉ* sur le *37ᵉ*. Ces deux régiments allaient être séparés en outre par un intervalle de 1500 mètres. Les attaques vont donc être trop faibles l'une et l'autre, incapables de se prêter un mutuel appui, décousues dans le temps et dans l'espace. Elles devaient échouer. Il eût été préférable, certainement, de faire déboucher sur la rive droite la *19ᵉ* brigade, dont les six bataillons étaient rassemblés.

La direction d'Elsashausen, donnée aux deux groupes de la *20ᵉ* brigade, était justifiée en ce sens que le terrain offrait à l'infanterie des couverts et des cheminements favorables, mais d'autre part, elle était moins avantageuse que celle de Frœschwiller au point de vue de l'appui que pouvait prêter l'artillerie. En supposant que les six bataillons de la *19ᵉ* brigade, débouchant par Wœrth, eussent été dirigés sur Frœschwiller, dans une formation appropriée, leur mouvement eût été constamment précédé et facilité par les obus de l'artillerie, attentive aux péripéties du combat. Après avoir gagné 5 ou 600 mètres à l'Ouest de Wœrth, cette brigade se serait arrêtée, constituant sur la rive droite une sorte de tête de ponts, appuyée et flanquée par les batteries du Vᵉ corps, et se serait bornée à entretenir pour le moment un combat de feux.

Pendant ce temps, les deux bataillons du *37ᵉ* auraient mis Wœrth en état de défense.

« Les tentatives faites pour s'emparer de vive force des hauteurs constituent un bel exemple de la bravoure et de l'esprit offensif des troupes, mais auraient dû être, de préférence, effectuées plus tard (1) ».

---

(1) Boguslawski. *Loc. cit.*, page 30.

C'est après le double échec subi par la *20ᵉ* brigade que le général de Kirchbach reçut du Prince royal l'ordre « de ne pas accepter le combat et d'éviter tout ce qui pourrait en amener la reprise (1) ». A ce moment, le IIᵉ corps bavarois avait déjà cessé la lutte et entamé son mouvement rétrograde sur Lembach et « l'avant-garde du XIᵉ corps avait été refoulée en désordre jusqu'à la Sauer et même en partie au delà (2) ». Les raisons qui avaient déterminé le colonel von der Esch à reprendre le combat à Wœrth n'existaient donc plus, et le général de Kirchbach avait pu se rendre compte des difficultés que présentait une attaque de front contre les défenseurs des hauteurs de la rive droite de la Sauer. Il ne dissimulait pas d'ailleurs que « toute nouvelle démonstration du Vᵉ corps devait nécessairement aboutir à une affaire décisive pour laquelle on ne pouvait compter avec certitude sur le concours opportun des corps de seconde ligne encore en marche (3) ».

Le général de Kirchbach persista néanmoins dans sa résolution première, en dépit de l'ordre du Prince royal dont l'exécution ne présentait pas de difficultés sérieuses, grâce à la supériorité qu'avait acquise l'artillerie du Vᵉ corps. Il estima, qu'après les échecs subis par les avant-gardes des trois corps de première ligne, la rupture du combat aurait toutes les apparences d'une défaite, « qui, pour n'être que de peu d'importance au point de vue matériel, n'en avait pas moins un effet moral fort sérieux (4) ».

---

(1) *Historique du Grand Etat-Major prussien*, 3ᵉ livraison, page 235.
(2) *Ibid.*
(3) *Ibid.*, page 236.
(4) *Ibid.*
Stieler von Heydekampf dit « qu'il n'était pas possible de cesser la lutte sans ébranler fortement le moral des troupes. » (*Loc. cit.*, page 47).
« Pour apprécier comme il convient l'importance morale qu'au-

Peut-être le général de Kirchbach envisageait-il surtout les conséquences d'un insuccès sur l'esprit des contingents de l'Allemagne du Sud, alliés trop récents de la Prusse, pour supporter sans découragement et sans mécontentement l'effet moral d'une attaque infructueuse.

Peut-être aussi considéra-t-il qu'il ne fallait pas amoindrir en eux l'impression de la victoire de Wissembourg. Il jugea enfin qu'en différant l'attaque, on laisserait à l'adversaire le temps de se retrancher et de recevoir des renforts. Ces considérations expliquent et rendent admissible, à la rigueur, la résolution prise par le commandant du V⁰ corps, d'enfreindre l'ordre du Prince royal. « On peut dire que le général de Kirchbach remplaça momentanément le commandant en chef de la III⁰ armée ; ce dernier n'était pas encore arrivé sur le champ de bataille et n'était pas, par conséquent, renseigné sur la situation du combat et la tournure réelle qu'avaient pris les événements (1) ». L'*Historique du Grand État-Major prussien* ajoute aux raisons précédentes que le général de Kirchbach pouvait espérer un « succès décisif d'une attaque de front immédiate », quand bien même le XI⁰ et le II⁰ corps bavarois ne viendraient le

---

rait eu un tel insuccès pour les Allemands, rappelons que, parmi les cinq corps de la III⁰ armée qui se trouvaient sur les lieux, il ne se trouvait qu'un seul corps de la vieille Prusse, le V⁰ ; qu'en outre, ce corps était composé principalement de Polonais et qu'à Wissembourg, aussi bien qu'à Wœrth, il avait été fort éprouvé. Les autres corps d'armée, à l'exception d'une partie du XI⁰, étaient formés de troupes qui, quatre ans seulement auparavant, avaient combattu, dans la guerre de 1866, contre la Prusse. Une victoire devait avoir pour conséquence de souder fortement entre eux les éléments d'une armée qui provenaient d'origines si diverses ; en revanche, une défaite pouvait les décourager facilement et y faire naître le mécontentement. » (De Woyde. *Loc. cit.*, page 166).

(1) De Woyde. *Loc. cit.*, page 167.

soutenir que plus tard par Gunstett et Langensoultz-bach (1).

On observera que rien, jusqu'à présent, ne l'autorisait à croire cet espoir fondé. C'était donc là une hypothèse et non un argument. Stieler von Heydekampf dit, d'ailleurs nettement, que « dans ces conditions, on ne pouvait guère compter sur un résultat favorable (2) ».

Plus tard, quand le commandant du V⁰ corps fut certain des progrès et du succès du XI⁰ corps contre l'aile droite française, il n'hésita pas, par un sentiment très juste de la situation, à jeter toutes les forces dont il disposait sur la rive droite de la Sauer, pour fixer le centre de l'armée adverse et empêcher le maréchal de Mac-Mahon d'envoyer des renforts au général de Lartigue (3). Il réussit également, par ses attaques répétées contre les hauteurs à l'Est de Frœschwiller et d'Elsashausen, à attirer complètement l'attention du Maréchal et à la détourner du mouvement enveloppant qui s'accomplissait peu à peu par le Nieder-Wald et le vallon de l'Eberbach. Son infanterie eut une attitude digne d'éloges. Par contre, les batteries du V⁰ corps agirent trop à la façon d'une artillerie de corps — on peut même dire d'une artillerie de position — en demeurant presque jusqu'à la fin de la bataille sur leur position primitive. Une des artilleries divisionnaires, au moins, aurait dû accompagner l'infanterie, dès que celle-ci se fût emparée des premières hauteurs de la rive droite. Son absence se fit vivement sentir à plusieurs reprises et rendit parfois pénible la situation de l'infanterie. Encore celle-ci n'eut-elle à subir que des contre-attaques non appuyées par des batteries françaises.

---

(1) *Historique du Grand Etat-Major prussien*, 3ᵉ livraison, page 235.
(2) *Loc. cit.*, page 47.
(3) « L'ennemi était si fortement fixé qu'il lui fut impossible d'envoyer des troupes sur ses flancs. » (Boguslawski. *Loc. cit.*, page 31).

Peu de temps avant la prise d'Elsashausen, presque tout le V⁰ corps était en ligne « et cela ne suffisait pas pour assurer le succès (1) ». Il y eut un moment de crise, pendant lequel les aides de camp du général de Kirchbach allèrent chercher en hâte les quelques compagnies disponibles à l'Est de Wœrth; ils eurent même recours à la compagnie de pontonniers qui fut employée comme troupe d'infanterie. Elle ne pouvait être que d'un faible secours et eût été mieux utilisée certainement à améliorer les passages de la Sauer, à Wœrth.

D'une manière générale, l'étude du combat livré par le V⁰ corps permet de constater, comme à Wissembourg, « une impatience fébrile qui, d'ailleurs, était commune à tous les corps allemands au début de la campagne..... Officiers généraux et subalternes commettent les mêmes fautes. Tout le monde se précipite aveuglément sur l'ennemi et seuls des échecs très sensibles parviendront à calmer cette fièvre (2) ».

§ 3. — *Engagement du II⁰ corps bavarois.*

Entre 10 heures et 10 h. 30, la division Bothmer présentait dix bataillons en tirailleurs, sur un front de

---

(1) Stieler von Heydekampf. *Loc. cit.*, page 60.
(2) Kunz. *Loc. cit.*, page 59.
Le major Keim fait la même observation. A son avis, on confondit maintes fois, en 1870, esprit d'offensive et précipitation. (*Die Schlacht von Wörth*, Berlin, 1891, Mittler, pages 34 et 36.)
« L'attaque du V⁰ corps manqua d'ensemble et d'unité à la fois dans l'organisation et dans l'exécution. C'est la précipitation qui domine Pas une brigade ne demeure entière, pas un régiment réuni. On constate des faits analogues à ceux qui se sont produits à la 4⁰ division bavaroise et à la 41⁰ brigade. Cet engagement par petits paquets ne pouvait amener aucun résultat favorable; tout au contraire, la situation de l'infanterie du V⁰ corps était très critique vers midi. L'ordre tactique était gravement troublé; il n'y avait aucun plan dans la direction supérieure. » (Kunz. *Loc. cit.*, page 37).

quatre kilomètres environ, depuis la Sauer jusqu'au saillant Sud-Ouest de la forêt de Langensoultzbach. Les deux seuls bataillons qui fussent en réserve occupaient Langensoultzbach.

Cette longue ligne était incapable d'exécuter un mouvement d'ensemble, parce que les chefs des différentes unités ne se voyaient pas et ne pouvaient que difficilement communiquer entre eux. Les Bavarois ne firent en effet, contre les défenseurs de la lisière Nord du bois de Frœschwiller, que des attaques partielles, vouées d'avance à l'insuccès, parce qu'elles attirèrent sur elles les feux de tous les tirailleurs français, et parce qu'elles n'étaient pas préparées par l'artillerie.

« A ce jeu..... le moral de l'assaillant se déprime, tandis que celui du défenseur s'exalte. Que celui-ci prononce ensuite un vigoureux retour offensif, la déroute de l'adversaire est certaine. L'effet décisif produit sur la division Bothmer par la contre-attaque du 3ᵉ bataillon du 1ᵉʳ zouaves, exécutée au saillant Sud-Ouest de la forêt de Langensoultzbach, n'a pas d'autre cause. La poussée de flanc s'est communiquée à la façon d'une traînée de poudre, de la gauche à la droite bavaroise, et toute la 4ᵉ division s'est enfuie en désordre..... (1) ».

Après cet échec, la division Bothmer a quitté le champ de bataille pour n'y plus reparaître. Ses pertes ne se sont élevées pourtant, dans la journée, qu'à 36 officiers, dont 9 tués et 667 soldats dont 52 tués (2), et 91 disparus : elles sont inférieures à celles qu'ont subies certains régiments prussiens, les *6ᵉ*, *46ᵉ*, *50ᵉ* notamment (3).

Aucune comparaison n'est possible, au point de vue

---

(1) Général Bonnal. *Loc. cit.*, page 248.
(2) On remarquera la très forte proportion des blessés aux tués.
(3) Tableau des pertes à la bataille de Wœrth. (*Historique du Grand Etat-Major prussien*, 3ᵉ livraison, supplément vii.)

de la vigueur, entre les attaques exécutées par les troupes des V⁰ et XI⁰ corps et celles de la division Bothmer.

« Une division quelconque d'un corps d'armée prussien aurait obtenu de meilleurs résultats », dit très judicieusement le major Kunz (1), qui donne de ce fait diverses raisons. Le service militaire n'était obligatoire en Bavière que depuis 1867, et l'armée bavaroise n'avait pu encore en recueillir les fruits. Un grand nombre de réservistes n'avaient qu'une instruction rudimentaire ; d'ailleurs le contingent bavarois, dans son ensemble n'était pas soumis au dressage et à l'éducation sévères de l'armée prussienne ; les règlements de manœuvres eux-mêmes étaient défectueux ; les exercices de service en campagne n'avaient pas reçu une extension suffisante. Les troupes bavaroises de 1870 différaient peu de celles qui avaient combattu en 1866, et qui avaient été sujettes à plusieurs paniques, à Hünfeld, à Hammelburg, à Helmstadt (2). Enfin la division Bothmer a pu croire qu'elle était abandonnée par les Prussiens, alors que, précisément, elle n'était entrée en ligne que pour leur venir en aide. C'est peut-être en vertu de cette dernière considération que le général de Hartmann a accueilli sans objection l'avis de cesser le combat, qui lui avait été apporté par le lieutenant Lauterbach, adjudant de brigade du général de Walther. Il était bien clair cependant, que depuis le départ de cet officier de Dieffenbach (8 h. 45), jusqu'à son arrivée à Langensoultzbach (10 h. 30), la situation générale s'était complètement modifiée. La violente canonnade des quatorze batteries du V⁰ corps suffisait à en témoigner, et si le général de Hartmann avait eu quelque doute, il lui était

---

(1) *Loc. cit.*, page 45.
(2) *Loc. cit.*, page 44.

facile d'envoyer un officier de son état-major auprès du général de Kirchbach pour l'élucider.

« Tout ne s'est pas passé là, en toute correction. Après la brillante victoire du 6 août, on a couvert du manteau de la charité chrétienne tel et tel soi-disant malentendu. C'est une preuve nouvelle de la grandeur d'âme du Prince royal (1) ».

Le général de Hartmann était-il d'ailleurs absolument maître de ses troupes, après la brillante contre-attaque exécutée par le 3ᵉ bataillon du 1ᵉʳ zouaves? « Il n'est pas inutile de rappeler, à ce propos, que dix bataillons de la division Bothmer étaient arrivés à se trouver mélangés, par suite du combat sous bois, et qu'engagés dans une lutte violente avec l'adversaire, ils s'étaient étendus sur un espace de plus de 3 kilomètres de largeur. On conçoit aisément que, dans de telles conditions, il était absolument impossible de retirer les troupes du combat au moyen d'un ordre, *si l'idée même de la retraite ne leur venait pas à l'esprit;* dès lors il devenait inutile de leur envoyer un ordre spécial à cet effet (2) ».

En réalité, aux raisons données par le major Kunz, il faut ajouter les mesures défectueuses du commandement, le manque de préparation par l'artillerie, l'extension considérable du front de combat, qui atteignit 4,000 mètres environ pour dix bataillons.

L'engagement de la *4ᵉ* division bavaroise comporte aussi un enseignement : la nécessité de préparer l'infanterie, dès le temps de paix, aux marches et aux combats sous bois, qui semblent devoir prendre de plus en plus d'extension dans les batailles modernes. On constatera, à Forbach, mainte défectuosité à cet égard de la part de la *14ᵉ* division prussienne

---

(1) Kunz. *Loc. cit.*, page 38.
(2) De Woyde. *Loc. cit.*, page 140.

L'attaque du bois de Frœschwiller par la *1*ʳᵉ division bavaroise, entre 1 h. 30 et 3 h. 30 de l'après-midi, ne présenta pas davantage le caractère de vigueur que manifestèrent les troupes des Vᵉ et XIᵉ corps. Cette division, renforcée par le *5*ᵉ bataillon de chasseurs prussien, par deux compagnies du *37*ᵉ et quelques bataillons du IIᵉ corps bavarois, appuyée par les feux de quatre batteries au moins, fut tenue en échec par douze bataillons français environ, que les luttes de la matinée avaient réduits de moitié.

Le combat change d'aspect dès qu'interviennent les 1ᵉʳ et 3ᵉ bataillons du *59*ᵉ prussien. « Le colonel Eyl, qui les dirigeait, a donné à la lutte, sur le front Est du bois de Frœschwiller, une virulence extraordinaire. L'ordre et la vitesse de ces deux bataillons, lorsqu'ils vinrent nous combattre, excitèrent l'admiration de tous (1) ».

Toutefois, en dernière analyse et ainsi que le fait observer le major Keim, une seule division française a usé trois divisions allemandes (*4*ᵉ division bavaroise, 3 brigades des Iᵉʳ et IIᵉ corps bavarois, une brigade prussienne); c'est là, dit-il, un résultat qu'il nous est impossible de considérer comme satisfaisant au point de vue tactique, même en tenant compte des difficultés du terrain (2).

§ 4. *Engagement du XIᵉ corps.*

L'engagement de l'avant-garde du XIᵉ corps est caractérisé par une rupture complète des liens tactiques. La *41*ᵉ brigade chargée d'exécuter deux attaques, l'une par Spachbach, l'autre par Gunstett, avait quatre bataillons disponibles et rassemblés au débouché Ouest du Wes-

---

(1) Général Bonnal. *Loc. cit.*, page 405.
(2) *Loc. cit.*, page 26.

terholtz (1) : 1ᵉʳ et 3ᵉ du *87*ᵉ, et 1ᵉʳ et 2ᵉ du *80*ᵉ. Le 3ᵉ bataillon du *80*ᵉ tenait déjà Gunstett.

Il était rationnel, si l'on voulait donner aux deux attaques la même importance, d'envoyer sur Spachbach les deux bataillons du *87*ᵉ, et sur Gunstett les deux bataillons du *80*ᵉ. Le colonel de Koblinski, commandant la *41*ᵉ brigade, dirige au contraire sur Spachbach le 3ᵉ bataillon du *87*ᵉ et le 2ᵉ du *80*ᵉ, et sur Gunstett le 1ᵉʳ bataillon du *87*ᵉ et le 1ᵉʳ bataillon du *80*ᵉ. Le 2ᵉ bataillon du *87*ᵉ qui arrive sur ces entrefaites, est réparti également entre les deux groupes précédents. Un fait analogue s'était produit pour cette même brigade au combat de Wissembourg. Ce fractionnement inexplicable a eu pour effet de priver de direction supérieure, aussi bien l'attaque de Gunstett que celle de Spachbach et, « dès les premiers coups de feu le désordre était, en quelque sorte, érigé en principe (2) ». Les deux groupes, bien qu'appuyés par l'artillerie de la *21*ᵉ division, sont refoulés au delà de la Sauer, dans la plus grande confusion. « Les bataillons et les compagnies appartenant à la *41*ᵉ brigade se trouvaient disséminés sur toute la ligne de Gunstett à Spachbach, de sorte que, dès le début de l'attaque, il n'existait plus d'unité tactique d'ordre supérieur, et que les éléments de divers régiments se trouvaient confondus (3) ».

Cette désorganisation était, en grande partie, due à la rupture volontaire des liens tactiques, dont il eût fallu s'abstenir, d'autant plus que les *80*ᵉ et *87*ᵉ étaient des régiments de nouvelle formation, n'ayant guère plus de trois années d'existence et comptant dans leurs rangs des réservistes hessois et nassauviens, instruits d'après

---

(1) Voir page 61.
(2) Kunz. *Loc. cit.*, page 48.
(3) *Historique du Grand État-Major prussien*, 3ᵉ livraison, page 250.

des règlements de manœuvres spéciaux à leurs régions d'origine (1). Si le général de Bose s'était trouvé à l'avant-garde, l'engagement de l'infanterie de la 41ᵉ brigade ne se serait pas produit, suivant toutes probabilités, dans ces conditions de hâte intempestive (2) et de fractionnement irrationnel (3) et ses échecs lui auraient été évités (4). Aussitôt arrivé sur le champ de bataille, le commandant du XIᵉ corps préside au déploiement de ses

---

(1) Kunz. *Loc. cit.*, page 51.

(2) « La situation permettait à l'assaillant de faire ses préparatifs en toute tranquillité et d'exécuter une attaque conçue d'après un plan rationnel. » (Keim. *Loc. cit.*, page 29).

L'auteur cite, à l'appui de son assertion, et comme un remarquable exemple fourni par l'histoire militaire, la conduite du maréchal de Mac-Mahon à Magenta. « Malgré tous les ordres pressants qui lui parvinrent, il ne se décida à se porter en avant que quand ses troupes furent rassemblées dans le plus grand ordre. » (*Ibid.*).

(3) D'autant plus que les quatre bataillons de la 41ᵉ brigade étaient rassemblés au débouché Ouest du Westerholtz.

(4) « A Spachbach se produisit le même fait qu'à Gunstett. Mais la supériorité numérique n'est même pas du côté français. A part une faible fraction du Vᵉ corps (capitaine Boguslawski), le groupe le plus considérable de la 41ᵉ brigade s'enfuit, pris de panique, en abandonnant un espace de terrain notable. Là combattaient, d'après un calcul consciencieux du major Kunz, environ 1300 zouaves contre 2,200 Prussiens. Cet auteur insinue que les échecs sensibles éprouvés par la 41ᵉ brigade, aussi bien à Gunstett qu'à Spachbach, tiennent à ce que ces troupes n'étaient pas encore absolument dressées suivant la sévère méthode et d'après les principes de l'instruction individuelle prussienne. Cette explication paraît contestable. Tout le XIᵉ corps se composait de contingents auxquels s'appliquerait la même observation. Et pourtant des faits regrettables comme ceux de Spachbach et de Gunstett ne se sont plus reproduits, ni pendant le cours ultérieur de la bataille de Wœrth, ni dans d'autres combats livrés par le XIᵉ corps. Il est donc plus exact de les attribuer à un emploi défectueux des troupes. La rupture des liens tactiques et l'absence de plan caractérisent les attaques de Gunstett et de Spachbach, sans que la situation puisse motiver ces fautes en quoi que ce soit. » (Keim. *Loc. cit.*, page 31).

troupes et aux préparatifs d'une nouvelle attaque, sans impatience fiévreuse et avec une sage lenteur qui va la rendre d'autant plus formidable. La division de la *42e* brigade en deux groupes : (1er et 2e bataillons du *88e* sur Spachbach, 3e bataillon du *88e*, 2e et 3e du *82e* sur Gunstett), répondait aux nécessités de la situation qui exigeait l'envoi de renforts aussi bien à Spachach, qu'à Gunstett. On observera cependant qu'il eût été préférable de réserver le *88e* en entier, pour renforcer soit les fractions de Spachbach, soit celles de Gunstett.

Vers midi, le général de Bose prend l'initiative de prononcer une double attaque de front et un mouvement enveloppant par Dürrenbach et Morsbronn (1). Cette détermination est la cause principale du succès des Allemands, car cette manœuvre, dirigée contre l'aile droite française, a fait tomber pièce par pièce le front de combat de l'armée d'Alsace et a permis au Ve corps de se dégager à Wœrth et de gagner du terrain à son tour (2).

« L'entrée en ligne du XIe corps ne se fit pas du reste, comme on le constata si souvent ailleurs, par bataillons échelonnés, mais par trois fortes masses, auxquelles la division de Lartigue devait être impuissante à résister bien longtemps. On vit, à cette occasion, l'influence d'un commandant de corps d'armée habile, calme, d'un esprit supérieur. Les attaques ne sont pas lancées avec une impatience fiévreuse ; elles se produisent méthodiquement et lentement, mais elles partent avec des forces suffisantes et réussissent (3). »

---

(1) « Le général de Bose, informé de la situation du Ve corps, s'était décidé, sous sa propre responsabilité, à agir sur le flanc droit de l'ennemi ». (Hahnke, *Opérations de la IIIe armée*, page 68.)

(2) « C'est au général de Bose que doit être attribué l'honneur d'avoir discerné le point sensible de l'armée française, celui où la résistance serait moindre que partout ailleurs ». (Général Bonnal. *Loc. cit.*, page 313.)

(3) Kunz. *Loc. cit.*, page 75.

Néanmoins, il semble que la *22ᵉ* division aurait dû être employée tout entière, y compris son artillerie, au mouvement enveloppant par Dürrenbach et Morsbronn. Si les ordres du général de Gersdorff avaient été exécutés strictement, toute la *44ᵉ* brigade serait venue s'établir en réserve à Gunstett (1) et le succès de la manœuvre, entreprise avec un seul régiment, le *32ᵉ*, aurait pu être compromis. Le général de Schkopp, commandant la *44ᵉ* brigade, se borna à envoyer le *83ᵉ*, et conserva le *94ᵉ*, « adoptant ainsi un compromis que l'on peut hardiment taxer de faute contre la discipline..... Sa désobéissance est sans excuse, puisque son chef, présent sur les lieux, était à même de recevoir ses observations (2). »

Trois officiers supérieurs du XIᵉ corps ont donné un bel exemple d'initiative et montré comment il est possible de concilier l'exécution d'un ordre primitif avec le désir impérieux d'assister à la bataille. Le commandant du 3ᵉ bataillon du *32ᵉ*, qui avait été laissé à la garde de Surbourg, jugea qu'une compagnie suffisait pour cette mission d'importance secondaire ; il suivit le *94ᵉ* avec les trois autres. Le commandant du 3ᵉ bataillon du *95ᵉ*, envoyé en reconnaissance avec le *13ᵉ* hussards vers la forêt de Haguenau, considéra que la division badoise suffisait à couvrir les derrières de l'armée vers le Sud et se dirigea sur Gunstett. Le colonel du *13ᵉ* hussards marcha également au canon, après avoir laissé un escadron seulement en observation au Sud de Surbourg. Que n'a-t-on agi de même au 5ᵉ corps !

L'artillerie de la *21ᵉ* division, qui occupa la première les hauteurs au Nord-Ouest de Gunstett, n'a pas tenu compte de l'arrivée possible, sur cette même position,

---

(1) *Historique du Grand État-Major prussien*, 3ᵉ livraison, page 251.
(2) Général Bonnal. *Loc. cit.*, page 309.

d'autres batteries. La 4ᵉ lourde, appartenant à l'artillerie de la 22ᵉ division, dut s'intercaler entre deux batteries de la 21ᵉ ; les deux batteries à cheval de l'artillerie de corps durent agir de même en ne prenant que de très faibles intervalles (1). Les 5ᵉ et 6ᵉ batteries lourdes de l'artillerie de corps restèrent en réserve, faute d'espace. Sans doute, une artillerie peut avoir intérêt à étaler sa formation dans certaines circonstances, notamment quand elle se trouve en présence d'une artillerie supérieure. Ainsi procédèrent très judicieusement les batteries à cheval de la réserve d'artillerie du 1ᵉʳ corps. Mais tel n'était pas le cas pour celles de la 21ᵉ division et leur installation défectueuse produisit la rupture des liens tactiques. D'autre part, l'étendue manifestement insuffisante de la position devait, à défaut d'autres raisons plus plausibles, conduire le commandement à attribuer à la colonne, chargée du mouvement enveloppant sur Morsbronn, une ou deux batteries dont l'absence aurait pu avoir des conséquences graves.

« Une diminution de deux ou trois batteries sur les hauteurs de Gunstett n'aurait eu aucune suite fâcheuse ; par contre, ces batteries, employées sur la rive Ouest de la Sauer, entre Morsbronn et Eberbach, pouvaient être éventuellement d'une importance considérable (2). »

La responsabilité de ces erreurs semble incomber au commandement, qui n'avait pas fait de plan d'engagement.

Abstraction faite de cette considération, l'artillerie du XIᵉ corps a su, mieux que celle du Vᵉ, venir en aide à l'infanterie ; c'est d'abord une batterie à cheval, puis quatre autres batteries de ce corps d'armée qui, après l'enlèvement du Nieder-Wald, viennent prendre position

---

(1) Hoffbauer. *Loc. cit.*, pages 44 et 45.
(2) *Ibid.*, page 98.

sur la rive droite de la Sauer pour préparer l'attaque d'Elsashausen. Au moment des contre-attaques françaises sur ce hameau, et de la panique qui se produisit parmi les troupes du XIe corps, ce fut la ferme attitude de la 3e batterie à cheval et des 5e et 6e légères, tirant à mitraille, qui permit à l'infanterie en déroute de se reformer et de reprendre l'offensive (1). Le général Hausmann, commandant l'artillerie du XIe corps, ordonna personnellement à la 3e batterie à cheval de se mettre en batterie, bien qu'elle n'eût devant elle qu'un champ de tir de trente pas (2). Cet officier général a pu, à bon droit, déclarer, le 6 août au soir, aux officiers supérieurs d'artillerie du XIe corps, que le succès de l'attaque d'Elsashausen et la conservation de ce hameau étaient redevables à leurs batteries (3). Il est manifeste qu'au XIe corps, comme au Ve, la supériorité de l'artillerie allemande a eu, dans la bataille, une influence capitale (4).

§ 5. — *Engagements des avant-gardes.*

Les échecs des avant-gardes des Ve et XIe corps prussiens et du IIe corps bavarois comportent un enseignement. Sans doute, les dispositions prises pour leur engagement furent partout défectueuses et contenaient en

---

(1) Boguslawski. *Loc. cit.*, page 38.
(2) Hoffbauer. *Loc. cit.*, page 57.
(3) *Ibid.*, page 100.
(4) « L'infanterie allemande a contracté maintes mauvaises habitudes pendant la guerre de 1870, en raison du rôle souvent décisif que notre artillerie a joué, particulièrement à Wœrth. Elle s'est habituée à voir nos batteries ébranler matériellement et moralement l'adversaire ; elle a constaté aussi que souvent les attaques de l'infanterie française, qui avaient fait céder nos bataillons, venaient se briser sous le feu de nos canons. Elle s'est accoutumée également à n'être exposée que rarement à un feu d'artillerie efficace de quelque durée. Dans la

elles-mêmes les germes de l'insuccès auquel elles aboutirent : défaut de préparation de la part du commandement, à tous les degrés de la hiérarchie; rupture des liens tactiques au XIe corps; divergence des efforts et hâte fébrile au Ve; extension considérable du front et manque de préparation par l'artillerie à la 4e division bavaroise. Mais ces échecs relèvent d'une cause d'ordre plus général.

Attribuant à l'adversaire des procédés tactiques identiques à ceux qu'ils employaient eux-mêmes, les Allemands engagèrent leurs avant-gardes suivant les errements du temps de paix, avec la pensée inconsciente qu'elles allaient trouver d'abord en face d'elles des avant-gardes françaises ou une ligne d'avant-postes renforcés qu'il serait nécessaire de refouler avant de combattre les gros des divisions de l'armée d'Alsace. Or, il est probable que les dispositions initiales des commandants de corps d'armée eussent été ou eussent dû être toutes différentes, s'ils avaient eu la certitude de se heurter immédiatement aux forces principales de l'adversaire. Tel fut, en effet, l'événement — imprévu semble-t-il — qui se produisit sur tout le front et que le commandement allemand pouvait prévoir. Si les renseignements du temps de paix ne lui en avaient pas donné la conviction, le combat de Wissembourg, les investigations de

---

guerre de 1866, la situation était inverse, parce que le feu de l'infanterie prussienne était supérieur à celui de l'infanterie autrichienne; il n'en était pas de même de celui de l'artillerie prussienne. C'est le devoir de la critique de ne pas laisser ces faits dans l'ombre ou de les laisser s'atténuer. On n'a pas toujours fait ressortir assez nettement que notre artillerie avait eu la part du lion dans l'obtention du succès sur plusieurs champs de bataille, notamment à Wœrth. Il y a cependant un très grand intérêt à l'affirmer au point de vue des applications tactiques à en tirer ». (Keim. *Loc. cit.*, page 9.)

« Ces deux facteurs, supériorité numérique et supériorité d'artillerie, ont exercé certainement une grande influence à la bataille de Wœrth pour nous aider à obtenir la victoire ». (*Ibid.*, page 8).

la cavalerie le 5 août, l'absence d'avant-postes français sur la Sauer, suffisaient à lui indiquer que, dans l'armée ennemie, la notion de l'avant-garde, telle qu'il l'entendait, n'existait pas.

Faute d'avoir su induire de ces faits la loi générale dont ils étaient la conséquence, faute peut-être d'avoir suffisamment étudié avant la guerre les procédés tactiques de l'armée française, les avant-gardes allemandes subirent au début de la bataille une série d'échecs.

De là résulte, pour une armée, la nécessité primordiale d'être renseignée dès le temps de paix sur les méthodes de guerre en usage chez les adversaires qu'elle pourra avoir à combattre, de façon à ne point subir de surprise de ce chef et à prendre, le cas échéant, les dispositions appropriées aux circonstances. Les manœuvres d'automne sont, à cet égard, absolument insuffisantes, car les chefs des partis opposés s'y trouvent toujours en présence d'un ennemi employant des procédés tactiques semblables à ceux dont ils ont coutume de faire usage eux-mêmes, et qu'ils auront une tendance naturelle à appliquer invariablement à la guerre.

§ 6. — *Les opérations de la division würtembergeoise.*

A 1 heure de l'après-midi, le Prince royal avait envoyé à la division würtembergeoise l'ordre de suivre, par Gunstett, le mouvement du XIe corps sur la rive droite de la Sauer (1). A 1 h. 30, il prescrivait au général d'Obernitz, commandant cette division, de marcher de Gunstett sur Reichshoffen « pour couper la retraite aux Français (2) »; disposition bien prématurée, semble-t-il, à ce moment où la victoire était encore en cause. A la

---

(1) *Historique du Grand État-Major prussien*, 3e livraison, page 242.
(2) *Ibid.*, page 268.

même heure, conformément aux instructions du général de Werder, la *1re* brigade se trouvait entre Schwabwiller et Betschdorf, observant les débouchés de la forêt de Haguenau ; la *2e* se rassemblait à l'Ouest de Westerholtz ; la tête de colonne de la *3e* atteignait Hœlschloch (1). La réserve de cavalerie était à la disposition du XIe corps (2).

Vers 2 h. 45 la *2e* brigade (de Starkloff), appelée à Gunstett par le général d'Obernitz, franchissait la Sauer, quand elle reçut communication de l'ordre du Prince royal qui lui enjoignait de se porter sur Reichshoffen. Mais, dit l'*Historique du Grand État-Major*, des officiers prussiens déclarant que l'action devenait plus vive à Elsashausen et qu'il serait utile d'y amener des renforts (3), le général de Starkloff crut devoir transgresser les instructions du commandant en chef et assumer la responsabilité de diriger sa brigade sur ce point. Détermination grave, qu'on ne saurait, sans erreur absolue, qualifier d'initiative (4) et qui n'était, en réalité, qu'un acte arbitraire (5). Quelle fut exactement la nature de l'avis donné par « les officiers prussiens » que l'*Historique* ne désigne pas plus explicitement? De quelle autorité se réclamaient-ils ? Dans quelle mesure représentaient-ils la situation à Elsashausen comme nécessitant l'arrivée de prompts secours ? A quel degré leurs affirmations étaient-elles l'expression de la réalité des faits?

Le général de Starkloff ne savait-il pas que les demandes de renforts de la part des unités engagées

---

(1) *Historique du Grand État-Major prussien*, 3e livraison, page 240.
(2) Voir page 165.
(3) 3e livraison, page 268.
(4) « L'initiative est la manifestation d'une volonté personnelle, secondée par le jugement et agissant dans le sens des desseins du commandement supérieur ». (Von der Goltz, *La nation armée*, page 437.)
(5) Cette détermination a été blâmée par le major Kunz (*loc. cit.*, page 102) et le major Keim (*loc. cit.*, page 47).

sont un cas très fréquent, presque général à la guerre, et que, si le Commandement se laissait aller à y céder, il se trouverait bientôt démuni de réserves et incapable dès lors d'exercer son action (1)? Si réellement des troupes fraîches étaient utiles à Elsashausen, n'était-ce pas au Prince royal et non à lui, chargé d'une mission spéciale, à y pourvoir. Il avait toute initiative pour remplir sa tâche au mieux des circonstances, mais il ne lui appartenait pas d'en abandonner l'exécution. Un chef subordonné est généralement mal placé pour apprécier la façon dont il pourrait le mieux coopérer à l'obtention du succès.

Sans doute, l'arrivée de la *2ᵉ* brigade würtembergeoise à Elsashausen fut très opportune (2); elle permit d'enlever Frœschwiller un peu plus tôt, mais les résultats de la victoire eussent été pour les Allemands incomparablement plus grands si le général de Starkloff avait poursuivi l'accomplissement de sa mission et atteint, vers 4 h. 30, la cote 252 à l'Est de Reichshoffen (3).

Il est difficile, d'ailleurs, de se rendre compte des motifs qui ont empêché la *3ᵉ* brigade, arrivée à Hœlschloch à 1 h. 30, de se porter sans retard sur Gunstett et de là sur Reichshoffen, conformément aux ordres du commandant de la IIIᵉ armée. L'*Historique du Grand État-Major prussien* dit seulement que, « plus tard », elle arriva à Engelshof (4).

---

(1) Napoléon cédait rarement à ces demandes et seulement quand leur opportunité lui apparaissait nettement. D'après Gouvion-Saint-Cyr, Ney, à Lützen, aurait réclamé à l'Empereur les plus prompts renforts, ayant encore deux divisions non engagées. A la même bataille, un maréchal lui en demanda avant d'avoir un ennemi devant lui. (*Mémoires pour servir à l'histoire militaire*, tome IV, page 41.)

(2) Voir page 166.

(3) « La bataille de Wœrth aurait amené (dans ces conditions) l'anéantissement de l'armée française. » (Keim. *Loc. cit.*, page 47).

(4) 3ᵉ livraison, page 279.

§ 7. — *L'infanterie allemande au combat.*

L'étude approfondie de l'*Historique du Grand État-Major prussien* pour la bataille de Frœschwiller fait ressortir très nettement la confusion, le désordre, la désorganisation qui règnent dans l'infanterie allemande après une attaque (1).

Relatant la situation du Ve corps vers 2 h. 30 de l'après-midi, le major Kunz s'exprime en ces termes : « Il serait erroné de croire que toutes ces unités fussent en ordre. Les liens tactiques n'existaient plus que pour les compagnies qui étaient demeurées sur la rive gauche de la Sauer, pour celles qui combattaient à l'aile droite avec les Bavarois, pour les bataillons qui étaient entrés en ligne les derniers : 2es des *58*^{e}, *6*^{e}, *59*^{e}, ainsi que pour le 2e du *50*^{e}, venant de Gunstett. Toutes les autres fractions étaient entremêlées, malgré tous les efforts des officiers pour rétablir quelque ordre là où c'était possible. Quand on parle par exemple du 2e bataillon du *46*^{e}, il faut se représenter une masse d'essaims de tirailleurs dont la plupart appartenaient à ce bataillon, mais où se trouvaient des soldats du *37*^{e}, du *6*^{e} grenadiers, des 3es bataillons des *46*^{e} et *58*^{e}. Il en était de même pour tous les bataillons qui étaient au feu depuis un certain temps » (2).

Le commandement, qui avait souvent engagé les unités sans tenir compte des liens tactiques, était évidemment responsable de cette situation dans une certaine mesure. Le combat de Wissembourg a permis déjà de faire une constatation analogue, et l'on en trouvera maints exemples au cours de la campagne de 1870. A quelles causes ces faits sont-ils dus? La première paraît

---

(1) Voir notamment 3e livraison, pages 250, 256, 263, 274.
(2) *Loc. cit.*, page 73.

être le peu d'aptitude naturelle des Allemands pour le combat en tirailleurs et l'ordre dispersé (1).

« Il est heureux qu'en 1870 nous n'ayons jamais été contraints de battre en retraite, dit un article publié dans les *Jahresberichte*, et, malgré cela, dans quel désordre inextricable se trouvaient nos grandes bandes de tirailleurs! Que l'on songe seulement à l'épouvantable mélange qui s'est produit sur le champ de bataille de Wœrth. Le croquis qui se trouve dans l'ouvrage du Grand État-Major prussien est modeste quand il repré-

---

(1) C'est l'opinion du général Bonnal (*Frœschwiller*, page 415); c'est celle d'un colonel d'infanterie prussienne (*Songe d'une nuit d'été, raconté par un vieux fantassin*).

Ce dernier ouvrage renferme le passage suivant :

« Nous n'apparûmes que très tard et nous traversâmes le champ de bataille à l'endroit où le combat avait été jusque-là le plus violent. Quel coup d'œil! J'étais depuis longtemps habitué à la vue des morts, aux gémissements des blessés et des estropiés, mais je n'avais jamais vu un spectacle pareil à celui qui s'offrit à moi. La campagne était comme semée de soldats qui s'étaient défilés et qui ne prenaient pas part au combat. On aurait pu en former des bataillons; d'un regard, on en embrassait des centaines. Les uns étaient étendus par terre, le fusil dirigé en avant, comme une ligne de tirailleurs attendant d'un moment à l'autre le retour de l'ennemi. Il était évident qu'ils étaient restés couchés pendant que leurs camarades plus braves se portaient en avant. D'autres étaient tapis dans des sillons comme des lièvres. Plusieurs s'étaient réunis dans les endroits abrités par un buisson et un trou et s'y étaient commodément installés. Tous avaient l'air indifférent; il leur semblait suffisant que nous fussions d'un autre corps d'armée pour nous regarder avec la plus grande indifférence. J'entends crier : « En voilà encore qui veulent se faire tuer ».

« ..... Pendant que nous avancions, quelques balles sifflant à nos oreilles, nous vîmes six hommes accroupis l'un derrière l'autre derrière un arbre; l'arbre n'était pas assez gros pour cacher un homme; le sixième était un sous-officier; tout près de l'arbre il y avait un pli de terrain dans lequel ces six hommes auraient trouvé un abri ».

D'autre part, le général de Boguslawski conteste la supériorité des Français sur les Allemands pour le combat en tirailleurs. (*Neue Studien über die Schlacht bei Wörth*, Berlin, 1892, Mittler, pages 18 et suiv.)

sente par un rectangle la ligne de tirailleurs formée par les troupes du XIe corps. Il y avait dans ce rectangle bien des tirailleurs qui appartenaient aussi au Ve corps. Au temps de la guerre, nous ne nous entendions nullement à conduire de grandes masses de tirailleurs (1). Malgré les progrès faits, nous sommes encore loin du but qu'il faut atteindre et qui consiste en deux choses capitales : diriger les mouvements de la chaîne, diriger et régler son tir » (2).

La seconde raison paraît être le petit nombre des officiers par rapport à celui des hommes de troupe et l'effectif trop élevé (250 hommes) des compagnies prussiennes (3). Sous le premier Empire, avec de vieux soldats et le combat en ordre serré, on considérait la compagnie de 150 hommes comme le maximum de ce que peut commander un capitaine, assisté de deux officiers (4). Dans le projet d'organisation qu'il a dicté à Sainte-Hélène, Napoléon constituait le bataillon à six compagnies de 158 hommes chacune, soit 948 hommes au total (5).

---

(1) « Il faut reconnaître ce fait qu'en 1870 nous n'étions pas assez habitués à combattre en grandes lignes de tirailleurs. » (Boguslawski. *Neue Studien über die Schlacht bei Wörth*, Berlin, 1892, Mittler, page 17.)

(2) Cité par l'auteur de la *Relation de la bataille de Frœschwiller*. Paris, Berger-Levrault, page 281.

(3) Le général Boguslawski le reconnaît. (*Neue Studien*, page 67.)

(4) « J'ai ici à l'armée de très petits bataillons, qui me rendent tous les jours ce que me rendraient des bataillons plus nombreux. C'est bien assez, en général, que 140 hommes par compagnie; si ce sont des conscrits, c'est deux fois trop fort ». (Napoléon au roi Joseph, 7 février 1814. *Correspondance de Napoléon*, n° 21193.)

(5) *Correspondance de Napoléon*, tome XXXI, page 435.
Le général Boguslawski reconnaît que la compagnie de 250 hommes est lourde ; on adopta, dit-il, cet effectif parce qu'on estima qu'il diminuerait bientôt sensiblement au cours de la campagne. (*Neue Studien*, page 67.)

Le major Kunz donne un troisième motif de la rupture des liens tactiques qui se produisit même dans les petites unités et du mélange qui en fut la conséquence. En 1866, et plus encore en 1870, les officiers subalternes avaient une tendance très accentuée à prendre leur indépendance au combat aussitôt que possible.

« Le capitaine échappait par un mouvement en avant à l'action de son chef de bataillon ; le lieutenant s'efforçait de conquérir au plus vite des titres de gloire avec sa section ; certains sous-officiers et gefreite, énergiques et ambitieux, quittaient la ligne de tirailleurs avec la fraction qu'ils commandaient, soit pour tenter un petit mouvement tournant, soit pour atteindre un abri qui leur paraissait favorable, soit pour agir sur le flanc de l'ennemi, etc. » (1).

Les conséquences de ces excès, de ces abus d'initiative, devaient amener des résultats fâcheux. Les bataillons, puis les compagnies, enfin les sections et demi-sections se fragmentaient peu à peu et la situation devenait surtout précaire quand les officiers étaient mis hors de combat. « Il arriva qu'une ligne de tirailleurs de 100 hommes se composait de soldats de trois à quatre régiments, parfois davantage » (2). Il faut ajouter qu'avant 1870 l'instruction de l'infanterie allemande, pour le combat en tirailleurs, avait été assez négligée : on avait encore une prédilection pour les formations en colonnes (3). Vainement avait-on donné, au cours de

---

(1) *Loc. cit.*, page 124.
(2) *Ibid.*
(3) « Avant 1870, on s'exerçait peu au combat en tirailleurs dans l'armée allemande..... Les colonnes serrées constituaient encore la pièce de résistance » (*en français dans le texte*) « des manœuvres et de la présentation des troupes ». (Keim. *Loc. cit.*, page 34).

L'auteur ajoute très judicieusement : « On ne doit pas, en temps de paix, faire des manœuvres inexécutables à la guerre ; on aboutirait, en

l'année 1870, des instructions tactiques à cet égard. Il était trop tard : on n'exécute bien, en effet, à la guerre, que ce que l'on a appris et répété longuement en temps de paix.

Une dernière cause, enfin, qui a exercé au V⁰ corps une grande influence, réside dans l'exiguïté du front qu'il occupa, et qui ne fut jamais supérieur à 2,500 mètres, entre le saillant Nord-Est du bois de Frœschwiller et la lisière Nord du Nieder-Wald. Les régiments de la *9*⁰ division, engagés après ceux de la *10*⁰, qui s'était déployée sur tout ce front, vinrent nécessairement se confondre avec eux, au grand détriment de la direction du combat. A supposer qu'on eût voulu, au V⁰ corps, se borner à entretenir la lutte dans le secteur limité au Nord par le bois de Frœschwiller, au Sud par le Nieder-Wald, il semblait préférable, pour un combat de préparation, d'engager simultanément une brigade de chaque division en première ligne, ou encore de juxtaposer les deux brigades de la *10*⁰ division. Mais ces dispositions ne pouvaient être prises que dans l'hypothèse où le commandant du corps d'armée ou son représentant, le colonel von der Esch, eût établi un plan d'engagement.

§ 8. — *La cavalerie de la III⁰ armée à la bataille de Frœschwiller.*

L'ordre pour la bataille, donné par le Prince royal à 1 heure de l'après-midi, est muet en ce qui concerne la *4*⁰ division de cavalerie, qui « occupait toujours ses bivouacs de Schönenburg, conformément aux pres-

---

ne se conformant pas à ce principe, à des méprises et à du désordre ». (*Ibid.*, page 41.)

« Au premier coup de fusil le soldat s'apercevra qu'il a été mal instruit et ce sentiment n'est pas fait pour rehausser son moral ». (*Ibid.*, page 42).

criptions de l'ordre général du 5 août » (1). On avait considéré que « son emploi paraissait sans utilité dans « ce terrain très accidenté » (2) et on lui avait attribué, en réalité, le rôle de « réserve générale » (3), comme en 1866. Cette raison ne justifie nullement le maintien de la 4e division de cavalerie à son bivouac et il semble qu'elle aurait dû être appelée dès 1 heure vers Dürrenbach. La zone de terrain comprise entre le Nieder-Wald et le Gross-Wald d'une part, la lisière Nord de la forêt de Haguenau d'autre part, était favorable à l'action d'une masse de cavalerie qui aurait pu très heureusement coordonner ses opérations avec celles des troupes du XIe corps chargées de la manœuvre enveloppante. Mais le prince Albert ne crut pas devoir marcher au canon de sa propre initiative.

D'après le major Kunz, « il tint probablement, en sa qualité de prince de la Maison de Prusse, à donner l'exemple de l'obéissance militaire » (4). Argument tout au moins insuffisant pour justifier une immobilité complète, quand le canon grondait avec persistance et violence depuis le matin à quelques kilomètres du bivouac. Le prince Albert aurait pu, sans être taxé d'insubordination, faire monter ses régiments à cheval, les diriger vers Gunstett et rejoindre de sa personne le Prince royal pour lui demander des ordres. Il se contenta d'envoyer des officiers d'ordonnance au commandant de la IIIe armée, mais — chose singulière — « ils ne trouvèrent pas à qui parler et c'est le soir seulement (5) qu'arriva l'ordre de se porter en avant » (6). Aussi la 4e division de

---

(1) *Historique du Grand Etat-Major prussien*, 3e livraison, page 241.
(2) Hahnke. *Loc. cit.*, page 70.
(3) *Ibid.*
(4) *Loc. cit.*, page 101.
(5) A 6 heures.
(6) *Revue de cavalerie*, avril 1887, page 45. (D'après Mackensen : *Das zweite Leib-Husaren-Regiment* n° 2.)

cavalerie ne put-elle atteindre Gunstett qu'à la nuit close (9 h. 30) (1).

Elle manqua donc, pendant la bataille, à sa vraie mission : l'exploration sur les flancs et sur les derrières de l'ennemi, l'attaque des sections de munitions et des convois, l'action retardatrice sur les renforts encore en marche. Plus tard, son absence « fut éminemment regrettable au moment où il s'agit de recueillir les fruits de la victoire. Les vingt-quatre escadrons intacts auraient obtenu des résultats merveilleux s'ils s'étaient jetés, aux environs de Reichshoffen, sur les débris de l'armée française, formant une masse confuse » (2).

Il y avait mieux à faire encore pour cette division. C'était de gagner Zinswiller par Morsbronn, Forstheim et Gundershoffen, d'intercepter la route de Saverne et d'obliger les troupes françaises soit à abandonner leur matériel et à se rejeter dans les montagnes, soit à refluer sur Niederbronn pour prendre la route de Bitche.

En admettant que la 4ᵉ division n'eût pas réussi à arrêter l'armée d'Alsace à Zinswiller, elle eût gagné Ingwiller, interceptant les passages du Rothbach et de la Moder, puis Steinbourg où elle eût détruit les ponts du canal.

Appelée sur le champ de bataille vers 1 heure, elle pouvait arriver à Zinswiller avant 6 heures du soir. Mais l'état-major de la IIIᵉ armée semble ne s'être souvenu de la 4ᵉ division de cavalerie qu'après le succès définitif, c'est-à-dire à un moment où il était trop tard pour obtenir de la victoire les résultats qu'une poursuite immédiate et énergique eût permis d'en espérer. Cette omission demeure d'autant plus inexplicable que l'avant-veille, à l'issue du combat de Wissembourg, on

---

(1) *Historique du Grand Etat-Major prussien*, 3ᵉ livraison, page 283.
(2) Kunz. *Loc. cit.*, page 102.

avait eu déjà à regretter l'éloignement de cette masse de cavalerie. Une seule expérience de ce genre aurait dû suffire et constituer un enseignement. A défaut de la 4e division de cavalerie, le commandant de la IIIe armée pouvait, semble-t-il, faire appel aux régiments de cette arme présents sur le champ de bataille et ordonner, vers 1 heure, leur réunion à l'aile gauche en une division de cavalerie provisoire. Deux escadrons seulement auraient été laissés à chaque corps d'armée comme cavalerie divisionnaire; le IIe corps bavarois aurait conservé toute sa cavalerie, qui pouvait être employée utilement à l'aile droite; la division badoise aurait eu de même, à l'extrême gauche, la libre disposition de sa brigade de dragons.

On aurait rassemblé ainsi à l'Est de Gunstett :

Trois escadrons du 3e chevau-légers (1re division bavaroise); trois escadrons du 4e dragons (9e division); trois escadrons du 14e dragons (10e division); trois escadrons du 14e hussards (21e division); trois escadrons du 1er régiment würtembergeois (1re brigade); trois escadrons du 3e régiment würtembergeois (3e brigade).

Soit un total de dix-huit escadrons groupés en deux brigades et auxquels on aurait adjoint une batterie à cheval du XIe corps et la batterie à cheval de la division würtembergeoise. La brigade de cuirassiers du Ier corps bavarois aurait rallié ultérieurement cette division provisoire, dont elle aurait constitué la troisième brigade. Ces dix-huit escadrons auraient pu déboucher du pont de Gunstett vers 3 h. 30 et arriver avant 5 heures sur la croupe 252 qui domine Reichshoffen à l'Est et où ils auraient établi les deux batteries à cheval (1). De là, ils auraient exécuté la poursuite directe de l'armée d'Alsace.

---

(1) « On ne manquait pas de temps pour rassembler cette masse de cavalerie à l'aile gauche, de façon qu'elle arrivât après 5 heures entre

Que, d'autre part, on suppose celle-ci devancée par la 4ᵉ division de cavalerie successivement sur la Zintzel, le Rothbach, la Moder ; canonnée par sa batterie à cheval ; arrêtée au canal par la rupture des ponts. Il est fort douteux que, dans ces conditions, les combattants de Reichshoffen eussent réussi à atteindre Saverne, sinon par fractions isolées, qui se seraient jetées dans les bois et qui auraient été inutilisables, de longtemps, pour une réorganisation.

Mais « on ne put trouver à Wœrth ni un Seydlitz, ni un Ziéten, ni un Katzeler. C'est très regrettable, car on ne verra plus aisément une meilleure occasion d'exécuter une poursuite au moyen de masses de cavalerie » (1).

La responsabilité en incombe plus encore à l'absence d'ordres de la part du commandement de la IIIᵉ armée, qu'au manque d'initiative du prince Albert. L'exploitation de la victoire exige que la cavalerie soit présente sur le champ de bataille, qu'elle continue l'exploration pendant l'action, que ses chefs suivent les événements et n'attendent pas d'instructions pour agir. La cavalerie de la Grande Armée a montré le 14 octobre 1806 comment on transforme une retraite en déroute. A Iéna, aussitôt la victoire assurée, Murat commence la poursuite avec la division de dragons de Klein, la 1ʳᵉ brigade de la division de cuirassiers d'Hautpoul, les brigades de cavalerie légère des 5ᵉ, 6ᵉ et 7ᵉ corps, et l'artillerie légère du 7ᵉ corps. Bientôt la retraite des Prussiens « devint un affreux désordre..... Les Français arrivèrent à Wei-

---

Reichshoffen et le Gross-Wald, d'où elle aurait pu harceler les Français en retraite sur leur flanc..... A 2 heures de l'après-midi, l'issue de la bataille de Wœrth était assez claire ; à 5 heures Frœschwiller fut enlevé. On disposait donc de trois heures pour réunir les vingt-six escadrons qui étaient présents sur le champ de bataille ». (Kunz. *Loc. cit.*, page 132).

(1) Kunz. *Loc. cit.*, page 133.

mar en même temps que l'ennemi qui fut ainsi poursuivi pendant l'espace de six lieues..... (1) ». « Le Roi et la Reine sont partis à 4 heures de Weimar, écrit Murat à l'Empereur..... J'y suis entré à 6 heures; les dragons ont chargé une colonne d'infanterie qui faisait l'arrière-garde; les rues sont jonchées de cadavres et remplies de caissons, canons et bagages..... (2) ». Après Auerstaedt, le général Viallannes, avec les trois régiments de cavalerie du 3ᵉ corps, harcèle l'ennemi sur son flanc droit et « vient bivouaquer la nuit..... jusqu'à Buttstädt, à quatre lieues du champ de bataille et pour ainsi dire pêle-mêle avec les débris de l'armée prussienne (3) ». Il ne s'arrête que parce que les chevaux sont exténués (4). « On ne dira plus, pourra affirmer Murat, que la cavalerie de Votre Majesté n'est pas la première du monde (5) ».

§ 9. — *Le commandement de la IIIᵉ armée le 6 août.*

Engagée contrairement à la volonté du Prince royal, la bataille de Frœschwiller se poursuit jusqu'à 1 heure de l'après-midi sans son intervention. A 11 heures du matin, le bruit de la canonnade que l'on entendait depuis 9 heures au quartier général, à Soultz, devint si intense que le commandant de la IIIᵉ armée se décida, sur les instances du général de Blumenthal, à se rendre sur les hauteurs à l'Est de Wœrth. Il y arriva à 1 heure et « se rendit compte par lui-même et par les rapports qu'il reçut, de l'impossibilité d'arrêter le combat (6) ».

Impressionné sans doute par la gravité de la situation

---

(1) Cinquième Bulletin de la Grande Armée.
(2) Rapport de Murat à l'Empereur. Weimar, 14 octobre 1806.
(3) Journal des opérations du 3ᵉ corps.
(4) Le général Viallannes au maréchal Davout. Buttstädt, 9 h. 30 soir.
(5) Murat à l'Empereur. Weimar, 14 octobre 1806.
(6) Hahnke. *Loc. cit.*, page 67.

au centre, le Prince royal recommanda au Ve corps de différer son attaque jusqu'à l'approche du Ier corps bavarois dirigé au nord de Preuschdorf et appela à Wœrth toute la *21e* division (1). L'*Historique du Grand État-Major prussien* ne mentionne pas ces prescriptions et reproduit l'ordre suivant (1 heure de l'après-midi) :

« Le IIe corps bavarois agira contre le flanc gauche de l'ennemi, de manière à venir s'établir au delà, dans la direction de Reichshoffen. Le Ier corps bavarois, laissant une division en arrière comme réserve et accélérant la marche autant que possible, appuiera entre le IIe corps bavarois et le Ve corps prussien. Le XIe corps se portera vigoureusement contre Frœschwiller, par Elsashausen et le Nieder-Wald. Dans le corps Werder, la division würtembergeoise suivra, par Gunstett, le mouvement du XIe corps au delà de la Sauer; la division badoise gagnera provisoirement Surbourg ».

C'était l'approbation implicite du mouvement enveloppant sur l'aile droite française dont le général de Bose avait pris l'initiative et dont le succès commençait à s'affirmer par la retraite de la division de Lartigue sur la rive droite de l'Eberbach. Pour le moment, l'intervention du Prince royal dans la direction de la bataille se réduisait nécessairement à la reconnaissance presque exclusive des faits accomplis et à l'appel des corps non engagés encore.

Si, en raison de son absence prolongée dans la matinée, le commandant de la IIIe armée ne pouvait, à son arrivée sur les hauteurs de Dieffenbach, exercer sur le cours immédiat de la bataille qu'une influence restreinte, il n'en est pas de même pour les événements ultérieurs. Vers 2 h. 30, après la prise d'Elsashausen, le succès ne

---

(1) Stieler von Heydekampf. *Loc. cit.*, page 50. (Ordre communiqué à 1 heure par le général de Blumenthal.)

pouvait plus guère être douteux pour l'armée allemande. En outre, l'infériorité numérique des troupes du maréchal de Mac-Mahon apparaissait nettement, à supposer qu'elle n'eût pas été connue jusqu'alors. Tout au plus pouvait-on redouter l'arrivée par Niederbronn de la tête de colonne du 5ᵉ corps, accouru de Bitche au bruit du canon. Dans ces conditions, il semble que la continuation de l'offensive sur Frœschwiller fût inopportune et que le centre de la IIIᵉ armée eût dû marquer un temps d'arrêt tout en continuant de fixer l'adversaire, pendant que ses ailes, précédées et flanquées par la cavalerie, se fussent dirigées au Sud sur Reichshoffen, au Nord sur Niederbronn, pour couper la retraite aux Français. Plus la défense des divisions Ducrot, Raoult et Conseil-Dumesnil se serait prolongée, plus leur situation serait devenue critique et leur ténacité même les aurait amenées à une reddition inévitable. Si, conscientes du danger que leur faisait courir leur résistance héroïque, elles abandonnaient leurs positions pour ne pas perdre leur ligne de retraite, il était toujours temps pour les Vᵉ et XIᵉ corps de reprendre énergiquement l'offensive, sinon pour fixer les débris du 1ᵉʳ corps, du moins pour retarder leur mouvement le plus possible. Cette manœuvre de la IIIᵉ armée offrait en outre l'avantage d'occuper rapidement Niederbronn et d'interdire ainsi aux renforts éventuels venant de Bitche le débouché sur la rive gauche du Falkensteiner-Bach. Mais, pour qu'elle réussît, il était indispensable de coordonner, de régler les efforts des divers corps allemands, de ralentir et d'arrêter au besoin ceux du centre, de pousser sans retard ceux des ailes. En d'autres termes, son exécution ne pouvait être que le résultat d'un ordre du Prince royal (1).

---

(1) « En examinant plus en détail les circonstances qui ont marqué la bataille de Wœrth, nous trouvons tout d'abord que le succès fut

§ 10. — *Forces engagées par la III⁰ armée.*

La III⁰ armée, qui disposait le 3 août de 128 bataillons, 102 escadrons, 80 batteries (1), ne put livrer la bataille de Frœschwiller qu'avec 89 bataillons, 44 escadrons, 50 batteries, se répartissant ainsi :

	Bataillons.	Escadrons.	Batteries.
V⁰ corps	25	8	14
XI⁰ corps	23 3/4	8	14
I⁰ʳ corps bavarois	12 3/4	4	5
II⁰ corps bavarois	18	17	9
Division würtembergeoise	9 1/2	7	8
Au total	89	44	50

acheté chèrement par les Allemands, et qu'en outre il ne fut nullement en rapport avec leur grande supériorité numérique et l'importance des sacrifices subis, précisément parce que l'unité de direction a fait ici complètement défaut. Si l'armée du maréchal de Mac-Mahon fut battue complètement et mise en déroute, il faut l'attribuer, moins à la valeur des mesures prises par les Allemands qu'à la trop grande ténacité avec laquelle les Français cherchèrent à se maintenir sur leurs positions et à l'énorme consommation de forces que nécessitèrent leurs propres contre-attaques, exécutées avec la plus extrême énergie. Les forces allemandes, grâce à leur supériorité numérique prépondérante, vinrent, il est vrai, en fin de compte, à bout de la résistance des Français, mais elles ne combattirent pas avec toute la cohésion nécessaire. Si la III⁰ armée avait, ainsi que cela lui était possible, employé toute son énergie à poursuivre la réalisation du but commun, il n'y a pas le moindre doute que le maréchal Mac-Mahon, en raison même de la résistance, poussée jusqu'à la dernière extrémité, qu'il opposa à cette armée, aurait éprouvé le 6 août une catastrophe presque aussi complète que celle de Sedan.....

« Les Allemands engagèrent au combat, contre les Français, une infanterie plus forte au moins de moitié et le double en artillerie; c'est à cette dernière arme, également, qu'il faut surtout attribuer le succès final. Ce succès ne fut à la hauteur ni de leur importante supériorité numérique, ni des sacrifices subis ». (De Woyde. *Loc. cit.*, page 169.)

(1) *Historique du Grand État-Major prussien*, 2⁰ livraison, page 172.

L'effectif des bataillons et escadrons étant :

	Bataillons.	Escadrons.
V⁰ corps	870	140
XI⁰ corps	890	140
I⁰ʳ corps bavarois	850	120
II⁰ corps bavarois	770	120
Division würtembergeoise	890	140

On arrive aux chiffres suivants pour les troupes engagées :

	Fusils.	Sabres.	Pièces.
V⁰ corps	21,975	1,120	84
XI⁰ corps	21,350	1,120	84
I⁰ʳ corps bavarois	10,837	480	30
II⁰ corps bavarois	13,920	2,040	54
Division würtembergeoise	8,455	980	48
TOTAUX	76,537	5,740	300 (1).

Sans doute, le Prince royal n'avait pas l'intention de livrer bataille le 6 août ; son intention était de n'engager la lutte que le 7 avec toutes ses forces réunies, des renseignements complets et des troupes bien reposées (2). Mais avait-il la certitude que le maréchal de Mac-Mahon ne l'y obligerait pas en prenant l'offensive à cette date ? Était-il d'ailleurs bien fixé sur l'effectif de l'armée française d'Alsace, qui pouvait mettre en ligne des forces presque égales en nombre à celles de la III⁰ armée qui combattirent le 6 août (3) ? Disposait-il d'une avant-garde principale qui lui aurait procuré éventuellement le temps et l'espace nécessaires pour rassembler tous ses moyens d'action ?

---

(1) Renseignements donnés par le fascicule n° 9 des *Monographies* publiées par le Grand Etat-Major prussien, page 384.
(2) Boguslawski. *Neue Studien*, page 27. (Keim. *Loc. cit.*, page 17.)
(3) Voir plus loin : 62,000 fantassins, 7,750 sabres, 275 bouches à feu.

« On est souvent trompé à la guerre sur la force de l'ennemi qu'on a à combattre. Les prisonniers ne connaissent que leurs corps, les officiers font des rapports bien incertains ; c'est ce qui a fait adopter un axiome qui remédie à tout : *qu'une armée doit être tous les jours, toutes les nuits et toutes les heures, prête à opposer toute la résistance dont elle est capable ;* ce qui exige..... que les diverses divisions de l'armée soient constamment en mesure de se soutenir, de s'appuyer et de se protéger » (1).

II. — ARMÉE FRANÇAISE D'ALSACE

§ 1. — *Occupation de la position.*

Si le Prince royal avait de nombreuses raisons, le 5 au soir, pour ne pas différer d'un seul jour l'attaque des forces ennemies qui lui étaient signalées sur la rive droite de la Sauer, par contre le maréchal de Mac-Mahon, pour des motifs inverses, avait tout intérêt à ne pas accepter la lutte avant d'avoir réuni les 5e et 7e corps au 1er. Dans quel but d'ailleurs ? « Couvrir le chemin « de fer de Strasbourg à Bitche et les voies de commu- « nications principales qui relient le revers oriental « au versant occidental des Vosges (2) » était une raison assurément insuffisante pour livrer bataille surtout avec des forces aussi disproportionnées. Les arguments qui étaient de nature à provoquer la détermination de refuser le combat ont été exposés précédemment (3), de même que certaines observations relatives au choix

---

(1) *Mémoires de Napoléon*, tome IV, page 338.
(2) Rapport du maréchal de Mac-Mahon à l'Empereur.
(3) Voir 6e fascicule, page 141.

et au mode d'occupation de la position de Frœschwiller par l'armée d'Alsace. Il suffira de rappeler celles-ci en les énumérant :

Déploiement à peu près linéaire, contenu en germe, d'après les errements de l'époque, dans l'installation des bivouacs le 5 août;

Abandon à peu près complet de ligne de la Sauer;

Absence d'une masse de manœuvre, destinée à la contre-offensive;

Défaut de points d'appui ou d'échelons refusés à l'aile droite, la plus exposée;

Emplacements défectueux attribués aux réserves, établies toutes derrière le centre;

Manque d'organisation défensive du champ de bataille;

Omission de la préparation de la résistance en profondeur.

La région comprise entre la Sauer et le Falkensteiner Bach, et limitée au Nord par une ligne tirée de Niederbronn à Langensoultzbach, au Sud par la forêt de Haguenau, peut être divisée en quatre secteurs (1) :

1° Les terrains boisés, accidentés et peu praticables qui s'étendent entre Langensoultzbach, Neehwiller et la lisière Sud du bois de Frœschwiller. Leur front sur la Sauer mesure 3,000 mètres.

2° L'espace de 2,500 mètres qui sépare les bois de Frœschwiller et le Nieder-Wald, peu propre à l'action de la cavalerie, mais favorable à la défense pied à pied par l'infanterie.

3° Le Nieder-Wald, dont la lisière orientale présente un développement supérieur à 2,000 mètres.

4° Le couloir découvert et ondulé, large de 4,000 mètres du Nord au Sud, entre la forêt de Haguenau et le

---

(1) Voir général Bonnal. *Loc. cit.*, pages 190 et suiv.

Nieder-Wald, et qui se prête aux mouvements en masse des trois armes.

Le 1er et le 3e secteur sont, de toute évidence, les champs défensifs de la position; le 4e en est le champ offensif. Dès lors, en admettant qu'une division au moins ait été conservée pour agir, au moment voulu, dans le 4e secteur, — la division Conseil-Dumesnil était naturellement indiquée à cet effet — la répartition des troupes du 1er corps eût pu être la suivante :

1re *division* : Zone comprise entre Langensoultzbach, Neehwiller, Frœschwiller, ravin (inclus) qui descend de ce village à la Sauer (1). (Front de 3,000 mètres.)

3e *division* : Entre le ravin de Frœschwiller et le vallon au Sud-Est d'Elsashausen. (Front de 1200 mètres.)

4e *division* : Nieder-Wald et ferme Lansberg. (Front de 1800 mètres.)

Les gros de ces divisions sont massés à l'abri des vues et couverts par des avant-gardes et des avant-postes jusqu'au moment où l'attaque se prononcera.

La 2e division est subdivisée en deux groupes : l'un, composé des bataillons si éprouvés à Wissembourg (1er tirailleurs, 1er et 3e bataillons des 50e et 74e), constitue, au Sud-Ouest de Frœschwiller, une sorte « de con-« trefort ou d'étai central » (2), en même temps qu'une réserve générale ; l'autre, comprenant les bataillons non engagés à ce combat (78e, 16e bataillon de chasseurs) et l'artillerie divisionnaire, occupe Forstheim, formant échelon en arrière de l'aile droite, pour s'opposer à un mouvement débordant de ce côté.

---

(1) Répartition définitive au moment où l'ennemi, dévoilant ses projets, provoquera la lutte : 96e à Langensoultzbach, 13e bataillon de chasseurs à Neehwiller, 18e et 45e à la lisière orientale du bois de Frœschwiller jusqu'au Grand Ravin, 1er zouaves en réserve entre Neehwiller et Frœschwiller. (Général Bonnal. *Frœschwiller*, page 197.)

(2) Général Bonnal. *Loc. cit.*, page 196.

Enfin, la division Conseil-Dumesnil, chargée de la contre-offensive et d'abord placée en cantonnements-bivouacs à Gundershoffen, est rassemblée ensuite à 800 mètres environ au Nord d'Eberbach.

La cavalerie, sauf la brigade légère et la brigade de lanciers, attribuées aux divisions de première ligne, est massée vers Schirlenhof.

« En ne comptant pas les villages de Langensoultzbach et de Forstheim, le front défensif, tel que nous venons de l'admettre, mesure 5,000 mètres et comporte 34,000 hommes, soit 21,000 fantassins employés à la défense du front et 7,500 à la défense extérieure.

« La position, réduite à ces limites, offre donc, par mètre courant, un peu plus de quatre fantassins immobilisés par la défense du front, et un peu moins de sept hommes de toutes armes et de toute destination.

« Ce rapport entre l'étendue du terrain à défendre et le nombre des occupants est considéré depuis longtemps comme très convenable pour assurer une résistance énergique et longue » (1).

On remarquera que la 1re division avait ainsi une zone de résistance dont le front était beaucoup plus étendu que celui des 3e et 4e. Mais le terrain qu'elle avait à défendre présentait des facilités toutes particulières.

Sa nature boisée et coupée offrait, au défenseur qui le connaîtrait bien et l'aurait organisé, la possibilité de lutter longtemps, même avec l'infériorité numérique, et ne permettait que difficilement à l'assaillant de combiner l'action de son infanterie et de son artillerie. Au reste, il importait peu que l'ennemi arrivât à la fin de la bataille à Niederbronn si, à l'aile droite, l'armée fran-

---

(1) Général Bonnal. *Frœschwiller*, pages 200 et 201.

çaise obtenait un succès décisif, grâce à l'économie des forces réalisée à l'aile gauche. En tout état de cause, elle pouvait refuser cette dernière sans que sa ligne de retraite fût compromise. Il y avait donc lieu, semble-t-il, d'informer la 1re division qu'elle n'aurait pas à compter sur un renfort quelconque au cours de la bataille, et que son rôle consisterait à disputer successivement à l'ennemi le passage de la Sauer, les bois de Langensoultzbach et de Frœschwiller, la ligne Frœschwiller—Neehwiller, d'où, se soudant toujours à la 3e division, elle viendrait garnir, en se repliant vers le Sud-Ouest, les lisières Est et Nord du Gross-Wald. Le 96e, qui aurait occupé primitivement Langensoultzbach, aurait été détaché du gros de la division après la prise de Neehwiller, pour aller occuper les forges de Rauschenwald, la lisière Est de la forêt de Niederbronn, et retarder ainsi le mouvement de l'ennemi sur cette localité.

Pendant la contre-offensive prise à l'aile droite, on peut donc se représenter le front de l'armée sous la forme d'un angle droit dont les côtés seraient : l'un, lisières Nord et Est du Gross-Wald—Frœschwiller ; l'autre, Frœschwiller—Elsashausen—Nieder-Wald, et dont le sommet eût été fortement tenu par la 3e division. Celle-ci n'avait à défendre qu'un front de 1200 mètres et était soutenue en arrière par un contrefort de sept bataillons, éprouvés il est vrai, mais dont trois, ceux du 1er Tirailleurs, ont donné un témoignage éclatant de l'effort qu'ils pouvaient encore produire.

§ 2. — *Premiers engagements et lutte d'artillerie.*

Deux faits caractéristiques dominent la bataille, envisagée au point de vue français :

I. Le déploiement prématuré et linéaire de l'armée d'Alsace.

II. L'infériorité de son artillerie (1).

Le premier a eu pour conséquence l'impossibilité, pour le maréchal de Mac-Mahon, de parer et de riposter au mouvement enveloppant exécuté par le XIe corps. Le second a entraîné pour l'infanterie française l'obligation de lutter seule, ou à peu près seule, contre les deux armes, artillerie et infanterie de l'adversaire.

I. Le déploiement prématuré avait pour cause originelle les emplacements des bivouacs de l'armée d'Alsace le 5 août (2). Il ne résulte pas seulement d'ailleurs, des mesures prises par le commandant suprême; dans chaque division, exception faite pour la 1re, on constate des dispositions analogues : souvent même les régiments ont leurs trois bataillons accolés en bataille. Peut-être faut-il en chercher la raison dans les Observations sur l'instruction sommaire pour les combats de 1867, qui s'expriment ainsi :

« L'ordre déployé est de toutes les formations celle qui offre le moins de prise aux projectiles et qui permet de développer la plus grande masse de feu. Pour défendre une position, se soustraire aux effets trop dangereux d'un tir soutenu et à bonne portée, cette formation est la meilleure (3) ».

Le déploiement linéaire des grandes unités n'aurait été, dans cette hypothèse, que l'extension, la généralisa-

---

(1) « On peut affirmer que, sans la supériorité de l'artillerie allemande, l'heureux résultat de la bataille n'aurait pu être obtenu ». (Kunz. *Loc. cit.*, page 133.)

(2) Le titre XIII de l'Ordonnance sur le service des armées en campagne du 3 mai 1832 disait cependant que : « Lorsqu'on est obligé de rester sur la défensive, il faut, pour ne pas perdre l'avantage de sa position et se donner la supériorité morale qu'assure un mouvement offensif, se placer en arrière du terrain sur lequel on veut combattre et ne se porter sur ce terrain qu'au moment de repousser l'ennemi. » (Page 64).

(3) Page 8.

tion de cette prescription qui ne devait pourtant pas faire perdre de vue que l'ordre en profondeur permet seul d'alimenter le combat aussi bien dans la défensive que dans l'offensive. Les Instructions tactiques d'août 1870 (1), qui furent malheureusement distribuées trop tard pour recevoir une application, ne s'y étaient point méprises et recommandaient à l'article « *Dispositions de combat* », la formation du corps d'armée sur trois lignes, la troisième étant constituée par une division ou une brigade. Elles prévoyaient en outre « une réserve générale de l'armée » qui ne devait recevoir « d'instructions que du commandant en chef ».

II. L'infériorité de l'artillerie française était due à des causes multiples. D'une part le 1er corps ne disposait au total que de 22 batteries contre 28 que comptaient les XIe et V^e corps et dont ils mirent 26 (2) en action dès le début de la bataille. D'autre part le matériel prussien était supérieur en portée et en précision aux canons français, même aux pièces de 12. « Si la fusée des Prussiens laissait à désirer, celle dont étaient armés presque tous nos projectiles était vicieuse. C'était une fusée fusante. On ne pouvait juger, par le point d'éclatement, si le tir était long ou court et il était impossible de le rectifier. Cette fusée n'éclatait qu'à 1500 ou à 3,000 mètres. Il fallait être à peu près à l'une de ces deux distances de l'ennemi pour que l'on eût chance de l'atteindre..... C'était seulement par hasard que l'on se mettait en batterie en un point convenablement éloigné du but à battre et que l'on pouvait atteindre une mince ligne de troupes déployées (3) ».

Enfin, l'artillerie française avait une sensible infério-

---

(1) Voir 6e fascicule, page 67.
(2) Abstraction faite des batteries des 1re et 4e divisions bavaroises qui n'intervinrent que faiblement dans la lutte d'artillerie.
(3) De Chalus. *Loc. cit.*, page 96.

rité au point de vue tactique. Elle ne savait pas agir par masses. Au début de l'action, on n'engage contre les quatorze batteries du V⁰ corps que six batteries de la réserve d'artillerie du 1ᵉʳ corps ; on aurait pu leur opposer seize batteries, savoir : trois de la division Raoult, trois de la division Pellé, deux de la division de cuirassiers de Bonnemains, huit de la réserve d'artillerie, sous le commandement du général commandant l'artillerie du 1ᵉʳ corps (1). Après une lutte d'artillerie qui dure une heure et demie et après une consommation de plus de cent coups par pièce, « la crainte de voir les munitions s'épuiser complètement avant l'arrivée d'un convoi, décida le général commandant l'artillerie à prescrire un mouvement en arrière (2) ». Bien que peu éprouvées par le feu des batteries prussiennes (3), dont la plupart des obus s'enterraient à ce moment, sans éclater dans le sol détrempé par l'orage de la nuit (4), les batteries de la réserve revinrent à leur position initiale au Sud-Ouest de Frœschwiller. Elles y restèrent inactives jusqu'aux derniers moments de la bataille, peut-être en vertu de leur dénomination de réserve d'artillerie. Les

---

(1) Le général commandant l'artillerie du 1ᵉʳ corps regrette que la nature du terrain n'ait permis nulle part de juxtaposer les huit batteries de la réserve « pour concentrer leur tir sur des points déterminés. » On observera à ce sujet que la convergence des feux n'exige nullement la juxtaposition des pièces.

(2) Rapport du général commandant l'artillerie du 1ᵉʳ corps. — On ignorait qu'une notable fraction du parc d'artillerie du 1ᵉʳ corps était arrivée à Reichshoffen depuis le 5 août, 8 heures du matin. Le chef d'escadron commandant cet échelon du parc avait négligé d'envoyer un officier ou un sous-officier de liaison au général Forgeot et ne l'avait même pas prévenu de sa présence.

(3) « L'artillerie ennemie, bien que nombreuse et puissante, n'a pas fait essuyer de grandes pertes à nos batteries. » (Rapport du général Forgeot).

(4) Les effets du tir de l'artillerie allemande semblent avoir été meilleurs au fur et à mesure que le sol s'asséchait.

batteries divisionnaires s'efforcèrent au contraire de continuer le plus longtemps possible la lutte contre l'artillerie adverse, puis, réduites au silence, elles rouvrirent le feu par intermittences pour venir en aide à leur infanterie dans la mesure de leurs moyens. Les quatre batteries à cheval de la réserve auxquelles on aurait adjoint les deux batteries de la division de Bonnemains auraient pu être employées très efficacement à l'aile droite contre les troupes chargées de la manœuvre enveloppante. En s'établissant sur une position à l'Ouest de Forstheim, où elles échappaient à l'action de l'artillerie du XIe corps, elles auraient vraisemblablement arrêté pendant longtemps le mouvement offensif de l'adversaire par Morsbronn (1). A leur droite seraient venues se former la division de cuirassiers de Bonnemains et la brigade de cavalerie légère de Septeuil. Si à cette masse mobile, se démasquant subitement, était venue s'ajouter l'action d'une brigade d'infanterie (78e, 16e bataillon de chasseurs (2), 1er Tirailleurs), il est indéniable qu'un succès très important eût été remporté à l'aile droite française, et il est probable que l'ennemi eût été contraint d'ajourner toute manœuvre enveloppante dans ce secteur du champ de bataille, jusqu'à ce qu'il eût pu y réunir des forces imposantes (3).

---

(1) D'autant plus que les troupes allemandes chargées du mouvement enveloppant étaient dépourvues d'artillerie.

(2) L'emplacement de ce bataillon près de Niederbronn n'était justifié par aucune considération digne de valeur.

(3) « Supposons que la défense à Wœrth organise un retour offensif contre l'attaque..... qui, débouchant de Gunstett et de la plaine de Biblisheim va mettre une heure pour arriver sur la position. L'infanterie destinée au retour offensif sera réunie et organisée en dispositif d'attaque dans le ravin d'Eberbach; la masse mobile d'artillerie en arrière, sur la rive droite de l'Eberbach; le flanc sera protégé par la cavalerie ou par l'occupation de Forstheim. Au moment où la première ligne de l'attaque débouche sur la longue croupe à l'Ouest de

La réserve d'artillerie du 1ᵉʳ corps et les deux batteries de la division Bonnemains se sacrifièrent d'ailleurs héroïquement à la fin de la bataille pour donner à l'infanterie le temps de battre en retraite (1), mais le moment de leur intervention opportune était passé (2). D'ailleurs, leurs emplacements paraissent avoir été choisis avec une certaine précipitation, trop près des tirailleurs ennemis, faute qui annihila presque immédiatement leur action et fut la source de pertes graves en personnel et en matériel.

§ 3. — *Contre-attaques de l'infanterie française.*

Les contre-attaques exécutées par l'infanterie des divisions Raoult et Conseil-Dumesnil, pour assurer l'inviolabilité du front, ont obligé le Vᵉ corps à engager toute son infanterie. Celles du 2ᵉ zouaves, en particulier, sont dignes d'admiration.

Elles se composent de deux actes : l'un, très court, constitué par un feu à volonté, sur deux rangs, qui surprend l'adversaire à 200 mètres; l'autre, un peu plus long, caractérisé par une charge à la baïonnette si énergique que tout cède devant elle. Les contre-attaques du

---

la ferme d'Albert et de Morsbronn, le retour offensif se détend comme un ressort, bien appuyé par le feu de toutes les batteries en arrière. Le moment est propice; même avec une petite masse d'infanterie, on peut obtenir un grand résultat. » (Général Langlois, *L'artillerie de campagne*, tome I, page 608).

(1) « L'ennemi s'avançait sur notre droite en même temps que de front; il fallait à tout prix couvrir cette position et essayer de la dégager. » (Rapport du général Forgeot).

(2) L'étude de la campagne de 1866 donne l'impression que l'artillerie autrichienne a été supérieure à l'artillerie prussienne. Cette supériorité a été réelle, mais elle a tenu uniquement à la tactique de l'artillerie autrichienne et non à son matériel, qui était des plus médiocres.

Voir à ce sujet : général Langlois, *L'artillerie de campagne*, tome I.

3ᵉ de ligne et de la brigade Maire méritent également les plus grands éloges au point de vue de l'intrépidité des troupes. Malheureusement, elles sont toutes linéaires. Au moment où leur force morale et matérielle s'éteignait, il eût fallu une seconde ligne pour les ranimer, pour leur infuser en quelque sorte un sang nouveau qui leur aurait permis d'exécuter un nouveau bond. Faute d'impulsion, l'arrêt momentané se prolongeait; l'artillerie adverse avait le temps de régler son tir et d'arrêter par ses feux tout mouvement ultérieur (1).

« Privée d'une seconde ligne, l'attaque du 3ᵉ d'infanterie ne pouvait réussir en face d'un ennemi énergique et opiniâtre, et cependant elle peut servir de modèle, indépendamment de l'isolement où on l'a laissée, pour le cas où une infanterie en butte à une artillerie très supérieure aura la mission d'attaquer quand même de l'infanterie (2) ».

La formation en bataille qu'il avait prise était, en effet, la meilleure à adopter dans cette circonstance.

Si l'on considère la somme d'efforts extraordinaires dépensés par les contre-attaques françaises à l'Ouest de Wœrth, on est amené à regretter qu'ils aient été suc-

---

(1) « Il convient de noter dans la bataille de Wœrth un certain nombre d'attaques de l'infanterie française qui, bien préparées et exécutées avec une grande résolution, eurent pour conséquence des échecs sensibles pour les Allemands. Ces attaques ont été généralement arrêtées, non pas par des contre-attaques ou par la résistance de l'infanterie allemande, mais par les effets de notre artillerie supérieure. Ce fait a maintes fois été perdu de vue en son temps, et cette erreur a eu pour conséquence que notre instruction tactique n'a pas fait de progrès après la guerre. Elle a même perdu en beaucoup de points; tout au moins vit-on, de 1872 à 1887, sur les terrains d'exercice et aux grandes manœuvres, des attaques d'infanterie que l'expérience des combats de 1870 devait faire considérer à bon droit comme impossibles. » (Keim. *Die Schlacht von Wörth*, page 8).

(2) Général Bonnal. *Loc. cit.* page 388.

cessifs et non simultanés. Il est bien probable que les Prussiens auraient été définitivement chassés du Calvaire par un retour offensif exécuté par le 3ᵉ de ligne et la brigade Maire, réunis et formés sur deux lignes.

Une autre cause a empêché les contre-attaques des divisions Raoult et Conseil-Dumesnil d'avoir des résultats plus efficaces et plus durables, avec moins de pertes. C'est l'absence presque totale d'appui de l'artillerie. Sans doute, les batteries du Vᵉ corps étaient maîtresses du secteur du champ de bataille compris entre le bois de Frœschwiller et le Nieder-Wald. Néanmoins, quelques batteries françaises eussent pu intervenir d'une façon fort opportune, soit pour détourner sur elles-mêmes le feu de l'artillerie adverse, soit pour permettre à l'infanterie, après l'exécution des charges à la baïonnette, de se replier sans être trop vivement pressée par les tirailleurs prussiens. Les souvenirs inédits du maréchal de Mac-Mahon et d'autres documents montrent combien les troupes de la division Conseil-Dumesnil souffrirent dans les retraites qui suivirent leurs brillantes contre-attaques (1).

La charge à la baïonnette du 1ᵉʳ Tirailleurs, qui, l'avant-veille, avait déjà perdu 18 officiers et plus de 500 hommes, fut héroïque dans toute l'acception du terme : 1700 turcos ont fait éprouver aux troupes du XIᵉ corps une panique qui leur a fait abandonner en peu d'instants Elsashausen, le Petit Bois, une partie même du Nieder-Wald, dont la conquête leur avait coûté tant d'efforts (2).

---

(1) « Le général Conseil-Dumesnil donna alors l'ordre à ses troupes de battre en retraite. Les Prussiens embusqués dans les vignes et les plis de terrain..... ouvrirent sur elles un feu des plus violents. Plus de cent pièces..... les couvrirent de leurs coups ». (Documents annexes, page 10.)

(2) « Tous les efforts pour arrêter les fuyards à la lisière du Petit

« A la vérité, la bataille était perdue à ce moment.

« Eh bien, en dépit des assurances contraires, la charge du 1ᵉʳ Tirailleurs a été vraiment utile et doit servir d'exemple dans un cas analogue. Ici-bas, rien ne se perd, et un beau fait de guerre, s'il ne procure pas un succès immédiat, a pour résultat d'inspirer à l'ennemi le respect des troupes qui l'ont combattu et la crainte de voir se renouveler la lutte » (1).

Dans ces derniers moments de la bataille, on observe, au lieu de la simultanéité désirable et de l'union des armes, une succession d'efforts exécutés tour à tour par la cavalerie, puis par l'artillerie, enfin par l'infanterie. Certes, il s'agissait alors de gagner du temps pour permettre au gros de l'armée d'effectuer sa retraite. Néanmoins, à constater les résultats obtenus par les seuls 1700 hommes du 1ᵉʳ Tirailleurs, on est amené à déplorer que leur charge à la baïonnette n'ait pas été préparée et accompagnée par les feux de la réserve d'artillerie établie entre la cote 262 et le Gross-Wald, puis complétée au besoin par les charges de quelques escadrons de cuirassiers. Il est permis de penser que cette action concordante des trois armes eût procuré à l'armée, avec moins de pertes, un répit beaucoup plus long que celui qu'obtinrent, au prix de lourds sacrifices, les divers éléments successivement engagés.

§ 4. — *La cavalerie française.*

Les patrouilles de cavalerie, envoyées le 6 août au matin sur la rive gauche de la Sauer vers Lembach et Haguenau (2), n'avaient pas rencontré l'ennemi; aucune

---

Bois, situé près d'Elsashausen, furent vains ». (Boguslawski, *Neue Studien*, page 24.)

(1) Général Bonnal. *Loc. cit.*, page 378.
(2) *Souvenirs inédits du maréchal de Mac-Mahon.*

n'a été lancée avant l'action, sur les derrières du réseau d'avant-postes ennemis et pendant la bataille sur les flancs pour éventer les mouvements que l'adversaire pourrait entreprendre soit au Nord de Neehwiller, soit au Sud de Morsbronn. Les *Observations sur le service de la cavalerie en campagne*, de 1868, prévoyaient l'emploi de reconnaissances dans le cas où « l'armée occupe une position défensive. »

« La cavalerie divisionnaire est en avant; elle envoie des éclaireurs au loin pour surveiller les mouvements de l'ennemi, reconnaître la direction et la force de ses colonnes » (1).

Elles assignaient, d'autre part, à la réserve générale de cavalerie, un emplacement tel que le terrain en avant fût « favorable à l'action des masses....., généralement derrière une aile qui ne serait pas suffisamment appuyée ou couverte » (2). D'après ces indications, la place de la division Bonnemains eût été derrière la division de Lartigue, entre Schirlenhof et Forstheim.

Ces *Observations* recommandaient en outre l'action combinée de la cavalerie et de l'artillerie pour agir sur les flancs de l'infanterie : une application très heureuse aurait pu en être faite sur le flanc gauche de la brigade de Schkopp, en marche de Morsbronn sur Eberbach.

Elles rappelaient enfin le principe suivant : « Qu'avant de charger il faut, autant que possible, s'assurer qu'on ne rencontrera pas d'obstacle infranchissable ou un trop mauvais terrain avant d'atteindre l'ennemi » (3).

Or, au moment où la brigade Michel reçut l'ordre de charger, personne n'avait eu la pensée, pendant les

---

(1) Page 69.
(2) Page 13.
(3) Page 72. Une note ajoutait : « Le règlement prussien porte qu'avant toute charge en ligne, un officier doit aller reconnaître le terrain de la charge. »

longues heures d'attente, de faire reconnaître par des officiers les terrains favorables aux charges et les cheminements pour y arriver. Cet ordre, dont l'exécution devait avoir pour but de dégager l'aile droite de la 4ᵉ division du 1ᵉʳ corps, n'impliquait pas d'ailleurs une action immédiate. Il eût été préférable, semble-t-il, de cheminer d'abord en colonne double dans le vallon de l'Eberbach, à l'abri des vues, jusqu'à ce que les troupes du général de Schkopp eussent quitté les abords de Morsbronn, puis de gravir le plateau sur deux lignes et de déboucher à l'improviste sur le flanc gauche des Prussiens (1).

« Cette attaque de neuf escadrons, dont sept de cuirassiers, surgissant à 500 mètres du flanc gauche de six bataillons, disposés en formation d'approche, aurait eu les plus grandes chances de réussir. Nous avons la conviction que le vallon d'Eberbach, bien utilisé comme cheminement, pouvait procurer à la brigade Michel un de ces succès qui marquent dans l'histoire des actions de cavalerie » (2).

Les charges de la division de Bonnemains se présentaient dans des conditions beaucoup moins propices à tous égards; elles s'effectuèrent sur un terrain « excessivement défavorable » (3), mais il n'était pas possible d'en choisir un autre, l'intention du maréchal de Mac-Mahon étant « d'arrêter l'ennemi assez longtemps pour permettre aux troupes du centre et de la gauche

---

(1) « La cavalerie ayant pour elle la célérité des allures, mais étant privée de feux, doit profiter des abris ou des ondulations qui lui permettent de s'approcher sans être vue. Alors même qu'elle s'élance pour charger l'infanterie, elle choisit la direction qui l'expose le moins aux coups de l'ennemi. » (*Observations sur le service de la cavalerie en campagne*, page 74).

(2) Général Bonnal. *Loc. cit.*, page 330.

(3) *Historique du Grand État-Major prussien*, 3ᵉ livraison, page 266.

de gagner Niederbronn » (1). Il fallait donc, de toute nécessité, pour remplir cette mission, charger entre Frœschwiller et Elsashausen, quels que fussent les obstacles naturels qu'on y rencontrerait. C'était un sacrifice que le Maréchal demandait aux cuirassiers de la division de Bonnemains; ils se montrèrent, dans son accomplissement, dignes de leurs devanciers de la Moskowa et de Waterloo.

§ 5. — *Le Commandement de l'armée d'Alsace pendant la bataille.*

L'*Historique du Grand État-Major prussien*, envisageant la situation générale au moment de l'arrivée du Prince royal (1 heure), expose les considérations qui le déterminèrent à continuer la bataille. « Il était fort douteux, dit-il, que l'on pût retrouver plus tard des conditions aussi favorables. On devait s'attendre, au contraire, à ce que le Maréchal, reconnaissant le danger de sa situation, mît à profit, pour évacuer sa position, le premier temps d'arrêt qui viendrait à se produire dans les vigoureuses attaques que le Ve corps principalement ne cessait de diriger contre lui » (2).

On remarquera tout d'abord que, si le commandant de l'armée d'Alsace avait voulu effectuer sa retraite, il n'eût pas été nécessaire d'attendre, à cet effet, une période de répit dans les attaques du Ve corps. Sans parler de la brigade Maire et du 3e de ligne, qui n'avaient pas encore donné, le 2e régiment de zouaves aurait suffi à lui seul pour rejeter les Prussiens dans la Sauer. Les événements ultérieurs l'ont amplement prouvé.

---

(1) *Souvenirs inédits du maréchal de Mac-Mahon*, 6 août.
(2) 3e livraison, page 242.

A l'aile droite, d'ailleurs, le danger n'était pas imminent, le Nieder-Wald séparant les attaques des XIe et V^e corps; à l'aile gauche, la division Ducrot était à peu près intacte et aurait pu fournir immédiatement une de ses brigades pour former un échelon de repli. Le maréchal de Mac-Mahon avait donc toutes facilités, vers 1 heure de l'après-midi, pour effectuer sa retraite en bon ordre.

Il ne pouvait plus se dissimuler, d'autre part, qu'il était attaqué de front par des forces importantes, et sur son aile droite par un corps d'armée, à en juger par le déploiement d'artillerie qui s'était effectué à l'Est de Wœrth et au Nord-Est de Gunstett. Sans doute, toutes les attaques que l'ennemi avait tentées sur le front et à l'aile gauche avaient été repoussées, mais le danger de la situation s'était révélé au Sud du Nieder-Wald, où la division de Lartigue avait été obligée déjà de se replier sur la rive droite de l'Eberbach. On pouvait pressentir de ce côté la continuation du mouvement enveloppant.

Fallait-il, dans ces conditions, ordonner la retraite?

Le Maréchal de Mac-Mahon semble en avoir eu l'intention à ce moment. « Les différents corps ennemis, dit-il dans ses *Souvenirs inédits*, en voyant le mouvement de retraite du général de Lartigue, firent de nouveaux efforts. N'ayant aucune nouvelle de la division que le général de Failly devait envoyer, et n'ayant pour toute réserve que les 2,000 hommes de la division Pellé, je craignis, en prolongeant la lutte sur le champ de bataille, de finir par être tourné par les corps d'armée qui atteignaient mes deux ailes. Je me décidai alors à battre en retraite..... La division de Lartigue commença le mouvement. Le général, voyant l'ennemi très près de lui, craignant d'être poursuivi trop vivement au moment où il se retirait, résolut de faire auparavant un retour offensif. Il se jeta en avant, reprit le village

Albrechtshaüserhof et repoussa les troupes qui l'occupaient jusqu'à Morsbronn (1) ».

La résolution du maréchal de Mac-Mahon de battre en retraite serait donc intervenue vers une heure de l'après-midi, avant le retour offensif de la division de Lartigue. Il est probable que le commandant de l'armée d'Alsace ne s'y arrêta pas ; du moins ne trouve-t-on pas trace, dans les journaux de marche des divisions du 1er corps ni dans les rapports sur la bataille, d'ordres envoyés à cet effet. Peut-être manquant de réserves, immédiatement disponibles à l'aile droite, voulut-il attendre l'arrivée de la division du 5e corps pour se dégager sur ce point ; peut-être aussi les échecs des Allemands à l'aile gauche et sur le front lui firent-il espérer qu'il pourrait se maintenir sur ses positions jusqu'au moment où des troupes fraîches lui permettraient de prendre une offensive générale. Quoi qu'il en soit, il résulte du rapport du maréchal de Mac-Mahon à l'Empereur qu'il n'ordonna la retraite qu'à 4 heures (2).

Appréciant la conduite du grand Condé à la bataille de Nordlingen, dans des circonstances analogues, Napoléon porte le jugement suivant :

« Condé a mérité la victoire par cette opiniâtreté et cette rare intrépidité qui le distinguait..... C'est elle

---

(1) Documents annexes, page 12.
(2) *Ibid.*, page 21.
« C'est à 4 heures seulement, alors que toute notre droite et notre centre, accablés et débordés par des forces supérieures, fuyaient en désordre, que le Maréchal a fait donner l'ordre au général Ducrot d'utiliser les cinq bataillons dont il disposait encore pour couvrir la retraite des troupes et des impedimenta entassés à l'entrée de la forêt du Gross-Wald... Encore a-t-on négligé à ce moment d'indiquer au général commandant la 1re division dans quelle direction devait s'opérer la retraite. » (*Vie militaire du général Ducrot*, tome II, page 379).

qui lui a conseillé, après avoir perdu son centre et sa droite, de recommencer le combat avec sa gauche.....

« Des observateurs d'un esprit ordinaire diront qu'il eût dû se servir de l'aile qui était encore intacte pour opérer sa retraite et ne pas hasarder son reste. Mais, avec de tels principes, un général est certain de manquer toutes les occasions de succès et d'être constamment battu..... La gloire et l'honneur des armes est le premier devoir qu'un général qui livre bataille doit considérer. Le salut et la conservation des hommes n'est que secondaire, mais c'est aussi dans cette audace et dans cette opiniâtreté que se trouvent le salut et la conservation des hommes..... La conduite de Condé est donc à imiter. Elle est conforme à l'esprit, aux règles et aux cœurs des guerriers. S'il eut tort de livrer bataille dans la position qu'occupait Mercy, il fit bien de ne jamais désespérer tant qu'il lui restait des braves aux drapeaux (1) ».

Le maréchal de Mac-Mahon pouvait-il admettre que pas une division du 5ᵉ corps ne viendrait à son secours, alors que le canon se faisait entendre depuis 9 heures du matin et que la distance de Bitche à Reichshoffen n'est pas supérieure à 25 kilomètres ? Ne savait-il pas par un télégramme du général de Failly, daté du 5 août, et confirmé par deux dépêches du 6, que la division de Lespart avait dû partir dans la matinée pour rejoindre le 1ᵉʳ corps ? L'arrivée de la division Desaix à Marengo n'avait-elle pas transformé en une victoire la défaite imminente de l'armée de réserve ? Sans doute la situation n'était pas la même ; le front allemand était inviolable, mais il est possible que, suivant les errements de l'époque, le maréchal considérât comme un succès le seul fait d'avoir conservé ses positions.

---

(1) *Mémoires de Napoléon* écrits par Montholon, tome V, page 22.

On ne peut donc qu'approuver sa résolution de résister encore, à partir de une heure de l'après-midi malgré le succès remporté par l'adversaire à l'aile droite. Toutefois, il est permis d'estimer que certaines dispositions pouvaient et devaient être prises pour enrayer les progrès du mouvement enveloppant exécuté par le XIe corps.

La situation du Maréchal présentait une certaine analogie avec celle de l'armée française à Waterloo, au moment où attaquant les Anglais de front, elle s'était vue menacée par le corps prussien de Bülow sur son flanc droit. Napoléon avait suspendu aussitôt le combat sur son front pour repousser d'abord Bülow, dont le mouvement, menaçant la ligne de retraite, était le plus dangereux.

« La division prussienne, dit-il dans le *Bulletin de la Bataille*, commença alors à s'engager avec les tirailleurs du comte de Lobau, en plongeant son feu sur tout notre flanc droit. Il était convenable, avant de rien entreprendre ailleurs, d'attendre l'issue qu'aurait cette attaque. A cet effet, tous les moyens de la réserve étaient prêts à se porter au secours du comte de Lobau et à écraser le corps prussien lorsqu'il se serait avancé..... Il était impossible de disposer de nos réserves d'infanterie jusqu'à ce qu'on eût repoussé l'attaque de flanc du corps prussien. Cette attaque se prolongeait toujours et perpendiculairement sur notre flanc droit. L'Empereur y envoya le général Duhesme avec la jeune garde et plusieurs batteries de réserve. L'ennemi fut contenu, fut repoussé et recula; il avait épuisé ses forces et l'on n'en avait plus rien à craindre. C'est ce moment qui était celui indiqué pour une attaque sur le centre ennemi ».

Le maréchal de Mac-Mahon se rendit compte certainement du danger que faisait courir à son centre et à son aile gauche le mouvement enveloppant exécuté par l'adversaire. Il était manifeste que cette manœuvre aurait raison de la résistance des 1re et 3e divisions, dont la ligne de retraite serait de plus en plus menacée au fur et à mesure des progrès de l'aile gauche des Allemands.

Tous les succès qu'on pourrait obtenir à l'Ouest de Wœrth, et au Nord-Est de Frœschwiller seraient annihilés par la prise du Nieder-Wald, ou par l'arrivée de l'ennemi aux sources de l'Eberbach.

Il semble donc que la détermination très logique prise vers une heure par le Maréchal, de tenir ferme jusqu'à l'arrivée de la division de Lespart, eût dû entraîner l'envoi de renforts à l'aile droite. La division de cuirassiers de Bonnemains et la brigade légère de Septeuil, avec les quatre batteries à cheval de la réserve d'artillerie pouvaient être chargées tout d'abord de se porter rapidement sur le flanc gauche de l'ennemi, vers Schirlenhof, pour tenter de ralentir sa marche vers le Nord.

Si le maréchal de Mac-Mahon ne voulait pas engager la division Pellé, trop éprouvée le 4 août, et si la crainte de dégarnir son aile gauche ou la distance à parcourir l'empêchait de demander une brigade à la division Ducrot, la brigade Maire de la division Conseil-Dumesnil était disponible à l'Ouest d'Elsashausen. En tout état de cause, et comme mesure strictement indispensable, le renforcement du 3ᵉ zouaves dans le Nieder-Wald semblait s'imposer. Cette forêt constituait en effet comme un massif isolant entre les attaques des Vᵉ et XIᵉ corps et le centre et l'aile gauche ne couraient aucun danger, tant qu'il demeurerait au pouvoir des Français. Encore eût-il été nécessaire de se préoccuper des tentatives que l'adversaire pourrait exécuter sur Reichshoffen dans le but de s'emparer de la ligne de retraite de l'armée d'Alsace.

Le maréchal de Mac-Mahon ne prit aucune disposition pour se garantir contre le mouvement enveloppant de l'ennemi. Peut-être espéra-t-il pouvoir refouler entièrement le Vᵉ corps avant l'arrivée du XIᵉ, et se dégager ainsi à temps sur son front pour se retourner ensuite vers le Sud. La division de Lespart, partie le matin de Bitche, ne pouvait tarder, pensait-il, à déboucher de Reichshoffen et le commandant de l'armée d'Alsace considérait, non sans raison, que son entrée en ligne arrêterait net la manœuvre de l'adversaire sur l'aile droite. De fait, si, d'après l'*Historique du Grand Etat-Major prussien*, l'on examine la situation des XIe et V^e corps après la prise d'Elsashausen, et si l'on tient compte du résultat obtenu par le 1er régiment de tirailleurs qui ne comptait plus que 1700 hommes, il est permis de penser que l'arrivée de la division de Lespart à ce moment eût rendu tout au moins la bataille indécise. Une seconde division du 5e corps eût suffi peut-être pour rejeter les Allemands sur la rive gauche de la Sauer.

Le maréchal de Mac-Mahon fut-il informé de l'heure de départ tardive (7 h. 30 du matin) de la division de Lespart et des lenteurs de son mouvement? Il est impossible de se prononcer à ce sujet, en l'absence de tout document. On observera toutefois que le télégraphe fonctionnait entre Bitche et Reichshoffen; le journal de marche du 5e corps déclare même que le général de Failly fut en communication télégraphique avec le Maréchal jusqu'à 5 heures du soir. Or, l'heure du départ de Bitche de cette division et les progrès de sa marche étaient des éléments essentiels dans la résolution qu'avait à prendre le commandant de l'armée d'Alsace, après la défaite de son aile droite, soit de tenir ferme jusqu'à son arrivée, soit d'entamer la retraite. En tout état de cause, l'envoi d'un officier de l'état-major général du 1er corps au-devant de la division de Lespart, pour hâter son débouché et lui transmettre les instructions du Maréchal, était une mesure qui s'imposait et ne paraît pas avoir été prise.

Vers 2 heures de l'après-midi, la situation, au point de vue de la rupture éventuelle du combat, s'était sensiblement modifiée. Si, au centre, les attaques des *17e* et

18ᵉ brigades prussiennes venaient d'être brillamment repoussées, si en face du saillant Nord-Est du bois de Frœschwiller l'ennemi n'avait obtenu aucun avantage, si enfin tout danger semblait avoir disparu à l'aile gauche, il était manifeste, par contre, que le combat dans le Nieder-Wald prenait une tournure inquiétante; que les progrès de l'adversaire s'y accentuaient et que le moment approchait où il allait en atteindre la lisière Nord. D'autre part, le Maréchal n'avait point reçu l'avis de l'arrivée à Niederbronn de la division de Lespart. En supposant, dans l'hypothèse la plus favorable, qu'elle atteignît cette localité à ce moment même, il lui fallait encore une heure et demie pour que sa tête de colonne débouchât vers Frœschwiller, et deux heures et demie au moins pour qu'elle pût y être rassemblée. Dans ces conditions, il était bien vraisemblable que son intervention se produirait trop tardivement. Dès lors, il semble que le maréchal de Mac-Mahon eût dû prendre ses dispositions pour la retraite devenue inévitable, s'il voulait sauver l'armée d'une défaite complète (1). Le moment était d'ailleurs favorable. Entre Wœrth, Frœschwiller et Elsashausen, les contre-attaques du 2ᵉ zouaves, du 1ᵉʳ bataillon du 24ᵉ de ligne et du 17ᵉ bataillon de chasseurs qui venaient d'avoir lieu, permettaient de rompre le combat sans difficulté. Au saillant Nord-Est du bois de

---

(1) « Pourquoi, quand on voit la bataille perdue, ne pas profiter du reste d'énergie des troupes pour donner, en temps opportun, les ordres nécessaires pour opérer une retraite honorable, pour sauver les bagages, les réserves d'artillerie, la caisse de l'armée ? » (Lettre écrite le 10 août par un des officiers généraux les plus distingués de l'armée au général de Palikao qui affirme qu'elle est l'expression vraie de la situation). (*Un ministère de la guerre de vingt-quatre jours*, pages 56 et 62.)

« Le Maréchal, en cédant à ses instincts de bravoure et de résistance usqu'à la dernière extrémité, ne s'était pas aperçu qu'il compromettait à la fois et ses troupes et les positions en arrière ». (*La campagne de 1870*, par un officier d'état-major de l'armée du Rhin, page 42.)

Frœschwiller, l'ennemi ne se montrait pas très pressant, et le 2ᵉ Tirailleurs pouvait être relevé par le 13ᵉ bataillon de chasseurs et une partie du 18ᵉ de ligne, encore disponibles. A l'aile gauche la division Ducrot, peu engagée, était en mesure de se replier sans obstacles. Rien ne s'opposait donc à un mouvement général de retraite sur Reichshoffen et Gundershoffen où les compagnies du génie, envoyées d'avance, eussent multiplié les points de passage du Falkensteinerbach. La brigade Maire, de la division Conseil-Dumesnil, serait venue occuper Frœschwiller, Elsashausen et le chemin creux qui conduit de ce hameau à Gundershoffen ; la réserve d'artillerie du 1ᵉʳ corps flanquant ces points d'appui, hors de portée efficace des batteries adverses de Dieffenbach. Le 3ᵉ de ligne de la même division, formant deuxième échelon, aurait garni la lisière orientale du Gross-Wald ; le 96ᵉ de ligne et le 16ᵉ bataillon de chasseurs rappelé de Niederbronn, seraient venus former un troisième échelon de repli sur les hauteurs à l'Est et au Nord-Est de Reichshoffen. Enfin les trois régiments disponibles de la division de cavalerie Duhesme, renforcés des deux batteries à cheval de la division de Bonnemains, auraient eu mission de se porter vers Schirlenhof et de ralentir, en inquiétant leur flanc gauche, le mouvement des forces ennemies qui remontaient le vallon de l'Eberbach.

§ 6. — *Forces engagées par l'armée d'Alsace.*

		Fusils.	Sabres.	Bouches à feu.
1ᵉʳ corps..	1ʳᵉ division............	9,300 (1)	»	18
	2ᵉ —	5,250 (2)	»	17
	A reporter.....	14,550	»	35

(1) Non engagé : un bataillon du 45ᵉ de ligne détaché à Jaegerthal.
(2) *Ibid.*, 16ᵉ bataillon de chasseurs, à Niederbronn ; 2ᵉ bataillon du 50ᵉ de ligne.

		Fusils.	Sabres.	Bouches à feu.
	Report.......	14,550	»	35
1ᵉʳ corps.. (Suite).	3ᵉ division...........	7,500	»	18
	4ᵉ —	7,250 (1)	»	18
	Division de cavalerie...	»	3,350 (2)	»
	Réserve d'artillerie......	»	»	48
Division Conseil-Dumesnil..........		5,700 (3)	»	»
Division de Bonnemains............		»	2,640 (4)	12
Totaux.....		35,000	5,990	131

En admettant que le maréchal de Mac-Mahon eût concentré toutes les forces des 1ᵉʳ et 7ᵉ corps, en supposant, d'autre part, que le général de Failly se fût conformé strictement aux ordres qu'il avait reçus dans la soirée du 5 août, on serait arrivé aux chiffres approximatifs suivants :

		Fusils.	Sabres.	Bouches à feu.
1ᵉʳ corps..	87ᵉ de ligne............	2,000	»	»
	Un bataillon du 45ᵉ.....	650	»	»
	16ᵉ bataillon de chasseurs.	650	»	»
	Deux escadrons du 6ᵉ lanciers...............	»	240	»
Division de Bonnemains.	Un escadron du 9ᵉ cuirassiers...............	»	120	»
7ᵉ corps..	Deux bataillons du 21ᵉ de ligne...............	1,100	»	»
	Trois batteries de la division Conseil-Dumesnil..	»	»	18
	Division Liébert.........	8,200	»	18
	Réserve d'artillerie (5)....	»	»	36
A reporter.....		12,600	360	72

---

(1) Non engagé : 87ᵉ de ligne à Strasbourg.
(2) *Ibid.*, deux escadrons du 6ᵉ lanciers en route pour rejoindre.
(3) *Ibid.*, l'artillerie de la division et deux bataillons du 21ᵉ de ligne.
(4) *Ibid.*, un escadron du 9ᵉ cuirassiers laissé à la garde des bagages.
(5) La brigade de cavalerie du 7ᵉ corps est supposée maintenue en observation en haute Alsace.

		Fusils.	Sabres.	Bouches à feu.
	Report......	12,600	360	72
5ᵉ corps..	Division Goze...........	7,200	»	18
	Division de Lespart......	7,200	»	18
	Réserve d'artillerie......	»	»	36
	Une brigade de cavalerie..	»	1,200	»
	Totaux à ajouter aux précédents.	27,000	1,560	144

Soit, en somme : 62,000 fantassins, 7,550 sabres et 275 bouches à feu à opposer aux 76,000 fantassins, aux 5,740 sabres et aux 300 bouches à feu qui furent engagés par la IIIᵉ armée.

« Or, les Allemands furent obligés, le 6 août, de mettre en œuvre toutes leurs forces pour venir à bout des 45,400 combattants [1] dont disposait le maréchal de Mac-Mahon. A la fin de la bataille de Wœrth, leur énergie était épuisée. Seules, quelques fractions arrivées les dernières faisaient exception. Il n'est donc pas douteux que la bataille se serait terminée par une *terrible défaite* des Allemands si le Maréchal avait eu subitement, vers 2 heures de l'après-midi, 28,000 hommes de troupes fraîches à Elsashausen » [2].

Le 5ᵉ corps dans la journée du 6 août.

Le 6 août au matin, les divers éléments du 5ᵉ corps étaient répartis de la manière suivante :

1° *A Bitche :* 3ᵉ division (de Lespart), 12ᵉ régiment de chasseurs, quartier général du 5ᵉ corps.

2° *A la ferme Freudenberg :* 1ʳᵉ division (Goze) et 5ᵉ hussards.

3° *A Rohrbach :* Brigade de Maussion de la 2ᵉ divi-

---

[1] Chiffre exagéré. (Voir page 256.)
[2] Kunz. *Loc. cit.*, page 10.

sion (de l'Abadie), 5ᵉ lanciers, artillerie divisionnaire (moins une batterie), réserves d'artillerie et du génie.

4° *A Sarreguemines* : Brigade Lapasset de la 3ᵉ division, 3ᵉ lanciers, une batterie, convoi de vivres du corps d'armée.

Dans la nuit du 5 au 6 août, à 11 heures du soir, le général de Failly avait reçu du maréchal de Mac-Mahon l'ordre de venir à Reichshoffen avec tout son corps d'armée le plus tôt possible. Il répondit par télégramme, à 3 heures du matin, qu'il ne disposait que d'une division à Bitche, qu'il la réunissait et la dirigerait sur Niederbronn. Il ne faisait aucune mention de celle qui se trouvait à la ferme Freudenberg. Vers 7 heures du matin, il prit connaissance d'une dépêche que lui avait adressée le Maréchal à 5 h. 14 du matin, et qui était conçue dans des termes identiques à ceux d'un télégramme du 5 août (1) :

« Faites-moi connaître immédiatement, disait-il, quel jour et par où vous me rallierez. Il est indispensable et urgent que nous réglions nos opérations ensemble » (2).

Sur ces entrefaites, la division de Lespart, après avoir rallié tous ses détachements, s'était rassemblée près de la ville, mais le général de Failly, inquiet d'une démonstration qu'avait faite un faible détachement ennemi (3) aux avant-postes de la division Goze, la retint à Bitche de 6 heures jusqu'à 7 h. 30 (4). Enfin, entre 7 h. 30 et 8 heures, elle se mit en marche vers Niederbronn, précédée par le 12ᵉ régiment de chasseurs et dans

---

(1) Arrivé à 5 h. 30 du soir.
(2) Ce télégramme semble être la réponse à celui qu'avait envoyé le général de Failly à 3 heures du matin. Il parvint à Bitche avant 7 heures, mais ne fut remis qu'à ce moment, déchiffré, au général de Failly, par le capitaine de Lanouvelle, de l'état-major du 5ᵉ corps.
(3) Voir plus loin : Opérations de la brigade de Bredow.
(4) Journal de campagne du capitaine de Lanouvelle.

l'ordre : brigade Abbatucci, artillerie divisionnaire, brigade de Fontanges.

Peu de temps avant le départ de la division de Lespart, le bruit du canon s'était fait entendre vers l'Est, puis avait cessé, pour reprendre vers 9 h. 30 avec une très grande intensité. Plusieurs ordres lui furent envoyés de Bitche par le télégraphe « pour hâter sa marche autant que possible » (1).

Néanmoins, le mouvement s'effectua « avec une lenteur désespérante » (2) et fut interrompu par des haltes fréquentes. La division n'ayant pas de service de sûreté, sa tête de colonne s'arrêtait à tous les embranchements de chemins se dirigeant vers le Nord et attendait, pour se remettre en marche, le retour des reconnaissances envoyées dans cette direction. « La troupe était en outre très fatiguée par la chaleur qui était étouffante dans la gorge que l'on suivait » (3). Dans ces conditions, la division de Lespart mit 8 heures au lieu de 6, au maximum, pour parcourir les 22 kilomètres qui séparent Bitche de Niederbronn et n'atteignit cette dernière localité qu'à 4 heures, alors que la bataille était irrémédiablement perdue. Tout au moins en imposa-t-elle aux Allemands et fut-elle de la plus grande utilité pour couvrir la retraite de l'armée d'Alsace sur Saverne.

On a exposé précédemment les dispositions qu'elle prit à cet effet à Niederbronn; on a vu comment elle se replia à son tour vers 7 heures du soir, partie sur Saverne : brigade de Fontanges et batterie de mitrailleuses formant l'arrière-garde de l'armée d'Alsace; partie sur Bitche : 12e régiment de chasseurs et deux batteries de 4; partie sur Lemberg, Mouterhausen et Phalsbourg : brigade Abbatucci.

---

(1) Journal de marche du 5e corps.
(2) Historique du 68e régiment d'infanterie.
(3) Journal de marche du 5e corps.

*
* *

A 5 heures du matin, la 1re division (Goze) quitte la ferme Freudenberg, qu'on ne veut point abandonner cependant, et où reste le 46° de ligne, jusqu'à l'arrivée de la brigade de Maussion. Elle « vient prendre position en avant de la place (de Bitche), sur deux lignes, la gauche au fortin, la droite à la route de Wissembourg. « Ce déploiement, qui couvre le mouvement du général de Lespart, est motivé encore par une autre raison. Tous les avis arrivés de la veille et pendant la nuit ont signalé la présence de l'ennemi du côté de Rohrbach, de Volmünster et au Nord de Bitche par la route de Deux-Ponts et de Pirmasens » (1).

Le général de Failly s'attend à être attaqué d'un moment à l'autre (2), et pourtant sa cavalerie ne reçoit aucune instruction pour envoyer des reconnaissances vers le Nord et confirmer ou infirmer ainsi des renseignements fournis par les espions ou les populations, et dont l'authenticité et l'exactitude étaient douteuses. La division Goze déploya d'ailleurs immédiatement deux régiments, les 11° et 61° de ligne, le 4° bataillon de chasseurs et deux batteries, ne conservant en seconde ligne que le 86° et une batterie, sans avoir aucune nouvelle précise de la marche de l'adversaire. Elle demeura immobile et inutile sur ses positions toute la journée, « prête à faire face à l'ennemi, signalé à Pirmasens et à Deux-Ponts, en avant de notre front (3) ». Et cependant le canon continuait à gronder à Frœschwiller avec une violence qui dénotait un engagement important.

---

(1) Journal de marche du 5° corps.
(2) *Ibid.*
(3) Général de Failly. *Opérations et marches du 5° corps*, page 13.

Placé à Bitche, écrit le général de Failly, « avec une seule division (la division de l'Abadie n'ayant pu encore rejoindre le 6 au matin), chargé de protéger le chemin de fer et la trouée de Rohrbach, menacé par la présence des forces signalées à Deux-Ponts et à Pirmasens, je ne pouvais laisser ce point découvert avant d'avoir rallié le général de l'Abadie, ni le quitter sans avoir reçu les ordres du Maréchal, dont les intentions pour le 6 ne m'étaient point connues » (1).

A ces arguments, on peut objecter :

1° Que le 5ᵉ corps n'a nullement été chargé de couvrir le chemin de fer et la trouée de Rohrbach. Au contraire, par dépêche du 5 août, 4 heures du soir, le Major-général renouvelait au général de Failly la recommandation de se mettre immédiatement en communication avec le maréchal de Mac-Mahon, et de se conformer à ses ordres. On ne s'expliquerait pas d'ailleurs que le commandant du 5ᵉ corps n'ait pas opposé la mission dont il aurait été chargé aux instructions que lui avaient adressées le maréchal de Mac-Mahon, le 5 août, et notamment à la prescription impérative de venir à Reichshoffen avec tout son corps d'armée « le plus tôt possible ».

2° Que le général de Failly avait reçu, dans la nuit du 5 au 6 août, des ordres formels du commandant de l'armée d'Alsace, où il n'était nullement question de Bitche et de la trouée de Rohrbach.

3° Que si ces instructions très nettes ne suffisaient pas au commandant du 5ᵉ corps pour connaître les intentions du Maréchal pour le 6 août, il ne pouvait ignorer du moins les événements de Wissembourg et leurs conséquences. Il savait aussi que le commandant de l'armée d'Alsace avait songé la veille à la concentration, dans le

---

(1) Général de Failly. *Opérations et marches du 5ᵉ corps*, page 14.

plus bref délai possible, des 1er et 5e corps à Reichshoffen, et qu'il jugeait *urgent* et indispensable de combiner ses opérations avec celles du 5e corps.

Le général de Failly ne se méprit point, d'ailleurs sur le sens de la dépêche que lui avait adressée le Maréchal, à 5 h. 14 du matin. Elle n'était autre chose que la reproduction textuelle d'un télégramme de la veille, et laissait entendre clairement que si le commandant de l'armée d'Alsace devait se contenter, pour le moment, de la seule division de Lespart, il n'en était pas moins préoccupé de savoir, à quelle date, et par quel itinéraire le reste du 5e corps le rejoindrait. Le général de Failly interpréta d'ailleurs cette dépêche dans ce sens, ainsi qu'en témoigne le télégramme suivant qu'il expédia à 10 h. 20 du matin, au Major-général :

« *Le maréchal de Mac-Mahon me donne ordre de le rejoindre à Reichshoffen avec tout mon corps d'armée, et d'abandonner Bitche.* Je laisse dans le fort un bataillon. J'envoie aujourd'hui au maréchal de Mac-Mahon la division Lespart. Je compte partir demain avec la division Goze et une brigade de la division l'Abadie ; l'autre brigade n'arrivera à Bitche que demain. Si la route est libre, elle me rejoindra le lendemain. Je laisse la brigade de lanciers à Rohrbach avec ordre, si elle est trop vivement inquiétée, de me rejoindre par Lemberg et Ingwiller ».

Le général de Failly reconnaissait donc lui-même la possibilité de se conformer le 7 aux instructions du commandant de l'armée d'Alsace quand, vingt-quatre heures plus tard, les probabilités d'une attaque venant du Nord seraient certainement plus nombreuses. *A fortiori* étaient-elles donc exécutables le 6. La brigade Lapasset ne pouvant arriver à Bitche que le 7, il suffisait — ainsi d'ailleurs qu'elle en reçut l'ordre dans l'après-midi du 6 — de la diriger sur Lemberg, d'où, suivant les événements, elle aurait gagné Reichshoffen par Mouterhausen et Bærenthal, ou Ingwiller par Wimmenau, ou enfin Saverne.

Aux arguments du commandant du 5ᵉ corps on peut objecter encore :

Que l'intensité de la canonnade dénotait un engagement important, contraire aux prévisions du Maréchal, qui devenait l'événement essentiel, prépondérant de la journée, celui auquel devait être sacrifiées toutes les préoccupations d'ordre secondaire.

D'ailleurs, à supposer que la conservation du chemin de fer et de la trouée de Rohrbach eût quelque intérêt, elle était, sans aucun doute, étroitement liée au sort de la bataille qui se livrait à Frœschwiller. Au besoin, le général de Failly pouvait, tout en marchant au canon, couvrir le mouvement de ses colonnes de Bitche et de Rohrbach par une flanc-garde établie au Nord-Ouest de Bitche, face aux directions de Deux-Ponts et de Pirmasens.

On observera enfin que le commandant du 5ᵉ corps ne saurait invoquer, pour quitter la « trouée de Rohrbach », la nécessité d'un ordre du maréchal de Mac-Mahon qui ne lui avait point donné d'instructions antérieures pour l'occuper.

« Jusqu'à 5 heures du soir, dit le général de Failly, je ne cessai d'être en relation télégraphique avec le maréchal de Mac-Mahon et le général de Lespart, et aucun ordre ne me fut envoyé (1) ».

On peut être surpris, en effet, de ce que le commandant de l'armée d'Alsace ne se soit pas enquis, par télégramme, de l'heure du départ de Bitche de la division de Lespart, qui lui aurait permis de préjuger du moment où elle pourrait déboucher sur le champ de bataille. Mais quel ordre aurait-il pu envoyer au général

---

(1) *Opérations et marches du 5ᵉ corps*, page 14.

de Failly ? Il savait, ou plutôt il croyait que cet officier général ne pouvait disposer que d'une division, dirigée déjà sur Niederbronn (1), et il calculait que les deux autres et la réserve d'artillerie, qu'il supposait en marche de Sarreguemines sur Bitche (2), n'arriveraient pas en temps utile à Reichshoffen. D'ailleurs le bruit persistant du canon ne dictait-il pas son devoir au commandant du 5ᵉ corps et lui « fallait-il donc un ordre pour prendre part au combat et secourir ses camarades ? (3) »

En réalité, la division Goze, partant à 10 heures du matin, au bruit de la violente canonnade, serait parvenue à Niederbronn à 4 heures du soir, en admettant qu'elle eût fait toute la diligence. A ce moment la bataille était perdue. Mais le commandant du 5ᵉ corps ne pouvait prévoir qu'elle arriverait trop tard, ni préjuger de la durée de la lutte, qui pouvait se prolonger jusqu'à la nuit et peut-être deux jours, comme celles de Bautzen, de Dresde ; ou trois, comme celles de Leipzig, du Mans, de la Lisaine (4).

Les troupes de la brigade de Maussion (2ᵉ division), qui avaient campé à Rohrbach, se trouvant fatiguées par

---

(1) Télégramme adressé à 3 heures du matin par le général de Failly au maréchal de Mac-Mahon.

(2) *Souvenirs inédits du maréchal de Mac-Mahon*, 5 août.

(3) *Mémoires de Napoléon* écrits par Gourgaud, tome II, page 185.

(4) « A un moment où se décida le sort de la journée de Wœrth et, en même temps, dans une certaine mesure, celui de toute la campagne, le commandant du 5ᵉ corps français se considéra donc, en réalité, comme pleinement autorisé à maintenir en arrière deux divisions entières pour remplir des missions qui présentaient, tout au plus, une importance secondaire. La critique vigoureuse des faits ne tarda pas à prononcer son jugement pratique sur les considérations

la prise d'armes de la nuit (1), ne se mirent en route sur Bitche, avec les réserves d'artillerie et du génie, qu'à 10 heures du matin. Le 1ᵉʳ bataillon du 49ᵉ de ligne resta provisoirement à Rohrbach avec le 5ᵉ lanciers, jusqu'à l'arrivée de la brigade Lapasset qui devait l'emmener à Bitche le 7 août, et ne laisser à Rohrbach que la brigade de lanciers. La colonne atteignit la Ferme Freudenberg vers 2 heures de l'après-midi, le 88ᵉ de ligne et une batterie occupèrent ce point; le reste gagna Bitche et bivouaqua à l'entrée Ouest de la ville, sauf la réserve d'artillerie qui s'établit près de la porte de Niederbronn, sur les glacis. Le 46ᵉ de ligne, de la division Goze qui avait évacué la Ferme Freudenberg à l'arrivée de la brigade de Maussion, vint se placer à la droite des troupes de cette division, entre les routes de Wissembourg et de Niederbronn.

Le général Lapasset avait télégraphié de Sarreguemines, à 6 h. 20 du matin, que ses troupes étant un peu fatiguées par une alerte de nuit, il ne se mettrait en marche pour Rohrbach qu'à midi. A 10 heures, le général de Failly lui prescrivit de partir de Rohrbach, le 7 août, de façon à être rendu à Bitche entre 8 heures et 9 heures du matin. Dans le cas où la brigade de lanciers, maintenue à Rohrbach « se trouverait sérieusement compromise, elle gagnerait Lemberg, d'où elle rejoindrait le 5ᵉ corps à Reichshoffen par Ingwiller ».

Ces instructions n'allaient pas tarder à être modifiées

---

théoriques du général de Failly. Ce dernier atteignit, sans aucun doute, son but en occupant, pendant toute la journée du 6 août, les points de Rohrbach et de Bitche, mais simplement pour être obligé de les abandonner le soir du même jour, par suite de la défaite du maréchal de Mac-Mahon à Wœrth. Il en résulta donc que, pour n'avoir pas porté secours au Maréchal pendant la bataille, il fut obligé, en fin de compte, de partager sa déroute. » (De Woyde. *Loc. cit.*, page 186).

(1) Journal de marche de la division de l'Abadie.

par la dépêche suivante, expédiée à midi par le général de Failly au général Lapasset :

« Par ordre du maréchal de Mac-Mahon (1), prenez vos dispositions pour partir demain matin, le 7, à 4 heures, et vous rendre autant que possible dans la journée à Lemberg, par Sarre-Union, Lorentzen, Montbronn. A cause de la longueur du trajet, vous ferez porter les sacs par les voitures du train auxiliaire qui ne devront pas porter de denrées. Vous emmènerez tout ce qui appartient au 5ᵉ corps, y compris le bataillon de Wising. Vous vous couvrirez à Lemberg par des ouvrages de campagne. Vous devez y rester. Vous dirigerez sur Reichshoffen tout ce qui n'appartient pas à votre brigade. Le 5ᵉ corps se concentre à Reichshoffen et abandonne Bitche. Si vous étiez forcé de quitter Lemberg, vous vous retireriez sur Reichshoffen par Mouterhausen et Baerenthal ».

On remarquera que ces instructions ne comportaient aucune mission précise pour la brigade Lapasset ; de fait, son envoi à Lemberg provenait de raisons d'ordre topographique et ne visait que la possession de ce point, auquel on attribuait la qualification de « clef des Vosges ».

Ces dispositions ne devaient pas recevoir leur exécution. Dès 10 heures du matin, le sous-préfet de Sarreguemines mandait que les Prussiens, qui avaient rompu le poste télégraphique de Bliesbrücken, « laissaient entendre qu'ils allaient passer en grand nombre à Rohrbach pour se diriger sur Bitche ». Le convoi du 5ᵉ corps, parti de Neunkirch dans la matinée, ayant aperçu des cavaliers ennemis, avait rétrogradé sur Sar-

---

(1) « Le maréchal de Mac-Mahon, informé de la présence de l'ennem à Bliesbrücken..... prescrit que la brigade Lapasset partira le 7 au matin de Sarreguemines pour se rendre à Lemberg. » (Journal de marche du 5ᵉ corps).

reguemines. A 11 heures, le prévôt du 5ᵉ corps confirmait cette nouvelle, qui augmentait les perplexités du général de Failly. Enfin à midi le général de Montaudon annonçait, sur la foi de renseignements inexacts, que des reconnaissances du 3ᵉ lanciers avaient vu, « vers 8 h. 30 du matin, à 500 mètres en arrière de Wising, trois régiments de cavalerie, deux bataillons d'infanterie et une batterie d'artillerie ». Rohrbach lui paraissait également menacé. Dans ces conditions, il croyait devoir retenir la brigade Lapasset à Sarreguemines pour ne pas la compromettre.

Vers 3 heures, le général de Failly reçut par le commandant du génie Moll la lettre du maréchal de Mac-Mahon, expédiée de Frœschwiller à 5 h. 30 du matin. En même temps arriva un télégramme du Major-général ainsi conçu :

« Le chemin de fer est coupé entre Sarreguemines et Bitche. C'est à Strasbourg que les troupes d'Alsace doivent se réapprovisionner. Le général Frossard et le maréchal Bazaine sont attaqués. Tenez-vous sur vos gardes ».

Le général de Failly jugea de plus en plus qu'il convenait de rester sur la défensive à Bitche et d'attendre le résultat des engagements qui avaient lieu à sa droite et à sa gauche. Il est certain qu'à cette heure tardive, il lui était impossible d'arriver avant la fin du jour à Reichshoffen, et *a fortiori* à Forbach ; il n'y avait plus qu'à maintenir les communications avec le maréchal de Mac-Mahon, à s'informer de l'issue de la bataille, et à provoquer des ordres pour rejoindre le 1ᵉʳ corps par une marche de nuit, si l'affaire était restée indécise le 6 août. Pour se conformer autant que possible à l'ordre du maréchal de Mac-Mahon, le commandant du 5ᵉ corps prescrivit à 3 heures au 1ᵉʳ bataillon du 49ᵉ laissé à Rohrbach de se porter sur Lemberg et de s'y retrancher. Le 5ᵉ lanciers devait faire « une démonstration à courte distance », une heure après le départ de ce bataillon, et se diriger également sur Lemberg.

Le général de Failly apprit le résultat de la bataille de Frœschwiller par deux télégrammes. Le premier, du général Abbatucci (1), disait :

« La division est coupée. Le général de Fontanges se retire sur Saverne et moi sur Bitche ».

Le second, du chef de gare de Bannstein (6 h. 30 soir) :

« L'ennemi est à Niederbronn. Tout est en déroute ».

Le général de Failly convoqua vers 7 heures du soir un conseil de guerre composé des généraux de division et des chefs de service, pour délibérer sur les deux questions :

1° Devait-on accepter le combat sous les murs de Bitche ?

2° Devait-on suivre le mouvement de retraite du Maréchal en passant par la Petite-Pierre pour se diriger ensuite sur Phalsbourg et Saverne ?

« Après une longue discussion, il fut reconnu qu'il était impossible de rester dans la position de Bitche, malgré la protection du fort. Avec les trois seules brigades qu'on possédait, on ne pouvait occuper toutes les hauteurs qui dominent de tous les côtés la place; et, rester dans la plaine, c'était se placer dans une souricière et marcher à une catastrophe. Il fut donc décidé qu'on n'abandonnerait pas sa seule ligne de retraite et qu'on se rendrait le plus tôt possible à la Petite-Pierre pour se rallier au Maréchal. On espérait que les 1er et 5e corps, appuyés par le 7e, pourraient peut-être contenir l'ennemi dans l'important défilé de Saverne et Phalsbourg et reprendre même l'offensive (2) ».

Ainsi, le général de Failly avait immobilisé, pendant

---

(1) Expédié à 5 h. 30 du soir, sans indication du lieu de départ.
(2) Journal de marche du 5e corps.

toute la durée d'une grande bataille qui se livrait près de lui, trois brigades d'infanterie, une de cavalerie, neuf batteries, dans le but de couvrir une « trouée » et un chemin de fer qu'aucun ordre ne lui avait prescrit de conserver à tout prix. Il y parvint, sans doute, et sans difficulté, puisqu'il ne fut même pas attaqué. Mais, ainsi qu'il arrive toujours en pareil cas, faute d'avoir résolument sacrifié ces considérations d'ordre très secondaire à l'événement essentiel, tout fut perdu à la fois, et la bataille et les points topographiques auxquels il avait attribué une importance illusoire. « Pour n'avoir pas porté secours au Maréchal pendant la bataille, il fut obligé, en fin de compte, de partager sa déroute » (1).

Le départ fut fixé à 9 heures du soir. Pour hâter et faciliter la marche des troupes, les chevaux de main, les bagages, l'ambulance, le trésor, les voitures à vivres devaient être laissées à Bitche (2). La défense de la place fut confiée au 2ᵉ bataillon du 86ᵉ complété à 800 hommes, à une compagnie formée des douaniers des environs et à un détachement de 41 sous-officiers et canonniers. Un capitaine d'artillerie, un capitaine du génie, un médecin et un sous-intendant furent désignés pour rester avec ces troupes à Bitche.

A 9 heures, le corps d'armée se met en marche, la division Goze en tête, la brigade de Maussion à l'arrière-garde, et se dirige sur Lemberg occupé déjà par le 1ᵉʳ bataillon du 49ᵉ et le 5ᵉ lanciers qui s'y sont portés de Rohrbach, après une escarmouche, vers 7 heures du soir, avec quelques escadrons de cavalerie prussienne

---

(1) De Woyde. *Loc. cit.*, page 186.
(2) Par suite de l'interprétation erronée d'un ordre, le colonel commandant la réserve d'artillerie du corps d'armée n'emmena que six pièces et huit caissons par batterie et laissa à Bitche les autres voitures sous le commandement d'un capitaine en 2ᵉ, par groupe de deux batteries (division).

soutenus par une batterie à cheval (1). Un bataillon du 46ᵉ (division Goze) et une batterie (6ᵉ du 6ᵉ) avaient été également envoyés à Lemberg dès 7 heures du soir par le général de Failly.

A Lemberg, on prend un guide, mais il se trompe de direction au delà de Gœtzenbrück et conduit la colonne sur le revers oriental des Vosges, vers Ingwiller. Aussitôt l'erreur reconnue, on se jette à droite et l'on prend « sur les indications des habitants, un chemin traversant un pays fort difficile, couvert de forêts, très accidenté, et conduisant à la Petite-Pierre, où l'on arrive enfin vers 9 heures du matin. L'artillerie et le parc du génie ont les plus grandes difficultés pour suivre. Les roues s'enfonçaient souvent jusqu'au moyeu dans le sol sablonneux, et ce n'est qu'à force de bras qu'on pouvait les retirer des ornières, que le génie cherchait à combler, autant que possible, avec des branchages (2) ».

Le 5ᵉ lanciers, le 1ᵉʳ bataillon du 49ᵉ, un bataillon du 46ᵉ, une section d'artillerie (3), étaient restés à Lemberg pendant le défilé de la colonne, puis avaient suivi la brigade de Maussion qu'avait rejointe sur ces entrefaites, le général de Bernis avec le 12ᵉ régiment de chasseurs et les deux batteries de 4 de la division de Lespart.

La même nuit, la brigade Abbatucci, de la division de Lespart, après avoir évacué Niederbronn, et quitté la grande route de Bitche, s'était portée, par des sentiers

---

(1) Ces troupes appartenaient à la brigade Bredow, de la 5ᵉ division de cavalerie. (Voir plus loin, page 274.)

(2) Journal de marche du 5ᵉ corps, rédigé par le colonel Clémeur.
« Les voitures du parc du génie, un moment égarées dans les bois, furent dirigées sur Phalsbourg. » (Journal de marche du 5ᵉ corps, rédigé par le capitaine de Piépape).

(3) De la 5ᵉ batterie du 6ᵉ, qui avait relevé la 6ᵉ du même régiment.

de crête sur Phalsbourg, où elle arriva le 7 au soir, ayant parcouru ainsi plus de 100 kilomètres en 36 heures.

Quant à la brigade Lapasset, elle était définitivement séparée du 5ᵉ corps.

Ces troupes étaient donc « capables d'exécuter de grandes marches, et si les efforts dépensés par elles pour se soustraire aux coups de l'ennemi, après les échecs simultanés du 1ᵉʳ et du 2ᵉ corps, le 6 août, eussent été employés, dès le 4 août au soir, à rejoindre le maréchal de Mac-Mahon, il n'est pas douteux que la bataille de Frœschwiller aurait présenté un tout autre caractère (1) ».

A vrai dire, l'issue de la lutte n'eût pas été différente si le Maréchal avait maintenu et renouvelé, le 6 août au matin, l'ordre formel donné la veille au général de Failly, de venir à Reichshoffen avec tout son corps d'armée le plus tôt possible. La division Goze, la réserve d'artillerie et la brigade de Maussion, ne se seraient mises en marche, en effet, qu'à la suite de la division de Lespart et, comme elle, seraient arrivées trop tard. Mais le Maréchal prévoyait-il qu'il en serait ainsi ? La bataille pouvait durer jusqu'au soir, demeurer indécise et recommencer le lendemain. Il devait donc « renouveler ses ordres d'une manière plus pressante (2) ».

Toutefois, il ne saurait être rendu responsable de l'arrivée tardive de la division de Lespart, que le commandant du 5ᵉ corps retint à Bitche, sans motif sérieux, jusqu'à 7 h. 30 du matin et qui ne marcha ensuite qu'avec la plus grande lenteur, malgré le bruit du canon qu'elle entendait depuis son départ.

De l'étude des documents des 5 et 6 août, il résulte en somme que si le général de Failly s'était conformé,

---

(1) Général Bonnal. *Frœschwiller*, page 435.
(2) Général de Woyde. *Loc. cit.*, page 185.

comme il le devait, strictement et avec activité, dès le 5 au soir, aux ordres du maréchal de Mac-Mahon, s'il ne s'en était pas laissé détourner par des considérations topographiques d'ordre très secondaire et par des raisons qui ont été réfutées précédemment, deux divisions au moins et la réserve d'artillerie du 5e corps pouvaient être rassemblées à 1 heure de l'après-midi, à Reichshoffen, à la disposition du commandant de l'armée d'Alsace.

Dès lors, il ne semble pas douteux que le maréchal de Mac-Mahon eût réussi à repousser toutes les attaques de l'ennemi le 6 août. Ce n'était pas la victoire, sans doute, et il est permis d'estimer que la puissante artillerie des Allemands eût empêché la journée d'être décisive. Que se serait-il passé le lendemain? Le Prince royal, qui disposait encore de 40,000 hommes de troupes d'infanterie intactes, eût pu recommencer la bataille. Mais il y a lieu d'observer qu'elles se composaient des contingents de l'Allemagne du Sud et il faut tenir compte « d'un certain découragement toujours à prévoir dans les fractions d'origine si diverse de son armée, dont la plupart avaient combattu, quelques années seulement auparavant, contre leurs alliés actuels et leurs chefs prussiens (1) ».

Les 5e et 6e divisions de cavalerie de la IIe armée, le 6 août entre Sarreguemines et Bitche.

a) *Colonne de gauche de la 5e division de cavalerie* (2). — Par dépêche télégraphique du 5 août (6 h. 35 du soir),

---

(1) Général de Woyde. *Loc. cit.*, page 185.

(2) La colonne de gauche de la 5e division de cavalerie se composait de la *12e* brigade (de Bredow) et du *10e* hussards de la *13e* brigade.

Emplacements dans la nuit du 5 au 6 août : *7e* cuirassiers, Nieder-Auerbach; *16e* uhlans, Deux-Ponts et environs; *13e* dragons, Pirmasens; *10e* hussards, Blieskastel; batterie à cheval, Deux-Ponts.

le prince Frédéric-Charles avait prescrit aux 5ᵉ et 6ᵉ divisions de cavalerie (1) de se maintenir étroitement au contact de l'ennemi, de faire des prisonniers, de renseigner activement sur ses lignes de retraite (2), et de pousser vigoureusement dans la direction de Rohrbach.

Le général de Rheinbaben, commandant la 5ᵉ division de cavalerie, avait ordonné en conséquence au général de Bredow, placé à la tête de la colonne de gauche, de se porter le 6 avec toute sa brigade, entre Sarreguemines et Bitche. Mais, elle ne se mit en mouvement que dans l'après-midi, sans raison connue (3); encore fallut-il un nouvel ordre du prince Frédéric-Charles (4) pour l'y déterminer. Après avoir rassemblé 11 escadrons et sa batterie à cheval à Alt-Altheim, le général de Bredow détacha 3 escadrons du *16ᵉ* uhlans vers le Sud-Est, à Brenschelbach et se dirigea sur Medelsheim, où il arriva vers 4 heures. De là, les 1ᵉʳ et 2ᵉ escadrons du *10ᵉ* hussards furent chargés de flanquer la colonne sur la droite et de se relier vers Rheinheim à la brigade Rauch de la 6ᵉ division. Sur 16 escadrons, il ne lui en restait donc plus que 6 (5) et la batterie avec lesquels il se porta sur Rohrbach.

Il atteignit Gusing vers 7 heures du soir, et apercevant un escadron ennemi (5ᵉ lanciers) vers Olferdin-

---

(1) En exécution d'un ordre du maréchal de Moltke, en date du 5, recommandant l'envoi d'une forte masse de cavalerie au delà de la ligne ferrée Sarreguemines—Bitche. (*Correspondance du maréchal de Moltke*, tome I, nº 108.)

(2) Le duc de Mecklembourg avait annoncé à 5 heures du soir, au prince Frédéric-Charles, que l'ennemi avait levé ses camps de la Sarre et de la Blies.

(3) Cardinal von Widdern. *Die Kavallerie-Divisionen während des Armee-Aufmarsches*, page 57.

(4) *Ibid.*, page 58.

(5) 7ᵉ cuirassiers; 3ᵉ et 4ᵉ escadrons du *10ᵉ* hussards.

gerhof, il fit ouvrir sur lui le feu de sa batterie. L'escadron se replia, suivi par le 4ᵉ du *10ᵉ* hussards; celui-ci fut accueilli par quelques coups de feu de l'infanterie française qui occupait Rohrbach (1ᵉʳ bataillon du 49ᵉ de ligne). Le général de Bredow ordonna alors la retraite, après avoir constaté qu'il y avait d'autres troupes d'infanterie et de cavalerie ennemie au Nord-Ouest de Rohrbach; que la Ferme Freudenberg était occupée par un régiment d'infanterie environ; qu'une colonne de voitures, comprenant de l'artillerie, marchait sur la route à l'Est, dans la direction de Bitche; qu'enfin un camp de 20,000 hommes de toutes armes se trouvait près de cette localité (1).

Le *13ᵉ* dragons, détaché à Pirmasens et Ober-Simten (2), avait reçu l'ordre d'envoyer une reconnaissance d'officier sur Bitche. Le lieutenant de Münckhausen partit à 6 heures du matin avec son peloton et 20 chasseurs bavarois, transportés sur des voitures. Le détachement se heurta, vers Halspelscheidt, à un poste d'infanterie française; le lieutenant poursuivit jusqu'à deux kilomètres de Bitche et observa, au Nord de cette ville, un camp ennemi de toutes armes, dont il évalua la force à une division (division Goze).

Après avoir essuyé quelques coups de feu, le détachement se replia vers le Nord et rejoignit son régiment à Boussewiller.

« La cavalerie prussienne qui, dans la journée du 6 août, avait constaté sur toute la ligne de Rohrbach à Bitche la présence de forces françaises importantes, ne laissa aucune reconnaissance d'officier en un point quel-

---

(1) Rapport du général de Bredow au général commandant la 5ᵉ division de cavalerie, daté de Medelsheim, 6 août, 11 h. 30 soir. (Cardinal von Widdern. *Loc. cit.*, page 65.)

(2) Un escadron.

conque pour continuer à observer et conserver le contact » (1).

On remarquera de plus que les instructions du maréchal de Moltke n'avaient pas été exécutées, car on s'était borné à atteindre la voie ferrée de Sarreguemines à Bitche, au lieu de pousser au delà.

Le colonel Cardinal von Widdern fait observer judicieusement que la faute n'en incombe pas au général de Bredow, mais doit être attribuée à l'état-major de la IIe armée, qui n'avait pas transmis fidèlement la pensée du maréchal de Moltke (2).

La brigade de Bredow passa la nuit du 6 au 7 août dans des cantonnements-bivouacs à Medelsheim (*7e cuirassiers et batterie*), Gersheim (*10e hussards*), Ersweiler (*16e uhlans*), Nord de Boussewiller (*13e dragons*); avant-postes sur la ligne : Bliesbrücken—Ober-Gailbach—Ebbinger-Mühle—Boussewiller (3).

b) *6e division de cavalerie*. — Conformément aux instructions du prince Frédéric-Charles, en date du 5 août, la 6e division de cavalerie exécuta les mouvements ci-après :

Brigade Grüter (4). — Le 1er escadron du *15e uhlans*, qui était, le 5 août au soir, en grand'garde à Ensheim, se dirigea sur Neunkirch le 6 août au point du jour. Il y constata la présence d'infanterie française qui se déploya

---

(1) Cardinal von Widdern. *Loc. cit.*, page 71.
« Pendant une journée entière, tout contact avec l'ennemi fit défaut à cette aile. La cavalerie allemande encourut là un blâme sévère ». (Général Pelet-Narbonne. *La cavalerie des Ire et IIe armées allemandes dans les journées du 7e au 15 août 1870*, page 26.)

(2) *Loc. cit.*, page 63.

(3) Cardinal von Widdern. *Loc. cit.*, page 65. (Rapport du général de Bredow.)

(4) Emplacements dans la nuit du 5 au 6 août : *6e cuirassiers*, entre Jägerfreude et Friedriechsthal; *3e uhlans*, à Saint-Ingbert; *15e uhlans*, à Hassel; batterie à cheval, à Saint-Ingbert.

à son approche, d'un régiment de chasseurs à cheval et d'un escadron de cuirassiers (1), puis se porta au Sud de Bliesbrücken et coupa la voie ferrée à Hermscapel. Il se replia ensuite au Nord de Habkirchen. Mal renseigné par les reconnaissances du 3ᵉ régiment de lanciers, le général Montaudon rendit compte à midi au général de Failly de l'apparition, près de Wising, de « trois régiments de cavalerie, deux bataillons d'infanterie, une batterie ». Il ajoutait que Rohrbach lui paraissait menacé. On a vu que ces informations inexactes l'avaient déterminé à retenir la brigade Lapasset à Sarreguemines.

Le gros de la brigade se porta, à 6 heures du matin, des environs de Saint-Ingbert sur Bliesransbach et s'établit dans des cantonnements-bivouacs à Eschringen et Bliesransbach (*15ᵉ* uhlans), Bischmisheim (*6ᵉ* cuirassiers), Fechingen (*3ᵉ* uhlans).

Brigade Rauch (2). — La brigade Rauch avait reçu l'ordre « de franchir la Blies à Rheinheim, d'explorer vers Rohrbach et Neunkirch et de prendre position sur la Blies ». Elle part d'Assweiler à 6 heures du matin avec la batterie à cheval, se dirige sur Habkirchen par Bebelsheim et commence à franchir la Blies à Frauenberg. Les patrouilles signalent des troupes en marche sur la route Sarreguemines—Rohrbach (3) et une colonne d'un bataillon et d'un escadron se dirigeant de Sarreguemines sur Frauenberg (4). « La brigade fait demi-tour, repasse le pont de la Blies et reprend la

---

(1) Il n'y avait pas de cuirassiers français à Neunkirch.

(2) Emplacements dans la nuit du 5 au 6 août : *3ᵉ* hussards, à Kirkel ; *16ᵉ* hussards, au Nord-Est et au Nord-Ouest de Blieskastel.

(3) Renseignement inexact.

(4) C'étaient le 1ᵉʳ bataillon du 97ᵉ et un escadron du 3ᵉ lanciers.

« Chose curieuse, dit l'historique du 3ᵉ hussards, la cavalerie fran« çaise marchait en queue de la colonne. »

route suivie à l'aller. Elle accélère bientôt sa marche en retraite à la nouvelle que des escadrons de lanciers français ont franchi la Blies à Habkirchen et suivent la brigade vers Wittersheim..... On apprend que le renseignement est inexact..... Néanmoins, on continua à se replier au lieu d'occuper les localités sur la Blies : Gersheim, Rheinheim, Nieder-Gailbach et Bliesbrücken, ainsi que l'ordre l'avait prescrit..... » (1). L'état-major de la brigade s'installe à 1 heure après-midi à Wittersheim ; le *16e* hussards à Ormesheim et Ehlingen ; le *3e* hussards à Bebelsheim et Wittersheim.

Le quartier général de la *6e* division de cavalerie avait été établi à Ensheim. Quelques instants avant midi, on y entendit le bruit du canon, venant de la direction de Sarrebrück. A 2 h. 1/2, le général de division envoya à la brigade Rauch l'ordre de se porter avec sa batterie vers Habkirchen et « d'y exécuter une démonstration au moyen de son canon. Si l'ennemi disparaissait de la route Sarreguemines--Rohrbach, on devait le suivre avec de forts partis » (2).

Ces instructions furent exécutées. La batterie s'établit, entre 6 et 7 heures du soir, sur les hauteurs au Nord d'Habkirchen, et envoie quelques obus dans un petit bois de la rive gauche que l'on suppose occupé. Deux escadrons du *16e* hussards franchissent la rivière et signalent qu'à Neunkirch se trouvent trois bataillons ennemis (3). Vers 7 heures, la brigade rentre dans ses cantonnements (4) sans conserver le contact.

« Cette démonstration, si mollement exécutée et si

---

(1) Historique du *16e* régiment de hussards.
(2) Cardinal von Widdern. *Loc. cit.*, page 168.
(3) Renseignement inexact.
(4) *Ibid.*, page 169.

brusquement cessée, ne paraît pas avoir fait une grande impression sur les Français. Si le général de Rauch ne se croyait pas assez fort (il n'avait guère plus de six escadrons sous la main) pour pousser sa batterie au delà de la Blies et s'approcher davantage de Neunkirch, il aurait pu tout au moins chercher à produire des alertes et à inquiéter l'ennemi par une canonnade aussi prolongée que possible » (1).

Considérées dans leur ensemble, les opérations des 5ᵉ et 6ᵉ divisions de cavalerie sont loin d'être caractérisées par la hardiesse et l'action en masses ; elles dénotent, au contraire, une certaine circonspection, inexplicable d'ailleurs, en l'absence d'une cavalerie adverse capable de s'opposer à leurs entreprises. Partout apparaissent la dissémination des forces et aussi l'oubli constant du principe fondamental des reconnaissances de cavalerie : Ne jamais perdre le contact.

Leur rôle, dans la zone Sarreguemines—Rohrbach—Bitche, devait consister à empêcher le 5ᵉ corps de se porter au secours du 1ᵉʳ, ou tout au moins à retarder son mouvement le plus possible. Les dispositions prises à cet effet furent absolument insuffisantes.

Le 7ᵉ corps dans la journée du 6 août.

Le général Douay avait donné l'ordre à la division Liébert de venir camper à Modenheim, au Nord-Ouest de Mulhouse. La 1ʳᵉ brigade, qui se trouvait à Rixheim, se place en première ligne ; la 2ᵉ brigade, ainsi que les réserves d'artillerie et du génie du corps d'armée, rompt d'Altkirch à 6 heures du matin, prend la route de Mulhouse par Illfurth et s'établit en deuxième ligne, ayant à sa gauche l'artillerie divisionnaire. La brigade

---

(1) Cardinal von Widdern. *Loc. cit.*, page 170.

de cavalerie se concentre également à Modenheim. Le 7, « à 3 heures du matin, une dépêche de Bâle faisait connaître la défaite du 1ᵉʳ corps (1) ».

E.

---

(1) Prince Bibesco. *Belfort, Reims, Sedan*, page 27.

DOCUMENTS ANNEXES.

La journée du 6 août en Alsace.

1er CORPS.

a) Journaux de marche.

Journal de marche du 1er corps d'armée.

Les reconnaissances de cavalerie (1), rentrées au point du jour, n'avaient pas rencontré l'ennemi sur la rive gauche du Sauerbach, en avant de nos positions et rien n'annonçait que nous serions attaqués dans la journée quand, à 7 heures du matin, des coups de canon se firent entendre du côté de Gœrsdorf et furent bientôt suivis d'une assez vive fusillade. Le Maréchal, qui était monté à cheval au premier coup de canon, crut d'abord qu'il ne s'agissait que d'une simple reconnaissance ; la gauche de la 3e division était seule engagée et contenait facilement l'ennemi ; mais celui-ci ne tarda pas à mettre en action de nouvelles batteries d'artillerie qui ouvrirent leur feu sur le centre de nos positions pendant que de nombreux tirailleurs passaient la rivière et attaquaient notre centre et notre gauche. Ce n'était encore là, cependant, qu'une fausse attaque, destinée à nous tromper sur les véritables intentions de l'ennemi.

Pendant cette première période de la bataille, la 1re division du 7e corps (Conseil-Dumesnil) arrivée dans la nuit par le chemin de fer de Strasbourg à Reichshoffen (2), était venue prendre position à la droite de la 2e division et n'avait pas tardé à entrer en ligne, à la droite de la 3e division, reliant plus solidement cette division avec la 4e.

---

(1) Dirigées sur Lembach et sur Haguenau, d'après les *Souvenirs inédits du maréchal de Mac-Mahon*.

(2) Pour les heures d'arrivée des éléments de la division Conseil-Dumesnil, voir 6e fascicule, page 132.

De son côté, la division de cavalerie de réserve du général de Bonnemains avait quitté le bivouac de Reichshoffen aux premiers coups de canon et était venue prendre position en arrière de Frœschwiller et derrière la deuxième division d'infanterie.

Vers 11 heures, l'attaque s'accentua plus vigoureusement et le combat devint général. L'ennemi, qui disposait de forces très considérables, lança sur le centre et la droite de nos positions de fortes colonnes d'infanterie, précédées par une nuée de tirailleurs et soutenues en arrière par une puissante artillerie. Soixante à quatre-vingts bouches à feu, placées en batterie sur les hauteurs de Gunstett, à 2,500 mètres environ d'Elsashausen, inondaient le champ de bataille de leurs projectiles et portaient la mort jusque dans nos réserves les plus éloignées. Notre artillerie essaya de contre-battre l'artillerie ennemie avec ses pièces de 12, mais elle en reconnut bientôt l'impossibilité. Nous acquîmes la triste certitude que les canons prussiens portaient beaucoup plus loin et plus juste que les nôtres.

Attaquées par des forces trois fois supérieures, nos troupes soutinrent longtemps cette lutte inégale et sur plusieurs points repoussèrent l'ennemi. A gauche, nous soutînmes le combat avec avantage contre les Bavarois qui essayèrent en vain d'enlever nos positions. Mais, accablées par le nombre, épuisées de fatigue et menacées d'être tournées par des masses profondes d'infanterie, les troupes de la 4ᵉ division plièrent et abandonnèrent leurs positions.

Il était 3 heures; les Prussiens gagnaient du terrain; au centre et à droite toutes nos réserves avaient été successivement engagées, et, malgré de vigoureux retours offensifs, malgré plusieurs charges brillantes de cavalerie et les feux bien dirigés de notre artillerie qui, dans cette journée, fit des prodiges de valeur, la marche en avant de l'ennemi ne put être arrêtée. La Maréchal, craignant d'être enveloppé et coupé de sa ligne de communication, ordonna la retraite sur Saverne. Elle s'effectua en assez bon ordre, sous la protection de la 1ʳᵉ division qui avait le moins souffert pendant la bataille et dont la ferme attitude aux derniers moments de la lutte, empêcha l'ennemi de nous poursuivre avec vigueur.

La 1ʳᵉ division opéra sa retraite sur la Petite-Pierre (1) : le reste des troupes sur Reichshoffen et Niederbronn et ensuite sur Saverne, à l'exception de quelques hommes isolés qui prirent la route de Bitche.

A Niederbronn nous trouvâmes une division du 5ᵉ corps qui venait

---

(1) Cette direction ne fut suivie que par le général Ducrot avec un bataillon du 18ᵉ de ligne et environ 1500 hommes de différents corps.

d'y arriver (1). Le Maréchal lui fit prendre position pour protéger au besoin la retraite du 1ᵉʳ corps ; mais l'ennemi se contenta de lancer quelques obus et notre retraite ne fut pas sérieusement inquiétée.

Nos pertes étaient de 4,000 à 5,000 hommes, tués, blessés ou disparus (2). Celles de l'infanterie ennemie, exposée au feu de nos chassepots, devaient être beaucoup plus considérables en tués et en blessés.

Nous avions lutté pendant 9 heures contre plus de 100,000 hommes et le 1ᵉʳ corps, y compris la division Conseil-Dumesnil et la division de cuirassiers, ne comptait que 35,000 combattants.

Notes sur les opérations du 1ᵉʳ corps de l'armée du Rhin et de l'armée de Châlons, dictées par le Maréchal à Wiesbaden en janvier 1871.

Le 6, à 7 heures du matin, des coups de canon se firent entendre du côté de Gœrsdorf; ils furent bientôt suivis d'une fusillade assez vive qui s'engagea à la gauche de la division Raoult, établie sur le contrefort qui s'avance au Nord-Est de Frœschwiller. Cette division contint d'abord l'ennemi sans difficulté, mais celui-ci ne tarda pas à mettre en action de nouvelles batteries qui ouvrirent le feu sur le centre de nos positions et le couvrirent de projectiles. Sous la protection de ce feu, de nombreux tirailleurs passaient la rivière et attaquaient le front de la position.

En ce moment, la division Conseil-Dumesnil, du 7ᵉ corps, arrivée de Strasbourg à Reichshoffen pendant la nuit, se porta sur le champ de bataille et vint se placer en seconde ligne, à la droite de la division Pellé.

La division de cuirassiers de Bonnemains, qui avait passé la nuit à Reichshoffen, se porta également, au premier coup de canon, sur le plateau de Frœschwiller et s'établit en arrière du centre de la ligne de bataille (3).

Vers les onze heures, l'attaque qui paraissait jusqu'alors indécise et pouvait être prise pour une simple démonstration, s'accentua plus vigoureusement et se changea en un engagement général. L'ennemi, qui disposait de forces très considérables, lança sur le centre et sur la droite de nos positions de fortes colonnes d'infanterie précédées d'une nuée de tirailleurs et soutenues par une puissante artillerie Une

---

(1) 3ᵉ division (Guyot de Lespart).
(2) Dans les notes dictées à Wiesbaden, le Maréchal donne les chiffres de 8,000 à 9,000 hommes, et dans ses *Souvenirs*, celui de 6,000.
(3) Voir page 6 (*Documents annexes*), note 2.

grande batterie, placée sur les hauteurs de Gunstett, inondait d'obus le champ de bataille et atteignait même nos réserves les plus éloignées (1).

Attaquées par des forces au moins trois fois supérieures, nos troupes opposèrent longtemps la plus énergique résistance ; sur plusieurs points même et notamment à la gauche, elles réussirent à repousser l'ennemi, mais sur les 3 heures du soir, épuisée par cette lutte inégale, accablée par le nombre, et tournée par des masses énormes d'infanterie, l'aile droite fut contrainte de se replier.

Au centre, les Prussiens gagnaient également du terrain. Toutes les réserves avaient été successivement engagées, et malgré de vigoureux retours offensifs, malgré plusieurs charges brillantes de cavalerie et les feux de notre artillerie, qui tint en position jusqu'à la dernière limite, la marche en avant de l'ennemi ne put être arrêtée.

Le Maréchal, tourné par sa droite et menacé d'être enveloppé, ordonna la retraite. Elle s'effectua en assez bon ordre sous la protection de la division de gauche, division Ducrot, qui avait le moins souffert pendant la bataille et dont la ferme attitude empêcha l'ennemi de nous poursuivre trop vivement.

Le Maréchal dirigea le mouvement de retraite sur Saverne. En marchant sur Bitche, dont la ligne télégraphique avait déjà été coupée par l'ennemi, il craignait que sa colonne, obligée de s'avancer par une seule route, dans un long défilé, n'y fût coupée par quelque nouveau corps ennemi et compromise. D'un autre côté, il espérait, en se portant sur la ligne de communication principale entre Strasbourg et Paris, pouvoir tenir quelque temps sur cette ligne, ralentir la marche de l'ennemi, et donner le temps de pourvoir à l'approvisionnement de Strasbourg, qu'il savait être très incomplet.

En passant à Niederbronn, il rencontra la division Guyot de Lespart, du corps du général de Failly, qui venait d'y arriver. Elle prit position de manière à protéger au besoin la retraite du 1er corps, mais l'ennemi se contenta de lancer quelques obus et n'inquiéta pas sérieusement notre retraite.

Une des brigades (2) de cette division forma l'extrême arrière-garde du 1er corps, l'autre brigade (3) rejoignit le 5e corps à Bitche.

Nos pertes, dans cette journée, s'élevèrent à 8,000 ou 9,000 hommes, y compris les prisonniers ; un très grand nombre de ceux-ci apparte-

---

(1) Le maréchal de Mac-Mahon ainsi que le Journal de marche du 1er corps ne mentionnent que les batteries ennemies de Gunstett (XIe corps), sans parler de celles du Ve, établies à l'Est de Wœrth.

(2) 2e brigade (de Fontanges).

(3) 1re brigade (Abbatucci).

naient au personnel de l'administration et des ambulances établies à Frœschwiller.

Nous avions eu affaire à 140,000 hommes environ de l'armée du prince royal de Prusse ; le premier corps, en y comprenant la division Conseil-Dumesnil et les cuirassiers du général de Bonnemains, comptait à peine 35,000 combattants.

Les troupes, à l'exception de la division Ducrot qui prit le chemin de la Petite-Pierre, marchèrent toute la nuit et arrivèrent le lendemain matin de bonne heure à Saverne. Après les efforts qu'elles venaient de faire, il s'était produit parmi elles un désordre inévitable. Beaucoup d'hommes étaient sans sac et sans effets de campement ; ils les avaient perdus à Wissembourg et à Frœschwiller. Le parc de réserve de l'artillerie n'avait pas pu rejoindre avant la bataille (1). Il était impossible de compléter les munitions qui avaient été épuisées.

Un nombre considérable d'officiers supérieurs et de commandants de compagnie avaient été tués. Les cadres et, par suite, les régiments se trouvaient désorganisés, et la désorganisation ne pouvait que s'accroître par les fatigues ou les dangers d'un nouveau combat.

Dans cet état de choses, le Maréchal, dont l'intention avait d'abord été de s'arrêter sur les Vosges, crut devoir continuer sa retraite jusqu'au camp de Châlons, seul point où il put trouver les ressources suffisantes pour refaire son corps d'armée. Il informa de son mouvement le général Douay, à Belfort, lui fit connaître l'impossibilité où il allait se trouver de lui donner des ordres, et l'invita à prendre directement les instructions du major général à Metz.

Souvenirs inédits du maréchal de Mac-Mahon (2).

6 août.

Le 6 août, j'envoyai des reconnaissances de cavalerie dans la direction de Lembach et Haguenau. Elles rentrèrent sans avoir rencontré l'ennemi.

Par suite, je ne croyais pas être attaqué dans la journée, lorsque, vers 7 heures, des coups de canon se firent entendre dans la direction de Gœrsdorf, suivis bientôt d'une assez vive fusillade. Vers 7 heures du matin, le général von Walther, commandant une brigade du Ve corps,

---

(1) Un échelon du parc d'artillerie du 1er corps se trouvait en réalité à Reichshoffen depuis le 5 août, 8 heures du matin.

(2) Ainsi qu'on pourra le constater, ces *Souvenirs* semblent avoir été écrits après la publication de l'*Historique du Grand État-Major prussien*.

exécuta une reconnaissance dans la direction de Wœrth. Il crut apercevoir dans le camp français un mouvement de troupes exécutant un départ; voulant s'en assurer, il porta en avant un bataillon d'infanterie et une batterie. Cette batterie arriva sur les hauteurs qui dominent Wœrth et lança une dizaine d'obus qui déterminèrent quelques incendies dans ce village. L'infanterie arriva jusqu'à Wœrth, qu'elle trouva inoccupé. Les ponts étaient rompus, mais un peloton de tirailleurs traversa la Sauer à gué.

Bientôt le combat s'engagea entre ce bataillon et les zouaves, qui occupaient la rive opposée. Le général Walther, ne pouvant plus douter de la présence de fortes masses, rompit le combat et rentra vers 8 h. 1/2 à son bivouac, conformément aux instructions du Prince royal, qui avait prescrit de ne point s'engager ce jour-là.

M'étant porté sur les hauteurs qui dominent Wœrth, sur la rive droite du Sultzbach, j'appris que la division Conseil-Dumesnil venait de débarquer à Reichshoffen (1). Je lui prescrivis de se porter sur la droite de la division de réserve (Pellé), sur les hauteurs d'Elsashausen.

La division de cuirassiers Bonnemains vint s'établir à la droite de la brigade Septeuil (2).

Vers 7 h. 1/2, le général Lartigue, qui avait entendu le canon de Goersdorf, fit rectifier la position occupée par le 3e zouaves. Il porta son bataillon (3) un peu plus en avant dans la direction de Gunstett. Les tirailleurs de ce bataillon, en approchant du Sauerbach, reçurent le feu des troupes prussiennes occupant le moulin de Brück. De là un nouvel engagement. Le général Lartigue fit avancer une batterie qui ouvrit le feu sur le moulin et le village de Gunstett, et comme, de ce côté, aucune des deux troupes engagées n'était disposée à l'attaque, le combat dégénéra bientôt en une fusillade insignifiante.

Toutefois, le bruit du canon avait donné l'éveil à la droite et à la

---

(1) Voir 6e fascule, page 132.

(2) D'après le Journal de marche du 3e hussards (brigade de Septeuil), la division de Bonnemains vint se placer en arrière, à gauche du 3e hussards.

D'après l'Historique du 3e régiment de cuirassiers, la gauche de la division de Bonnemains se trouvait « à environ 200 mètres de la route « de Reichshoffen à Wœrth par Frœschwiller (première position). »

L'erreur vraisemblable du maréchal de Mac-Mahon provient peut-être de ce que la division de Bonnemains changea plusieurs fois d'emplacement dans le courant de la journée, pour se soustraire aux projectiles.

(3) Il s'agit probablement du bataillon de droite (1er) du 3e zouaves.

gauche de l'armée et amena une bataille générale, malgré les intentions des deux généraux en chef.

De mon côté, j'aurais désiré attendre le 5ᵉ corps, qui devait arriver le lendemain (1).

Le général de Bose, commandant le XIᵉ corps, en entendant le canon de Gunstett, dirigea son corps d'armée sur ce point, faisant prévenir le général von Walther, commandant la 3ᵉ division du IIᵉ corps bavarois, de presser son mouvement.

Dès qu'il fut arrivé à Gunstett, il fit placer quatre batteries d'artillerie au Nord de ce village. De ce côté, le combat ne prit pas un plus grand développement. Il devint, au contraire, plus vif à notre gauche.

Le général Hartmann, commandant le IIᵉ corps bavarois, donna l'ordre aux troupes qu'il avait sous la main (la 4ᵉ division et ses armes spéciales) de se porter sur Frœschwiller. Arrivé à Langensoultzbach, il envoya une batterie sur les hauteurs au Nord de ce village.

L'avant-garde s'avança jusqu'à la lisière du bois, mais, criblée par le feu de nos tirailleurs, elle dut attendre des renforts. Bientôt cette division (général Bothmer) reprit l'offensive, engagea ses dix bataillons, mais ne put qu'à grand'peine gagner du terrain sur sa gauche, du côté du Sultzbach.

Le feu de notre artillerie, placée à Frœschwiller, obligea deux batteries allemandes, qui avaient voulu prendre position de ce côté, à se replier plus en arrière.

A 10 h. 1/2, les pertes de cette division étaient déjà sensibles, lorsque le Prince royal envoya l'ordre de cesser le combat. Le général Bothmer retira alors toutes les troupes en arrière de Langensoultzbach.

Lorsque, sur notre droite, le feu du général de Lartigue avait cessé, je m'étais porté vers la division Ducrot, que je rejoignis quand les premiers coups de fusil venaient d'être tirés.

Je me dirigeai sur une batterie de mitrailleuses, dont je n'avais pas encore eu occasion de voir les effets de tir. Elle ne me parut pas avoir assez de portée pour produire un grand effet. Étant sous le feu des tirailleurs ennemis, elle dut se reporter en arrière. Je crus un moment à une attaque sérieuse, cherchant à tourner notre gauche, et je donnai ordre à un régiment de la division de réserve (2), le 78ᵉ, de venir se mettre à la disposition du général Ducrot (3).

Je restai près de lui.

---

(1) Voir, à ce sujet, 6ᵉ fascicule, Journée du 5 août en Lorraine.
(2) 2ᵉ division (Pellé).
(3) En réalité, le 78ᵉ fut mis à la disposition du général Raoult. (Voir Rapport du général Pellé et Historique du 78ᵉ de ligne.)

Bientôt je vis les Bavarois faire un mouvement rétrograde que je ne pouvais m'expliquer. Je pensai qu'ils avaient voulu exécuter sur notre gauche une fausse attaque pour tenter un mouvement plus important sur notre droite. Je revins alors au centre, sur un mamelon au sud-ouest d'Elsashausen et au nord de la forêt de Niederwald. De ce point on pouvait apercevoir l'ensemble du champ de bataille.

J'y restai la plus grande partie de la journée.

Je prescrivis à l'artillerie de réserve de venir prendre position à la gauche et en avant de la division Conseil-Dumesnil, qui n'avait pas encore reçu son artillerie (1). Cette division était exposée au feu déjà assez vif des nombreuses batteries qui occupaient les hauteurs en face de Wœrth.

Notre artillerie produisait bien peu d'effet. La plupart des projectiles éclataient en l'air et il avait suffi aux batteries allemandes de se replier de quelques centaines de mètres pour être absolument à l'abri de nos obus.

Depuis le matin, tout se bornait, au centre, à une lutte d'artillerie qui ne nous était pas favorable. Nous n'avions à opposer aux 108 pièces des Ve et XIe corps, qui occupaient les positions en avant de Gœrsdorf et à l'Est de Gunstett, que 36 pièces d'une portée bien inférieure.

Vers 9 heures, le général commandant le Ve corps prussien se décida à prendre l'offensive. Il en fit prévenir le général de Bose (XIe corps) et le général Hartmann, et les invita à attaquer en même temps que lui.

A 11 h. 1/2, les Ve et XIe corps se portaient en avant. La 10e division d'infanterie commença l'attaque en se portant sur Wœrth. La 20e brigade trouva le village inoccupé, traversa la Sauer et tenta de gravir les hauteurs opposées, mais le 3e zouaves (division Lartigue) (2) et le 2e zouaves (division Raoult), embusqués sur les crêtes à 200 ou 300 mètres de la rivière et dans les vignes, les reçurent par un feu des plus violents, puis se jetèrent en avant et les ramenèrent sur Wœrth. Les zouaves reprirent alors leur ancienne position. Une seconde attaque de la 20e brigade échoua, puis, sous l'appui de la 19e brigade, elle se rallia dans Wœrth. Plusieurs tentatives pour se porter en avant furent repoussées par les zouaves, qui parvinrent même à s'emparer d'une grande partie des maisons situées sur la rive droite, qu'ils durent abandonner à leur tour peu de temps après.

---

(1) Les deux batteries de 12 de la réserve d'artillerie du 1er corps (11e et 12e du 6e) furent envoyées à la division Conseil-Dumesnil. D'autre part, les quatre batteries à cheval de cette réserve (1re, 2e, 3e, 4e du 20e) entrèrent en action vers 9 h. 30 entre le hameau d'Elsashausen et la route de Frœschwiller à Wœrth.

(2) Le 3e zouaves ne participa pas à cette contre-attaque.

Les Prussiens ne purent déboucher de Wœrth, où ils éprouvèrent de grandes pertes par le feu de nos batteries. Ils cherchèrent un refuge dans les jardins un peu en arrière. A l'extrême gauche, le XI⁰ corps fut encore moins heureux. Le général de Bose, après une vive canonnade de sa nombreuse artillerie, à laquelle le général de Lartigue ne pouvait opposer que deux batteries de 4, réunit son corps d'armée et lui donna l'ordre de traverser la Sauer. La 41ᵉ brigade se porta en avant et traversa la rivière au moment où les 2ᵉ et 3ᵉ zouaves repoussaient les Prussiens à Wœrth. En apercevant le mouvement, le général de Lartigue s'avança à leur rencontre, les arrêta et les rejeta de l'autre côté de la rivière. Cette brigade se reforma bientôt et, soutenue par trois autres bataillons, franchit la Sauer à Bruckmülh. Mais elle n'était pas encore arrivée à la grande route de Wœrth à Haguenau qu'elle était attaquée par le général de Lartigue et rejetée sur la rive gauche.

En résumé, à 1 heure, les trois corps d'armée ennemis engagés en première ligne avaient été repoussés par nos troupes, deux sur la rive gauche de la Sauer, le troisième en arrière de Langensoultzbach.

C'est à ce moment que le Prince royal arriva sur le champ de bataille et s'établit sur les hauteurs en arrière de Wœrth pour se rendre compte de ce qui se passait. La position, à son arrivée, était la suivante :

Les V⁰ et XI⁰ corps étaient engagés entre Goersdorf et Gunstett ;

Le II⁰ corps bavarois était en arrière de Langensoultzbach ;

Le I⁰ʳ corps bavarois arrivait et prenait position sur la rive gauche de la Sauer, entre le II⁰ corps et le V⁰ corps ;

Le corps de Werder était près d'arriver à la gauche du XI⁰ corps.

Le Prince pensa alors que le V⁰ corps, qui avait en ligne 25 bataillons appuyés par 200 bouches à feu, pouvait assurer la ligne Goersdorf—Gunstett contre toute tentative de l'ennemi, et que, par suite, il pourrait, avec les autres troupes disponibles, former deux masses de 40,000 hommes chacune pour attaquer les ailes ennemies.

Il donna donc les ordres suivants :

Le II⁰ corps bavarois agira contre le flanc gauche de l'ennemi, de manière à venir s'établir au delà de la Sauer, dans la direction de Reichshoffen.

Le Iᵉʳ corps bavarois laissant une division en arrière comme réserve et accélérant sa marche se portera entre le II⁰ corps bavarois et le V⁰ corps.

Le XI⁰ corps marchera vigoureusement contre Frœschwiller, par Elsashausen et le Niederwald.

Dans le corps Werder, la division würtembergeoise suivra par Gunstett le mouvement du XI⁰ corps au delà de la Sauer.

La division badoise (corps Werder) gagnera provisoirement Surbourg.

Les ordres donnés furent immédiatement exécutés ; les corps s'engagèrent à mesure qu'ils se présentèrent devant nos positions.

Jusqu'à 3 heures, ils firent peu de progrès et les divisions françaises restèrent sur les positions qu'elles occupaient depuis le matin.

Les deux corps bavarois gagnèrent peu de terrain, et même au moment où nous battîmes en retraite, ils ne s'avancèrent point suffisamment pour inquiéter sérieusement le mouvement que nous faisions par Fræschwiller et Niederbronn.

Le V° corps, après plusieurs attaques, avait fini par passer en partie le Sauerbach et par s'établir dans les vignes de la rive droite, mais avant 3 heures il n'avait pu passer le ruisseau de Sultzbach.

Le XI° corps eut des alternatives diverses de Wœrth à Spachbach ; il passa plusieurs fois la Sauer, mais en définitive gagna peu de terrain.

Environ à 2 h. 1/2, j'aperçus entre le Niederwald et Wœrth une colonne, qui se formait sur la rive droite de la Sauer et se disposait à attaquer la position qui se trouvait devant elle.

Je crus alors devoir la faire repousser par la division Conseil-Dumesnil, qui se trouvait déployée en face d'elle par bataillons, en colonne.

J'ordonnai à mon chef d'état-major, le général Colson, de transmettre lui-même l'ordre au général Conseil-Dumesnil de porter sa division en avant et de repousser l'ennemi au delà de la Sauer. Mais, comme je ne pouvais prendre une offensive générale, il devait, après avoir repoussé l'ennemi, venir prendre son ancienne position, où ses hommes avaient laissé leurs sacs.

A ce moment, le général Colson fut frappé d'une balle au cœur et tomba raide mort. Ce fut pour moi une perte réelle et je sentis tout de suite combien il me serait difficile de le remplacer. Je donnai à un autre officier les mêmes instructions pour le général Conseil-Dumesnil.

Au moment où la colonne prusienne s'ébranla, la division se porta franchement en avant, l'arrêta et la rejeta sur la rive gauche. Le général Conseil-Dumesnil donna alors l'ordre à ses troupes de battre en retraite. Les Prussiens, embusqués dans les vignes et les plis de terrain, qui dominent la rivière, ouvrirent sur elles un feu des plus violents. Plus de 100 pièces, qui avaient vue sur le terrain qu'elles parcouraient, les couvrirent de leurs coups.....

Plusieurs officiers, le général Maire entre autres, furent tués.....

La dispersion de cette division, la seule que j'eusse en réserve, fut véritablement désastreuse.

..... Les Prussiens traversèrent la Sauerbach et se portèrent en avant.

Mais les deux régiments de zouaves qui étaient restés calmes sur leurs positions, les arrêtèrent par leur feu et les forcèrent de nouveau à rétrograder.

Peu de temps après, le général de Lartigue me fit prévenir que toutes ses troupes étaient engagées contre des forces très supérieures. Il avait été obligé d'évacuer Morsbronn et me demandait de se porter en arrière sur la position la plus rapprochée du Niederwald. Cette division, qui n'avait que dix bataillons (1), avait montré depuis le matin une grande énergie. Dans ce moment, attaquée de front par la gauche du Ve corps et une partie du XIe et de flanc par le reste de ce corps, elle allait être tournée par sa droite par le corps de Werder et était hors d'état de tenir dans la position qu'elle occupait.

N'ayant plus à ma disposition, pour toute réserve, que 2,000 hommes de la division Pellé, je dis à l'aide de camp du général de Lartigue, qu'il pouvait se retirer sur la position qu'il m'avait indiquée, le prévenant que, pour faciliter sa retraite, j'allais le faire soutenir par la brigade de cuirassiers qui se trouvait de ce côté. J'envoyai en même temps le colonel Broye porter au général Duhesme l'ordre d'envoyer la brigade de cuirassiers Michel sur la droite de la division Lartigue pour la soutenir.

Pour remplir cette mission, elle aurait dû manœuvrer de manière à menacer l'infanterie ennemie d'une charge et à la forcer ainsi à ralentir sa marche pour prendre contre elle des dispositions de combat.

J'avais longtemps connu en Afrique le général Duhesme; c'était un officier non seulement énergique, mais encore calme et prudent. Mais il était atteint, depuis quelques jours, d'une fièvre violente qui lui ôtait une partie de ses facultés et qui l'enleva dès le lendemain.

Je ne sais quel ordre il donna au général Michel, mais le fait est que celui-ci chargea sur un terrain des plus difficiles, raviné et couvert de troncs d'arbres. Malgré ces obstacles, ses braves cuirassiers se jetèrent sur l'infanterie, formée en bon ordre. Une partie d'entre eux se précipita même dans le village de Morsbronn où l'ennemi avait eu le temps d'établir des barricades. Mais là, fusillés à bout portant des maisons, ils firent des pertes énormes. Cette charge eut, toutefois, un important résultat. Elle permit au général de Lartigue de gagner, sans être inquiété, la position de Niederwald et, en y réfléchissant, je ne pense pas qu'on puisse regretter cette charge mal dirigée. Elle a, du moins, prouvé à l'ennemi que nos cavaliers étaient les dignes émules de ceux du premier Empire et qu'ils méritaient toujours cet éloge de Wel-

---

(1) Le 87e de ligne était resté à Strasbourg.

lington : « La cavalerie française est la première cavalerie du monde, car elle charge à fond ».

Les différents corps ennemis, en voyant le mouvement de retraite du général de Lartigue, firent de nouveaux efforts. N'ayant aucune nouvelle de la division que le général de Failly devait envoyer, et n'ayant, pour toute réserve, que les 2,000 hommes de la division Pellé, je craignais, en prolongeant la lutte sur le champ de bataille, de finir par être tourné par les corps d'armée qui atteignaient mes deux ailes.

Je me décidai alors à battre en retraite. Je pouvais le faire dans la direction de Bitche, où j'aurais rejoint l'armée de Metz, ou sur Saverne. Je pensais qu'en me portant sur la position que j'avais reconnue près de cette ville, je pouvais encore arrêter ou retarder le passage des Vosges par l'armée du Prince royal, et je me décidai à prendre cette dernière direction.

La division Lartigue dut se retirer par Reichshoffen, puis gagner la route directe de Niederbronn à Saverne.

La division Raoult se dirigea par Frœschwiller sur Niederbronn. Enfin, la division Ducrot dut gagner cette dernière ville par une route qui se trouvait un peu plus au Nord, derrière sa gauche. La division Lartigue commença le mouvement. Le général, voyant l'ennemi très près de lui, craignant d'être poursuivi trop vivement, au moment où il se retirait, résolut de faire auparavant un vigoureux retour offensif. Il se jeta en avant, reprit le village Albrechtshœuserhof(1) et repoussa les troupes qui l'occupaient jusqu'à Morsbronn.

De là, il reprit sa première position et traversa le Niederwald. En l'évacuant, il fut un moment pressé vivement par l'ennemi. En apercevant ce mouvement, je lui envoyai la division Pellé qui, se déployant sur sa droite, contint les troupes du XIe corps, qui venaient de faire leur jonction avec le corps de Werder.

Le 1er tirailleurs algériens, qui avait combattu la veille à Wissembourg, déploya encore la plus grande énergie.

Les divisions Lartigue et Pellé traversèrent Reichshoffen. Leur arrière-garde occupa ce poste assez longtemps pour leur permettre de traverser le ruisseau. Elles regagnèrent ensuite, sans être inquiétées, la route de Niederbronn à Saverne.

La division Conseil-Dumesnil, qui était enfin parvenue à se rallier, suivit leur mouvement. Peu après, le général Raoult évacua les positions qu'il occupait en avant de Frœschwiller. Plusieurs fois, serré de trop près, il exécuta des retours offensifs qui rejetèrent en arrière les assaillants. Il n'évacua Frœschwiller qu'au moment où il allait être

---

(1) Albrechtshœuserhof n'est en réalité qu'une ferme.

tourné. De sa personne, il était resté avec ses derniers tirailleurs. Ce fut là qu'il reçut une balle qui le blessa mortellement. Il tomba ; les soldats se précipitèrent et voulurent l'emporter, mais il eut encore assez de forces pour leur donner l'ordre formel de le laisser sur place. Ils le soulevèrent, mais prenant alors son épée, il menaça de les en frapper, s'ils refusaient de lui obéir. Ils se retirèrent. Il fut pris par l'ennemi et conduit à l'ambulance où il mourut quelques jours après.

Les troupes de la gauche et du centre ennemi, voyant le mouvement de retraite de notre droite, renouvelèrent leurs attaques, mais furent maintenues à distance.

Après les avoir vues dans Elsashausen, je crus qu'en se portant en avant, elles allaient prendre en flanc celles des troupes qui s'écoulaient par le chemin de Frœschwiller à Niederbronn.

Je prescrivis au général de Bonnemains de faire avancer sa division de cuirassiers et d'arrêter l'ennemi assez longtemps pour permettre aux troupes du centre et de la gauche de gagner Niederbronn.

Je restai près de cette division et la 1re brigade prononça un mouvement en avant. Elle était déployée par régiments en colonne d'escadrons à distance entière. L'infanterie ennemie s'étant avancée sur quelques points, les escadrons la chargèrent, mais, dès qu'elle les aperçut, elle se jeta dans un pli de terrain qui la mit à l'abri. De là, les Allemands fusillaient nos cavaliers qui ne pouvaient les atteindre. Les escadrons de tête se retiraient successivement en arrivant sur le terrain qu'ils ne pouvaient franchir. Cette manière de charger me parut bizarre, mais, sans discuter sa valeur, je dois dire qu'elle remplit le but que je m'étais proposé. Elle arrêta l'ennemi et permit à mes deux divisions de gauche de gagner Niederbronn. Cependant, dix batteries du Ve corps et quinze du XIe corps (192 pièces) (1) arrivèrent bientôt sur les plateaux que nous avions occupés et, tirant à mitraille, firent éprouver à notre cavalerie des pertes sensibles. Celle-ci ne se retira que lorsque l'artillerie et les derniers bataillons eurent traversé le Falkensteinerbach. La division Ducrot formait l'arrière-garde et maintint toujours hors de portée de fusil les Bavarois qui menaçaient notre droite.

Arrivé à Niederbronn, j'entrai au bureau télégraphique et, ne sachant encore si je serais poursuivi vivement, j'adressai à l'Empereur le télégramme suivant :

6 août 1870.

« J'ai été attaqué ce matin à 7 heures par des forces très considérables. J'ai perdu la bataille ; nous avons éprouvé de grandes pertes en hommes et matériel. La retraite s'opère en ce moment, partie sur

---

(1) Le XIe corps ne comprenait que quatorze batteries.

Bitche, partie sur Saverne. Je tâcherai de gagner ce point où je reconstituerai l'armée. Nos hommes ont perdu la plus grande partie de leurs sacs. »

J'aperçus dans la gare un train qui venait d'arriver d'Haguenau et qui renfermait l'équipage de pont qui m'était destiné mais qui, faute de chevaux, n'avait jamais pu me rejoindre. Je le dirigeai sur Mézières.

Je me portai, ensuite, sur les hauteurs qui dominent Niederbronn au Sud et j'y fis placer une batterie qui devait protéger la route de Saverne, suivie par nos troupes.

Ce fut là que je fus rejoint par le général Guyot de Lespart, commandant la division envoyée par le général de Failly. Il m'annonça qu'une de ses brigades allait arriver. Je lui prescrivis de former l'arrière-garde du 1er corps. Il prit position à droite et à gauche de la route, sur les hauteurs où j'avais placé la batterie d'artillerie et maintint cette position jusqu'au moment où les dernières troupes du général Ducrot eurent traversé la ville. Alors, rejoint par son autre brigade, il suivit le mouvement général de retraite.

L'ennemi ne nous inquiéta plus et se borna à envoyer quelques obus dans Niederbronn.

Des fuyards se dirigèrent sur Bitche, d'autres sur Haguenau, d'où ils gagnèrent Strasbourg, augmentant ainsi la faible garnison de cette place.

L'effectif de nos troupes, engagées à Frœschwiller, ne s'élevait pas à plus de 35,000 hommes. Notre artillerie se composait de 143 pièces, dont 30 mitrailleuses, en comprenant dans ce chiffre l'artillerie de la division Conseil-Dumesnil, qui arriva trop tard sur le champ de bataille pour prendre part à la lutte.

L'effectif de l'armée prussienne s'élevait à 120,000 hommes, son artillerie à 456 pièces.

Nos pertes furent de 6,000 hommes, 28 canons, 5 mitrailleuses et 1 drapeau, dont la hampe avait été brisée par un boulet et qui avait été pris dans une rue de Frœschwiller.

L'armée allemande eut 489 officiers et 10,153 hommes tués ou blessés et 1373 disparus.

Journal inédit du comte de Leusse.

6 août.

.....Le lendemain 6 août seulement à midi, j'eus la désastreuse nouvelle de la réunion vers Soultz et Betchsdorf de toutes les troupes allemandes.

Le général Ducrot venait d'arriver et de faire prendre position à ses troupes, je n'eus que le temps de lui serrer la main ainsi qu'à ses officiers, car le Maréchal venait de me dire qu'il sentait l'ennemi trop près pour retourner à Reichshoffen et qu'il coucherait à Frœschwiller.

Il me fit partir avec M. d'Abzac (1) pour, le soir et la nuit, faire filer à Frœschwiller toutes les troupes qui arriveraient par chemin de fer ou autrement ; il nous pria de faire expédier des vivres, enfin je le quittai inquiet de ce qu'il avait devant lui et m'annonçant que l'Empereur venait de mettre le général de Failly sous ses ordres ; la nuit se passa à expédier des troupes d'hommes, je n'ose dire des soldats, des détachements de 200, 300, jusqu'à 600 hommes des réserves conduits par des sous-officiers, arrivant sans ordre, à peine armés, des quatre coins de la France et partant pour rejoindre de nuit les régiments auxquels ils appartenaient. Que purent faire ces hommes arrivant à la dernière heure et ne sachant même pas manier leur fusil, pour la plupart enlevés en quelques jours à leurs familles, jetés en wagons pendant trois ou quatre jours et arrivant le ventre vide sans savoir à quelles compagnies ils appartenaient ?

Les dépêches arrivaient presque toute la nuit, de l'artillerie et des caissons sans chevaux, puis les cavaliers, toute une division de cuirassiers qui s'était installée dans la journée.

A 5 heures, nous étions debout, M. d'Abzac et moi, et partions pour Frœschwiller. A mi-chemin, les premiers coups de canon se firent entendre, nous hâtâmes le pas et j'arrivai chez le Maréchal que je trouvai en conférence avec le commandant de l'artillerie, je lui dis que je n'aurais mes renseignements que plus tard, qu'on me les enverrait ici et qu'il les aurait par la suite aussitôt ; il était perplexe et demandait sans cesse si on avait des renseignements.

Il me dit qu'il avait envoyé trois exprès au général de Failly depuis la veille et qu'il l'attendait impatiemment (2). En sortant je trouvai à la porte les généraux Ducrot et Raoult ; ils causaient ensemble vivement et disaient tous deux : « Il faut encore essayer une fois et obtenir de lui cet ordre ! » (3), etc..... (Voir *Vie militaire du général Ducrot*, page 363.)

Après une assez longue discussion entre le Maréchal et les deux généraux, il se rangea à leur avis et pria M. de Leusse de le suivre.

J'y consentis après qu'il m'eut promis de me donner un ordre écrit

---

(1) Le lieutenant-colonel d'Abzac, aide de camp du maréchal de Mac-Mahon.

(2) Il s'agit ici, sans doute, des télégrammes que le maréchal de Mac-Mahon avait adressés le 5 août au général de Failly. Le premier « exprès » qu'il lui envoya fut le commandant Moll, du génie, qui partit le 6 août au matin, ainsi qu'on le verra plus loin.

(3) L'ordre de battre en retraite.

de le suivre. « Vous allez rentrer à Reichshoffen, me dit le Maréchal, et expédier au général de Failly le commandant Moll, du génie, qui se charge de porter mes ordres. »

Nous savions si peu ce qui était à notre gauche, qu'il fut décidé que le commandant prendrait la route par Ingwiller et Wimmenau en changeant de chevaux pour ne point être enlevé par des partis ennemis.

Je pris congé du Maréchal et du général Colson (1), ils me dirent au revoir; depuis je ne les ai plus revus, l'un est mort, l'autre a été, comme chacun sait, blessé avant Sedan.

J'oublie de dire que le Maréchal m'autorisa à ouvrir toutes les dépêches venant pour l'armée, à lui envoyer les plus importantes et au besoin à prendre les déterminations même importantes que les circonstances m'imposeraient.

Comme on le voit, j'étais depuis quelques jours surchargé de responsabilités qui allaient peut-être avec mes goûts, mais, à coup sûr, pas avec ma position de maire d'une petite ville et de député !

Je dis sous le vestibule au revoir à Vogüé (2) et au prince Murat et je partis avec les généraux Ducrot et Raoult.

Ce dernier me donna un ordre écrit pour le colonel Poissonnier, des lanciers (3), lui disant de me laisser un escadron et il me dit en me serrant la main : « A bientôt ! »

« Je suis bien heureux de cette détermination, mieux vaut refuser une bataille et attendre quarante-huit heures que l'on soit en force. »

Hélas ! je ne devais plus le revoir que blessé, mourant, puis mort sous mon toit où j'avais eu tant plaisir à le recevoir quelques jours avant.

En traversant Frœschwiller, je trouvai que pour une simple canonnade d'avant-postes, c'était bien chaud ; je n'avais pas encore entendu de boulets coniques et leur sifflement me frappa.

Les balles étaient peu nombreuses, cependant il y en avait quelques-unes, et la fusillade était vive dans le fond de la vallée.

Le Maréchal me fit dire par un hussard qui me rattrapa de faire dégager coûte que coûte Reichshoffen par le convoi et d'avoir soin que les ponts et routes fussent libres.

Avant d'arriver à Reichshoffen, je croisai un régiment qui arrivait et qui allait à Frœschwiller d'un pas plein d'entrain.

Des cuirassiers me dirent que c'était ceux du colonel Gram-

---

(1) Chef d'état-major général du 1er corps.
(2) Le capitaine de cavalerie de Vogüé, officier d'ordonnance du maréchal de Mac-Mahon.
(3) Commandant le 2e lanciers.

mont (1), je regrettai de ne point lui avoir serré la main.

Je dis au général de Bonnemains que l'on allait battre en retraite. J'aperçus le général Girard (2) et le colonel de Vandœuvre (3) et je rentrai à Reichshoffen à 9 h. 1/2 environ.

Je cours au bivouac des lanciers, demander un escadron et dire qu'il devait attendre, et moi-même je revins faire déblayer les rues de Reichshoffen. Ce n'était pas chose facile.

Le convoi de la division Raoult était là avec mon ami Robert (4) qui achevait de le charger; il y avait cinq jours de vivres et réellement c'était un succès, car les autres divisions n'avaient rien à se mettre sous la dent. Grâce à Robert, le convoi vint se ranger en dehors du village dans un pré; j'attendais, pour le faire filer en arrière, des ordres du général Raoult.

Mais le convoi du corps proprement dit ne voulait pas démarrer. J'avais beau mettre les gendarmes en route, tous ces braves voituriers civils ne bougèrent pas. Quelques-uns refusaient grossièrement. Enfin, voyant que cela n'allait pas, je pris mon revolver, je l'armai et je dis aux voituriers de la première voiture : « Si dans cinq minutes vous n'êtes pas parti, je brûle la cervelle à votre cheval et cinq minutes après, si vous y êtes encore, je ferai sauter la vôtre! »

Je l'aurais certes fait, il le vit dans mes yeux et partit. A 10 heures le village était libre.

Les premiers blessés arrivèrent, ils venaient de la gauche de Frœschwiller. D'après eux l'action était chaude, et je compris que la retraite était certainement différée.

A midi, un hussard m'apporta une dépêche et me dit que nous étions vainqueurs.

J'avais deux ou trois dépêches pour le Maréchal. J'avais un peloton de hussards dans la cour que M. de Boutaud (5) m'avait laissé, j'en envoyai un avec ces dépêches.

Dix minutes après arrivaient des nouvelles précises des villages du Rhin m'annonçant que les deux armées allemandes étaient réunies et formaient de 120,000 à 140,000 hommes.

---

(1) Le colonel de Grammont, du 47ᵉ de ligne (2ᵉ brigade de la division Conseil-Dumesnil).

(2) Commandant la 1ʳᵉ brigade de la division de Bonnemains.

(3) Commandant le 1ᵉʳ régiment de cuirassiers (1ʳᵉ brigade de la division de Bonnemains).

(4) Sous-intendant de la 3ᵉ division du 1ᵉʳ corps.

(5) Le chef d'escadron de Boutaud, aide de camp du maréchal de Mac-Mahon.

J'eus un frisson et je devins tellement pâle en lisant cette nouvelle que mon vieux domestique me demanda si je me trouvais mal.

J'expédiai cette dépêche à toute bride au Maréchal et à partir de ce moment je n'eus plus d'espoir !

Mon ami Robert venait de recevoir l'ordre de partir avec son convoi, je lui dis que c'était une folie, mais il avait des ordres, il partit et n'arriva jamais, bien entendu.

Les blessés arrivaient de plus en plus nombreux, les écoles étaient combles, l'église et le château commençaient à se remplir.

A 3 heures, je savais la défaite, le canon se rapprochait de plus en plus, les blessés étaient en si grand nombre qu'on ne savait plus où les placer..... Vint le lieutenant-colonel Colonieu, des turcos ; il avait deux balles dans le corps et trois dans son cheval.

« Pouvez-vous encore faire une heure de cheval ? lui dis-je. — Oui, et mon cheval aussi. — Eh bien ! piquez des deux dans la direction de Saverne. La poursuite s'arrêtera certainement non loin d'ici ; filez ou vous serez fait prisonnier.

Enfin, après 5 heures, les boulets sifflèrent dans la cour et je vis arriver le général Ducrot, Bossan (1) et de Neverlée (2).

Le général avait ce calme qui ne le quitte jamais, mais un nuage était sur son front ; mes deux vieux camarades étaient pâles.

J'embrassai le général ; il me dit à l'oreille de faire savoir de ses nouvelles à sa femme, puis il ajouta : « Il me faut partir, mais par où ? »

Au bout du village on se fusillait ; vers Gundershoffen on était tourné.

Je donnai un de mes hommes au général ; il passa devant le château, des chevau-légers würtembergeois étaient dans le parc et voulurent les charger, mais, ne connaissant pas les ponts, ils ne surent où passer.

Le général traversa, son cheval à la nage, un bras de rivière ; mon homme leur montra des bois où ils seraient en sûreté, ils piquèrent des deux et furent sauvés tous trois.

Les boulets devinrent plus nombreux ; l'un effleura le toit du château, un autre mit le feu à une maison, les balles sifflèrent, puis une minute de calme suivit.

J'étais sur le perron du château, entouré de blessés qui ne pouvaient remuer ; un cri retentit, cinq cavaliers parurent au galop, pistolet au poing, un officier en tête ; j'agitai mon mouchoir blanc et marchai sur lui.

---

(1) Le capitaine Bossan, aide de camp du général Ducrot.

(2) Le capitaine de cavalerie de Néverlée, officier d'ordonnance du général Ducrot.

— Monsieur, lui dis-je, j'ai 200 blessés dans ma maison, pas un soldat valide et pas un médecin. Pour l'amour de Dieu, donnez-moi un médecin; il doit y en avoir un dans votre escadron!

L'officier me fit assurer qu'il n'y avait que des blessés, je lui en donnai ma parole; il envoya chercher son médecin et partit dans le village.

Cinq minutes après, le médecin arriva et fit un pansement à un officier qui perdait tout son sang.

Puis vint de l'infanterie, on mit des factionnaires à toutes les issues et ce fut fini.

Il était 5 h. 1/2, et je me souviendrai longtemps de ce moment-là.

J'avais 250 blessés dans le château, 1150 dans le village, sans médecin.

A 6 heures, heureusement, arrivèrent des intendants de la 3e division et les médecins; on put commencer à panser les blessés.

Les vestibules étaient pleins de paille sur laquelle gisaient les blessés, les escaliers étaient encombrés, le sang ruisselait le long des marches.

Dans le grand salon, plus de vingt officiers étaient étendus; c'était navrant.

c) Opérations et mouvements.

Le Major général au maréchal de Mac-Mahon.

Metz, 6 août.

L'Empereur vous envoie le lieutenant-colonel de Kleinenberg pour avoir de vos nouvelles. Vous devez être maintenant en communication avec le général de Failly et vous avez dû recevoir l'ordre général de l'armée, qui place sous vos ordres supérieurs les 5e et 7e corps.

Sa Majesté n'ignore pas que vous pouvez avoir devant vous des forces considérables qui paraissent se concentrer en arrière de Landau, mais elle a toute confiance dans les dispositions que vous saurez prendre. L'énergie déployée par la division Douay montre ce que peuvent faire les braves troupes placées sous vos ordres.

Strasbourg est-il en état de défense sérieuse? Quel est le chiffre de la garnison que vous y avez laissée? Le général Douay, qui est sous vos ordres, télégraphiait hier qu'il avait une division à Colmar et une autre à Mulhouse. Je lui ai fait savoir qu'il n'avait d'ordres à prendre que de vous. L'Empereur me charge de vous dire que Bitche va être réoccupé sans doute le 8 et que Sa Majesté prépare un mouvement offensif sur la Bavière rhénane, dont l'occupation de Bitche est une préparation.

Le maréchal de Mac-Mahon à l'Empereur.

Saverne, 7 août (1).

J'ai l'honneur de rendre compte à Votre Majesté que le 6 août, après avoir été obligé d'évacuer, la veille, Wissembourg (2), le 1er corps, dans le but de couvrir le chemin de fer de Strasbourg à Bitche et les voies de communication principales qui relient le revers oriental au revers occidental des Vosges, occupait les positions suivantes :

La 1re division était placée la droite en avant de Frœschwiller, la gauche dans la direction de Reichshoffen, appuyée à un bois qui couvre ce village. Elle détachait deux compagnies à Neehwiller et une à Jaegerthal ;

La 3e division occupait avec sa 1re brigade un contrefort qui se détache de Frœschwiller et se termine en pointe vers Gœrsdorf ; la 2e brigade appuyait sa gauche à Frœschwiller et sa droite à Elsashausen ;

La 4e division formait une ligne brisée à droite de la 3e division, sa 1re brigade faisant face à Gunstett, et sa seconde vis-à-vis de Morsbronn, qu'elle n'avait pu occuper faute de forces suffisantes. La division Dumesnil, du 7e corps, qui m'avait rallié le 6 de grand matin, était placée en arrière de la 4e division (3).

En réserve se trouvait la 2e division placée derrière la 2e brigade de la 3e division et la 1re brigade de la 4e. Enfin, plus en arrière, se trouvait la brigade de cavalerie légère, sous les ordres du général de Septeuil, et la division de cuirassiers du général de Bonnemains. La brigade de cavalerie Michel, sous les ordres du général Dubesme, était établie en arrière de l'aile droite de la 4e division.

A 7 heures du matin, l'ennemi se présenta en avant des hauteurs de Gœrsdorf et engagea l'action par une canonnade bientôt suivie d'un feu de tirailleurs assez vif contre les 1re et 3e divisions. Cette attaque fut assez prononcée pour obliger la 1re division à faire un changement de front en avant sur son aile droite, afin d'empêcher l'ennemi de tourner la position générale. Un peu plus tard, l'ennemi augmenta considérablement le nombre de ses batteries et ouvrit le feu sur le centre des positions que nous occupions sur la rive droite de la Sauerbach.

---

(1) Ce document, quoique daté du 7 août, a été réuni à ceux du 6 parce qu'il est le rapport du maréchal de Mac-Mahon à l'Empereur sur la journée du 6 août.

(2) En réalité l'avant-veille, 4 août.

(3) En réalité, la division Conseil-Dumesnil avait sa 1re brigade près d'Elsashausen ; la 2e était en route de Reichshoffen sur Frœschwiller

Bien que plus sérieuse et plus fortement accentuée que la première, qui se continuait d'ailleurs, cette seconde démonstration n'était qu'une fausse attaque qui fut vivement repoussée.

Vers midi, l'ennemi prononça son attaque vers notre droite. Des nuées de tirailleurs, appuyées par des masses considérables d'infanterie et protégées par plus de 60 pièces de canon placées sur les hauteurs de Gunstett, s'élancèrent sur la 4ᵉ division et sur la 2ᵉ brigade de la 3ᵉ division qui occupait Elsashausen. Malgré de vigoureux retours offensifs plusieurs fois répétés, malgré des feux très bien dirigés de l'artillerie et plusieurs charges brillantes de cuirassiers, notre droite fut débordée après plusieurs heures d'une résistance opiniâtre. Il était 4 heures. J'ordonnai la retraite. Elle fut protégée par les 1ʳᵉ et 3ᵉ divisions, qui firent bonne contenance et permirent aux autres troupes de se retirer sans être trop vivement inquiétées. La retraite s'effectua sur Saverne, par Niederbronn, où la division Guyot de Lespart, du 5ᵉ corps, qui venait d'arriver, prit position pour ne se retirer qu'à la nuit close.

1ʳᵉ DIVISION (DUCROT).

Rapport du général Ducrot sur la journée du 6 août (daté de Lorrey, 12 août).

(Voir la *Vie Militaire du général Ducrot*, tome II, page 366 et suivantes.)

Rapport du général Wolff, commandant la 1ʳᵉ brigade, au général Ducrot.

Bivouac de Sarrebourg, 8 août.

J'ai l'honneur de vous faire connaître la part prise par la 1ʳᵉ brigade à la bataille de Frœschwiller.

La brigade prit les armes à 8 heures du matin et borda, sur la gauche, l'emplacement même de son camp. Elle resta dans cette position, sur la défensive, jusqu'à midi. A cette heure-là, le bataillon de chasseurs (1) et les trois bataillons du 18ᵉ de ligne furent postés dans le bois qui est en tête du village et s'étend sur sa gauche. Là, ce détachement de la brigade resta exposé à un feu nourri de mitraille et d'obus, qu'il supporta avec une grande fermeté. Le 13ᵉ bataillon y eut plus particulièrement l'occasion de faire preuve de vigueur. Il joignit constamment ses efforts à ceux du 1ᵉʳ tirailleurs et du 78ᵉ de ligne (divi-

---

(1) 13ᵉ bataillon de chasseurs.

sion Raoult) (1), pour repousser les attaques que l'ennemi multipliait sur ce point.

A 2 heures, vous avez vous-même porté le 96ᵉ vers le hameau situé à droite de Frœschwiller (2) pour y occuper une position qui venait d'être évacuée par un régiment ayant épuisé ses munitions. Leurs trois bataillons, formés en colonne double, furent immédiatement engagés très fortement. Le colonel de Franchessin fut tué à leur tête, et c'est presque instantanément qu'ils éprouvèrent leurs pertes si nombreuses en officiers.

Un peu plus tard, les attaques de l'ennemi sur la droite de Frœschwiller devenant de plus en plus intenses, et la division Raoult, qui les avait si souvent repoussées, se trouvant épuisée par ses pertes et manquant de munitions, vous m'avez donné l'ordre de porter sur ce point toutes les forces que je pourrais y réunir. Le colonel Bréger, du 18ᵉ, m'y amena neuf compagnies, en même temps que le lieutenant-colonel Bluem, du 96ᵉ, ralliait sur les lieux plusieurs compagnies. Avec ces forces, je me suis précipité au-devant des bataillons ennemis, qui se jetaient en avant pour occuper la position. Le 1ᵉʳ tirailleurs, qui battait alors en retraite, revint à l'attaque. L'ennemi fut repoussé, laissant sur place ses tués et ses blessés. Cet effort nous coûta cher, surtout en officiers, et ne put néanmoins aboutir. Les forces que nous avions devant nous étaient trop considérables.

Nous renouvelâmes une seconde fois l'attaque, pour appuyer la charge faite par les cuirassiers, mais il fut également infructueux (*sic*), et nous dûmes suivre la retraite, qui était commencée sur tous les autres points.

Je ne vous ai cité, mon général, aucun officier, ni mentionné aucune action d'éclat, mais, lorsque j'aurai reçu des renseignements plus détaillés, j'aurai l'honneur de vous adresser un complément de rapport.

Je joins à celui-ci ceux des chefs de corps de la brigade et les états des pertes que les troupes sous leurs ordres ont éprouvées.

Rapport du capitaine adjudant-major Potier, commandant le 13ᵉ bataillon de chasseurs à pied, au général Wolff.

Sarrebourg, 8 août.

J'ai l'honneur de vous rendre compte de la part qu'a prise le 13ᵉ bataillon de chasseurs à la bataille de Frœschwiller.

---

(1) Le 78ᵉ de ligne appartenait en réalité à la 2ᵉ division (Pellé), mais avait été mis à la disposition de la division Raoult.

(2) Vraisemblablement vers Elsashausen.

Lorsque, vers 7 heures du matin, le bataillon prit les armes, il se porta un peu en avant de l'emplacement de son camp, pour servir de réserve en arrière de la 1re brigade, placée en seconde ligne. La 2e brigade repoussait l'attaque dirigée par l'ennemi sur les hauteurs boisées qui s'étendent en avant du village de Neehwiller, dans la direction de Langensoultzbach. Cette attaque ayant été repoussée et l'effort de l'ennemi se prononçant dans la direction de Frœschwiller, l'ordre fut donné d'aller soutenir l'aile gauche de la division Raoult, qui occupait le bois compris entre le village de Frœschwiller, la route de Lembach, par Langensoultzbach et le vallon au fond duquel coule la rivière du Sauerbach, qui passe à Wœrth.

Pour occuper cette position, le bataillon devait passer à gauche de Frœschwiller, en rasant les maisons de ce village, et s'engager immédiatement dans le bois. Une batterie divisionnaire couvrait le mouvement. Le bataillon put gagner sans pertes la position indiquée. Le commandant de Bonneville rallia promptement les compagnies que la difficulté de la marche sous bois avait désunies, et il se tint en réserve en arrière de la ligne de tirailleurs et de soutiens qui défendait les approches du bois.

Cependant, l'ennemi, n'ayant plus à répondre à la batterie placée en avant de Frœschwiller, dont le feu avait cessé, redoubla ses décharges de mitraille et d'obus sur le bois; il commença aussi à disposer des colonnes profondes dans le ravin que traverse la route de Lembach à Wœrth. Le bataillon dut venir en aide aux régiments dont les cartouches s'épuisaient. Vers midi, quatre compagnies, la 1re, capitaine Armand; la 2e, capitaine de Cardon; la 3e, capitaine Henry; la 4e, capitaine Belot, furent conduites par le commandant de Bonneville, d'abord sur la gauche du 78e, ensuite sur la droite du régiment de tirailleurs (1), et toutes les attaques réitérées de l'ennemi furent, plus de vingt fois, victorieusement repoussées. Mais les cartouches s'épuisaient; les caissons de munitions qui avaient suivi les bataillons se retirèrent. Il fallut aller à leur recherche, sur l'ordre du colonel Suzzoni (2); il me fut impossible de les trouver. Un cheval fut blessé dans cette recherche. Le colonel fit alors prévenir le général Raoult que, des forces considérables s'accumulant en face de lui, la résistance ne lui était plus possible sans renforts nouveaux.

Enfin, l'ennemi envoyait de nouvelles troupes dans la direction de Neehwiller et menaçait de tourner notre aile gauche.

Lorsque je revins, le colonel Suzzoni était mortellement blessé; le

---

(1) 2e régiment de tirailleurs (division Raoult).
(2) Commandant le 2e tirailleurs.

commandant de Bonneville, dont le cheval venait d'être tué sous lui, se multipliait sur la ligne des tirailleurs pour assurer, avec l'aide du capitaine de tir Léger, l'emplacement des compagnies engagées et la bonne direction de leur tir; il fut blessé à son tour et emporté malgré lui loin de son bataillon. Les capitaines de Cardon et Armand étaient successivement blessés. La retraite devenait nécessaire; les deux compagnies de réserve s'avancèrent alors pour soutenir les autres compagnies. En même temps, M. Souliac, lieutenant, dont la section avait été envoyée le matin comme sauvegarde à Frœschwiller, se portait en avant et à l'extrémité supérieure du bois pour appuyer le mouvement de retraite des compagnies engagées. Mais il était trop tard; l'ennemi avait complètement entouré le bataillon. Le capitaine de tir Léger et moi, nous pûmes nous retirer heureusement à travers bois, ainsi qu'un certain nombre de chasseurs; les autres furent faits prisonniers.

Sur 930 hommes, 700 ont disparu et sont tués, blessés ou prisonniers. Trois officiers seulement restent à la tête des débris du bataillon : M. Léger, capitaine de tir; M. Mattéi, sous-lieutenant chargé des détails, qui était chargé de surveiller les bagages et n'a pas assisté à la bataille, et moi.

Telle est, mon général, d'après mes souvenirs personnels et les renseignements que j'ai recueillis, la part que le 13e bataillon a prise à la bataille.

Historique du 13e *bataillon de chasseurs.*

6 août.

BATAILLE DE FRŒSCHWILLER.

C'est vers 6 heures du matin que retentirent les premiers coups de feu échangés entre les grand'gardes de la division Raoult, établie en avant de Frœschwiller, et les avant-postes du Ve corps prussien, qui commençaient à déboucher du village de Gœrsdorf par le chemin du Liebfrauenberg, chemin fortement encaissé dans les champs qui couvrent le coteau. A ce signal, prélude d'une bataille que chacun désire, la division Ducrot prend les armes et se porte à son poste de combat.

Elle forme, d'après le dispositif arrêté par l'état-major général, l'aile gauche de la ligne de bataille, et prend position un peu en avant de l'emplacement même de son camp, en s'étendant vers Neehwiller, où vient s'appuyer sa gauche.

La 2e brigade est en première ligne; elle couvre l'espace compris entre Frœschwiller et Neehwiller, occupant un front d'environ 1600 mètres.

L'artillerie divisionnaire est en batterie au centre de la première ligne, entre le 45e de ligne à droite et le 1er de zouaves à gauche (1).

Son emplacement lui permet de prendre d'enfilade un ravin secondaire qui va, à travers bois, déboucher dans la petite vallée de la Sulz (2).

La 1re brigade forme la deuxième ligne.

Le 13e bataillon de chasseurs, ployé en colonne serrée par peloton, forme la réserve, en arrière du centre de la division.

. . . .

Vers 11 heures, le 13e bataillon de chasseurs, ayant reçu l'ordre d'effectuer un mouvement tournant par les bois au Nord de Frœschwiller, afin de tomber sur le flanc droit des Prussiens, suivit le chemin de Reichshoffen à Gœrsdorf. Ce chemin court, sur une longueur de 2 kilomètres après Frœschwiller, le long d'un plateau boisé. Le 13e chasseurs se massa dans l'intérieur du bois, en arrière et à proximité de la crête. Cette partie de la ligne était défendue par le colonel Suzzoni, qui accueillit avec satisfaction ce renfort.

A ce moment, en effet, les Prussiens, maîtres de Wœrth, accentuaient de plus en plus leur mouvement sur Frœschwiller, et la 9e division (général von Sandrart) tentait d'escalader les hauteurs pour tourner le village par le Nord.

C'est à ces adversaires qu'était opposé le 13e bataillon de chasseurs, ainsi que le 2e régiment de tirailleurs et le 8e bataillon de chasseurs.

Les 1re et 2e compagnies sont d'abord envoyées sur la lisière du bois pour renforcer la ligne des tirailleurs.

Elles s'établissent à la gauche d'une petite cabane de bûcherons qui devint aussitôt le point de mire de l'artillerie ennemie, en batterie sur le plateau de Gœrsdorf.

L'attaque recommença bientôt avec une nouvelle énergie ; les tirailleurs prussiens, répandus dans la vallée, masqués derrière les arbres qui marquent le cours de la Sauer et celui de la Soultz, cherchaient, par un tir bien dirigé, à ébranler notre défense ; leurs colonnes d'attaque, débouchant par la route de Lembach et le chemin de Gœrsdorf, se massèrent au pied des hauteurs et, reliées entre elles par les tirailleurs, s'avancèrent résolument au pas de charge. Reçues aux petites distances par un feu efficace et rapide qui brise leur élan, les colonnes prussiennes s'arrêtent indécises et bientôt battent brusquement en retraite en laissant sur le terrain un grand nombre de morts. A partir

---

(1) Pour les emplacements exacts de l'artillerie divisionnaire, voir Journée du 6 août, chapitre I, § 6, page 28.

(2) Sultzbach.

de ce moment du combat, les attaques de l'ennemi se renouvellent constamment et toujours avec des troupes fraîches : vingt fois ses colonnes tentent l'assaut et vingt fois leurs efforts viennent échouer devant la résistance inébranlable de nos tirailleurs, qui tantôt les laissent approcher à une faible distance pour être plus sûrs de l'efficacité de leurs coups, et tantôt se jettent sur elles à la baïonnette. Les compagnies du 13ᵉ bataillon avaient été successivement entraînées au combat et s'étaient réparties à droite et à gauche de la petite cabane de bûcherons, le long du bois.

Vers 4 heures, le bataillon quitte la position dont l'ennemi n'a pu le déloger, pour se rapprocher du village de Frœschwiller, non sans faire quelques retours offensifs.

Lorsque le bataillon arriva au village, il était trop tard ; le Vᵉ corps prussien venait d'y pénétrer par la route de Wœrth et d'y donner la main aux Bavarois de Neehwiller.

Alors, dans ce village que dévorent les flammes, s'engage une lutte terrible dans laquelle les restes du 13ᵉ bataillon cherchent, en tombant écrasés sous le nombre, à venger l'honneur de nos armes.

Effectif du 13ᵉ bataillon de chasseurs, le 6 août au matin :

1 officier supérieur, 21 officiers subalternes, 2 médecins militaires, 950 hommes.

Pertes : 5 officiers tués, 5 blessés, 9 prisonniers.

Pertes en hommes impossibles à préciser, les archives du corps ayant disparu dans le bombardement de la citadelle de Strasbourg. Ces pertes sont considérables.

Une centaine d'hommes, surtout de la 5ᵉ compagnie, ayant été laissés de garde à Frœschwiller, purent se retirer sur Reichshoffen, puis sur Saverne, le lendemain.

Rapport du colonel du 18ᵉ régiment d'infanterie sur la journée de Frœschwiller.

6 août (Rapport daté du 8 août).

Le 6 août 1870, à 7 h. 1/2 du matin, l'ennemi attaque nos positions du côté de Wœrth et prolonge son attaque vers notre gauche, sur les hauteurs de Frœschwiller, partie occupée par le 18ᵉ.

Le régiment, promptement réuni, se forme en bataillon (*sic*) en colonne à distance de trente pas et attend dans cette position le moment de prendre part à l'action.

Trois compagnies du 1ᵉʳ bataillon sont envoyées sur la route de Reichshoffen pour couvrir cette route.

Ce n'est qu'à 1 heure que trois compagnies du 1ᵉʳ bataillon et les six compagnies du 3ᵉ reçoivent l'ordre d'aller occuper, par une ligne de tirailleurs, la lisière du bois qui est au-dessus du village de Frœschwiller, dans la direction de Lembach.

Là, le détachement reste exposé à un feu nourri de mitraille et d'obus qui éclatent et blessent un grand nombre d'hommes. C'est à ce moment que M. le général Wolff est venu rassembler les neuf compagnies pour appuyer le mouvement infructueux de la division Raoult. Après le mouvement de retraite opéré, les neuf compagnies du 18ᵉ, après avoir pris position en arrière des haies bordant les jardins, sont poussées en avant, conduites par M. le général Wolff; mais, foudroyées par l'artillerie et par la mousqueterie, 16 officiers sont tués ou blessés, ainsi que 373 sous-officiers, caporaux et soldats.

Pendant que cette attaque avait lieu, le 2ᵉ bataillon, dirigé par M. le général Ducrot, avait été porté d'abord à l'extrême gauche, puis à l'extrême droite de nos lignes de défense. Dans ce dernier mouvement, qui avait pour objet d'empêcher l'ennemi de déborder par la droite la position de Frœschwiller, il fut obligé de battre en retraite avec un régiment de zouaves qu'il appuyait et que dirigeait en personne M. le général Ducrot.

J'aurai l'honneur de vous envoyer un rapport détaillé et faisant connaître les actes de bravoure qui méritent le plus spécialement d'être signalés.

Rapport du lieutenant-colonel Bluem, commandant le 96ᵉ, sur la journée du 6 août.

Sarrebourg, 7 août.

Au début de la bataille de Frœschwiller, le 96ᵉ de ligne était placé à gauche de notre ligne de bataille; il eut, au commencement de l'action, mission de défendre nos positions de gauche qui furent d'abord attaquées. Deux bataillons furent placés en colonne aux extrémités de la ligne; au centre, un bataillon déployé en tirailleurs, porté en avant, chargé de relier la défense de Frœschwiller aux positions occupées et défendues par le 1ᵉʳ régiment de zouaves. L'attaque ayant cessé de ce côté, le 96ᵉ de ligne resta immobile jusqu'à 2 heures.

A 2 heures, le général commandant la division vint nous chercher pour nous porter vers le hameau situé à droite de Frœschwiller (1) ; cette position était évacuée par des régiments ayant épuisé leurs cartouches; les trois bataillons, formés en colonne double, furent engagés à droite

---

(1) Elsashausen.

et à gauche du hameau. C'est à ce moment, et presque immédiatement, que le régiment fit les pertes suivantes indiquées par l'état ci-joint.

Vers 3 heures, quelques compagnies, ayant épuisé leurs cartouches, furent réunies, approvisionnées en munitions et lancées en avant par le général commandant la brigade, qui sut inspirer une nouvelle vigueur à ces troupes très fatiguées.

Ces compagnies, poussées par leur général, soutenues à droite par les tirailleurs algériens (1) et à gauche par le 18e de ligne, se portèrent en avant avec un entrain admirable; l'ennemi fut repoussé dans ses positions et, certainement, si ces compagnies avaient eu un soutien en arrière, elles auraient enlevé les positions ennemies.

Cette affaire nous coûta deux officiers : M. Crozals, capitaine, et M. de Castillon, sous-lieutenant.

Dans une autre lettre, adressée au général de brigade le 10 août, et portant envoi d'un certain nombre d'états et de mémoires de proposition, le lieutenant-colonel du 96e dit :

« Je n'ai rien à changer ni à ajouter au rapport que j'ai eu l'honneur
« de vous adresser sur les faits concernant le 96e de ligne pendant la
« journée du 6 août. »

Journal de marche du 96e d'infanterie.

6 août.

Le 6, vers 9 heures du matin, la division fut attaquée par des Bavarois, qui occupèrent le bois de Neehwiller (2). Le 1er zouaves, après un combat très bien mené, les en débusqua; en même temps le régiment prenait position, la droite à Frœschwiller et la gauche à Neehwiller (3). Le combat, qui semblait réussir de notre côté, se dénouait autrement vers la droite; aussi, vers 2 heures de l'après-midi, le régiment quitta-t-il sa position pour se diriger vers Elsashausen. Pendant que le régiment changeait de position, un général demanda du monde pour renforcer la division Raoult. Ce fut le 3e bataillon (commandant Lamy) qui fut désigné. Il occupa le terrain entre Elsashausen et le Niederwald. La position ne fut pas longtemps tenable. Frœschwiller occupé par les Allemands, le Niederwald garni de troupes ennemies, le 96e se trou-

---

(1) 1er tirailleurs.
(2) Forêt de Langensoultzbach.
(3) La gauche du 96e de ligne ne s'étendait pas au delà du grand ravin.

vait dans un cercle de feu où il perdit 11 officiers tués et 11 blessés. Les pertes en sous-officiers et soldats furent de 750. Les restes du 96ᵉ se dirigèrent pendant la nuit vers Saverne. Quelques hommes allèrent sur la route de Bitche et rejoignirent un peu plus tard. Très peu prirent la route de Strasbourg où étaient cependant le 4ᵉ bataillon et le dépôt.

Rapport du général du Houlbec, commandant la 2ᵉ brigade, sur la journée du 6 août.

Saverne, 7 août.

La brigade, formée du 1ᵉʳ zouaves et du 45ᵉ de ligne, vint se porter vers 8 heures à l'extrême gauche des positions où nous avions campé, avec mission d'empêcher un mouvement tournant des troupes prussiennes de ce côté. Le 1ᵉʳ zouaves se forma en bataille par bataillons en masse, se couvrant par une ligne de tirailleurs. Le 45ᵉ prit la même formation.

A 8 h. 1/2, la ligne de tirailleurs des zouaves engage une action très vive avec les tirailleurs ennemis. Elle les empêche de se porter en avant, fait deux prisonniers, et ne tarde pas à les rejeter sur leurs réserves. A ce moment, le commandant Marion tombe frappé mortellement.

Le feu de l'ennemi cesse à 10 h. 1/2. A midi, il reprend avec une nouvelle intensité. Les tirailleurs des zouaves et du 45ᵉ, qui n'avaient pas quitté leurs positions, réussissent à l'éteindre de nouveau.

Vers 1 h. 1/2, sur la demande de renforts du général Raoult, et par ordre du général commandant la 1ʳᵉ division, deux bataillons de zouaves sont lancés en tirailleurs dans le bois, et, tout en éprouvant des pertes sérieuses, arrêtent quelque temps la marche des troupes prussiennes, très supérieures en nombre. A ce moment, le 45ᵉ appuie sur la droite pour remplacer dans leurs positions les bataillons de zouaves lancés en avant. Bientôt le village de Frœschwiller est évacué et la division Raoult bat en retraite.

A cette nouvelle, je me porte, avec le 1ᵉʳ zouaves formé en échelons par bataillon, à l'entrée du village, pour arrêter les colonnes prussiennes qui débouchent et veulent barrer la route. Le 45ᵉ reçoit l'ordre d'appuyer le mouvement des zouaves. Un feu des plus violents s'engage; les bataillons de zouaves tiennent bon jusqu'à ce que la troupe ait évacué la position, puis se rabattent en demi-cercle vers la route de Reichshoffen. Le 45ᵉ se retire par les bois en fournissant des feux.

Les pertes éprouvées par les zouaves sont : 1 officier tué, 13 blessés, dont 6 très grièvement, 1 disparu ; 66 soldats tués, 205 blessés, 281 disparus.

Les pertes du 45ᵉ sont : 3 officiers tués, 10 blessés, 8 disparus ; 445 hommes tués, blessés ou disparus.

On peut évaluer à 1500 le nombre des zouaves quand les traînards seront rentrés, et à 1550 l'effectif du 45ᵉ.

Dans toute cette affaire, le 1ᵉʳ zouaves a toujours été conduit et dirigé par le colonel Carteret, avec entrain et intelligence, partout de sa personne, afin de s'assurer que les ordres avaient été bien compris et exécutés.

J'ai eu moi-même mon cheval percé de quatre balles, et M. de Saucy, mon aide de camp, a perdu un cheval.

Les bagages et équipages du 45ᵉ et du 1ᵉʳ zouaves, ceux des officiers de régiment ainsi que les miens ne sont pas arrivés. On assure qu'ils ont été pris. Les sacs des hommes et leurs effets de campement ont été laissés dans les bivouacs.

Journal de marche du 45ᵉ de ligne.

6 août.

Le samedi 6 août, le régiment formait l'extrême gauche du corps d'armée : deux bataillons, avec le colonel Bertrand, en arrière de Neehwiller ; le 1ᵉʳ bataillon, sous les ordres du commandant Lécluze, à Jœgerthal.

Jusqu'à 1 heure de l'après-midi, il n'y eut d'engagés que les tirailleurs des 2ᵉ et 3ᵉ bataillons. Un peu plus tard, la droite et les troupes qui se trouvaient dans Frœschwiller ayant supporté des pertes considérables, les deux bataillons du 45ᵉ et le 1ᵉʳ zouaves furent portés en avant, de l'autre côté de la route de Haguenau à Wissembourg (1), afin de maintenir l'ennemi et de faciliter la retraite, qui commençait à se prononcer.

Les bataillons, assaillis par une canonnade et une fusillade très vives, n'en prirent pas moins position en colonnes serrées, derrière une ligne de tirailleurs formée par le 1ᵉʳ zouaves.

Frœschwiller était déjà en feu, la droite avait complètement plié, l'ordre de la retraite fut donné.

A 4 h. 15, le commandant Lécluze, prévenu par ses grand'gardes et par ce qu'il voyait lui-même, fit à ses différents postes les signaux convenus d'avance et, sans bruit, réunit tout son bataillon en arrière de Jœgerthal.

Le 1ᵉʳ bataillon s'est retiré en bon ordre sur Niederbronn, s'arrêtant à trois reprises différentes et faisant face à l'ennemi pour faciliter la

---

(1) Au Sud de la route de Reichshoffen à Wœrth.

rentrée de 500 à 600 hommes qui vinrent se reformer derrière lui. L'ennemi n'ayant pas paru sur la lisière des bois, le 1er bataillon n'a pas tiré un seul coup de fusil et a retrouvé les deux autres bataillons à Niederbronn.

Le régiment s'est mis en route pour Saverne.

Pertes : 5 officiers tués, 10 blessés ; 39 sous-officiers et soldats tués, 124 blessés.

Historique du 1er *zouaves.*

6 août.

Vers 7 heures du matin, des coups de canon se font entendre sur la droite de la 1re division ; la bataille commençait. Le régiment se porte vers la forêt de Neehwiller, qui était déjà occupée par les Bavarois. Une vive fusillade fut engagée en avant et à droite par le 1er bataillon, à gauche par trois compagnies du 3e, déployées en tirailleurs jusqu'au village de Neehwiller, point d'appui de notre ligne ; le restant du 1er zouaves demeure en réserve sur le plateau.

Quand, cessant la fusillade, nos troupes se jetèrent résolument en avant, les Prussiens n'attendirent pas l'attaque à l'arme blanche et abandonnèrent la forêt, sur la lisière de laquelle se trouvaient 50 cadavres environ. Vers 11 heures, le combat cessa à l'extrême gauche.

Vers 1 heure, la canonnade et la fusillade acquirent sur notre droite une intensité incroyable. Wœrth était attaqué par le Ve corps prussien et une partie du XIe, appuyés par une formidable artillerie placée sur le plateau de Gunstett.

. . . .

Il est 4 heures : l'armée se retire en désordre, couverte par la 1re division. A ce moment, le régiment est déployé près de Frœschwiller, au Sud de la route allant à Reichshoffen, ainsi que sur la lisière du bois. Pendant plus d'une heure, il tient tête à la bourrasque ennemie et se replie enfin le dernier de l'armée, sous un feu violent qui lui fait éprouver des pertes sensibles.

Pendant ce temps, les 5e et 6e compagnies du 2e bataillon, placées par le général Ducrot sur la hauteur qui domine Reichshoffen, rendent un service signalé : par des feux bien dirigés, elles font rebrousser chemin à deux escadrons de cavalerie qui voulaient couper la route par laquelle s'effectuait la retraite et empêchent une section d'artillerie ennemie de tirer sur cette chaussée ainsi que sur le village. Quand ces compagnies se retirèrent à leur tour, une pièce s'établit sur cette position et fit beaucoup de mal au régiment.

Le 1er zouaves s'arrêta un moment sur les hauteurs de Niederbronn, prêt à opposer de nouveau la résistance qu'on peut attendre d'une troupe d'élite, mais les positions défensives furent occupées par une division du 5ᵉ corps qui n'avait point pris part à la bataille; il continua sa marche toute la nuit et arriva à Saverne le 7, vers 10 heures du matin, réuni, compact, discipliné, au milieu du désordre général.

Pertes : 6 officiers tués, 8 blessés; 500 hommes tués ou blessés.

ARTILLERIE.

Rapport du lieutenant-colonel Lecœuvre, sur le rôle joué par les 6ᵉ, 7ᵉ et 8ᵉ batteries du 9ᵉ régiment d'artillerie à la bataille de Frœschwiller.

6ᵉ batterie. — Dès le début des opérations, M. le lieutenant en premier Lebeau fut détaché avec la section de droite pour aller prendre position sur le plateau même du campement, en avant du village de Frœschwiller, afin de battre avec ses deux pièces toute la vallée qui s'étend sur la gauche du village. Il fut rejoint immédiatement par quatre pièces de la 7ᵉ batterie et fut placé dès ce moment jusqu'à la fin de la bataille sous les ordres du chef d'escadrons M. Quellain, commandant des deux batteries (de 4) de la 1ʳᵉ division.

Les quatre autres pièces de la 6ᵉ batterie furent placées au fond du même plateau, à droite et à gauche du 13ᵉ bataillon de chasseurs à pied, avec ordre de battre en temps utile tout le coteau sur lequel se trouvait l'extrême droite des attaques, dans le cas où l'ennemi, se présentant en nombre, chercherait à tourner notre position de ce côté. La section de M. Delangle, lieutenant à la 7ᵉ batterie, vint compléter la batterie et resta sous les ordres du capitaine commandant la 6ᵉ batterie jusqu'à la fin du combat.

Tout danger ayant disparu sur notre gauche sans que la batterie ait eu à faire feu, la batterie reçut l'ordre d'aller prendre position le plus vite possible dans la partie basse du village, au fond de la première rue à gauche, dans un rectangle très étroit, entouré de bois sur trois côtés et limité en arrière par un verger. Sa mission était de contre-battre les batteries ennemies situées sur les hauteurs environnantes, de l'autre côté du ruisseau, lesquelles canonnaient vigoureusement tout l'avant du village.

La batterie partit au trot, prit immédiatement sa position en batterie à l'entrée du rectangle désigné, trois pièces le long du côté gauche contre le bois, trois autres en potence et en demi-cercle en avant du verger. Une demi-batterie du 12ᵉ régiment avait déjà pris position dans ce même rectangle, dont elle occupait la droite pour contre-battre les batteries hautes de l'ennemi, situées sur le même coteau que les premières. Dès la mise en batterie, le feu commença à obus ordinaires et, au bout de six à sept coups, le tir fut réglé à 1800 mètres d'une manière définitive. Le feu à volonté fut alors exécuté contre les batteries ennemies et dura jusqu'au moment de la retraite de notre infanterie. Les six pièces ont épuisé dans ce tir toutes les munitions en obus ordinaires de la batterie de combat et ont entamé un caisson de réserve. Par son feu nourri, la batterie a rempli le but assigné, car l'ennemi, tout en tirant encore quelquefois sur ce village, concentra le feu de plusieurs batteries sur la nôtre et couvrit tout le terrain du rectangle d'une quantité considérable de projectiles.

Dans l'action, M. le lieutenant Delangle a eu son épaulette fracassée par un éclat et son cheval blessé; dix hommes furent blessés autour des pièces, quatre chevaux tués et d'autres, en assez grand nombre, blessés. Le matériel a éprouvé une seule dégradation sérieuse, une pièce a été mise momentanément hors de service par un obus qui brisa la roue gauche de l'affût. M. Leroux, commandant la section, fit immédiatement exécuter le changement de roue et la pièce reprit son feu sans discontinuer. Au moment où les colonnes ennemies débouchaient en masses assez compactes, six obus à balles furent tirés à la distance de 1500 mètres et parurent produire un effet sensible sur la troupe ennemie.

Notre infanterie se retirant dans le bois derrière la batterie, les tirailleurs ennemis débouchèrent du bois en face et firent feu sur nos hommes à petite distance; force fut d'amener les avant-trains et de quitter la position le plus rapidement possible. La batterie revint alors se placer en bataille sur le plateau du campement.

Quelques instants après, la batterie reçut l'ordre de traverser la route et de se placer en batterie dans l'espace vide qui existait entre la batterie de mitrailleuses et la 7e batterie, pour contribuer avec cette dernière à ralentir la marche de l'ennemi à l'extrême droite. Trois ou quatre coups seulement par pièce furent tirés dans cette position, la retraite de nos troupes et la marche rapide de l'ennemi ne permettant pas à la batterie de rester plus longtemps sur le plateau sans être gravement compromise.

Le mouvement de retraite de nos troupes se fit si rapidement que la 6e batterie, après avoir quitté le champ de bataille, s'est trouvée placée sur la route à la queue de la colonne. A ce moment, M. Lebeau avait rejoint la 6e batterie, et M. Delangle la 7e. La batterie comptait ses six pièces et ses huit caissons.

La retraite se fit pour nous d'une façon lente et pénible jusqu'au village de Reichshoffen, à cause des impedimenta de toutes sortes renversés le long de la route. Les embarras allaient sans cesse en augmentant, le feu de l'ennemi continuait avec une certaine intensité et cependant la queue de la colonne fut arrêtée plusieurs fois dans sa marche.

A 700 ou 800 mètres environ, après la sortie du village de Reichshoffen, la 6ᵉ batterie fermait la marche de la colonne ; aucune troupe d'infanterie ni de cavalerie ne se trouvait ni sur ses flancs, ni sur ses derrières, pour la protéger.....

Historique de la 6ᵉ batterie du 9ᵉ d'artillerie (capitaine Biffe).

6 août.

. . . .

Restée la dernière sur la route de Reichshoffen, sans aucun soutien d'infanterie ni de cavalerie, la 6ᵉ batterie fut chargée par la cavalerie ennemie qui, profitant du désordre de la retraite, put couper les traits des chevaux et s'emparer d'une grande partie du matériel. 50 hommes environ de la batterie furent faits prisonniers, la résistance étant impossible.....

7ᵉ *batterie.* — La batterie étant attelée prête à partir, M. le lieutenant Delangle (Norbert), commandant la 1ʳᵉ section, fut envoyé en réserve derrière le bataillon de zouaves de la division, devant se tenir prêt à tirer dans le vallon à gauche de Frœschwiller ; il n'en eut pas l'occasion et fut envoyé à la 6ᵉ batterie aux mouvements de laquelle sa section participa jusqu'à la fin de la bataille ; dans le mouvement de retraite, M. Delangle et sa section rejoignirent la batterie. M. Delangle avait eu son cheval blessé par un éclat d'obus et son épaulette brisée par une balle.

Le capitaine Vernay, commandant la batterie avec ses quatre autres pièces, et la section de M. le lieutenant Lebeau, de la 6ᵉ batterie, sous la direction du chef d'escadrons Quellain, commandant supérieur des 6ᵉ et 7ᵉ batteries, furent mises en batterie sur le flanc gauche du coteau en arrière de Frœschwiller, pour fouiller tout le ravin de ce côté.

Un grand nombre de tirailleurs et des troupes ennemies se montraient à environ 3,000 mètres derrière un repli du vallon ; deux fois une partie de ces troupes a essayé de suivre la lisière du bois bordant le coteau, dans l'intention de tourner Frœschwiller ; les six pièces tirèrent, à distance de 1800, 1500 et 1100 mètres, des obus ordinaires et des obus à balles, et arrêtèrent ce mouvement qui ne fut plus tenté. La batterie avait tiré 65 obus ordinaires et 20 obus à balles.

Vers 3 heures, alors que la retraite du 1ᵉʳ corps était complète, afin d'arrêter le plus longtemps possible l'armée prussienne, le général de division Ducrot vint chercher la batterie, qui fit rapidement son mouvement et alla s'établir près de la dernière maison de Frœschwiller, à droite de la route, ayant à sa gauche la batterie de canons à balles. Dès que les dernières troupes de notre corps d'armée eurent dépassé le champ de tir de la batterie, elle ouvrit son feu contre les troupes prussiennes qui descendaient le coteau en face, à 1100 mètres, et, de concert avec la batterie de canons à balles, arrêtèrent ce mouvement; nos troupes purent opérer assez tranquillement leur retraite.

Mais alors des batteries prussiennes vinrent immédiatement concentrer leurs feux sur la batterie, de nombreux projectiles à fusée percutante arrivèrent d'abord un peu en avant de la batterie, puis enfin dans la batterie même et y firent de profonds dégâts.

Tout le feu de la batterie fut alors dirigé vigoureusement sur ces batteries, mais ne parvint pas à les faire taire, bien que, cependant, nos coups nous parussent excellents.

La batterie soutint son feu; elle avait lancé 400 obus ordinaires sur les batteries prussiennes.

Après le départ de la batterie de canons à balles, la batterie lança encore 16 obus à balles et 21 boîtes à mitraille sur l'infanterie prussienne, qui s'avançait de nouveau; ce furent les derniers coups de canon de la bataille; ces coups parvinrent certainement, en faisant subir des pertes énormes à l'ennemi, à protéger efficacement la retraite du corps d'armée.

La batterie près d'être envahie par l'ennemi, les avant-trains furent remis et elle partait complète, lorsqu'un dernier obus vint briser la roue d'affût de la 2ᵉ pièce de la section de M. le lieutenant Lebeau et la cheville ouvrière de l'avant-train. Un jeune élève de l'école polytechnique, M. Pistor (Édouard), suivant nos batteries en volontaire, vint avec l'attelage du conducteur Borie, de la 6ᵉ batterie, fixa les traits à la lunette de crosse et la pièce était sauvée.

La batterie se retirait donc sans rien laisser à l'ennemi et sans avoir derrière elle aucune troupe de soutien; aussi, au village de Reichshoffen, l'ennemi, parvenant à couper une partie de la colonne, put-il s'emparer de la 6ᵉ pièce, de son caisson, des deux caissons de réserve et de l'affût de rechange.

La batterie a eu quatre hommes tués : le maréchal des logis Nouvion, le brigadier Sultzer, le servant Richard et le conducteur Prudhon; plusieurs hommes contusionnés.

Cinq chevaux tués, ou blessés de façon à être abandonnés. Deux roues, une flèche d'affût, une de caisson, deux leviers et un écouvillon furent brisés.

8ᵉ *batterie*. — Le 6 août 1870, à 7 heures du matin, la batterie reçut l'ordre d'atteler et de se tenir prête à marcher. Peu de temps après, l'engagement commença à la droite des positions; sur la gauche, le Maréchal, craignant d'être tourné, chargea le général Ducrot, commandant la 1re division, de la défense de nos positions.

Les troupes de la 1re division furent donc disposées dans ce but, et la 8e batterie fut placée par le général à l'extrémité d'un ravin, d'où l'on pouvait battre de revers les pentes que l'ennemi avait à descendre pour arriver sur le village. La fusillade s'engagea et se borna d'abord à une lutte entre tirailleurs : l'ennemi ne montrait point d'artillerie de ce côté. Au bout de quelque temps, les zouaves firent reculer l'ennemi. Le rôle de la batterie se borna à un rôle de surveillance ; elle n'eut à tirer que quelques coups de canons à balles, lorsque l'ennemi sembla vouloir déboucher des crêtes et des bois qu'il occupait.

La fusillade cessa et fut reprise quelque temps après, dans le but d'enlever les positions ennemies. La batterie fut portée sur le versant gauche du ravin dans le but de mieux protéger notre aile gauche et de découvrir la sortie d'un bois que le général Ducrot, de concert avec le général commandant la 3e division, voulait faire enlever.

Le feu de la batterie, dans cette position, se borna à disperser des rassemblements de troupe, mais dut bientôt cesser quand nos troupes commencèrent à déboucher des bois pour aller au-devant de l'ennemi. La principale action n'était point là, et si l'ennemi ne put réussir à nous entamer à notre gauche, il n'en était point de même au centre et surtout à droite où, vers 4 heures, nos troupes commencèrent à plier. Le mouvement de retraite fut décidé et la batterie reçut ordre de se porter à la sortie du village de Frœschwiller et de prendre position pour protéger la retraite, qui devait se faire par une seule route. Appuyée à la droite par la 7e batterie du 9e, la 8e batterie ouvrit le feu de ses canons à balles sur les Prussiens qui descendaient en masses compactes les pentes vis-à-vis du village. Son tir, exécuté à 1200 mètres et à 1400 mètres, sembla produire une dispersion assez grande chez l'ennemi, et nos tirailleurs purent se déployer afin d'arrêter la marche de l'ennemi. D'un autre côté, ce tir attira sur la batterie le feu de plusieurs batteries ennemies, et la position devenait dangereuse. Le lieutenant en premier, M. Bertrand, fut tué, et deux servants furent blessés ; les hommes, malgré tout, tenaient avec énergie et avec vigueur. Le rôle que la batterie avait à jouer était rempli, et le mouvement de retraite était en voie d'exécution ; la batterie reçut l'ordre de cesser le feu et de se retirer. Toutes les pièces et tous les caissons furent ramenés au delà de Reichshoffen.

Entre Reichshoffen et Niederbronn, la route s'encombra de plus en plus. L'ennemi, qui nous poursuivait à coups de canon, envoya de la cavalerie pour inquiéter la queue de la colonne des voitures, qui n'était protégée par aucune escorte de cavalerie ou d'infanterie..... Les dernières voitures tombèrent au pouvoir de l'ennemi sans qu'il fût possible, vu l'étroitesse et l'encombrement de la route, de les défendre. La batterie perdit alors une pièce et cinq caissons.....

En résumé, la batterie a perdu un officier tué, et treize hommes ont disparu sans qu'on sache exactement ce qu'ils sont devenus; elle a eu deux blessés.

La perte en chevaux est de deux chevaux d'officiers et de vingt-cinq chevaux de troupe.

La perte en matériel est de une pièce et de cinq caissons.

La consommation moyenne par pièce a été de quarante coups, dont la plus grande partie à la dernière position de la batterie.

Les hommes de la batterie ont montré au feu beaucoup de calme et de sang-froid. Les sous-officiers les ont bien guidés. Malheureusement, M. Bertrand, officier intelligent et brave, a été tué. La conduite de la batterie, à cette première action, indique qu'on peut compter sur elle.

Après la dernière mise en batterie des trois batteries de la division, elles se sont retirées du champ de bataille sans perdre une seule voiture. Notre route jusqu'à Reichshoffen s'est faite sans désordre, quoique nous soyions tout à fait à l'arrière, sans aucun soutien. Mais, depuis Reichshoffen jusqu'à Niederbronn, nous avons reçu une grande quantité d'obus qui ont mis le désordre dans toute la colonne. Nous avons essuyé la charge de cavaliers bavarois qui ont coupé la colonne et ont fait un grand nombre de prisonniers. C'est seulement alors que nous avons perdu des pièces et des caissons. Les canonniers ont été sublimes, plusieurs se défendant courageusement et d'autres faits prisonniers sur leur pièce.

Historique de la 8ᵉ batterie du 9ᵉ d'artillerie (capitaine de Mornac).

6 août.

Le 6 août, à 5 heures du matin, une confiance complète régnait dans le camp français; on faisait revenir les bagages. Les chevaux furent envoyés à l'abreuvoir, partie à Reichshoffen, partie à Wœrth.

Ceux envoyés à Wœrth se virent forcés de faire demi-tour, le village étant occupé par les Prussiens. Un premier engagement eut lieu vers 7 heures du matin : on le regarda comme peu sérieux. La batterie fut attelée à 7 h. 1/2 et désignée pour surveiller la gauche des positions françaises, du côté de Langensoultzbach. Elle fut mise en batterie à l'extrémité d'une vallée et en face de l'armée bavaroise faisant une fausse attaque sur l'aile gauche française et occupant l'aile droite de l'ennemi. Il n'y avait guère que des engagements de tirailleurs; l'ennemi ne montra pas d'artillerie de ce côté. Le rôle de la batterie se borna à surveiller les pentes occupées par l'ennemi et à l'empêcher de sortir des bois où il se tenait embusqué. La batterie remplit ce rôle par quelques coups de mitrailleuses tirés à intervalles lorsque l'ennemi semblait se masser. Mais la véritable action n'était point là, mais à droite de nos positions, que nous commençâmes à abandonner vers 2 heures. La batterie reçut l'ordre, à 3 heures, d'appuyer le mouvement de retraite; elle se mit en batterie à droite de la route de Frœschwiller, à l'entrée du village. Un feu vif et rapide fut dirigé sur l'ennemi, qui descendait en masses profondes des hauteurs situées vis-à-vis, afin de précipiter notre retraite; on dissipa leurs colonnes et on ralentit ainsi leur marche.

Mort de M. Bertrand, lieutenant en premier, au combat de Frœschwiller, 6 août. — Pendant ce tir rapide, M. Bertrand, lieutenant en premier, fut tué d'un éclat d'obus; un artificier et un servant furent blessés peu grièvement : Pierre, artificier; Maurais, premier servant.

Retraite du 1er corps d'armée sur Saverne. — Malheureusement, le mouvement de retraite était trop prononcé avec désordre pour qu'on pût en profiter pour faire un retour offensif en arrière, et la batterie se retira à la queue de la colonne des voitures qui encombraient la route de Reichshoffen, la seule par laquelle s'opérait la retraite. L'ennemi accompagna ce mouvement par des obus tirés à longue distance. A Reichshoffen, quelques obus incendièrent un ou deux caissons et une charge de cavalerie fit quelques prisonniers dans la partie des réserves qui s'étaient arrêtées à gauche du village pour attendre la direction à prendre. On ne recevait plus aucun ordre et la retraite se précipita sur la route de Niederbronn sans qu'aucune garde ne fût donnée à la gauche du convoi. Aussi, à mi-chemin environ de Reichshoffen et de Niederbronn, une charge de cavalerie prussienne augmenta le désordre. Alors les voitures de la batterie, qui étaient mélangées avec d'autres voitures du convoi, ne purent recevoir le même entraînement; plusieurs restèrent entre les mains de l'ennemi, entre autres une mitrailleuse et trois caissons; deux autres caissons qu'on avait amenés jusqu'à Niederbronn y furent abandonnés.....

2e DIVISION (PELLÉ).

Rapport du général Pellé sur la journée de Frœschwiller.

(Sans date).

Le 6 août, vers 8 heures du matin, au moment où commençait la bataille, la 2e division, fort éprouvée déjà par le combat qu'elle avait soutenu le 4 devant Wissembourg, et qui n'avait encore été rejointe ni par le 1er bataillon du 50e, ni par son bataillon de chasseurs, reçut du Maréchal l'ordre de former la réserve et de rester en position à proximité de son camp. Elle se composait en ce moment :

1° D'un détachement du 16e bataillon de chasseurs à pied, arrivé du dépôt la veille au soir et comprenant....................	160 hommes.
2° De deux bataillons du 50e de ligne réduits au chiffre de...........................	800 —
3° Du 74e................................	697 —
4° Du 78e (trois bataillons).................	1,878 —
5° Du 1er régiment de tirailleurs algériens.....	1,733 —
6° De la 8e compagnie du 1er du génie........	92 —
7° Des 9e, 10e et 12e batteries du 9e d'artillerie.	392 —
Total..................	5,752 hommes.

Vers 9 heures du matin, les trois bataillons du 78e se portèrent, sur l'ordre du Maréchal, vers le centre de la position pour renforcer la division du général Raoult, et, vers 1 h. 1/2, le 1er régiment de tirailleurs fut à son tour détaché de la division pour être envoyé vers la droite de la position où se trouvaient engagées des batteries d'artillerie et les troupes d'infanterie chargées de cette partie de la défense. La part importante prise par ces deux corps aux opérations de la journée peut se résumer de la manière suivante :

78e *de ligne*. — Le 78e, d'après les instructions du général Raoult, déploya d'abord deux de ses bataillons en tirailleurs sur le front et vers la gauche de la position dont Frœschwiller est le centre, en laissant un bataillon en réserve, et soutint le combat de ce côté pendant environ quatre heures, en appuyant la brigade du général L'Hériller et en se reliant à gauche avec le régiment de tirailleurs de la division Ducrot (1). Le bataillon demeuré en réserve fut déployé ensuite vers la gauche au moment où l'attaque de l'ennemi se prononça plus fortement de ce côté. Les positions ainsi occupées furent énergiquement défendues par ce régiment, mais il dut, après quelques retours offensifs, se replier en arrière comme les autres corps engagés, pour tenter, dans le village même de Frœschwiller, de nouveaux efforts défensifs lorsque l'ennemi s'avançait en forces de tous côtés. Le régiment avait fait des pertes considérables ; le colonel de Bellemare se vit contraint de continuer son

---

(1) La division Ducrot n'avait pas de régiment de tirailleurs. Il s'agit ici du 2e tirailleurs de la division Raoult.

mouvement de retraite et rejoignit les autres corps de la division, en ce moment en position sur le plateau à l'Ouest du village. Le 78ᵉ avait perdu 53 officiers, tués ou blessés, et 1336 hommes de troupe. Le colonel restait le seul officier supérieur présent.

1ᵉʳ *régiment de tirailleurs*. — C'est à 1 h. 1/2 que, sur l'ordre direct du Maréchal, le 1ᵉʳ régiment de tirailleurs se porta en avant sur les hauteurs au Sud-Est de Frœschwiller pour soutenir les batteries de réserve; il dut attendre quelque temps dans cette position le moment d'agir, et l'occasion s'en présenta au moment où, après une charge de cuirassiers, les corps de l'infanterie de notre extrême droite découvraient, en pliant et en se retirant, ce côté de nos positions.

Après un feu bien nourri contre les tirailleurs ennemis parvenus sur les crêtes, le régiment poussa en avant une vigoureuse charge à la baïonnette qui dégagea les batteries et repoussa l'ennemi dans les bois; ce mouvement permit alors de soustraire à l'ennemi, qui allait inévitablement s'en emparer, plusieurs pièces d'artillerie, dont deux mitrailleuses, et de ramener plusieurs officiers blessés, au nombre desquels se trouvait un colonel d'artillerie. Mais les tirailleurs, n'ayant pas été appuyés dans ce mouvement en avant, se virent cernés par l'ennemi et durent, par d'énergiques efforts, s'ouvrir un passage pour se replier, à travers les bois, vers la ligne de retraite. Le régiment ne rejoignit la division que le 7 dans la matinée à Saverne; ses pertes, dans cette journée, ont été, en officiers : 3 tués et 14 blessés ou disparus; et, en sous-officiers et soldats : 96 tués et 426 blessés ou disparus.

Peu de temps après que le 78ᵉ eût été séparé de la division, c'est-à-dire vers 11 h. 1/2, je remarquai que l'espace compris sur les hauteurs entre l'extrême droite de la position et le village de Frœschwiller se trouvait dégarni de troupes et d'artillerie, tandis que l'ennemi, en face de ces hauteurs, sur le versant opposé de la vallée, continuait un feu très soutenu de batteries très savamment établies, dont les projectiles arrivaient jusque dans notre camp; je pris sur moi d'utiliser les trois batteries sous mes ordres en les envoyant prendre position sur ces hauteurs, d'où elles pouvaient diriger leur feu sur un espace très étendu. Les deux batteries de 4 furent placées à la gauche, au-dessus du village de Wœrth; là, elles soutinrent un combat de deux heures contre une artillerie très supérieure en nombre et elles ne se retirèrent qu'après avoir épuisé leurs munitions; le capitaine Viel fut blessé au front par un éclat d'obus. La batterie de mitrailleuses fut placée à la droite des deux autres et ouvrit son feu contre l'infanterie ennemie, mais elle fut bientôt assaillie par une grêle de projectiles qui, en tuant ses servants et ses chevaux, la força à la retraite; elle eut deux officiers blessés et e lieutenant-colonel Cauvet eut un cheval tué sous lui.

Pendant qu'elle éloignait ainsi la plus importante partie des forces dont elle pouvait disposer, la 2ᵉ division ne conservait plus à son centre que les 160 hommes du bataillon de chasseurs, les 800 hommes du 50ᵉ, les 697 hommes du 74ᵉ et les 92 hommes du génie. Ces troupes qui, jusqu'à 3 heures, étaient restées réunies à peu près sur l'emplacement de leur camp, recevant de temps en temps les projectiles de l'ennemi, qui dépassaient les crêtes, mais ne prenant pas de part directe au combat, reçurent l'ordre de se porter à l'Ouest du village de Frœschwiller, qui était devenu le but principal des efforts de l'ennemi, afin de soutenir de ce côté la défense de la position et, éventuellement, la retraite. La batterie de canons à balles, qui était revenue de l'extrême droite, suivit le mouvement. Toutes les fractions de corps furent successivement engagées au moment des derniers efforts de la défense et ne commencèrent la retraite qu'au moment où elle devint inévitable. Les batteries divisionnaires se mirent en position aussitôt qu'elles purent s'établir, mais une seule, celle du capitaine Didier, put aider, par un feu soutenu, le feu de l'infanterie qui se repliait par le bois. Le capitaine Vidal, chargé des réserves de l'artillerie, fut tué en ce moment.

La compagnie du génie suivit les mouvements de l'infanterie et concourut à la défense ; elle travailla, aux abords de Reichshoffen, à établir des passerelles pour aider les troupes à traverser la rivière ; elle eut un homme blessé.

La retraite de la division fut opérée aussi bien que le permettaient les circonstances, et, à Saverne, malgré la longue distance qu'elles avaient à parcourir, mes troupes se sont trouvées réunies à peu près dans la journée du 7.

Historique de la division (1).

6 août.

La nuit du 5 au 6 fut pluvieuse, mais tranquille. Les troupes manquaient de vivres, les convois annoncés pour le 5 n'étaient pas arrivés. On ne toucha pas de viande le 5. Il ne put en être distribué que le 6 au matin.....

Vers 8 heures, le général Ducrot demanda le 78ᵉ pour le renforcer, et ce corps, fort de ses trois bataillons intacts, lui fut envoyé (2).

Peu après, le feu se ralentit sensiblement vers cette aile, mais ce fut pour gagner notre droite. Nos batteries de réserve se portèrent au Sud

---

(1) Rédigé en exécution de la circulaire ministérielle du 29 février 872.

(2) Le 78ᵉ fut envoyé à la division Raoult.

de Frœschwiller, appuyant leur gauche au village, et engagèrent, avec l'artillerie ennemie, une lutte active dont un des premiers résultats fut d'attirer sur la 2ᵉ division, placée juste derrière, une pluie d'obus dont il lui fallut se défiler en obliquant de quelques centaines de pas.....

Mais, à ce moment (1 heure de l'après-midi), apparurent tout à coup les forces du Prince royal, arrivant à marche forcée. Le combat prit une nouvelle énergie et le général Pellé reçut l'ordre de se porter avec ce qui lui restait de monde vers notre gauche, qui supportait le plus vigoureux effort de l'ennemi. Il ne disposait plus que d'environ 1300 hommes appartenant aux 50ᵉ et 74ᵉ régiments de ligne et au 16ᵉ bataillon de chasseurs. Il s'établit un peu en arrière et à gauche de Frœschwiller, face au bois qui descend vers la vallée. Il était environ 2 h. 1/2.

La 2ᵉ division, ainsi réduite, occupa pendant environ une heure cette dernière position sans recevoir d'autres ordres, et, vers 3 h. 1/2, elle reçut l'ordre de se porter un peu en arrière pour protéger, si c'était possible, la retraite qui allait commencer.....

Vers 5 h. 1/2, nous arrivâmes à Reichshoffen et traversâmes aussitôt ce village, abandonnant derrière nous un immense convoi de vivres. C'est celui qui aurait dû servir la veille aux distributions, mais, comme toujours, il était arrivé trop tard.

L'ennemi nous poursuivait par des charges en fourrageurs qui durent nous faire bon nombre de prisonniers.....

A Niederbronn, nous retrouvons le 16ᵉ bataillon de chasseurs, qui y était depuis le matin.

Toute la nuit, on marcha dans la direction de Saverne, où l'on arriva le lendemain, vers 7 heures, dans le plus triste état. Nos hommes, après s'être battus toute la journée du 6, avaient fait, dans la nuit, 56 kilomètres.

Relation relative à la bataille de Frœschwiller (souvenirs personnels). — Notes envoyées par M. le général Pédoya.

Avignon, le 29 janvier 1901.

Dans la journée du 5 août, la division Douay fut concentrée à Frœschwiller; elle établit son bivouac au Sud de la route allant de Wœrth à Reichshoffen (1).

Le lendemain, à 6 heures du matin, la brigade Montmarie venait

---

(1) Exactement à 1 centimètre au-dessous des lettres *ille* du mot Frœschwiller dans la carte de Wœrth du Grand État-Major allemand.

d'envoyer les hommes aux distributions, lorsque les premiers coups de canon se firent entendre; les hommes rentrèrent de suite au camp.

Comme les hommes n'avaient plus de cartouches, il fallait, avant tout, se préoccuper de leur en donner. Le capitaine de Biarre (1) fut chargé d'aller à la recherche de la section de munitions; il finit par ramener un caisson dont le contenu fut réparti entre les hommes.

Le général Ducrot, passant à ce moment à côté de nous, dit au général Pellé : « Vos troupes ayant beaucoup souffert avant-hier, je compte « vous laisser en réserve, à moins de nécessité absolue. »

Vers 9 h. 1/2, un certain nombre d'obus tombèrent au milieu du campement de la division; ils venaient de la direction de Langensoultzbach. Comme les troupes se croyaient parfaitement défilées, ils produisirent une vive émotion que les officiers parvinrent promptement à calmer. Le général Pellé fit alors poster les hommes derrière le bois situé au Sud du village de Frœschwiller, au point marqué sur la même carte (2) : *Schl*. Vers 8 heures, le 78º et le 16º bataillon de chasseurs sont dirigés sur le village de Frœschwiller, pour prendre part au combat (3).

. . . .

Nous étions en position d'attente derrière le bois, lorsqu'un officier de l'état-major général vint avertir le général Pellé que l'on craignait une attaque venant par les bois de Langensoultzbach et Neehwiller, et d'avoir à surveiller cette direction.

Nous vînmes nous placer sur le flanc Nord de la route, de manière à dominer tout le ravin de Neehwiller; une compagnie, peut-être même deux furent dirigées vers Neehwiller, en suivant la crête. Leur mouvement fut certainement vu de l'ennemi, mais l'attaque de l'ennemi ne se poursuivant pas sur Neehwiller, elles furent rappelées avant leur arrivée à destination. De notre position, nous dominions tout le ravin et commandions fort bien la route de Neehwiller à Frœschwiller. A un moment donné, nous vîmes sortir du bois des troupes assez nombreuses, en ordre dispersé, qui semblaient avoir pour direction le village de Frœschwiller; suivant certains, c'étaient des chasseurs à pied qui reculaient, tandis que, suivant d'autres, c'étaient des ennemis qui avançaient. Dans le doute, on ne tira pas. Plus tard, nous reconnûmes des Bavarois; si la crainte de l'attaque par Neehwiller

---

(1) Appartenant à l'état-major de la 2º division.
(2) Carte mentionnée dans la note (1) de la page précédente.
(3) Le 16º bataillon de chasseurs était, en réalité, au Nord-Est de Niederbronn.

avait disparu, le combat était devenu très vif autour du village de Frœschwiller. Il pouvait être 2 heures lorsque le général Ducrot vint dire au général de Montmarie que la situation devenait grave; l'ennemi est maître d'une partie du village. « On va essayer de l'en chasser par « une vigoureuse contre-attaque que nous allons faire avec vos « troupes. »

Cette contre-attaque n'avait-elle pas aussi pour but de faciliter le mouvement de retraite en retardant la poursuite?

Pendant que les troupes se formaient en colonne double, je fus envoyé avec un autre officier, le capitaine de Rainvillers (1), je crois, pour rechercher comment on pourrait attaquer le village par les flancs. Nous avions là une rude mission que nous ne pûmes, ni l'un ni l'autre, mener à bonne fin.

Le mouvement devait être appuyé par 12 pièces d'artillerie qui prirent position le long de la route pour tirer dans la direction d'Elsashausen; mais l'artillerie ennemie, déjà en position de ce côté, ouvrit sur elle un feu violent, détruisit hommes et chevaux; toutes les pièces ne purent même pas tirer leur premier coup de canon et, lorsqu'on battit en retraite, il fallut abandonner des pièces faute d'attelages.

La brigade avait été formée en colonne double. En avant de la 1re compagnie marchaient les généraux Pellé et de Montmarie; elle prit le pas de course. Malgré la vigueur et l'entrain des troupes et l'exemple donné par les chefs, la contre-attaque ne put aboutir et il fallut battre en retraite. Le général Ducrot nous prescrivit alors de venir occuper la lisière de la forêt Gross-Wald, à cheval sur la route, et plaça une compagnie entière à un saillant que la forêt fait au Sud de la route et d'où l'on bat tout le terrain environnant. Notre feu ralentit la poursuite.....

Historique du 16e bataillon de chasseurs.

6 août.

. . . .

Par ordre du Maréchal, le bataillon va occuper les hauteurs à l'Est de Niederbronn, couvrant les routes de Bitche et de Saverne. La 3e compagnie est de grand'garde au haut du ravin, à l'Ouest de la ville. Dispositions prises pour couvrir la retraite, d'après les ordres donnés.

A 4 heures du soir, la bataille de Wœrth est perdue : la retraite a lieu en désordre de Frœschwiller et de Reichshoffen vers Niederbronn, le

---

(1) Aide de camp du général Pellé.

bataillon déploie deux compagnies en tirailleurs (1re et 2e) et, rejoint par la 3e compagnie, ne quitte le plateau que vers 7 heures, après avoir soutenu la retraite du 1er corps par des feux de tirailleurs.

Le bataillon forme l'arrière-garde sur la route de Saverne. Marche de nuit sur Saverne par Ingwiller. Arrivée à 7 heures du matin. Il est constaté une perte de 100 hommes (tués, blessés, disparus).

Historique du 50e régiment d'infanterie.

6 août.

Les derniers régiments, amenés de Frœschwiller à la déclivité du plateau qui s'abaisse sur Wœrth, sont écrasés avant de pouvoir se former en bataille..... Le 50e (1er et 3e bataillons) appelé sur le point décisif où se concentrent les efforts de l'artillerie et de l'infanterie ennemies, s'y rend, formé en colonne double par bataillon. Il tient un moment, échange avec les assaillants une vive fusillade et se trouve bientôt, comme tous les régiments, entraîné par le mouvement de retraite.

La retraite se fait par Reichshoffen, Niederbronn et Bouxwiller sur Saverne.....

Le 2e bataillon était resté à Haguenau la nuit du 5 au 6, il devait rejoindre le 6, au matin, et prit, en effet, le chemin de fer. La voie était coupée; il vint à pied à Reichshoffen, où il n'arriva que pour être témoin du désastre. Il se mit de suite en retraite sur Saverne.

200 hommes, qui s'étaient retirés par Niederbronn sur la Petite-Pierre, rejoignirent le 8.

Pertes : 1 officier, 50 hommes.

D'après un renseignement donné en 1871 par le commandant du dépôt de ce corps, l'effectif du 50e était, le 6 août :

1er bataillon.....................	327 hommes.
2e —	727 —
3e —	516 —
TOTAL..........	1,570 hommes.

Le régiment aurait perdu 200 hommes tués, blessés ou disparus.

Historique du 74e régiment d'infanterie.

6 août.

Les deux bataillons, fort incomplets, furent placés à la gauche du village (de Frœschwiller) où ils restèrent en réserve jusqu'à 11 heures... Vers 11 heures, le 1er bataillon est envoyé pour soutenir une batterie de mitrailleuses placée à sa gauche.

Le 3ᵉ bataillon prend position dans un chemin à gauche de Frœschwiller. La 6ᵉ compagnie (sous-lieutenant de Cepoy) est envoyée en tirailleurs dans les jardins qui bordent cette route. A midi, le général Ducrot fait demander le bataillon, qui part aussitôt (la 6ᵉ compagnie n'ayant pas rejoint). Il s'engage dans Frœschwiller..... De concert avec le 8ᵉ chasseurs à pied, il repousse une attaque de vive force de l'ennemi sur la gauche du village. Jusqu'à 6 heures il soutient la lutte, mais est alors obligé d'y renoncer.....

Vers 4 heures, le 1ᵉʳ bataillon fut chargé de protéger la retraite en se plaçant dans le bois derrière le village.

A 5 heures, l'ordre fut donné de battre en retraite sur Saverne.....

Un petit détachement, sous les ordres de l'officier payeur Four, battit en retraite sur Strasbourg.

Historique du 78ᵉ régiment d'infanterie.

6 août.

Vers 6 heures du matin, les premiers coups de canon se font entendre ; tout le monde se prépare au combat. La 1ʳᵉ division du 7ᵉ corps passe derrière nous pour prendre ses positions. A 8 heures, le 78ᵉ, fort de 1865 hommes, se met en marche, la gauche en tête, en colonnes par pelotons, et se dirige sur Frœschwiller. Dans ce moment, la division de cuirassiers Bonnemains se forme dans les prairies en arrière et à droite du village. On traverse le village pour déboucher sur sa gauche par un chemin conduisant à un bois situé à 200 mètres environ. Ce bois, dans lequel le régiment combattit toute la journée, avait la forme d'un triangle dont le sommet allait en pente vers l'ennemi ; sa droite, en retour, était couverte par un pli de terrain assez profond se terminant aux premières maisons et dont les pentes étaient couvertes de vignes, de houblonnières et de nombreux arbres fruitiers. En avant, la lisière finissait à des prairies traversées par des ruisseaux. Des bois s'étendaient au loin sur la gauche.

Le 48ᵉ et le 2ᵉ tirailleurs occupaient déjà la position ; quatre pièces étaient en batterie à droite du chemin, dans l'espace laissé libre entre le bois et les habitations les plus rapprochées. Deux autres pièces battaient le terrain de l'autre côté, en bas, à gauche, au bord des prairies. Le 78ᵉ se déploya tout entier en tirailleurs, relia le village au bois, en garnissant les pentes du ravin en avant de l'artillerie, et se prolongea ensuite le long de la lisière, à droite et à gauche du 2ᵉ tirailleurs, mêlé avec le 48ᵉ. Ainsi se trouvèrent confondus en peu d'instants des soldats de trois corps différents ; et que de fois dans cette néfaste journée n'eûmes-nous pas à regretter le morcellement de nos bataillons. Le régiment passa alors aux ordres du général Lefebvre, qui eut, sous son commandement direct, le 48e, le 2e tirailleurs et le 78e. Nous marchions, comme il a été dit, la gauche en tête. Le 3e bataillon (commandant Favand) s'était porté en avant, le 2e (commandant Gibon) s'était glissé sur notre droite, dans les vignes et les houblonnières, et le 1er (commandant Moufflet) était resté en réserve avec le colonel de Bellemare. Le lieutenant-colonel Girgois dirigea alternativement les 2e et 3e bataillons. Le 3e bataillon avait exécuté son mouvement à découvert, sous une grêle d'obus et de mitraille, mais nos soldats n'en avaient pas été ébranlés. Aussitôt l'arrivée du 78e, l'offensive fut prise. L'ennemi, qui s'était approché, fut repoussé, et les abords du bois entièrement dégagés. Des blessés et des morts du 37e régiment prussien restèrent en notre pouvoir. Son artillerie envoyait continuellement des projectiles, mais le feu de son infanterie avait, pour ainsi dire, cessé.

Vers midi, il renouvela ses attaques, pénétra même à gauche dans un petit chemin, mais, aussitôt refoulé, il fut constamment tenu à distance par des feux roulants toutes les fois qu'il tenta de s'avancer.

Durant ce temps, le général de division Raoult avait disposé de notre 1er bataillon. Les 5e et 6e compagnies furent placées en arrière de la batterie de droite, qui tirait sur Gunstett; la 1re en réserve auprès du Maréchal. On s'expliqua plus tard pourquoi cette dernière compagnie ne fut pas aperçue de toute la journée et comment elle put arriver à Châlons avec ses trois officiers, son sergent-major et la majeure partie de son effectif. Le commandant Moufflet, avec les trois compagnies restantes, alla renforcer le 2e tirailleurs; il fut bientôt suivi des 5e et 6e, dont la présence n'était plus nécessaire à la garde de l'artillerie, par suite de l'arrivée de troupes fraîches débouchant de Frœschwiller.

A midi et demi, les batteries ennemies font un changement de front en avant sur leurs pièces de gauche et, par l'espace laissé libre, une brigade formée en masse menace Frœschwiller par les hauteurs en face de notre droite.

Le général Raoult arrive et donne l'ordre au 78e de réunir tout ce qui n'était pas indispensable au centre et à gauche; il fait diriger ces restes le long de la lisière à droite pour appuyer ses défenseurs.

Dès ce moment, les projectiles arrivent de tous côtés. Dans cette disposition, on aurait peut-être pu attendre l'ennemi dans le bois même et, après un feu à bout portant, le charger à la baïonnette et le rejeter en bas des pentes, mais les vignes ainsi que la forme du terrain, en dos d'âne à une trentaine de mètres de nous, ne permettaient pas de découvrir suffisamment tout le terrain; on fut donc forcé de se porter en avant chaque fois qu'une attaque se prononçait, et de franchir un certain espace à découvert pour faire des feux rapides qui arrêtaient l'ennemi; celui-ci s'abritait alors dans les houblonnières et dans un chemin creux garnissant les pentes opposées.

La partie devenait de plus en plus difficile. Le général Raoult, voyant combien notre position était critique, donne l'ordre aux 8° et 13° bataillons de chasseurs à pied de se porter au secours du 2° tirailleurs et du 78°, engagés dans une lutte inégale.

Le combat continue; vers 3 heures, notre ligne faiblit. Déjà une trouée se produit dans le régiment placé à notre droite; l'aile gauche est compromise. « En avant! en avant! », devient le cri de ralliement du 78°, et les soldats, électrisés par leurs officiers, reprennent, au son de la charge, tout le terrain perdu. Bien des nôtres tombèrent en ce moment.

Quelques minutes après, le général Lefebvre nous envoyait un bataillon du 36° de renfort; la situation n'en restait pas moins compromise. Les hommes étaient exténués, les munitions manquaient et les caissons d'artillerie, vidés ou abandonnés, s'étaient repliés sans que nous en fussions informés. C'était certainement le moment de nous rallier, de former de tous les débris épars une masse compacte qui pût effectuer une retraite honorable et sauver l'honneur des armes. Le lieutenant-colonel envoya le capitaine Stanislas pour le demander au général Lefebvre, mais celui-ci s'était porté sur un autre point et l'adjudant-major ne le trouva pas. Derrière nous, aux décharges stridentes des mitrailleuses et au bruit de l'artillerie avait succédé un profond silence. Évidemment, l'artillerie s'était éloignée; sur notre droite la fusillade se ralentissait; comme nous l'apprîmes plus tard, c'était la retraite qui commençait. Quelques fractions du 78° luttaient encore de ce côté. Là avait combattu presque toute la journée la compagnie Pellenc, 1re du 2e, qu'un ravin sépara, au début de l'action, du reste du régiment, et qui lia son sort à celui de la brigade L'Hériller dans son mouvement offensif sur Wœrth.

Le colonel de Bellemare, resté constamment à côté de cette compagnie, perdit de vue son régiment et ne le retrouva plus de la journée. Il envoya vers 2 heures le capitaine adjudant-major Jaquet pour avoir des nouvelles de ses trois bataillons, mais cet officier, grièvement blessé, ne put accomplir sa mission. Les bataillons restèrent donc constamment sans ordres de leur colonel.

Les heures s'écoulaient. Les Prussiens débouchent en colonnes profondes; il faut les arrêter. Un clairon du 78° se trouvait près du lieutenant-colonel. Celui-ci fait aussitôt sonner la charge, et tous se lancent sous une grêle de balles. Malheureusement les munitions s'épuisent; les soldats sont harassés de fatigue et la résistance diminue tandis que l'audace et la confiance de l'ennemi augmentent.

Le colonel Suzzoni, du 2e tirailleurs, avait pris, en l'absence du général

Lefebvre, la direction de la brigade; il est tué raide d'une balle qui lui traverse le cœur. Le lieutenant-colonel Girgois le remplace. Il essaye alors de diriger tous les débris des divers corps sur Frœschwiller, où il espère tenir. Il reste de sa personne à l'arrière-garde avec une soixantaine de chasseurs à pied.

A peine la tête de colonne avait-elle atteint les premières maisons du village, qu'une masse de soldats de toutes armes se rabattait sur elle....
Au même instant, des feux de peloton à bout portant et une fusillade incessante de droite nous démontrèrent que l'ennemi était maître de Frœschwiller et que nous étions tournés.

La route de Reichshoffen était barrée.

Le flot se replie sur le bois que nous occupions naguère, et les Prussiens accourent. Chacun tente de se frayer un passage, mais tout est inutile. Aucun de ceux qui à cette heure de la journée étaient présents au feu, ne s'échappa sain et sauf. Morts, blessés, prisonniers. Tel fut notre sort commun. Il était environ 5 h. 1/2 du soir.

Les pertes du 78ᵉ furent grandes. Dix officiers furent tués ou moururent des suites de leurs blessures, plus de trente furent blessés et il n'échappa au désastre qu'une douzaine d'officiers, parmi lesquels le colonel. Ils purent rallier à la fin de la journée et les jours suivants 250 à 300 hommes avec lesquels ils gagnèrent le camp de Châlons. Nous eûmes environ 750 hommes de troupe hors de combat, dont 250 tués.

Historique du 1ᵉʳ régiment de tirailleurs.

6 août.

Le 6, vers 7 heures du matin, après une nuit pluvieuse, les Prussiens bombardaient le village de Wœrth et notre ligne de bataille se formait aussitôt.

En raison de ses pertes, la 2ᵉ division fut placée en réserve derrière la 3ᵉ; elle se forma en colonne double serrée en masse. Le combat se maintint avec des chances diverses jusqu'à 1 heure. Le feu ennemi cessa même un instant et nous commencions à espérer une victoire, mais des réserves nombreuses montraient déjà leurs colonnes sur la droite. Bientôt, elles purent entrer en ligne; le feu recommença avec une nouvelle intensité et les régiments de la première ligne de bataille commencèrent à plier. Deux régiments écrasés par les projectiles se mirent en pleine retraite. Pour rétablir la ligne, les cuirassiers exécutèrent plusieurs charges brillantes, mais qui vinrent se briser sur un feu bien nourri. Les batteries de réserve du colonel de Vassart s'avancèrent au galop, et pour les protéger le régiment reçut l'ordre de déployer ses bataillons. Bientôt les Prussiens paraissent dans un bois situé sur la droite. Menacés d'être tournés, les tirailleurs s'élancent à la charge et repoussent l'ennemi placé devant eux. Ils dépassent les batteries de réserve, auprès desquelles était tombé le colonel de Vassart percé de trois balles ; le 2ᵉ bataillon s'avance jusqu'au village d'Elsashausen occupé par l'ennemi. Deux fois ramenés sur leurs positions, les tirailleurs reviennent à la charge. Mais la ligne de bataille était trop étendue. Tourné par ses deux ailes, le régiment se met en retraite sur un bois où, secondé par un bataillon du 1ᵉʳ zouaves (commandant Désandré), il arrête encore un instant l'ennemi. Vers 3 heures il traverse Reichshoffen et Niederbronn. Le surlendemain, après avoir traversé Phalsbourg, le régiment rallie ses trois bataillons à Sarrebourg et se réunit au corps d'armée.

Pertes : 5 officiers tués, 15 blessés ; 800 hommes tués ou blessés.

ARTILLERIE

Rapport du lieutenant-colonel Cauvet sur l'artillerie de la division, le 6 août.

Sarrebourg, 8 août.

Les trois batteries de la division (9ᵉ, 10ᵉ et 12ᵉ du 9ᵉ régiment) qui avaient pris une part active au combat du 4 août, furent tenues en réserve pendant la matinée du 6 août.

A 10 h. 1/2 environ, elles reçurent l'ordre de se porter en avant. Les deux batteries de 4 (capitaines Didier et Viel, qui remplaçait le capitaine Foissac, à l'ambulance) se dirigèrent sur Wœrth et prirent en avançant diverses positions pour tirer contre les batteries prussiennes et contre divers rassemblements de troupe. Le capitaine Viel fut blessé assez grièvement dès le commencement du feu et le lieutenant en 1ᵉʳ Delangle prit le commandement de la batterie.

La batterie de canons à balles, commandée par le capitaine Saint-Georges, se dirigea sur la droite et s'arrêta sur l'extrémité d'un mamelon qui domine la plaine située au delà de Wœrth. Elle produisit de puissants effets de destruction sur le personnel des pièces prussiennes : aussi le feu de plusieurs batteries ennemies fut dirigé sur nos canons à balles, et en peu d'instants trois de ces pièces furent réduites au silence par la perte de tous leurs servants ; dans cette position, il n'y avait plus à prolonger une lutte trop inégale, la retraite fut ordonnée et elle s'exécuta en fort bon ordre.

Les deux batteries de 4 exécutèrent à leur tour leur retraite après avoir épuisé en grande partie leurs munitions et reprirent leurs positions primitives au camp.

Au moment de la retraite générale, le capitaine Didier se mit en batterie et exécuta un tir bien dirigé sur les colonnes prussiennes qui se montraient sur les hauteurs qui dominent le camp ; la batterie de canons à balles et la 12e batterie se mirent également en batterie pour protéger le mouvement de retraite, mais la grande quantité de voitures qui passaient au-devant d'elles, sur la route de Niederbronn, paralysèrent les derniers efforts des vaillants officiers de ces deux batteries.

Note du lieutenant-colonel Cauvet, rédigée en 1871.

Le 6 août, à 6 heures du matin, le canon commençait à se faire entendre : l'armée entière du prince royal de Prusse attaquait le 1er corps. La 2e division, qui formait la réserve du 1er corps, n'entra en action qu'à 11 heures environ. Les 9e et 12e batteries se portèrent en avant, à la gauche d'Elsashausen, pour soutenir les troupes de notre droite et arrêter les mouvements tournants de l'ennemi. La 10e, à leur droite, se rapprocha des lignes ennemies, s'établit sur une hauteur, d'où elle dirigea un feu des plus meurtriers sur les masses ennemies qui avançaient. Cette batterie, sur laquelle se concentrèrent en un instant les feux de plusieurs batteries ennemies, eut terriblement à souffrir ; mais elle ne cessa son feu, ainsi que les 9e et 12e, que lorsque notre infanterie battit en retraite. A la fin de la journée, lorsque la retraite dégénérait en déroute, les batteries s'établirent encore à droite de la route de Niederbronn, et contribuèrent énergiquement, par un feu vif et à courte distance, à ralentir le mouvement en avant de l'ennemi et à favoriser la retraite.

Dans cette funeste journée, le capitaine en second Vidal, de la 9e batterie, fut tué ; le capitaine Viel, assez grièvement blessé, dut entrer le lendemain à l'ambulance ; le capitaine de Saint-Georges et le lieutenant Lèques furent légèrement blessés : l'artillerie compte 31 hommes tués ou abandonnés sur le champ de bataille, grièvement blessés, 10 disparus.

66 chevaux furent tués ou abandonnés blessés sur le champ de bataille. Le lieutenant-colonel Cauvet eut un cheval tué sous lui.

Dans la déroute qui suivit cette triste journée, les batteries ne cessèrent de marcher en ordre sous le commandement de leurs officiers, et, dès le 7 au matin, elles étaient campées à Phalsbourg avec l'effectif suivant, qui resta à peu près invariable jusqu'au 22 août :

	Officiers.	Troupe.	Chevaux.
9ᵉ batterie	3 (1)	127	89
10ᵉ batterie	5	126	88
12ᵉ batterie	2 (2)	124	91
Réserve divisionnaire	1	43	60
TOTAL	11	420	328

Rapport du capitaine Didier sur le rôle de la 9ᵉ batterie du 9ᵉ d'artillerie, à Frœschwiller, le 6 août.

Sarrebourg, 8 août.

La batterie, mise en réserve, ainsi que les deux autres de la division, est seulement entrée en ligne à 10 h. 1/2 du matin, pour soutenir les troupes de notre droite et arrêter le mouvement de l'ennemi ; elle a exécuté des feux en avançant, est restée engagée 1 h. 1/2 environ, a tiré les 300 obus ordinaires qui lui restaient, et a dû alors se retirer, laissant sa place aux batteries de la réserve. A la fin de la journée, elle s'est mise en batterie au débouché de la route de Saverne, et a aidé à soutenir la retraite en tirant avec succès des obus à balles sur les troupes ennemies.

Les pertes de la batterie ont été pour la journée de : 1 officier tué, M. Vidal, capitaine en second ; 1 homme tué, 2 hommes blessés, 14 hommes disparus, 9 chevaux tués et 10 chevaux disparus.

Un caisson chargé, laissé en route par une autre batterie, et que la batterie a pu atteler et emmener, permit d'avoir un petit approvisionnement d'une trentaine de coups par pièce, approvisionnement qu'il serait désirable de voir augmenter.

Rapport du capitaine de Saint-Georges sur le rôle de la 10ᵉ batterie du 9ᵉ régiment, à Frœschwiller.

Sarrebourg, 8 août.

La 2ᵉ division du Iᵉʳ corps ayant éprouvé des pertes considérables à Wissembourg, fut placée comme réserve, et son artillerie ne fut portée en avant qu'à la fin de la journée. La batterie de canons à balles occupait l'extrême droite de la ligne de feu, sur un plateau et un peu en avant. Elle tira à 2,000 mètres, dans des conditions où il était difficile de

---

(1) Capitaine Vidal tué.
(2) Capitaines Foissac et Viel blessés grièvement.

constater le résultat du tir. Le tir fut de courte durée, parce que le plateau où nous étions établis était criblé d'obus à balles qui renversèrent très rapidement chevaux et servants.

Les trois lieutenants et les cadres ont bravement rempli leur devoir dans cette situation difficile. Un sous-officier, M. Hollard, reçut cinq balles qui le renversèrent, et il fut fait prisonnier plus tard, mais plein d'énergie, il parvint à s'échapper, et revint le lendemain, monté sur un cheval d'un officier prussien. Je serais très heureux s'il était proposé pour la médaille militaire.

Il a été perdu trois caissons : un versé dans un fossé, un second dont la flèche était brisée, et un troisième dont il fallut prendre l'attelage pour emmener une pièce qui n'en avait plus. Un affût a été mis hors de service, mais dans les pièces on n'eut à signaler qu'une vis de pointage faussée. Il a été tiré huit coups par pièce.

Onze servants et dix conducteurs ont disparu, morts, blessés ou prisonniers.

Quant à moi, j'ai été fortement contusionné à la poitrine par une balle qui fut arrêtée par la giberne.

Rapport du lieutenant Delangle sur le rôle de la 12ᵉ batterie du 9ᵉ régiment, à Frœschwiller.

Vers 11 heures du matin, le 6 août, la 6ᵉ batterie du 12ᵉ a pris position entre la 9ᵉ batterie du même régiment et une batterie du 12ᵉ pour refouler l'artillerie ennemie et contrarier son mouvement tournant. On a pris la hausse correspondante à 3,000 mètres. Le feu s'exécutait en avançant : la batterie s'est portée en avant à quatre reprises, d'une distance de 40 à 50 mètres chaque fois. Après avoir épuisé les munitions, on a eu recours aux coffres de réserve de la batterie du 12ᵉ située à notre droite. Lorsque cette réserve a été sur le point de manquer, le maréchal des logis chef a été envoyé pour en rendre compte. On a cessé le feu dix minutes après. La batterie s'est retirée pour regagner l'emplacement où elle avait campé le matin. L'action a duré à peu près cinq quarts d'heure ou une heure et demie.

Vers le milieu de l'affaire, le capitaine Viel, commandant la batterie, a été blessé à la tête et a dû quitter le champ de bataille, il a été remplacé par le lieutenant en premier et celui-ci par le maréchal des logis chef.

Le tir continuant, un projectile a mis hors de combat un des chevaux de devant de l'avant-train de la cinquième pièce, au moment où l'on allait se porter en avant ; l'attelage a été immédiatement remplacé. Quelques instants après, une autre pièce a été mise hors de service par suite de la rupture d'un dégorgeoir dans la lumière et renvoyée en arrière. Un servant de la première pièce, blessé à l'épaule, n'a pas encore rejoint.

Tandis que le mouvement général de retraite s'opérait, la batterie a quitté l'emplacement de son camp, les voitures de la réserve en tête, et s'est portée à environ 400 mètres en arrière. Elle attendait dans cette position lorsque le maréchal des logis Rougemont a été blessé grièvement. Le même projectile a blessé gravement le cheval du conducteur voisin de ce sous-officier. Pendant ce temps un caisson abandonné un peu en arrière du bois avait été attelé par les chevaux de la batterie. Sur l'ordre du colonel, la batterie est venue se former en batterie environ à 1500 mètres de distance de la crête qui couronne notre campement, et à la gauche de la 9°.

La batterie a fait feu au moment où les tirailleurs formés en bataillon carré réussissaient à refouler l'infanterie prussienne au delà de la crête ; puis elle s'est retirée.

Dans cette journée, nous avons eu un capitaine blessé ainsi qu'un maréchal des logis et un homme ; un maréchal des logis et six hommes ont disparu, six chevaux sont morts.

La pièce du maréchal des logis Rougemont, qui a tiré avec nous dans notre dernière position et quitté le champ de bataille en même temps que nous, a été perdue de vue au bout d'un certain temps et n'a pas rejoint. Deux caissons brisés au village de Reichshoffen, dans un encombrement de voitures, ont été laissés sur la route : on ne s'en est pas aperçu à temps. Un autre, égaré dans la colonne, n'a pas rejoint.

En résumé, en tenant compte du caisson chargé que la batterie a attelé sur la route et de la pièce laissée l'avant-veille à Wissembourg, il nous reste quatre pièces (1) dont une avec un affût en très mauvais état. Les deux autres sont perdues. Il nous manque aussi deux caissons et la voiture des bagages des officiers.

Il reste des projectiles ordinaires au nombre de 255, tant dans le caisson relevé sur la route que dans nos caissons de réserve ; le tout a été placé dans les coffres de la batterie de combat.

L'approvisionnement en obus à balles et en boîtes à mitraille est complet.

Administration (Division Pellé).

Lettre du sous-intendant Greil au général Robert.

Pendant la journée du 5 août, à Frœschwiller, je réunis ce qui restait du convoi, tombé la veille, presque en entier, au pouvoir de

---

(1) *En marge :* Inexact, 5 pièces.

l'ennemi. Des bœufs furent abattus et les troupes reçurent des distributions. La plupart des soldats avaient perdu leur sac : un approvisionnement fut demandé pour réparer au plus tôt ce désastre ; mais les événements se précipitaient et ne laissaient pas à l'administration le temps de faire face à tous les besoins.

Le lendemain, 6 août, eut lieu la bataille de Frœschwiller. L'ambulance du grand quartier général (médecin en chef, M. Navarre) était venue se placer sous ma direction. Elle fonctionna à l'église de Frœschwiller, puis au château du comte de Durkheim.

L'église fut criblée de projectiles, l'autel renversé par les obus ; un médecin-major (M. Bintot) blessé à la hanche, deux infirmiers atteints. J'eus beau déployer au haut du clocher un grand drapeau blanc avec la croix rouge de la Convention de Genève au milieu : dès que mon képi parut, une pluie d'obus s'abattit sur l'église, et elle finit par être incendiée. Les blessés dont elle était encombrée poussaient des cris affreux ; j'essayai de les faire transporter au château, mais les Prussiens arrivèrent et, pour faire cesser le feu, je me portai avec quelques médecins à la rencontre de l'officier qui les commandait, M. de Treskow. Grâce à sa courtoisie, je pus terminer l'évacuation de l'église et sauver les malheureux qu'elle contenait.

L'ambulance a fonctionné huit jours encore à Frœschwiller, recueillant tous les blessés abandonnés sur le champ de bataille et les évacuant, au fur et à mesure qu'ils devenaient transportables, sur Haguenau. Pendant les trois premiers jours, je fus obligé de faire usage de la viande de cheval pour assurer la subsistance du personnel et des blessés de l'ambulance : les chevaux tués sur le champ de bataille procurèrent la viande nécessaire. Je fis, dans les villages voisins, des réquisitions de pain, de lait, etc., etc. Enfin, M. le comte de Flavigny, directeur des ambulances civiles, vint lui-même nous porter quelques secours bien nécessaires. Par mes soins, les cadavres laissés sur le champ de bataille reçurent la sépulture. M. l'aumônier militaire de Beuvron récita les prières de l'église catholique et M. le pasteur Klein celles du culte protestant.

3e DIVISION (RAOULT).

Rapport du général L'Hériller sur le rôle de la 3e division, le 6 août.

Louvercy, 17 août.

Dans la soirée du 4 août, la division Raoult arrivait à Frœschwiller, en vertu des ordres du Maréchal commandant le 1er corps, pour y prendre position entre le village de Gœrsdorf, qu'elle devait occuper par sa gauche et l'extrémité des crêtes qui, passant par Frœschwiller, traversent Elsashausen et se terminent à la rivière de la Sauer.

La division, forte d'environ 9,000 hommes, n'avait pas eu le temps de rallier deux bataillons du 36ᵉ de ligne qui, dirigés vers Soultz-sous-Forêt en vertu d'ordres antérieurs, ne purent concourir à l'action commune, au grand regret du général (1).

Devançant ses colonnes, le général Raoult, avec ses généraux de brigade et son état-major, fit une reconnaissance détaillée du terrain. Frœschwiller était le centre de la position, sur une hauteur en pentes douces.

A droite et à gauche, cette hauteur se prolonge en formant un vaste entonnoir de chaque côté de la route qui mène de Frœschwiller à Wœrth.

Wœrth est en bas, sur la Sauer.

La Sauer forme comme le diamètre de ce vaste amphithéâtre, boisé vers la gauche, garni de vergers vers la droite.

Mais le village de Gœrsdorf se trouvant au delà de la Sauer, sur les coteaux qui descendent vers la rivière et se développent parallèlement à elle, face à l'ensemble de nos positions, il fut constaté qu'il était trop éloigné pour être occupé par nous.

Le général décida, en conséquence, que sa gauche s'établirait seulement en deçà de la Sauer, à l'extrémité des crêtes qui forment éperon en face de Gœrsdorf; sa droite devant s'étendre, sur ce même mouvement de terrain, en avant d'Elsasshausen, comme c'était l'ordre.

Les troupes s'établirent immédiatement après cette reconnaissance sur les positions indiquées et dans l'ordre suivant :

A Frœschwiller, la brigade L'Hériller, comprenant le 2ᵉ zouaves dont la droite est à Elsashausen, et un bataillon seulement du 36ᵉ qui fut placé à la gauche des zouaves. Ce bataillon reçut, sur le terrain même, environ 500 hommes de la réserve auxquels on dut enseigner, séance tenante, la manœuvre du chassepot.

Ce renfort fut plutôt un embarras qu'un secours.

La 5ᵉ batterie du 12ᵉ prit position avec cette brigade, à droite de la route qui conduit à Wœrth.

La brigade Lefebvre (2ᵉ), établie à l'extrême gauche, comprend le 2ᵉ régiment de tirailleurs algériens et le 48ᵉ de ligne ; les tirailleurs occupant les bois, sur l'éperon dont nous avons parlé ; le 48ᵉ de ligne les prolongeant, suivant les contours du terrain, jusqu'auprès de Frœschwiller Les tirailleurs doivent faire face à Gœrsdorf sur leur front et face à Wœrth sur leur droite : en même temps il faut qu'ils sur-

---

(1) Pour le rôle exact de ces deux bataillons du 36ᵉ (1ᵉʳ et 2ᵉ), voir page 61.

veillent leur gauche, où la lisière du bois qui les cache vient aboutir à une vaste plaine.

Le général Raoult avait reçu l'assurance que la présence de la division Ducrot rendrait, de ce côté, toute surprise impossible.

Le 48ᵉ plonge sur Wœrth et peut balayer le ravin de ses feux : il est adossé au bois. Une batterie de mitrailleuses, cachée sur un petit tertre entouré de branchages, au centre du 2ᵉ régiment de tirailleurs, doit donner à cette partie de la défense une force énorme.

Le 8ᵉ bataillon de chasseurs est en réserve dans le village, sauf deux compagnies commises à la garde de la 5ᵉ batterie du 12ᵉ d'artillerie, avec la brigade L'Hériller.

La journée du 5 fut consacrée à se consolider dans ces positions. Un officier prussien fut blessé par nos tirailleurs en venant nous observer de trop près. On ramassa une carte de l'État-Major français qu'il avait laissé tomber en fuyant.

Le 6 au matin, les reconnaissances poussées dès la pointe du jour au delà de Wœrth n'avaient rien signalé qu'un bruit assez prononcé de canons roulant vers notre gauche; et déjà le général Raoult avait ordre de rétrograder vers Niederbronn, lorsque de nouveaux renseignements déterminèrent le maréchal à revenir sur cette décision.

On résolut de se maintenir dans les positions occupées, où bientôt les Prussiens nous attaquèrent.

Aux premiers coups de canon, le général Raoult fut convaincu que sa gauche n'était pas couverte : des tirailleurs ennemis et, en arrière, des réserves déjà visibles occupaient la vallée, à gauche du bois.

En outre, à peine la 6ᵉ batterie du 12ᵉ d'artillerie, qui était placée à gauche de Frœschwiller de manière à voir sur cette vallée, eut-elle ouvert son feu, que des batteries placées à environ 3,000 mètres, sur les crêtes formant le second plan de l'horizon au delà de la Sauer, répondirent par un tir d'une précision redoutable, nous envoyant à revers des projectiles creux d'un gros calibre. Heureusement pour nos artilleurs, le sol détrempé cédait sous ces projectiles dont les éclats restaient à peu près inoffensifs. Dans le groupe même de l'état-major, deux obus éclataient sans blesser ni hommes ni chevaux.

Le général Raoult fit amener aussitôt vers le bois les quatre compagnies du 8ᵉ chasseurs restées dans le village. Un officier de son état-major alla, par son ordre, prévenir le Maréchal de ce que la position avait de défectueux et en obtint, comme renfort, le 78ᵉ de ligne, qui entra dans le bois à son tour.

Déjà la bataille se dessinait.

Successivement chargé en tête et sur ses flancs, le 2ᵉ tirailleurs résistait avec énergie et le 48ᵉ faisait face de deux côtés, assailli par Wœrth, assailli par le bois.

De son côté la brigade L'Hériller faisait d'héroïques efforts et repoussait les Prussiens dans Wœrth ; mais le 2° zouaves perdait beaucoup de monde. Notre batterie de mitrailleuses avait dû quitter l'éperon ; nos deux batteries, de chaque côté de Frœschwiller, soutenaient dignement la lutte. En avant de Frœschwiller, nos réserves d'artillerie ripostaient énergiquement aux nombreuses batteries que l'ennemi développait, en plusieurs étages de feux, parallèlement à la Sauer et sur l'ensemble de nos positions.

La lutte devient acharnée et meurtrière.

Les troupes de la brigade Lefebvre se font tuer sur le terrain qu'elles ont juré de conserver. A droite la brigade L'Hériller se rue sur les Prussiens, s'avance jusque dans Wœrth, recule sous le nombre, avance encore..... Efforts grandioses, mais inutiles. Nous n'avons pas de renforts et les masses ennemies se renouvellent sans cesse !

Bientôt le feu de nos batteries de réserve s'éteint faute de munitions ; on a sonné « cessez le feu ».

Il est quatre heures, la journée est perdue ; mais notre division en tirailleurs lutte plus d'une heure encore avec un indomptable courage, défendant pied à pied le bois, les vignes et enfin le village de Frœschwiller incendié par les projectiles ennemis.

La 9ᵉ compagnie de sapeurs du 1ᵉʳ régiment du génie, sous la direction de son brave chef le commandant Lanty, s'est en vain efforcée de mettre le village en état de soutenir un dernier assaut : les créneaux, les palissadements, les abris masqués de feuillage, rien ne peut servir au milieu de l'embrasement général.

Nos blessés périssent dans nos ambulances non épargnées : intendants, médecins, aumônier, tout est tué ou disparaît.

Il faut évidemment et décidément battre en retraite et nous pouvons déjà constater, en nous groupant en arrière de Frœschwiller, toute l'étendue de nos pertes. Un trop petit nombre d'officiers restent pour rallier et diriger les héroïques défenseurs de Frœschwiller.

Le général Raoult, qui a résisté à toutes les sollicitations et s'est refusé à faire un seul pas en arrière, vient de tomber et reste au pouvoir des Prussiens !

La 3ᵉ division d'infanterie, en partie détruite, se retire par la route et les chemins qui mènent à Reichshoffen, escortant son artillerie, heureusement entière, sauf une pièce perdue, et recevant, sans précipiter sa marche, les obus que l'ennemi lui lance des hauteurs latérales jusqu'à Niederbronn.

La nuit met un terme à cette poursuite acharnée et d'ailleurs l'ennemi doit sentir ses pertes. Mais les bagages des officiers, plusieurs caisses régimentaires et tout le matériel qui avait été dirigé sur Haguenau est perdu pour la division.

A Reichshoffen, un ordre mal interprété, ayant fait diriger une partie des troupes sur Bitche, la dispersion a été plus considérable qu'elle aurait pu être, et c'est à Saverne seulement que la division a pu reconstituer un premier noyau autour duquel chacun est venu successivement se grouper.

Rapport du général Lefebvre sur le rôle de la 2e brigade de la 3e division, le 6 août.

Camp de Châlons, 16 août.

La 2e brigade de la 3e division du 1er corps eut ses régiments répartis de la manière suivante : le 2e régiment de tirailleurs à gauche dans les bois en face du village de Gœrsdorf; à droite le 48e chargé de défendre le ravin qui s'étend du village de Wœrth à Frœschwiller, perpendiculairement au front de la position. Une batterie de mitrailleuses fut placée entre le 1er et le 2e bataillon des tirailleurs. La journée du 5 fut consacrée à l'installation des troupes; la position à défendre fut reconnue avec soin, ainsi que les différentes lignes de retraite; les adjudants-majors de chaque régiment prirent connaissance de l'emplacement assigné aux caissons contenant les réserves de cartouches pour l'infanterie.....

La nuit du 5 au 6 fut très pénible pour tout le monde; les bagages avaient été éloignés du champ de bataille et les troupes restèrent toute la nuit exposées à une pluie abondante qui ne cessa qu'à la pointe du jour. Le terrain du bivouac, profondément détrempé, était devenu très glissant et par suite gênait beaucoup les mouvements de l'artillerie.

Jusqu'à 8 heures du matin les batteries prussiennes prirent position en face de nous et, vers 8 heures, elles ouvraient un feu violent sur la gauche occupée par la brigade; en même temps des colonnes profondes, précédées de tirailleurs, descendirent et abordèrent notre position, d'abord par le ravin qui se trouve derrière le village de Wœrth et ensuite par les bois à gauche du 2e tirailleurs.

L'attaque du ravin de Wœrth fut repoussée par le 48e; l'attaque par les bois était plus sérieuse; l'ennemi voulait essayer de pénétrer jusqu'au village de Frœschwiller, tournant notre gauche et occupant ainsi notre ligne de retraite. La résistance opiniâtre du 2e tirailleurs, appuyée par deux compagnies du 48e et par deux compagnies du 8e bataillon de chasseurs, déjoua le plan des Prussiens et permit à la division Ducrot d'arriver.

A peine la batterie de mitrailleuses, établie sur le front de la position, avait-elle ouvert son feu sur les colonnes prussiennes, qu'elle se vit inondée d'obus tirés des nombreuses batteries de l'ennemi et forcée de prendre position en arrière.

Depuis lors, les Prussiens ne cessèrent de diriger de fortes réserves sur notre gauche, espérant toujours enlever le village de Frœschwiller; mais l'arrivée des troupes de la division Ducrot, la résistance héroïque du 2e régiment de tirailleurs, habilement dirigée par le colonel Suzzoni, fit échouer toutes leurs attaques.

Jusqu'à 3 heures de l'après-midi, la 2e brigade de la 3e division n'avait pas perdu un pouce de terrain. A 3 heures seulement, le 48e, accablé par le nombre, décimé par l'artillerie prussienne et ayant perdu presque tous ses officiers, commença à faiblir; quelques secours lui arrivèrent et lui permirent de reprendre momentanément le terrain perdu.

Mais la droite du corps d'armée était tournée; des obus nous prenaient à revers; il fallait songer à battre en retraite et à abandonner des positions si brillamment défendues par le 48e et le 2e tirailleurs.

Cette retraite s'opéra lentement à travers le village de Frœschwiller incendié par les obus; à la sortie dans la plaine, entre Frœschwiller et Reichshoffen, les régiments commencèrent à se reformer, toujours sous le feu des batteries prussiennes établies sur les collines parallèles à la ligne que nous suivions.

On put voir alors quel était le prix de notre résistance acharnée : le 2e tirailleurs n'avait plus que 300 hommes au lieu de 1,500 et le 48e 700 hommes au lieu de 2,000. 43 officiers du 48e étaient tués, blessés ou restés au pouvoir de l'ennemi; le 2e tirailleurs était commandé par le seul capitaine que le feu eut épargné.

La conduite des deux régiments de la 2e brigade a été admirable, leur résistance héroïque. Au moment où la retraite a été ordonnée, les débris de ces deux braves régiments occupaient leurs positions du matin et soutenaient une lutte désespérée contre les nombreuses réserves de l'ennemi, exposés à un feu terrible d'artillerie qui s'efforçait de faire disparaître par le canon ceux qui, pendant plus de huit heures, avaient repoussé toutes les attaques de l'infanterie prussienne.

Rapport du capitaine Proust, commandant le 8e bataillon de chasseurs à pied, sur la journée du 6 août.

Haroué, 12 août.

Le 8e bataillon est arrivé le 4 août à Frœschwiller, à 7 h. 1/2 du soir; les 1re et 2e compagnies sont détachées en avant du village et préposées à la garde d'une batterie d'artillerie, les 3e, 4e, 5e et 6e compagnies sont campées dans les rues du village. Le 6 août, les 3e, 4e, 5e et 6e compagnies, conduites par M. Poyet, chef de bataillon, prennent les armes entre 8 et 9 heures du matin et sont d'abord préposées à la garde d'une batterie d'artillerie, les 4e et 5e sont déployées en tirailleurs en avant, les deux autres sont en bataille.

A 10 heures elles s'engagent dans le bois et y restent jusque vers 1 heure sans donner.

A ce moment le bataillon reçoit l'ordre de marcher en avant pour appuyer le 2ᵉ régiment de tirailleurs, qui perdait beaucoup de monde.

A peine engagé, M. Poyet est frappé mortellement d'une balle au-dessous du sein droit, il est emporté et M. Gyss, capitaine de la 5ᵉ compagnie, prend le commandement du bataillon; l'adjudant-major est blessé très grièvement au bas-ventre.

Après avoir marché en avant et battu en retraite plusieurs fois, les compagnies se retirent définitivement vers 4 heures sans ordres et sans chefs, car tous sont restés sur le champ de bataille, tués, blessés, prisonniers ou disparus.

Les 1ʳᵉ et 2ᵉ compagnies, sous le commandement du capitaine Chardon, prennent les armes à 7 h. 1/4 et suivent la 1ʳᵉ à droite, la 2ᵉ à gauche, la batterie d'artillerie qu'elles doivent protéger, elles reçoivent l'ordre de se déployer et de se porter en avant vers 1 h. 1/2 pour couvrir la droite et la gauche du 2ᵉ régiment de zouaves.

Le mouvement de retraite commence vers 3 h. 1/2 et à 5 heures la déroute est complète; le corps d'armée se retire sur Reichshoffen et les corps en désordre continuent dans la nuit du 6 leur retraite sur Saverne, où est le point de ralliement.

La perte du bataillon dans cette journée est évaluée à 2 officiers tués, 14 disparus ou blessés restés entre les mains de l'ennemi, 600 sous-officiers, caporaux ou soldats tués, blessés ou disparus. M. Henriot, capitaine, arrivé au bataillon la veille de la bataille, est compris dans le nombre des disparus. M. Nouaux, officier sorti de l'école l'année précédente, après avoir reçu une blessure, est, avec le commandant du bataillon, de ceux dont la mort est certaine.

Historique du 36ᵉ régiment d'infanterie.

6 août.

La colonne du colonel Krien, qui était partie de Haguenau en chemin de fer, se dirige sur Reichshoffen. A minuit et demie le général de Nansouty est prévenu du voisinage d'un corps prussien. Il fit arrêter la marche du convoi, les hommes descendent au milieu d'un violent orage et sont placés le long du talus de la voie. Le régiment resta deux heures dans cette position. Au bout de ce temps l'on remonta en wagon et le régiment arriva à Reichshoffen à 4 heures du matin. A 7 heures le 1ᵉʳ et le 2ᵉ bataillons se mettent en marche pour Frœschwiller où ils arrivent à 8 h. 1/2. Le village est traversé, et après un mouvement de conversion, la colonne va se placer dans un bois taillis en avant et à gauche du village, à l'extrême droite de la 1ʳᵉ division (général Ducrot) et à gauche du 48ᵉ de ligne. Les compagnies du 1ᵉʳ bataillon furent déployées en tirailleurs sur la lisière du bois. Au commencement de l'action le commandant Prouvost est blessé grièvement et quitte le champ de bataille en remettant le commandement du 1ᵉʳ bataillon au capitaine adjudant-major Terrin. Une vive fusillade s'était engagée entre les tirailleurs français et ceux de l'ennemi, qui occupaient un bois vis-à-vis. Au bout de quelque temps, ceux-ci furent obligés de se retirer. Vers 11 heures, cinq compagnies quittent la droite de la ligne de bataille, traversent le bois, vont se placer sur la gauche pour soutenir la droite du 2ᵉ régiment de tirailleurs algériens fortement engagée. Pendant la marche de cette petite colonne, les 1ʳᵉ et 6ᵉ compagnies qui étaient en queue ne purent suivre la tête, et elles revinrent couvrir le flanc droit du régiment, où elles furent déployées en tirailleurs sur la lisière du bois faisant face aux hauteurs occupées par l'ennemi. Les lieutenants Pastoureau et Richard sont blessés. Les trois compagnies de gauche du 2ᵉ bataillon avaient été placées, vers 8 heures du matin, sur la lisière du bois à gauche de Frœschwiller. Elles se déployèrent en tirailleurs, et échangèrent quelques coups de fusil avec les tirailleurs prussiens. Le capitaine Castel fut blessé ainsi que le capitaine Héraud. A 11 heures ces compagnies reçurent l'ordre de quitter leur position. Elles remontèrent sur le plateau, et elles se réunirent aux autres compagnies du bataillon à la gauche du régiment. Toutes ces positions furent occupées pendant près de deux heures. L'ennemi fut maintenu de ce côté et ne put gravir les pentes qui l'auraient porté sur les derrières de la 1ʳᵉ division. Vers 2 heures le colonel Krien s'aperçut que la droite de son régiment n'était reliée à aucune troupe et que les Prussiens qui s'avançaient toujours, en faisant un mouvement sur leur gauche, pouvaient facilement gravir les pentes du plateau de Frœschwiller, et par conséquent, tourner et prendre à revers la 1ʳᵉ division. Il voulut s'opposer à ce mouvement en établissant un nouvel ordre de bataille. Pour cela il envoya le drapeau avec sa garde marquer le point où devait s'établir le centre du régiment et, par un changement de front en arrière sur l'aile droite, il fit occuper une position presque perpendiculaire à celle qu'il occupait. La droite du régiment était appuyée au village de Frœschwiller et le régiment faisait face au village de Wœrth. La 1ʳᵉ compagnie du 1ᵉʳ bataillon occupe la droite de la ligne sur la crête du plateau. La 3ᵉ fut envoyée pour soutenir une batterie d'artillerie placée en avant du village. Pendant que ce mouvement s'opérait, l'ennemi s'avançait à grands pas pour occuper le plateau de Frœschwiller, l'armée française allait être ainsi coupée en deux.

Le colonel Krien donna l'ordre de charger à la baïonnette, le régiment fut lancé, une première charge sembla réussir ; mais, écrasés par le nombre, les soldats furent obligés de revenir sur leurs pas ; beaucoup d'officiers furent tués ou blessés. Le colonel Krien, le lieutenant-colonel Cloux, le commandant Croix, le capitaine Manson, Beaumelle, porte-drapeau, Alquié, d'Angelis, Tuillier, blessés; le capitaine Terrin tué.

Le régiment se reforma une seconde fois. Une seconde charge eut lieu, mais elle vint se briser contre des forces trop considérables, le régiment fut décimé par une masse de projectiles qui, par la direction qu'ils avaient, prouvaient que le mouvement tournant que les Prussiens avaient en vue depuis le matin s'effectuait de plus en plus. Déjà une grande partie du village de Frœschwiller était en flammes; l'extrême droite de la ligne française avait été repoussée, il fallut songer à la retraite qui s'effectua sur la route de Reichshoffen.

M. Beaumelle, porte-drapeau, avait remis le drapeau à M. Lecombe, sous-lieutenant. Au moment de la retraite, plusieurs officiers, Brambille, Chevillard, Pastoureau, Charcot, Pihet et une centaine d'hommes formaient la défense. Cette petite colonne se mit en route dans le village, M. le lieutenant Branbille aperçut des Prussiens qui y entraient; ceux-ci firent feu, M. Branbille fut blessé, les hommes dispersés; il ne resta autour du drapeau que M. Lacombe, M. Pihet, deux sapeurs et quelques soldats. Poursuivis par l'ennemi, ces quelques hommes entrèrent dans une remise et cherchèrent à brûler le drapeau. N'y pouvant parvenir, ils le déchirèrent et cachèrent la soie sous les fagots. De cette façon les Prussiens ne purent s'emparer que de la hampe et de de la cravate; le reste fut sauvé et existe encore au 36e régiment de ligne.

Pendant la journée, que s'était-il passé au 3e bataillon, séparé du régiment et commandé par le commandant Laman?

Vers 5 heures du matin, une reconnaissance fut faite par les grand'gardes; quelques coups de fusil furent échangés, rien ne faisait présager la bataille qui devait avoir lieu. A 7 h. 1/2, l'ordre arriva de prendre les armes, le combat était engagé sur la gauche de la ligne française. La compagnie de Chauvenet, de grand'garde, regagna le bataillon qui resta sur l'emplacement où il avait bivouaqué. Il fut formé en colonne par division, la gauche appuyée à la route de Wœrth et face à ce village; à sa droite se trouvait le 2e zouaves, à sa gauche dans un ravin le 48e de ligne.

La 1re brigade était séparée de la 2e par un intervalle de 500 mètres. Une batterie d'artillerie fut établie à la droite des zouaves et une autre en avant de Frœschwiller.

L'action s'engagea sur le centre de la ligne par plusieurs coups de canon et par des feux de tirailleurs. Le 3e bataillon alla prendre position à gauche de la route de Wœrth en colonne, par pelotons à demi-distance. La 2e section de la 1re compagnie, lieutenant Paris, fut déployée en tirailleurs en avant du front du bataillon et cette section engagea un feu très vif avec les tirailleurs ennemis. Vers 11 heures le mouvement des Prussiens se dessina ; ne pouvant tourner par la gauche, ils cherchèrent à le faire par la droite et attaquèrent en même temps le centre de notre ligne. Ils avaient établi au delà de Wœrth de nombreuses batteries en éventail, qui couvraient le 2e zouaves et le 3e bataillon du 36e d'une grêle de projectiles. Afin d'éviter de plus grands accidents, le bataillon fut déployé. Ce mouvement le plaça face au village de Wœrth, sa droite reliée à la gauche des zouaves resta appuyée à la route, et sa gauche dans le ravin qui le séparait du 48e. Dans ce mouvement le capitaine Pabanel reçut une blessure. La ligne de tirailleurs fut augmentée d'une demi-section de la 1re compagnie et de toute la 6e (capitaine Pabanel). La batterie d'artillerie placée en avant de Frœschwiller commença le feu. Les obus passaient au-dessus du 3e bataillon, mais beaucoup venaient éclater au milieu de ses rangs : c'est ainsi que fut tué le capitaine Sauvaire et que fut blessé le capitaine Poirelle. Après deux heures d'attente dans cette position, arriva l'ordre de se porter en avant.

Le bataillon fut arrêté à mi-côte ; l'ennemi, de son côté, avait fait avancer de fortes colonnes; une forte action s'engagea. M. Perret, lieutenant, fut tué. Le général L'Hériller donna l'ordre de se retirer et de reprendre la position qu'on avait au point du jour : l'adjudant-major Buret reçut une blessure mortelle.

Une nouvelle ligne de bataille fut formée sous un angle aigu avec la route de Frœschwiller à Wœrth ; à la droite de la ligne était le 8e bataillon de chasseurs, au centre le 2e zouaves, à gauche le 3e bataillon du 36e. Cette nouvelle ligne fut lancée au pas de charge sur le village de Wœrth occupé par les Prussiens. Un combat à la baïonnette s'engagea : accablée par le nombre, l'armée française fut obligée de se replier. Le désordre se mit dans les rangs, car la retraite ne pouvait s'effectuer qu'à travers un pays boisé, en pente raide et labouré par les obus et les balles ; c'est là que furent blessés MM. Genret, capitaine ; Faule, Malessard, lieutenants; Andrez, sous-lieutenant.

A l'entrée du village de Frœschwiller tous les régiments étaient mêlés. Les officiers organisèrent tant bien que mal de nouvelles colonnes, qui tentèrent une nouvelle attaque, qui fut infructueuse ; le sous-lieutenant Chechan fut blessé.

Les batteries prussiennes s'étaient avancées. Une charge faite par la brigade de cuirassiers avait été repoussée ; les obus incendiaient et détruisaient le village, les hommes ne savaient plus que faire ; il fallut songer à la retraite, qui ne put s'effectuer que dans le plus grand désordre. On se dirigea instinctivement sur Niederbronn par Reichshoffen et de là sur Saverne. Il était à peu près 5 heures du soir. La marche dura toute la nuit : le matin on arriva dans cette ville.

Rapport du capitaine Béhic, commandant le 2ᵉ régiment de zouaves, sur le rôle de ce régiment, le 6 août.

Châlons, 15 août.

Le 6, au matin, le 2ᵉ régiment de zouaves par bataillons déployés occupait l'espace compris entre la route de Frœschwiller à Wœrth et le village d'Elsashausen, faisant face à Wœrth, la droite du 1ᵉʳ bataillon un peu en avant de ce village. Dès 4 heures du matin, des reconnaissances furent faites par les compagnies de grand'garde qui poussèrent jusqu'à la rivière et revinrent sans nouvelles de l'ennemi.

Vers 6 heures les Prussiens dirigèrent sur Wœrth quelques pelotons de tirailleurs, qui engagèrent le feu avec nos compagnies de grand'garde. Ils étaient soutenus par quelques pièces d'artillerie placées en batterie sur le versant au delà de Wœrth. L'attaque de l'ennemi était faible et fit croire à une simple reconnaissance, lorsque tout à coup les Prussiens assaillirent très vigoureusement la gauche du front de bataille en essayant de la tourner. Une attaque sérieuse fut en même temps dirigée sur notre droite, soutenue par un feu d'artillerie très vif et d'une grande précision de tir.

Parfaitement renseigné sur l'étendue de notre ligne et la force de nos positions, l'ennemi, tout en observant nos ailes qui répondaient vigoureusement à son feu, dirigea tous ses efforts sur le centre de la ligne où était placé le régiment et fit avancer de nombreux pelotons sous la protection de 30 ou 40 pièces de canon qui essayaient, par un feu des plus nourris et d'une justesse remarquable, d'éteindre celui de notre artillerie placée sur la hauteur entre Frœschwiller et Elsashausen. Le régiment fut alors porté en avant sur Wœrth, pour avoir moins à souffrir du feu de ces pièces, et nos hommes se maintinrent avec calme malgré des quantités d'obus qui tombaient dans les rangs. Les Prussiens recevaient des renforts de minute en minute et bientôt leur feu devint tellement gênant que l'ordre fut donné de se porter en avant pour les déloger de Wœrth et des bois situés à droite et à gauche.

L'élan de nos soldats entraînés par leurs officiers fut tel qu'en peu d'instants les Prussiens furent chassés à la baïonnette de Wœrth et repoussés au delà de la rivière. Mais ce mouvement n'ayant pu être appuyé, l'ennemi, qui faisait constamment avancer de nouveaux pelotons, reprit ses positions. Successivement trois charges à la baïonnette firent reculer les Prussiens, mais enfin, accablés par le nombre, décimés par le feu de l'artillerie prussienne, menacés de nous voir tournés sur notre droite, nous dûmes battre en retraite bien à regret, défendant les mouvements de terrain un par un, sur le village de Frœschwiller et l'artillerie de réserve. Le village ne tarda pas à être incendié par les obus prussiens et il fallut l'évacuer en y laissant nos blessés.

46 officiers étaient restés sur le champ de bataille, tués ou blessés, et ceux qui survivaient, réorganisant les pelotons décimés, prirent la route de Reichshoffen et ensuite la direction de Saverne, faisant face à l'ennemi quand il devenait trop entreprenant.

Le 2º zouaves a perdu environ 1000 hommes (1).

Rapport du colonel Rogier, commandant le 48º, sur le rôle de ce régiment le 6 août.

Le 48º arrivé le 4 au soir sur le plateau en avant de Frœschwiller fut placé en bataille, la droite à peu de distance de l'entrée de Frœschwiller et la gauche à l'extrémité d'un contrefort formant éperon sur la vallée où est situé Wœrth.

Les trois bataillons restèrent dans cette position jusqu'à 6 à 7 heures du matin. Indépendamment des grands'gardes placées devant les deux premiers bataillons, il en fut établi une troisième composée de deux compagnies; elle avait pour mission de garder l'extrémité gauche de notre position. Pendant la nuit du 5, cette grand'garde fut renforcée d'une troisième compagnie, afin de défendre une batterie construite dans la nuit du 5 au 6 par les travailleurs du 48º. On profita des outils apportés par l'artillerie pour construire sur ce point des tranchées-abri, qui nous furent le lendemain d'un grand secours pour nous maintenir sur cette position. On fut contrarié dans l'exécution de ces travaux par une forte pluie qui tomba toute la nuit.

Le 6 au matin, trois ou quatre coups de canon tirés sur le village de Wœrth furent le signal de l'attaque. Les 2º et 3º bataillons faisant face aux vignes y envoyèrent une demi-section par compagnie déployée en tirailleurs. Le 1er bataillon, après avoir fait un changement de direction sur son 6º peloton, fut d'abord conservé en réserve sur ce nouvel emplacement, mais à peine ce mouvement était-il terminé que deux compagnies en furent détachées et formées en colonne par peloton; elles furent mises en réserve derrière la droite du 2º bataillon. A 8 heures quelques coups de fusil s'étant fait entendre dans le ravin situé à la gauche des tirailleurs, trois compagnies du 1er bataillon, sous les ordres du commandant Duhousset furent envoyées en tirailleurs pour protéger nos derrières, en se reliant par leur droite à l'extrême gauche des tirailleurs algériens et s'étendant le plus possible à gauche

---

(1) D'après l'Historique du 2º zouaves, les pertes s'élevèrent à 47 officiers tués, blessés et dispersés et 1088 hommes de troupe.

pour faire face aux Prussiens qui cherchaient à nous tourner en pénétrant dans nos positions par cette vallée. Cette attaque fut repoussée par ces trois compagnies, aidées des mitrailleuses, placées au sommet de la vallée près du village. Les trois autres compagnies de ce bataillon, qui étaient restées en réserve à la droite du 2e, furent envoyées pour soutenir le régiment des tirailleurs algériens vivement attaqué. Vers une heure, M. le colonel Suzzoni revint une seconde fois demander du renfort; il ne demandait pas moins de deux bataillons, mais je ne puis lui donner que trois compagnies du 2e bataillon commandées par le chef de bataillon Meric. Ces trois compagnies avaient été précédées par les trois premières envoyées sous les ordres de M. Duhousset dans le ravin de gauche, ce qui portait à neuf compagnies l'effectif du 48e sur ce point. Les trois compagnies du 2e bataillon furent envoyées sur la lisière du bois pour être opposées aux tirailleurs prussiens qui se trouvaient à mi-côte et descendaient sur nos positions. Plusieurs fois l'ennemi tenta des attaques sur ces compagnies, mais il fut toujours repoussé; elles conservèrent leurs positions.

Les trois compagnies de gauche du 2e bataillon et le 3e bataillon, sous les ordres du commandant Chataigner, conservèrent leurs positions premières jusque vers trois heures, malgré les pertes que leur faisaient éprouver des feux très vifs de mitraille et de mousqueterie. A ce moment, l'ennemi, qui depuis quelque temps semblait perdre du terrain, revint à la charge avec de profondes colonnes, soutenues par une puissante artillerie; tirailleurs et troupes de réserve recevaient des feux venant de trois directions différentes et étaient sur le point d'être coupées quand le lieutenant-colonel Thomassin, secondé par les quelques officiers qui étaient encore debout, enleva par un mouvement énergique la poignée d'hommes qui était autour de lui. Il fit un retour offensif qui dégagea momentanément le plateau, mais l'ennemi revenant plus nombreux et plus acharné, une deuxième charge à la baïonnette ne nous donna qu'un léger succès. C'est à ce moment que le lieutenant-colonel tomba pour ne plus se relever. Son corps est resté entre les mains de l'ennemi. Les quelques hommes échappés à ce combat meurtrier se réfugièrent dans le bois et se replièrent vers le village. Nos pertes ont été considérables : elles atteignent le chiffre énorme de 1236 hommes et de 43 officiers.

Rapport du capitaine Viénot, commandant le 2e régiment de tirailleurs algériens, sur la journée du 6 août.

Bayon, 11 août.

Le 2e régiment de tirailleurs reçut le 4 au soir l'ordre d'aller occuper avec la division la position de Frœschwiller. Son rang de bataille l'appelait à la gauche de la position de la division.

Cette position consistait pour lui à tenir la lisière d'un bois qui couvrait un terrain accidenté et présentait des rentrants et des saillants. La forme générale était un grand saillant qui venait avec un retour se rattacher à la division Ducrot. Sur une croupe, à la droite du régiment, était une batterie de mitrailleuses. Le régiment se reliait avec le 48e de ligne (même brigade).

La journée du 5 août se passa à s'installer. La vigilance fut grande pendant la nuit du 5 au 6 ; au point du jour, une de nos reconnaissances faillit prendre un officier bavarois et quelques-uns des siens.

Vers 5 h. 1/2, le 6, une batterie prussienne canonna la batterie de mitrailleuses qui dut se retirer. Quelques troupes seulement se montrèrent. Vers 7 heures, cette batterie recommença son feu et des tirailleurs ennemis parurent à la pointe et à la gauche de la position du régiment. Celui-ci était ainsi réparti : le 3e bataillon avait appuyé à droite et remplacé un bataillon du 48e sur une crête à la lisière des bois et sur la droite des mitrailleuses. Le 1er se trouvait à sa gauche. Quatre compagnies de ce bataillon occupaient la pointe et la partie gauche du bois ; deux compagnies étaient en réserve.

Vers 9 heures, l'ennemi montrant toujours de nouvelles forces et les compagnies de réserve étant engagées, surtout à gauche, le colonel Suzzoni dut demander des renforts au général Raoult. Successivement des compagnies du 48e et du 78e lui furent envoyées et il put contenir partout l'ennemi. Mais celui-ci faisait toujours paraître de nouvelles troupes. La pointe et la gauche étaient vivement attaquées. Sur la droite, les attaques étaient molles. Les Prussiens passaient difficilement le vallon qui les séparaient de notre position ; à gauche, l'appui des mitrailleuses et d'une partie de la division Ducrot retarda leur progrès quelque temps. Mais, vers 2 heures, des colonnes énormes se montrèrent vis-à-vis de notre droite et les attaques recommencèrent plus vives. Le régiment était menacé d'être entouré. Sur la demande instante du colonel Suzzoni, de nouveaux renforts lui furent envoyés. Le 8e et le 13e bataillons de chasseurs entrèrent en ligne. Un retour offensif fut fait. Tout le terrain cédé fut repris.

Les colonnes ennemies s'avançaient cependant de tous côtés. Le régiment, aidé des renforts qu'il avait reçus, chassa deux fois à la baïonnette les Prussiens qui avaient paru sur la crête où étaient primitivement les mitrailleuses. On se battait en désespérés ; chacun tombait à sa place, sans céder un pouce de terrain.

Les Prussiens, se dissimulant derrière un pli de terrain, gagnèrent enfin les crêtes et un cercle de fer et de feu se forma autour de nous. Là fut la tombe du 2e tirailleurs. Des débris insignifiants (250 hommes et 3 officiers) purent seuls en sortir. Le régiment, qui comptait 2,300 hommes le matin, est commandé maintenant par un capitaine. Le colonel Suzzoni, le lieutenant-colonel Colonieu étaient blessés. Les chefs de bataillon Mathieu, Jodosius et une grande quantité d'officiers de tous grades étaient tués. Il est difficile de préciser les pertes, car il rentre à chaque instant des isolés.

Rapport du commandant Mathieu, du 2ᵉ régiment de tirailleurs algériens, sur la bataille de Frœschwiller.

Ambulance de Mannheim, 11 août.

J'ai l'honneur de vous faire connaître que, pendant la bataille livrée en avant de Frœschwiller, j'ai pris, à 2 h. 1/2 de l'après-midi, le commandement du 2ᵉ tirailleurs en remplacement du colonel Suzzoni qui venait d'être tué. Le lieutenant-colonel était blessé depuis midi.

Doutant qu'aucun rapport autorisé ait pu vous être fait sur la part prise à la bataille par le 2ᵉ tirailleurs, je viens, comme commandant du régiment, vous faire connaître l'ensemble des opérations exécutées par le 2ᵉ tirailleurs pendant la bataille, vous signaler les services rendus par les militaires du corps et vous renseigner sur les pertes éprouvées.

Au début de l'action, vers 7 h. 1/2 du matin, le régiment déployé occupait la lisière du bois qui fait face au village de Gœrsdorf; sa droite se reliait au 48ᵉ de ligne, et il était couvert au centre par une batterie de six mitrailleuses. Sur le flanc gauche, trois compagnies : 4ᵉ, 5ᵉ et 6ᵉ du 2ᵉ bataillon étaient déployées dans les taillis, sur le versant qui regarde la route de Lembach à Frœschwiller. Ces trois compagnies ont supporté le premier choc de l'ennemi; se glissant le long des bois qui bordent la route de Lembach, l'armée bavaroise débouchait en force sur notre aile gauche pour la tourner. Après avoir ouvert sur nos tirailleurs une vive fusillade, les Bavarois ont lancé sur eux plusieurs bataillons fortement soutenus. Les trois compagnies de flanqueurs, criblées de balles, ont alors rapproché leurs petits postes et se sont resserrées pour faire tête à l'attaque. Renforcées par les 3ᵉ et 5ᵉ compagnies du 1ᵉʳ bataillon, elles ont arrêté la marche des colonnes ennemies et, passant bientôt de la défensive à l'offensive, elles ont chargé les Bavarois à la baïonnette et les ont rejetés sur la route de Lembach.

Pendant que les Bavarois tentaient sur notre gauche ce mouvement tournant, les Prussiens, remontant le ravin qui descend de Frœschwiller à Wœrth, menaçaient de tourner notre droite, le 3ᵉ bataillon, embusqué dans les vignes et relié au 48ᵉ de ligne, arrêtait ce mouvement et faisait éprouver à l'ennemi des pertes sérieuses. Vers midi, le régiment avait repoussé toutes les attaques sur sa droite et sur sa gauche et restait sur toute la ligne maître du terrain qu'il avait à défendre. Des pertes sérieuses avaient été éprouvées, mais le succès était complet et personne ne doutait du gain de la bataille.

Mais à ce moment le corps d'armée prussien, qui jusque-là était resté immobile au-dessus de Wœrth, entrait à son tour en lutte.

L'artillerie, appuyant sur sa droite, venait s'établir en face de la position défendue par le 2ᵉ tirailleurs et l'infanterie prussienne, traversant la rivière, venait se déployer au pied même des hauteurs occupées par le régiment.

Si, à ce moment, le front du 2ᵉ tirailleurs eût été, comme le matin, couvert par la batterie de mitrailleuses, on eût pu faire éprouver des pertes sérieuses à l'infanterie prussienne.

Mais, dès le matin, deux mitrailleuses avaient été démontées par l'infanterie ennemie et toute la batterie s'était repliée en arrière, regagnant Frœschwiller. La position n'avait plus dès lors aucun canon, aucune mitrailleuse à opposer à la formidable artillerie, à la nombreuse infanterie que les Prussiens dirigeaient sur nous : la fusillade seule des compagnies du 2ᵉ tirailleurs allait avoir à y suffire.

La bataille reprend alors sur le front et sur les flancs de la ligne du régiment avec une nouvelle énergie : tirant avec une rare précision, l'artillerie prussienne couvre d'obus le petit bois qui forme comme le réduit de la défense du 2ᵉ tirailleurs et qu'occupent les 4ᵉ et 6ᵉ compagnies du 1ᵉʳ bataillon et 5ᵉ du 2ᵉ.

Sous une véritable pluie de fer et de balles, ces compagnies se maintiennent avec une inébranlable fermeté : allant d'un groupe à l'autre, le colonel Suzzoni communique à tous le sang-froid résolu, l'intrépide courage qui l'anime : « Nous mourrons tous ici s'il le faut, dit-il en arabe aux tirailleurs, et nous ne reculerons pas d'un seul pas. » Nos tirailleurs lui affirment chaleureusement qu'il peut compter sur eux et demandent à charger l'ennemi.

Leur désir est bientôt satisfait : l'ennemi devenant pressant, les compagnies sont lancées sur lui à la baïonnette et le refoulent ; plusieurs retours offensifs, exécutés avec le plus grand entrain, contiennent pendant deux heures l'ennemi.

Mais à chaque troupe repoussée succède une nouvelle troupe, et nos compagnies ont à déployer le plus grand courage, rien que pour se maintenir dans le petit bois formant réduit.

Pour briser cette résistance inébranlable, l'artillerie redouble son feu et écrase ces compagnies. A ce moment (environ 2 h. 1/2), le colonel Suzzoni tombe frappé mortellement, et je prends à sa place le commandement du régiment.

Les flancs de notre position sont débordés par l'aile droite et l'aile gauche de l'ennemi. De tous côtés pleut sur nous une grêle de projectiles. Blessé à mon tour, je remets le commandement de la position au capitaine Pacotte, qui, seul, reste debout. Bientôt les munitions manquent, et, la résistance devenant impossible, le capitaine Pacotte rassemble les débris des compagnies engagées sur ce point et se retire sur Frœschwiller.

En route il rallie dans le bois le capitaine Sénac, qui, avec d'autres compagnies, tient tête à l'attaque latérale des Bavarois. Cette troupe atteint Frœschwiller, alors que déjà les colonnes ennemies y pénètrent de toutes parts : toute issue est fermée. En vain, les débris du régiment cherchent à se faire jour à la baïonnette ; cernés de toutes parts, ils sont obligés de mettre bas les armes.

Telle a été, mon Général, la conduite du 2e tirailleurs pendant la bataille du 6 août. Les pertes éprouvées par le régiment sont très considérables. J'ai l'honneur de vous en adresser ci-joint l'état en ce qui concerne les officiers ; sans doute les indications de cet état sont-elles incomplètes, en ce sens que toutes les pertes ne me sont pas connues. Celles que je vous indique sont positives et constatées la plupart par moi-même, sur le champ de bataille ou à l'ambulance.

En ce qui concerne la troupe, l'impossibilité de réunir les rapports des commandants de compagnies m'empêche de vous donner, quant à présent, même le nombre approximatif des tués et blessés, et je ne puis que vous dire que ce nombre est très considérable.

Blessés ou valides, la presque totalité des militaires du régiment est entre les mains de l'ennemi.

Les prisonniers valides ont été dirigés sur Ingolstadt et Munich. Les blessés du régiment sont soignés dans les ambulances et hôpitaux de Landau, Mannheim et Francfort. Je me trouve à Mannheim avec plusieurs officiers ; nous y sommes l'objet des soins les plus bienveillants et les plus empressés.

Rapport sur le 2e régiment de tirailleurs, 3e bataillon, à la bataille de Wœrth (certifié par MM. Ollivier, Collot, Vagnon, Brunet, de Vansay, Droz-Desvoyes, officiers, et Lafont, adjudant, prisonniers à Kœnigsberg.)

20 août.

Le 3e bataillon (cinq compagnies plus une section de la 5e), — environ 600 hommes — prenait dès le 5 au matin sa place de bataille sur le bord du plateau de Frœschwiller, la droite appuyée au contrefort au pied duquel est bâti Wœrth, la gauche au contrefort sur lequel était installée une batterie de mitrailleuses. Il occupait donc les deux côtés d'un ravin compris entre les contreforts dont nous venons de parler et se déployait sur une étendue de 5 à 600 mètres. Il avait à sa droite le 48e de ligne et à sa gauche les 1er et 2e bataillons du régiment. La section de la 5e était envoyée en grand'garde au pied de la hauteur couronnée par le bataillon et près de la route de Wissembourg à Haguenau. L'ordre était donné de ne pas dresser les tentes et de se tenir prêt à combattre.

Pendant la journée du 5, des éclaireurs ennemis se montrèrent fort près de nos lignes. Quelques tirailleurs tirés des grand'gardes et dirigés par le commandant Mathieu les forcèrent à se tenir à plus grande distance.

Pendant la nuit du 5 au 6, des coups de feu partis de nos avant-postes, surtout vers la gauche, signalaient des mouvements de l'ennemi; on entendait du reste de ce côté des bruits de marche de troupes, caissons, pièces et voitures.

Le 6, vers 5 h. 1/2 du matin, l'ordre prescrivait : séjour pour la journée. La 3e compagnie fut envoyée en remplacement de la section de la 5e qui vint occuper sa place de bataille, les 2e et 4e s'étendirent pour combler l'espace vide.

L'ordre était à peine communiqué qu'on vit s'avancer sur Wœrth une reconnaissance de cavalerie ennemie d'environ 80 chevaux. Un obus ou deux la força à rétrograder. Aussitôt après l'ennemi établissait à 5,000 mètres environ une formidable batterie d'artillerie sur les hauteurs qui dominent le plateau de Frœschwiller et prononçait son attaque sur notre gauche et notre droite en se couvrant de nombreux tirailleurs. Il pouvait être 7 heures...

A 9 h. 1/4 l'ordre était donné de faire rentrer les grand'gardes; la 3e compagnie vint prendre position à l'intérieur du bois à environ 15 mètres en arrière du bataillon et en réserve. On fit une distribution de deux paquets de cartouches supplémentaires par homme. 20 hommes de la 3e, demandés par le capitaine Viénot, furent détachés comme gardes des caissons de munitions et ne reparurent plus de la journée. A 11 heures le capitaine Viénot venait, par ordre du colonel, demander deux compagnies destinées à renforcer le 2e bataillon vivement poussé par l'ennemi. Pour ne pas dégarnir nos ailes, les 2e et 4e compagnies furent désignées et leur emplacement occupé par la 3e. Les deux autres compagnies durent s'étendre. L'effectif du bataillon était réduit alors à environ 360 hommes, chargés de garnir une ligne de 500 mètres au moins.

A 11 h. 1/4 la batterie de mitrailleuses battit en retraite. A l'infanterie seule incombait donc le devoir de défendre ses positions qui furent alors attaquées avec furie. Repoussé par notre feu, l'ennemi revenait incessamment à la charge avec des troupes fraîches. Trois fois il occupait le mamelon de droite; trois fois il était rejeté à la baïonnette.

Vers midi et demi, le 48ᵉ de ligne quittait sa position pour aller au secours de notre gauche; il ne laissait que quelques hommes qui prirent place dans nos rangs. La 1ʳᵉ compagnie dut s'étendre sur sa droite. Peu après, le colonel Suzzoni parcourut de nouveau le front du bataillon en disant : « Qu'il fallait qu'officiers et soldats s'embusquent avec soin; qu'il fallait tenir quand même malgré le petit nombre de combattants ». — Ces ordres furent exécutés strictement.

Les munitions commençaient à manquer. Des officiers, MM. Ollivier, Droz-Desvoyes et l'adjudant Lafont, envoyés pour en demander, reçurent la même réponse : « Il n'y en a pas; tenez quand même vos positions ».

L'armée avait entrepris son mouvement de retraite sans que nous en fussions prévenus, pas plus du reste que les 36ᵉ et 48ᵉ appartenant à la 3ᵉ division. Ce serait donc cette division qui aurait couvert la retraite et non les 1ʳᵉ et 2ᵉ divisions, comme le dit le maréchal de Mac-Mahon dans son rapport.

Dès 2 heures notre artillerie avait complètement cessé son feu, ce qui permettait à celle de l'ennemi de concentrer le sien sur les positions occupées par l'infanterie. De nouvelles masses würtembergeoises, prussiennes et badoises se déployaient en face de nous.

Vers 4 heures le capitaine Ollivier, qui avait été de nouveau demander des munitions, rencontra le capitaine Lucas qui lui dit : « Le colonel est tué, il n'y a pas de munitions, l'ordre est de tenir quand même ». On fouille dans les gibernes des morts et des blessés; on en retire les cartouches qu'on use jusqu'à la dernière.

L'ennemi faisait des progrès, nous débordait sur notre droite, notre gauche et s'avançait en colonnes profondes. Nous étions réduits à une centaine de combattants. En face de cette situation, les officiers présents à ce moment (environ 5 heures moins un quart), MM. Ollivier, Collot, Vagnon, Brunet, Beauchon, de Vansay et Droz-Desvoyes se réunirent pour décider ce qu'il y aurait à faire : charger à la baïonnette ou battre en retraite. Charger à la baïonnette avec moins de cent hommes était impossible sur des masses aussi compactes; le dernier parti fut adopté.

Les débris du bataillon, sous les ordres du capitaine Ollivier, battirent en retraite en essuyant des feux qui nous firent éprouver de grandes pertes.

Rejetés hors du bois par l'ennemi, nous nous dirigeâmes sur le village de Frœschwiller dans la direction duquel nous avions entendu un clairon français sonnant en retraite. Nous espérions le trouver occupé par nos troupes. Notre marche s'effectuait sous des feux croisés des tirailleurs qui nous décimaient cruellement.

Arrivés au village, nous le trouvâmes envahi par l'ennemi et là, complètement entourés par des masses nombreuses, nous fûmes pris, faits prisonniers.

Artillerie (Division Raoult).

Rapport du lieutenant-colonel Cheguillaume sur le rôle des batteries divisionnaires de la 3ᵉ division du 1ᵉʳ corps pendant la journée du 6 août.

Les batteries divisionnaires de la 3ᵉ division du 1ᵉʳ corps d'armée avaient quitté Haguenau, le 4 août au matin, pour se porter sur Reichshoffen.

Elles y étaient à peine arrivées dans l'après-midi, et venaient d'y installer leur camp, qu'elles reçurent l'ordre de partir pour Frœschwiller avant d'avoir reçu aucune distribution.

Elles suivirent, en conséquence, leur division jusqu'à Frœschwiller et prirent position, le soir, sur les pentes qui faisaient face à la direction ennemie.

La batterie Ferreux (5ᵉ du 12ᵉ) fut placée, à hauteur du cimetière, sur la droite de la route qui conduit de Frœschwiller à Wœrth ; soutenue par les troupes de la brigade L'Hériller, elle dut, pendant la nuit, établir un petit épaulement pour la masquer.

La batterie Desruols (6ᵉ du 12ᵉ) fut placée au milieu de la brigade Lefebvre ; ayant pris position près du village de Frœschwiller, de manière à battre le mieux possible les pentes ennemies qui se présentaient devant elles.

La batterie Wohlfrom (9ᵉ du 12ᵉ, mitrailleuses) fut placée sur un éperon en avant des bois qui, partant de Frœschwiller, s'étendent dans la direction du Pigeonnier. Elle était appuyée à gauche par les tirailleurs algériens et à droite par le 48ᵉ de ligne. Cette batterie de canons à balles fit pendant la nuit quelques petits épaulements destinés à masquer ses pièces.

La journée du 5 se passa sans incidents remarquables. La batterie Ferreux, suivant les mouvements des troupes qu'elle accompagnait, quitta la position qu'elle avait occupée pendant la nuit et se reporta plus à droite et plus haut dans la direction d'un village situé en arrière de Wœrth, et sur la hauteur, et dont le nom paraît être Elsashausen.

Les batteries de la réserve du 1ᵉʳ corps étaient d'ailleurs arrivées, et avaient pris position en avant du village de Frœschwiller, de telle manière que la batterie Ferreux était à leur droite, et la batterie Desruols à leur gauche.

Dans la soirée du 5, les troupes prussiennes commençaient à couronner les hauteurs qui nous faisaient face. Elles occupaient solidement le village qui est à mi-côte du Pigeonnier, et dont le nom paraît être Lembach.

Les hauteurs dominantes qui se trouvaient à droite de la 3ᵉ division, à peu près perpendiculairement à la ligne de bataille de cette division, paraissaient aussi se garnir de troupes prussiennes.

Les tirailleurs ennemis avaient poussé leurs reconnaissances jusqu'auprès du village de Wœrth et avaient reçu le feu de nos avant-postes. Cependant la nuit fut calme ; les chevaux étaient restés garnis, les pièces étaient en batterie, les hommes furent empêchés de prendre du repos par un violent orage qui tomba une grande partie de la nuit. Étant sur des pentes exposées aux vues de l'ennemi, il n'avait pas été possible de dresser les tentes-abris.

La batterie Wohlfrom paraissait placée de manière à pouvoir faire à l'ennemi un mal sérieux. A la droite de cette batterie s'étendait, vers la ligne prussienne, un éperon parallèle et semblable à celui qu'elle occupait. Il parut utile de l'armer d'artillerie ; et, pendant la nuit, la batterie Desruols en fit couronner la crête par un petit épaulement. Le 6 au matin, elle avait quitté la position qu'elle occupait en arrière, près du village de Frœschwiller, et avait pris position dans ce nouvel emplacement. Les travaux avaient été malheureusement fort contrariés par le violent orage qui avait éclaté pendant la nuit.

Cependant, les mouvements ennemis se dessinaient dès la matinée du 6, et malgré la croyance que l'orage aurait pu retarder leur attaque, on vit dès le matin se démasquer une batterie de position, qui s'était établie sur la hauteur dont il a été parlé plus haut, et qui formait comme une ligne perpendiculaire à la ligne de bataille de la 3ᵉ division.

Des batteries se démasquaient également sur les hauteurs qui nous faisaient face ; de fortes colonnes d'infanterie descendaient des crêtes pour soutenir les tirailleurs prussiens ; la batterie Desruols changea la direction des pièces qu'elle avait établies pendant la nuit, et ouvrit le feu sur ces colonnes.

La mitrailleuse Wohlfrom joignit son feu à celui de la batterie Desruols et l'ennemi se trouva arrêté par l'action commune de ces deux batteries ; mais leur feu attira sur elles l'attention de l'artillerie ennemie, et, dès les premiers coups lancés par des batteries de plus fort calibre, on reconnut que la position inférieure occupée par nos batteries n'était pas tenable et qu'il était préférable d'occuper en arrière une position plus dominante.

Les batteries Desruols et Wohlfrom se retirèrent en conséquence par les bois auxquels elles étaient adossées.

La mitrailleuse avait eu son capitaine commandant contusionné à l'épaule droite et blessé au bras gauche ; cet officier a dû se retirer et le commandement de la batterie a été exercé toute la journée par M. Boussard, lieutenant en 1er.

La batterie Desruols, exécutant son mouvement en arrière, s'établit sur la même position qu'elle avait occupée la veille.

A ce moment, l'attaque de l'ennemi parut se porter principalement à gauche de la 3e division ; on avait cru jusqu'alors que cette gauche était gardée par la 1re division du 1er corps ; cette erreur fut dissipée lorsque, des hauteurs de Frœschwiller, on put voir les tirailleurs ennemis attaquer franchement en arrière les bois occupés par la gauche de la 3e division ; ces tirailleurs, marchant en ordre parfait, étaient soutenus par des réserves et par une batterie prussiennes.

La gauche de la 3e division paraissait alors devoir être sérieusement attaquée en arrière de sa ligne de bataille ; le général Raoult demanda des renforts qu'il joignit aux troupes d'infanterie garnissant déjà les bois.

La batterie prussienne, qui servait de soutien aux tirailleurs ennemis, démasqua son feu sur l'éminence où se trouvait l'état-major de la division ; la mitrailleuse, commandée par M. le lieutenant Boussard, vint se mettre en batterie sur cette même éminence : elle tira quelques coups sans que la brume permît de bien juger leur effet.

A cet instant, le maréchal commandant en chef le 1er corps vint examiner la position et défendit de continuer le feu avec la mitrailleuse, considérant que la diversion ennemie de ce côté n'avait pas assez d'importance.

La batterie de canons à balles reçut en conséquence l'ordre de se retirer et fut remplacée, sur le même emplacement, par une section de la batterie Desruols, commandée par M. le lieutenant Monnier ; une deuxième section de la même batterie vint se mettre en position à côté de la précédente et toutes deux tinrent tête à la batterie opposée dont le feu, d'ailleurs, ne faisait que répondre au nôtre.

L'attaque sur la gauche et sur le front de la division paraissait alors se ralentir, et le bruit de la canonnade et de la fusillade avait repris énergiquement sur la droite de la position.

La batterie Ferreux ouvrit son feu sur les troupes d'infanterie qui descendaient dans la plaine, sur sa droite, en tirant à 800 mètres ; elle les fit retirer et dirigea son tir à 2,000 mètres, sur les plateaux situés en avant de la 3e division ; mais elle fut alors prise d'écharpe par les batteries ennemies occupant à mi-côte les hauteurs perpendiculaires à la ligne de bataille de la 3ᵉ division, et après avoir subi des pertes sérieuses, voyant que l'ennemi avait réglé son tir d'une façon remarquable et qu'aucun coup ne manquait la batterie, elle dut se retirer en arrière.

Cependant le grand combat d'artillerie allait commencer : les batteries de la réserve s'étaient mises en ligne et le front des batteries ennemies s'accusait nettement sur les pentes qui nous faisaient face.

Les batteries de la 3ᵉ division, à l'exception de la mitrailleuse qui s'était reportée en arrière, entrèrent en ligne avec la réserve d'artillerie.

La batterie Ferreux, placée en avant et à gauche du village d'Elsashausen, vint se mettre à la gauche des batteries de réserve et joignit son feu au leur.

La batterie Desruols, restée dans la même position que précédemment, et ayant de belles vues sur les batteries prussiennes descendues à mi-côte, rallia les sections qui étaient restées à l'entrée du village et fit sur l'ennemi un feu continu. Elle fut rejointe par une batterie divisionnaire du 9ᵉ d'artillerie qui se plaça à sa gauche ; et ces deux batteries parurent faire à l'ennemi un mal assez sérieux, car on vit trois des batteries prussiennes changer la direction de leur tir et essayer d'éteindre leur feu.

C'est à ce moment que le chef d'escadron de Noüe, commandant les batteries Ferreux et Desruols, fut blessé par un éclat d'obus à l'épaule gauche ; mais cette blessure fut assez légère pour permettre à cet officier supérieur de ne pas quitter le champ de bataille.

Le tir des batteries prussiennes sur la batterie Desruols ne parvint pas à se régler d'une manière aussi remarquable que sur la batterie Ferreux.

Presque tous les projectiles étaient de 100 à 200 mètres trop longs ; leur plus grand nombre produisait peu d'effets par leur éclatement. Peut-être ce résultat tient-il à ce que le terrain, qui présentait une pente dans la direction de l'ennemi, avait été fortement détrempé pendant la nuit. La terre, de nature argileuse, commençait à sécher, et les projectiles, se fichant en terre par la pointe, semblaient y faire fougasse et projeter seulement des débris de terre. Peut-être aussi les fusées des Prussiens, qui paraissaient toutes de nature percutante, ne répondirent-elles pas à l'attente de l'ennemi ?

Malgré cette observation, la batterie Desruols subit des pertes sérieuses, comme en avait éprouvé la batterie Ferreux, et ainsi que le constate les états de tués et blessés. M. le lieutenant Monnier fut contusionné à la jambe droite par une fusée de projectile.

Cependant la canonnade avait partout ralenti ; les batteries prussiennes avaient gagné du terrain et les tirailleurs ennemis occupaient le village de Wœrth. La batterie Ferreux avait, par ordre du général Forgeot, suivi le mouvement de retraite des batteries de réserve auprès desquelles elle avait exécuté son feu. Cette batterie avait, dans la journée, tiré environ 85 coups par pièce.

La batterie Desruols, n'ayant plus que quelques obus à balles et boîtes à mitraille, se reporta en arrière dans le village de Frœschwiller, ne laissant à l'entrée des rues que trois pièces pour être prêtes à lancer la mitraille et à arrêter ainsi la colonne ennemie.

Alors les tirailleurs prussiens étaient arrivés près du cimetière de Frœschwiller. L'infanterie française, qui garnissait encore le bois situé à la gauche de la 3º division, sortit de sa position et fit sur l'ennemi un feu actif. Les tirailleurs prussiens lâchèrent pied et se retirèrent précipitamment sur Wœrth. Pour accélérer ce mouvement de retraite, la batterie Desruols reçut l'ordre de reporter deux pièces en avant et lança quelques obus à balles dans les prairies qui entourent le village de Wœrth sur les groupes de tirailleurs prussiens. Malgré les derniers efforts, l'ennemi revint à la charge et les pièces, privées de munitions, durent se retirer pour se rapprocher du parc qu'on disait arrivé.

La batterie Desruols suivit ainsi la route du village avec ses six pièces et arriva, fort heureusement, assez à temps pour passer pendant que les derniers efforts tentés sur la droite par le général en chef arrêtaient le mouvement tournant de l'ennemi. Cette batterie avait fait feu toute la journée à des distances variant de 1800 mètres à 3,000 mètres et avait tiré 147 coups par pièce.

Dans la route de Frœschwiller à Niederbronn, les batteries n'avaient pu établir leurs colonnes d'une manière continue et avaient leurs voitures coupées les unes des autres ; dans ce parcours, une pièce s'est égarée et n'a pas reparu, soit qu'elle ait pris une fausse direction, soit que, dans la poursuite, elle soit tombée au pouvoir de l'ennemi.

La batterie Wohlfrom (mitrailleuses) avait, ainsi qu'on l'a vu précédemment, reçu l'ordre de se retirer dans le village. Vers la fin de l'action générale de l'artillerie, il parut utile de la reporter en avant et à la hauteur du cimetière de Frœschwiller, de manière à voir les pentes s'étendant de Frœschwiller à Wœrth et pour arrêter ainsi les colonnes ennemies montant à l'assaut. Mais cette place était déjà occupée par des batteries d'artillerie ; elle se reporta donc de nouveau en arrière, au delà du village, et réussit à déloger des groupes de tirailleurs ennemis placés sur la lisière des bois.

On était alors arrivé à la fin de la lutte ; la mitrailleuse dut suivre le mouvement de retraite qui se prononçait partout sérieusement, par suite du succès de l'ennemi dans son mouvement tournant. Cette batterie avait tiré dans la journée 30 coups par pièce.

La réserve d'artillerie divisionnaire, sous le commandement de M. Jarlot, capitaine en 2e de la 6e batterie du 12e régiment d'artillerie, avait, pendant la journée, changé plusieurs fois de position ; cette réserve se trouvait finalement en arrière du village de Frœschwiller lorsqu'elle fut sabrée par une charge de cavalerie prussienne.

M. le capitaine Jarlot disparut dans cette charge, et un grand nombre de voitures de la réserve resta au pouvoir de l'ennemi ; les bagages des officiers des batteries Ferreux et Wohlfrom furent ainsi complètement perdus, ainsi que les chevaux appartenant à plusieurs officiers.

Rapport du capitaine Ferreux sur le rôle de la 5e batterie du 12e régiment, à Frœschwiller.

Lunéville, 10 août.

La 5e batterie, mise le 6 août à la disposition du général L'Hériller, fut placée à la droite de la 3e division, sur l'emplacement qu'occupait la veille la droite des batteries de réserve. Elle ouvrit de suite son feu sur des corps d'infanterie qui s'avançaient dans la plaine, à 800 mètres, ces corps se retirèrent ; puis elle tira sur des corps qui descendaient en masse des plateaux situés en face d'elle ; l'un de ces corps remonta sur le plateau, un autre continua de descendre ; la distance de ces corps à la batterie était de 2,000 mètres. Pendant que la batterie tirait ainsi sur les corps qu'elle voyait en face d'elle, elle était canonnée par une forte batterie placée à mi-côte et sur laquelle fut, dans la suite de la bataille, dirigé le feu de l'artillerie de réserve. Les projectiles passaient d'abord au-dessus de notre batterie, mais bientôt le tir ennemi fut réglé. Un obus renversa les quatre servants et le chef d'une de nos pièces ; et le feu devint si vif que la batterie dut se retirer. Elle vint se placer alors en avant et à gauche du village d'Elsashausen, qui était en feu. Ne recevant plus d'ordres de sa division, elle se mit à la gauche des batteries de réserve et joignit son feu au leur. Elle n'eut pas à souffrir dans cette position. Elle se retira en même temps que les batteries de réserve sur Reichshoffen, puis Saverne (1).

---

(1) « La batterie quitta le champ de bataille de 2 à 3 heures du soir, s'approvisionna de 10 coups par pièce à une batterie voisine (du 9e régiment) revint sur le champ de bataille, mais elle n'eut pas l'occasion d'utiliser ses munitions, l'armée étant en retraite ». (Historique de la 5e batterie du 12e d'artillerie.)

Rapport du capitaine Desruols sur le rôle de la 6ᵉ batterie du 12ᵉ d'artillerie, à Frœschwiller.

Fleurezaine, le 13 août.

La 6ᵉ batterie partie de Haguenau le 4 août, et arrivée à Reichshoffen le même jour, se disposait à camper en cet endroit lorsqu'elle reçut l'ordre d'atteler immédiatement et de se porter sur le village de Frœschwiller avec sa division. Elle prit position sur une éminence à gauche de la route de Frœschwiller à Wœrth, près de la 2ᵉ brigade de la 3ᵉ division. Les pièces furent mises en batterie en face des positions occupées par l'ennemi. Pendant la journée du 5, il n'y eut aucun mouvement et la batterie conserva la même position.

Le 5 au soir, la batterie reçut l'ordre de s'établir d'une façon solide sur le petit plateau situé entre Frœschwiller et Wœrth en avant et au centre de la position du 1ᵉʳ corps, occupant ainsi la droite de la 2ᵉ brigade de la 3ᵉ division. La batterie, masquée sur la droite par des arbres et des buissons, devait avoir pour but principal de protéger la gauche de la position occupée par la 3ᵉ division et de soutenir la batterie de mitrailleuses placée plus à gauche, sur un mamelon où elle s'était retranchée. Elle avait des vues sur tout le village de Lembach situé sur la hauteur opposée et occupée par l'ennemi, ainsi que sur le Colombier (?) et le ravin d'où les colonnes d'attaque pouvaient descendre. Les deux pièces de gauche devaient tirer dans cette direction : cette partie de terrain était occupée par l'extrême droite de l'armée ennemie. La batterie était destinée en outre à lutter contre les batteries ennemies qu'on supposait devoir être établies en face et à mi-côte à hauteur du même village, et à tirer contre les colonnes qui pouvaient être lancées de ce côté ; c'était le rôle des 4 pièces de droite. Dans ces conditions, il était indispensable de protéger ces pièces par un épaulement construit pendant la nuit.

A cet effet, des outils furent demandés au génie, et les canonniers, aidés par des auxiliaires d'infanterie du 48ᵉ, construisirent rapidement un parapet de 0ᵐ,80 de hauteur. L'orage survenu pendant la nuit empêcha de donner à ce travail toute la solidité qu'il aurait réclamé, les terres détrempées devenant trop difficiles à remuer. On avait obtenu cependant un épaulement suffisant pour couvrir les pièces et arrêter la mousqueterie ; l'ouvrage fut encore consolidé le matin par les servants lorsqu'on eut amené les pièces à leur position à la pointe du jour.

Le 6 au matin, toutes ces dispositions prises, l'attaque de l'ennemi était attendue avec confiance. Mais elle n'eut pas lieu du côté où on l'avait prévue. L'ennemi avait amené pendant la nuit une batterie de gros calibre sur la crête opposée, en face de nous. Vers 7 heures, cette batterie ouvrit son feu contre le village de Wœrth, et après qu'elle eût lancé cinq ou six obus pour en déloger les occupants, on vit descendre de la hauteur occupée par le centre ennemi une bande de tirailleurs, suivie presque immédiatement après de deux fortes colonnes serrées en masse. Les tirailleurs descendirent au pas de course, se défilant au moyen des arbres et des moindres accidents de terrain et disparurent rapidement dans les houblonnières, en avant du village. La batterie dut alors abandonner la position qu'elle occupait et qui ne lui permettait pas de diriger son feu sur les colonnes ennemies, pour se placer dans une position perpendiculaire à la première, de manière à voir les abords du village. Elle ouvrit son feu immédiatement sur les colonnes qui descendaient la côte, et réussit à les arrêter pendant quelque temps. Elle fut aussitôt prise d'écharpe par la batterie ennemie située sur la crête opposée et un conducteur fut blessé dès les premiers coups. En même temps les colonnes ennemies, revenues de leur premier moment d'hésitation faisaient un mouvement vers la droite, en se dispersant pour offrir moins de prise à nos coups. On reconnut bientôt que la batterie, en prise aux feux plongeants de l'ennemi, ne pouvait se maintenir dans cette position; elle reçut l'ordre de se porter en arrière où elle occupa la position qu'elle avait la veille.

Vers 9 heures, l'ennemi ayant fait un mouvement tournant qui menaçait notre gauche, défendue par la demi-batterie de mitrailleuses, par ordre du général Raoult, la section de gauche d'abord, puis la section de droite vinrent s'établir sur un petit plateau situé entre le bois et le village de Frœschwiller. Ces deux sections tiraient sur les batteries ennemies amenées en face du plateau, pour appuyer le mouvement tournant et sur les colonnes qui s'avançaient pour tourner notre position. Elles conservèrent cette position jusqu'au moment où l'ennemi fut forcé de se retirer.

En même temps que l'ennemi abandonnait son attaque sur la gauche, il commençait vers midi, avec des troupes de renfort et une artillerie considérable, une attaque très vigoureuse sur notre centre et notre droite. La batterie tout entière reçut alors l'ordre de prendre position sur le plateau qu'elle avait déjà occupé la veille et dans la matinée, et d'où elle voyait en face l'attaque ennemie. De là elle secondait le feu des batteries de réserve pour contre-battre l'artillerie ennemie et arrêter les colonnes d'attaque. La grande distance à laquelle nous tirions et le grand nombre de batteries dont l'ennemi disposait ne nous permirent pas de faire taire son feu; mais la batterie réussit du moins à faire changer souvent la direction du tir de l'ennemi, en attirant sur elle une partie des feux dirigés contre notre droite. Dans cette position, elle soutint un feu très vif pendant plusieurs heures et ne dut abandonner sa position pour se retirer en arrière que lorsque les tirailleurs ennemis étaient près de la déborder.

La batterie se plaça alors sur la route de Lembach à l'entrée du village de Frœschwiller, prête à en défendre l'abord. Les tirailleurs ennemis ayant fait un mouvement de retraite, deux pièces furent amenées, par ordre du général Ducrot, sur le bord du ravin situé à gauche de la route de Frœschwiller à Wœrth. Ces pièces tirèrent quelques obus à balles ; mais malgré nos efforts, l'ennemi gagnant du terrain, elles furent ramenées à une autre section, sur le plateau que la batterie occupait pendant la journée, afin de protéger le mouvement de retraite qui commençait à se dessiner. Ces 4 pièces furent alors mises à la prolonge et chargées à mitraille : mais la proximité de nos tirailleurs placés en avant ne nous permit pas d'utiliser leur feu, et la batterie reçut l'ordre de se retirer par le village de Frœschwiller. En ce moment où nos troupes faisaient leurs derniers efforts pour arrêter le mouvement de retraite, la rue du village se trouvant dégagée, la batterie put effectuer son mouvement rétrograde sans tomber aux mains de l'ennemi.

Pendant cette journée, la batterie a eu un officier, M. Monnier, contusionné et 8 hommes blessés ; 6 de ces hommes sont entrés à l'ambulance, les deux autres, quoique fortement contusionnés, ont continué leur service. Il y eut 9 chevaux tués par les projectiles ennemis.

M. Jarlot, capitaine en 2e et 26 canonniers ont disparu.

19 chevaux ont disparu. Un caisson vide endommagé par le feu ennemi a dû être abandonné sur le champ de bataille, d'autre caissons et une pièce sont tombés entre les mains de l'ennemi pendant la retraite, ou bien ils sont à la réserve.

La batterie a tiré dans la journée 883 coups qui se répartissent de la manière suivante :

A la première position occupée par la batterie : 45 coups dont 20 obus ordinaires et 25 obus à balles aux distances de 600 à 800 mètres ; à la deuxième position : 85 obus ordinaires aux distances de 1800 à 2,000 mètres ; à la troisième position : 778 obus ordinaires aux distances de 1800 à 3,000 mètres suivant que l'on tirait sur les batteries hautes ou sur les batteries basses de l'ennemi.

Enfin, dans la dernière position, au bord du ravin, 7 obus à balles.

Rapport du capitaine Wohlfrom sur les opérations de la 9e batterie du 12e régiment, à Frœschwiller.

Bayon, 11 août.

Placée au centre de la 2e brigade, la batterie Wohlfrom, servant six canons à balles avait : à sa droite le 48e de ligne et à sa gauche, le 2e tirailleurs algériens, qui formait l'extrême gauche de la division

Raoult en avant du village de Frœschwiller dans la direction de Lembach ; cette batterie avait été installée là dans la soirée du 5 août pour tirer sur les colonnes ennemies qui descendraient les pentes situées en face d'elles. Les pièces avaient été masquées avec soin.

Le 6 août au matin le canon prussien entama l'action ; la batterie qui a commencé le feu était placée en face de nous et un peu vers la gauche, sur une crête d'où descendirent vers nous de fortes colonnes d'infanterie. La batterie Wohlfrom les jeta dans un tel désordre qu'elle attira sur elle le feu d'une batterie de position construite la veille probablement et armée de pièces d'un fort calibre ; à ce moment le capitaine commandant reçut une forte contusion à l'épaule droite et fut atteint plus sérieusement à l'avant-bras gauche ; il fut mis hors de combat.

Le capitaine en 2º, M. André, adjoint à M. le lieutenant-colonel Chéguillaume, commandant l'artillerie de la 3º division, dut continuer son service près de cet officier supérieur et M. Boussard, lieutenant en 1ᵉʳ, prit le commandement de la batterie. Il fit remettre les pièces sur leurs avant-trains et lui-même, aidé du chef de la deuxième pièce, Devisus de Carnanville, maréchal des logis, il fit le service du 2ᵉ servant ; une jante et trois rais avaient été brisées à la roue gauche et un éclat avait touché légèrement le lieutenant à la partie interne de l'arcade sourcilière gauche.

La batterie alla alors se poster près du village de Frœschwiller, à hauteur de la droite du 48ᵉ de ligne et lui tournant le dos, pour tirer sur des colonnes, qui, précédées de leurs tirailleurs cherchaient à prendre à revers la 3ᵉ division en tournant la gauche du corps d'armée. A peine installée, elle servit de cible à une batterie ennemie, qui avait pris position sur une colline située à gauche de Frœschwiller en venant de Reichshoffen. Elle riposta de suite et lutta quelque temps, non sans succès, contre un ennemi qui tirait avec une précision remarquable ; au bout de douze ou quinze décharges, la batterie Wohlfrom dut céder sa place à une batterie de 4 rayé de campagne, pouvant mieux qu'elle contre-battre l'artillerie ennemie. Après avoir cherché à se placer près et en avant du cimetière de Frœschwiller, et avoir reconnu que les positions étaient occupées par des batteries de canons, elle vint se poster en deçà du village et réussit à déloger les tirailleurs ennemis placés sur la lisière du bois qui couvre la colline où était placée la batterie sur laquelle elle venait de tirer ; elle dut cesser son feu pour permettre à un régiment de zouaves de poursuivre ces tirailleurs.

M. le colonel Lecœuvre lui indiqua alors de nombreux groupes placés au delà du bois : c'étaient sans doute les tirailleurs qui se retiraient ; la batterie Wohlfrom leur fit quitter la position et leur tua ou blessa pas mal de monde.

On était alors arrivé à la fin de la lutte et les avant-trains ayant été amenés, la batterie chercha encore à se rendre utile ; mais la retraite commençait et nous risquions de tuer autant de Français que de Prussiens.

A ce moment, revenant de porter un ordre de M. le colonel Chéguillaume, je crus, après avoir inutilement cherché à le rejoindre, devoir prendre la direction de la batterie dans sa marche rétrograde ; un des caissons de la batterie de combat avait versé en cage et avait été abandonné faute d'hommes ; deux pièces avaient été envoyées à la réserve pour qu'on pût faire sortir des canons des portions de culots qui y étaient restées et qui gênaient la manœuvre ; je leur donnai l'ordre de se mettre dans la colonne qui se retirait avec assez d'ordre, et, puissamment secondé par les chefs de section et les chefs de pièce, je dirigeai à travers le bois les quatre autres pièces suivies de leurs caissons. La batterie de combat se retrouva tout entière, moins un caisson, à Saverne, le 7 au matin.

Génie (Division Raoult).

Rapport du capitaine Lanty sur les incidents de la journée du 6 août (Compagnie du génie).

Lunéville, 10 août.

Dès le début de l'action, la 9ᵉ compagnie de sapeurs du régiment, attachée à la 3ᵉ division, a quitté son bivouac et est venue se placer sur la route au centre du village de Frœschwiller, suivie d'une de ses voitures portant tous les outils de terrassier ; l'autre voiture, chargée du reste des outils et des bagages, s'est rendue au convoi.

Après avoir pris les instructions de M. le général commandant la division, le commandant du génie a employé la compagnie à barricader tous les intervalles des habitations situées sur la gauche du village et à créneler les maisons. Un peu plus tard, une section a été portée à droite pour faire le même travail à une maison située près du cimetière, de l'autre côté de la route, et pour garnir de planches et de branchages jusqu'à hauteur d'abri, toute une longue ligne de clôtures à claire-voie contiguës à cette maison.

Lorsque les obus ont commencé à incendier les maisons, un détachement a été envoyé pour empêcher le feu de se propager. M. le lieutenant Rosaire qui le commandait y a été légèrement blessé à la joue par un éclat de pierre, un sapeur y a été également blessé.

Vers 2 h. 1/2, lorsque les troupes placées à la droite du village, vivement pressées et décimées par les projectiles, commençaient à se retirer, faute de munitions, le commandant du génie a amené la compagnie de sapeurs pour lui faire prendre position dans la maison et derrière les palissades retranchées le matin. Le feu nourri de la compagnie bien abritée a, pendant une demi-heure, maintenu l'ennemi à distance de ce côté : un sapeur y a été tué et deux autres blessés.

Le commandant du génie, n'ayant pu obtenir les renforts qu'il était allé demander et qui faisaient défaut, et les sapeurs ayant épuisé toutes leurs munitions, a fait retirer la compagnie et l'a ramenée au point de départ, où les hommes ont repris leurs sacs.

La compagnie, accompagnée de la voiture d'outils, a suivi le mouvement de retraite et est arrivée à Reichshoffen, où elle s'est dirigée vers le campement qu'elle avait occupé l'avant-veille près de la gare : les hommes s'y étaient à peine reposés que les projectiles et les balles ont commencé à y tomber, la compagnie a en conséquence repris sa marche, et sur la direction qui lui avait été indiquée par un aide de camp de M. le Maréchal (M. le lieutenant-colonel Broye) elle s'est acheminée vers la route de Bitche, en suivant la voie du chemin de fer.

A quelque distance de Reichshoffen, la compagnie a été arrêtée et employée à couper la voie sur une longueur de 20 mètres. Elle est arrivée à Niederbronn lorsqu'une grande partie des troupes était déjà passée, et, suivant toujours la même direction, elle a atteint Bitche à une heure du matin.

A la sortie de Reichshoffen, celle des voitures de section qui était chargée exclusivement d'outils a été arrêtée, et au dernier moment, les conducteurs ont dû l'abandonner en coupant les traits des chevaux. L'autre voiture de section portant le reste des outils, les bagages des officiers et la caisse de la compagnie, avait pris les devants avec le convoi, sous la direction du sergent-vaguemestre, mais elle a été également arrêtée près de Reichshoffen et a dû être abandonnée. Sur les douze chevaux de conducteurs, neuf ont été ramenés et trois manquent, savoir : un tué et deux abandonnés au moment où l'on a coupé les traits.

4e DIVISION (DE LARTIGUE).

Historique de la 4e division du 1er corps, par le colonel d'Andigné.

Situation au 6 août.

	Officiers.	Troupe.
État-major	10	26
56e de ligne	57	2,130
3e zouaves	65	2,000
3e tirailleurs	65	2,150
1er bataillon de chasseurs	23	779
Artillerie	16	415
Génie	4	106
Services administratifs	13	80
TOTAUX	253	7,686

A 5 heures du matin, les corvées du 3ᵉ régiment de tirailleurs, qui se rendent en armes à la Sauer pour y puiser l'eau nécessaire au café, sont accueillies par une vive fusillade, partie du moulin de Gunstett, et forcées de revenir. Le Maréchal nous fait cependant annoncer, vers 6 heures du matin, qu'il y aura séjour.

Peu après, vers 7 heures du matin, les Allemands attaquent par Wœrth, que nous n'occupons pas. La canonnade et les feux de mousqueterie deviennent plus violents et se rapprochent d'instant en instant. Une batterie, qui semble de gros calibre, établie sur les hauteurs de Dieffenbach, tire avec activité. Elle est hors de portée pour nous.

Vers 8 heures et demie, la division prend les armes et nos batteries d'artillerie, disposées depuis 7 heures sur les points des crêtes qui permettent le mieux de battre le plateau de Gunsttet et de fouiller le terrain qui nous en sépare, ouvrent leur feu. Le résultat fut d'abord heureux : le moulin à eau, près du pont de pierre sur la Sauer, fortement occupé par les Allemands, fut évacué par eux en désordre et avec des pertes considérables. L'agitation produite par nos projectiles sur les hauteurs de Gunstett nous fit espérer quelque temps que nous commandions ces positions. Malheureusement les Allemands parvinrent à couronner d'artillerie toutes les hauteurs. Tout d'un coup, nous vîmes s'allumer 35 à 40 bouches à feu, d'un calibre supérieur au nôtre, dont le tir fort précis prit rapidement une importance dominante.

Nos projectiles n'éclataient-ils pas? Leur portée était-elle insuffisante? Nous ne pouvions en juger à cette distance (2,200 mètres); mais, dès neuf heures, le combat d'artillerie était vivement engagé avec une infériorité marquée de nombre, de calibre et de tir de notre côté.

Les obus arrivaient pressés dans nos batteries et auraient rapidement éteint leurs feux si les terres détrempées n'avaient englouti et empêché l'éclatement du plus grand nombre.

La première disposition de combat du général de Lartigue avait été de n'engager que le 3ᵉ zouaves (colonel Bocher), à gauche, et le 3ᵉ tirailleurs algériens (colonel Gandil) à droite de la route d'Eberbach à Gunstett, et de garder en réserve le 56ᵉ de ligne (colonel Ména) et la moitié du bataillon de chasseurs (commandant Bureau), dont trois compagnies étaient affectées : deux aux batteries et la 3ᵉ à la garde de la ferme de Lansberg ; mais, d'une part, l'obligation de nous relier à la division Conseil-Dumesnil a fait appuyer les zouaves vers la gauche, et la nécessité de défendre Morsbronn, et la hauteur en arrière par où nous aurions été tournés, à forcé à étendre le 3ᵉ tirailleurs vers la droite.

Pour remplir le vide qui se produisait entre les deux régiments, il a fallu faire entrer promptement en ligne le commandant Bureau et son demi-bataillon de réserve. Le commandant Bonie, du 6ᵉ lanciers, est placé avec deux pelotons pour observer, du point culminant, derrière Morsbronn.

Notre ligne de bataille dépasse ainsi trois kilomètres, et le chiffre de nos combattants est d'environ 7,000 hommes.

A 9 h. 3/4, je vais prévenir le Maréchal que le combat d'artillerie est devenu pénible pour nous : que les masses d'infanterie, très supérieures en nombre, qui nous attaquent, ne nous permettent pas d'avancer dans la plaine et que les mouvements que nous apercevons à très grande distance, indiquent l'intention de l'ennemi de tourner notre droite. Le Maréchal me répond de rapporter au général de Lartigue, l'ordre de tenir ferme, de lui rappeler que la brigade de cuirassiers est à sa disposition et de recommander de ménager les munitions de nos mitrailleuses.

A mon retour, le combat se soutient avec acharnement de notre côté, et persévérance de la part des Allemands, dont le nombre augmente sans cesse.

Le 3ᵉ zouaves et le 1ᵉʳ bataillon de chasseurs, dont le commandant Bureau vient d'être tué, sous les ordres du général Fraboulet de Kerléadec, et le 3ᵉ tirailleurs, dirigé par le général Lacretelle, luttent sans reculer ou en reprenant à la baïonnette les positions perdues, mais en perdant beaucoup de monde. Nos batteries d'artillerie ne peuvent soutenir le combat, qu'en changeant de temps en temps leurs positions ; mais cette manœuvre, plusieurs fois répétée, est promptement déjouée par les Allemands, dont le tir est rectifié très rapidement.

Le capitaine Besaucèle (1) est envoyé au Maréchal pour lui demander l'appui des batteries de 12. Le tir de celles-ci, dirigé effectivement sur Gunstett, attire une partie de ses feux et nous soulage.

Le mouvement tournant des Allemands s'accentue et, pour y résister, le général Lacretelle a été obligé de faire entrer en ligne le 2ᵉ bataillon de tirailleurs, qu'il avait d'abord gardé en réserve vers Morsbronn et d'appeler à son aide un bataillon du 56ᵉ.

Vers 11 heures, les Prussiens franchissent le ruisseau et abordent résolument nos positions. Un grand effort devient nécessaire. Le général de Lartigue appelle les deux bataillons restés en réserve du 56ᵉ, qui se portent en avant au secours du 3ᵉ tirailleurs ; mais, prévenu du danger que court le 3ᵉ régiment de zouaves, qui ne défend le Nieder-Wald qu'au prix des plus grands sacrifices, il retire de l'action dans laquelle il s'engageait déjà, le 2ᵉ bataillon du 56ᵉ (commandant Billot) et l'envoie au colonel Bocher, qui a déjà vu tomber son lieu-

---

(1) Aide de camp du général de Lartigue.

tenant-colonel Deshorties de Beaulieu, le commandant Pariset et une quinzaine d'officiers.

La division, dont tous les points faibles ont ainsi été renforcés, se porte énergiquement en avant, descend des hauteurs, et refoule l'ennemi jusqu'au delà de la Sauer. Le feu des batteries de Gunstett cesse alors d'être meurtrier, mais les bois qui bordent les rives offrent des abris aux tirailleurs allemands, et il est impossible de tenir dans les 200 à 300 mètres de prairies qui séparent la route du ruisseau.

Le feu de mousqueterie dure quelque temps, mais de nouvelles troupes allemandes garnissent les pentes de la rive gauche, et la disproportion numérique force nos hommes, décimés par ces différents étages de feu, à reculer jusqu'aux pentes boisées occupées depuis le matin. A midi, l'issue de la lutte n'est malheureusement plus douteuse et je fais filer sur Reichshoffen le convoi de la division, que j'ai fait former dès 9 heures du matin, sous l'escorte du capitaine de gendarmerie Ainaud et de ses gendarmes. La compagnie du génie marche en tête du convoi pour ouvrir son passage et le défendre.

Le commandant d'état-major Warnet est envoyé au Maréchal pour l'informer que toutes nos réserves sont engagées et que nous ne pouvons arrêter le mouvement enveloppant de l'aile gauche de l'ennemi.

Le lieutenant-colonel Broye, aide de camp du Maréchal, revient avec mon chef d'escadron. Il nous apprend que la division Guyot de Lespart, du 5e corps, marche depuis 4 heures du matin pour venir nous rejoindre, et l'espoir qu'elle pourra arriver à temps et que le reste du 5e corps la suit, nous décide à demander à nos hommes de nouveaux efforts. Mes officiers et moi, nous courons annoncer aux divers commandants l'approche du 5e corps et porter l'ordre de tenir ferme.

Vers 1 heure, le général Lacretelle, monté dans le clocher de Morsbronn, reconnut que l'occupation de ce village, presque tourné, n'était plus possible et il donna l'ordre au commandant Aubry, du 2e bataillon de tirailleurs, de l'évacuer et de venir se former en potence sur le plateau.

Les débris des deux bataillons du 56e, qui ont perdu les colonels Ména, frappé de six balles; Souville, blessé de deux coups de feu et le commandant Niel, tué, sont ramenés aussi à la défense du plateau. Le général de Lartigue s'y porte avec les trois batteries d'artillerie, et, pendant une heure encore, nous gardons nos positions.

A 1 h. 1/2, les feux nous indiquent que le centre de l'armée recule de Wœrth sur Frœschwiller.

Vers 2 heures, le plateau dominant est couvert de forces tellement nombreuses, que, sous peine de voir enlever notre artillerie et prendre toute la division à revers, il faut bien ordonner la retraite.

Les batteries vont s'établir au-dessus d'Eberbach et, pour permettre de rappeler les hommes qui défendent toujours les pentes (3e tirailleurs, 56e de ligne et 1er bataillon de chasseurs) et les zouaves et les soldats du 56e, que l'ennemi, malgré 5 heures d'efforts multipliés, n'a pu chasser du Nieder-Wald, le général de Lartigue appelle la brigade Michel.

J'envoie des officiers porter partout l'ordre de sonner la retraite et je vais chercher la brigade de cuirassiers, défilée jusque-là dans un pli du terrain.

Le cri de « Vive la France » sort de toutes les poitrines, au commandement de : Garde à vous, et la brigade se forme en bataille pour couvrir notre aile droite au delà de la route qui traverse le plateau et qu'il importe de conserver pour notre ligne de retraite, car l'Eber est fangeux et difficile à passer sur beaucoup de points.

L'apparition de cette magnifique cavalerie, qui se forme avec autant de calme que sur un champ de manœuvres et s'avance sans qu'aucune défaillance se produise, avec ses cuirasses qui reflètent le soleil pour la dernière fois, surprend et paralyse un instant les Allemands. Leur feu s'arrête. La brigade se forme en colonne par escadrons, la droite en tête, et charge avec la plus grande énergie. Le plateau est balayé en un instant ; malheureusement, les généraux de Lartigue et Michel ne se sont pas compris, et la colonne, au lieu de suivre le plateau et de se retirer par la droite, se rabat à gauche, descend comme un torrent à travers les houblonnières et va se faire tuer ou prendre beaucoup de monde dans Morsbronn.

Le colonel Guyot de la Rochère, qui chargeait en tête avec le 8e cuirassiers, après avoir traversé Morsbronn et les lignes prussiennes, se rabattit à droite avec une cinquantaine de cavaliers, passa l'Eberbach, et se réfugia derrière notre droite. Les deux escadrons du 6e lanciers, emportés par leur ardeur, se joignirent sans ordres aux cuirassiers et chargèrent avec eux.

Je profite du vide produit par la charge de cavalerie pour faire occuper, par quelques tirailleurs qui défendent la route, les petits bois au delà, sur la pente qui descend à l'Eberbach. J'en remets le commandement au colonel Gandil et je cours leur chercher deux caissons de munitions d'infanterie à la réserve placée dans un angle du Nieder-Wald. Malheureusement la crête est brusquement abandonnée par nos hommes, et le chemin que nous suivons se trouve pris entre deux feux.

Il est impossible de tourner à droite, un ressaut de terrain produisant là un escarpement de 4 à 5 mètres ; les Allemands, au contraire, garnissent la crête et nous fusillent à 40 ou 50 pas. Je ne puis alors que faire tourner bride et rétrograder rapidement un des caissons et dételer et abandonner l'autre, dont un cheval vient d'être abattu, après l'avoir fait ouvrir et engagé les hommes les plus rapprochés à le piller.

Je rejoins le général, puis je cours tâcher d'organiser la défense en arrière de l'Eberbach. Il est 2 h. 1/2, notre artillerie y est établie sur un petit plateau et les généraux de Lartigue et Fraboulet de Kerléadec, entourés chacun d'une poignée de braves, luttent pour donner aux hommes restés en arrière le temps d'évacuer le plateau.

Nos pertes en officiers ont été si grandes, qu'il devient bien difficile de régulariser la défense. Les tirailleurs ont perdu les commandants Clemmer et Thiénot ; le 56e les colonels Ména et Souville et les commandants Niel et de Sainte-Agathe (1). Le commandant Bureau du 1er bataillon de chasseurs, est tué. Il manque enfin aux zouaves le lieutenant-colonel Deshorties de Beaulieu et les commandants Charmes, Pariset et Morlan. En tout 11 officiers supérieurs sur 16.

A force de cris, de prières, de menaces, je ramène au hameau d'Eberbach 5 à 600 tirailleurs avec le lieutenant-colonel Barrué, tout étourdi encore d'une chute que lui a occasionnée un obus prussien, qui s'est enfoncé à ses pieds et a fait fougasse.

Ils se déploient en tirailleurs vers la droite, pour arrêter l'ennemi qui cherche à nous tourner, mais à bout de forces et de munitions, la plupart lâchent pied promptement. L'artillerie est forcée de se replier, une batterie, la 11e du 12e sur Gundershoffen et les deux autres, par les bois, sur Reichshoffen.

Je vais rendre compte au général de Lartigue. Quelques zouaves du 3e lui restent encore ; un peu abrités derrière les haies d'un petit bois, ils entretiennent un feu très vif et arrêtent à 60 mètres les tirailleurs allemands.

A cheval derrière les zouaves, et rectifiant leur tir, aussi soigneusement qu'au camp de Châlons, le général ne peut se décider à quitter le champ de bataille. Il le faut pourtant, car depuis que les turcos ont plié, les Allemands ont avancé et nous allons être complètement cernés. Le général le remarque comme moi et ordonne aux zouaves de battre en retraite en tiraillant. Le dernier lancier d'escorte est tué entre nous deux et nous quittons avec quelques difficultés ce verger dont les branches, hachées par les balles, nous tombent dans les yeux.

La lutte, en battant en retraite, continue pendant une demi-heure environ, mais alors il n'est plus possible de défendre aucune position.

---

(1) L'annuaire de 1870 ne contient aucun officier du nom de Sainte-Agathe.

Les hommes n'en peuvent et n'en veulent plus; l'ennemi, d'ailleurs bien fatigué aussi, poursuit mollement.

Sur le plateau, après le Gross-Wald, et avant d'arriver à Reichshoffen, nous rencontrons notre convoi marchant en très bon ordre.

Je quitte mon cheval fatigué et légèrement blessé, pour monter Onyx.

Je cherche en vain le capitaine de gendarmerie Ainaud pour lui indiquer la route de Niederbronn.

Un officier d'artillerie vient m'informer qu'une de nos batteries est en détresse dans les bois, sur notre droite, ensablée dans un chemin de forêt, et recevant des obus d'une batterie placée près d'Elsashausen. J'y cours. La batterie s'est heureusement dégagée et peut descendre sur la route de Fræschwiller à Reichshoffen; mais en revenant, je vois que notre convoi, par je ne sais quelle fatalité, s'est engagé sur la route de Haguenau. Cette route est encombrée de fuyards et les voitures n'y avancent qu'avec peine. Je lance mon cheval dans les prairies, pour arrêter la tête de colonne, mais je ne puis parvenir à joindre le capitaine Ainaud. Il marche avec la compagnie du génie en tête des réserves d'artillerie de nos batteries, et plusieurs conducteurs que j'interroge et qui ignorent à quelle division ils appartiennent, me font croire que notre convoi s'est allongé d'autres voitures. Parvenu aux forges, à mi-chemin de Reichshoffen et de Gundershoffen, je m'arrête, car je crains de perdre ma division, et je reviens sur mes pas. Il est impossible de songer à faire retourner les voitures. En passant devant l'ambulance, je dis au sous-intendant Coulombeix mes regrets de ne pouvoir les retirer d'une route aussi dangereuse, et je lui recommande de marcher sans s'arrêter jusqu'à Haguenau et de se rendre de là à Strasbourg sans délai.

Peu après mon départ, les malheureux me désobéissent, et font halte dans une prairie où ils sont sabrés et tous nos bagages pillés. La compagnie du génie, après avoir essayé une faible résistance, qui lui coûte le commandant Loyre, un lieutenant et une vingtaine d'hommes, traverse le Falkensteinerbach et se retire vers les montagnes.

Je reviens à Reichshoffen et prends la route de Bitche. Au sortir du village, je rencontre le général de Bernis, qui forme, avec ses chasseurs, l'avant-garde du 5ᵉ corps; je lui dis de quelle importance il serait de défendre Reichshoffen jusqu'à la nuit; il me répond qu'il est aux ordres du général Guyot de Lespart, dont il éclaire la division et ne peut rien prendre sur lui. Quelques minutes après, sa brigade tourne bride et revient avec la division sur Niederbronn, charmante petite ville où je rejoins le général de Lartigue. Le Maréchal y donne l'ordre de se retirer sur Saverne, et fait occuper par la division Guyot de Lespart, les hauteurs qui couvrent Niederbronn. On réunit ce que l'on peut de la division, et nous partons vers 7 heures environ, traversant la rage au cœur et par un clair de lune qui rend les positions splendides, de magnifiques défilés des Vosges, et ces riches villages dont les habitants nous offrent en pleurant leurs provisions. Leur hospitalité soutient les forces de nos hommes, qui ont combattu tout le jour sans manger, et la colonne continue tristement à marcher.

Rapport du capitaine adjudant-major Malinjoud, sur le rôle du 1ᵉʳ bataillon de chasseurs à pied, le 6 août.

Citadelle de Strasbourg, 8 août.

J'ai l'honneur de vous rendre compte que le 6 août, étant campés en arrière du village de Gunstett, nous avons reçu à 9 heures du matin du général de Lartigue, l'ordre de nous préparer à marcher. Dix minutes après, le 1ᵉʳ bataillon de chasseurs était disposé de la manière suivante :

1ʳᵉ compagnie attachée depuis la veille, par section, aux 1ʳᵉ et 2ᵉ batteries de campagne ; 1ʳᵉ section de la 2ᵉ compagnie attachée à la batterie de mitrailleuses ; 2ᵉ section de la 2ᵉ compagnie déployée en tirailleurs en avant de la 1ʳᵉ batterie.

3ᵉ et 5ᵉ compagnies placées au bas du terrain à droite de la ferme, 4ᵉ compagnie sur le mamelon en arrière de cette ferme sur le prolongement des 3ᵉ et 5ᵉ compagnies pour surveiller les mouvements de l'ennemi ; 6ᵉ compagnie enfin, déployée en tirailleurs en avant et à 300 mètres de la ferme, près de la route qui suit la vallée. Cette compagnie commença immédiatement le feu qu'elle continua jusqu'à la fin de l'action.

Vers 10 h. 1/2, les 3ᵉ, 5ᵉ et 6ᵉ étaient sur une même ligne en tirailleurs, ayant été obligées de se porter successivement en avant pour renforcer et soutenir la 6ᵉ compagnie, qui avait été fortement entamée. A partir de cette heure, elles sont restées engagées dans le même ordre jusqu'à la fin du combat, en faisant par six fois des mouvements en avant.

La 4ᵉ se porta bientôt sur la droite de la ligne de tirailleurs, face en avant et suivant constamment les mouvements des 3ᵉ, 5ᵉ et 6ᵉ compagnies.

Les 1ʳᵉ et 2ᵉ sections de la 1ʳᵉ compagnie restèrent à leurs batteries durant toute l'action. La 2ᵉ section de la 2ᵉ compagnie, après avoir été relevée vers 10 heures par des compagnies du 3ᵉ régiment de zouaves, a rejoint la 1ʳᵉ compagnie au service des batteries ; la 1ʳᵉ section de la 2ᵉ compagnie continua à suivre la batterie des mitrailleuses.

L'objet des mouvements offensifs des compagnies déployées en tirailleurs était d'occuper le moulin de Gunstett que l'artillerie (2ᵉ batterie) avait commencé à canonner dès le début. Dans un de ces mouvements la ligne de tirailleurs parvint à s'approcher jusqu'à 200 mètres du moulin. Ce fut dans cette marche et dès le début que le commandant Bureau fut blessé presque en même temps que les capitaines Ambroise et Crainvillers et le lieutenant Beullard. Malgré le nombre des atteints, les hommes continuaient à s'avancer hardiment sous le feu de l'artillerie et d'un immense feu de mousqueterie ennemis.

Au moment où le commandant se disposait à aller lui-même placer sa ligne de tirailleurs, il me donna l'ordre de prendre le commandement des 3ᵉ et 5ᵉ compagnies qu'il réservait en soutien. Lorsqu'il fut blessé il venait de m'ordonner de les porter en renfort, ainsi que la 4ᵉ compagnie.

A 11 heures, on commença à voir descendre des hauteurs en avant de Gunstett une forte colonne ennemie qui marchait vers notre droite en cherchant à nous déborder. C'étaient des troupes fraîches. Malgré cette masse que chacun de nos hommes pouvait apercevoir, la ligne des tirailleurs tint bon jusque vers 1 h. 1/2; A cette heure, la colonne ennemie arrivait sur nous; le bataillon, criblé de face et sur sa droite par les feux de l'ennemi, commença alors son mouvement de retraite, en refusant l'aile droite et de manière à regagner pied à pied les hauteurs que couronnait encore notre artillerie.

Arrivé sur ces hauteurs, nous n'aperçûmes qu'un bataillon du 3ᵉ tirailleurs qui battait en retraite et l'artillerie qui disparaissait en arrière.

Ce fut alors que nos hommes, décimés par les obus et la mousqueterie qui avait redoublé, ne voyant personne derrière eux pour les soutenir, précipitèrent leur retraite que les officiers cherchaient à contenir et à diriger vers le quartier général.

Parmi eux, furent blessés MM. Briatte, capitaine à la 3ᵉ; Cauchemez, lieutenant à la 5ᵉ; Chedeville, capitaine à la 4ᵉ; Avrial, sous-lieutenant à la 4ᵉ, et Arnaud, aide-major, au moment où il soignait un blessé.

Quelques moments après, un obus avait mis le feu à l'ambulance de la division.

Ainsi que j'en donnai l'ordre, les officiers s'efforcèrent de diriger la retraite sur le quartier général; arrivé au-dessus de Reichshoffen, je parvins à rallier le reste du bataillon, officiers et soldats.

Jusqu'à ce moment, nous n'avions pas de nouvelles des 1ʳᵉ et 2ᵉ compagnies attachées à l'artillerie. Nous fûmes alors rejoints par le lieutenant Moreau, qui avait cherché à rallier sa section pour appuyer la dernière charge de cavalerie (sur l'ordre du général de cavalerie) et qui ramenait quelques hommes.

Pendant le combat, la 1ʳᵉ compagnie avait suivi le mouvement des batteries dans leurs positions successives.

Arrivé à Reichshoffen, j'ai reçu d'un chef d'escadron d'état-major l'ordre de me diriger avec mes hommes sur Haguenau ; je me mis en marche avec le reste de la colonne : troupes de toutes armes et bagages.

. . . .

J'arrivai ainsi à Haguenau, où l'administration du chemin de fer me dit avoir reçu l'ordre de transporter tout le monde à Strasbourg ; j'attendis une heure environ afin de rallier de nouveau le bataillon et fis embarquer tous les hommes arrivés au chemin de fer, en donnant l'ordre de diriger les autres de la même manière sur le même point de ralliement au fur et à mesure qu'ils arriveraient.

Nous sommes ainsi arrivés à Strasbourg le 7 au matin et, par ordre de la place, nous avons été dirigés sur la citadelle.

Nous avons comme effectif : 4 officiers, 196 hommes et 5 chevaux.

Historique du 56ᵉ régiment d'infanterie.

6 août.

Sur les 7 h. 30, le régiment prit les armes et se porta en avant, puis sur la droite, après s'être formé en bataille par bataillons en colonne, à intervalles de déploiement.

Après un temps d'arrêt, pendant lequel chaque bataillon se forma en colonne double, le régiment se porta en avant et vint s'établir dans un large chemin, fortement encaissé, qui va de Wœrth à Morsbronn. Les colonnes furent déployées.

En face du régiment, le terrain s'abaissait en pente assez douce jusqu'au Sauerbach : l'intervalle était couvert en quelques endroits par des lignes d'arbres ou des bouquets d'arbres, par de hautes récoltes et sur la droite par des houblonnières.

Le 3ᵉ bataillon, mis le premier en mouvement, fut dirigé sur la droite afin d'étendre la ligne de ce côté que déjà menaçaient des masses prussiennes, en marche dans les prairies de Gunstett.

Ce bataillon vint se placer entre le 1ᵉʳ bataillon du 56ᵉ et un bataillon du 3ᵉ régiment de tirailleurs qui formait l'extrême droite de notre ligne de bataille.

Peu après, chaque bataillon envoya une compagnie en tirailleurs, à une distance d'environ 300 mètres. Ces compagnies s'avancèrent d'environ 300 mètres jusqu'au Sauerbach, au moment où la ligne se reportait en arrière ; mais elles durent, après avoir tenu un certain temps sur cette ligne, se replier au chemin creux. Pendant ce temps, les 2ᵉ et 1ᵉʳ bataillons avaient fait successivement le même mouvement : le 2ᵉ bataillon s'était dirigé sur la gauche du bois d'Elsashausen (1) et avait été placé sous les ordres du colonel Bocher, du 3ᵉ zouaves.

Le colonel Ména avait porté en avant le 1ᵉʳ bataillon jusqu'au chemin d'Haguenau pour s'opposer à la marche des Prussiens de ce côté. Ce bataillon, couvert par des tirailleurs, résiste pendant une heure environ aux efforts de l'ennemi.

Vers les midi et demi, la droite du 1ᵉʳ bataillon fut tournée par des bataillons épais, qui s'étaient déployés dans toute la largeur de la vallée du Sauerbach, ayant Gunstett à leur droite et étendant leur gauche jusque vers le village d'Hegency : à cette heure, le bataillon dut se replier sur sa première position où il se reforma : il se reporta ensuite en avant, soutenu par des compagnies du 3ᵉ bataillon que le colonel avait rappelées auprès de lui. Ce second mouvement offensif fut de courte durée, et il fallut commencer un mouvement rétrograde ; il pouvait être alors 2 heures ou 2 h. 1/2.

Lorsque le 3ᵉ bataillon fut envoyé à la droite du régiment, il détacha en tirailleurs une compagnie qui dépassa d'environ 50 mètres la route d'Haguenau. Vivement attaquée, cette compagnie dut prendre une position en arrière, sur laquelle le bataillon se maintint jusqu'à 1 heure environ.

A cette heure, l'attaque tentée par le 3ᵉ tirailleurs sur le Bruckmühl ayant échoué, le 3ᵉ bataillon du 56ᵉ recula d'environ 400 mètres.

C'est alors que ce bataillon se réunit au 1ᵉʳ et participa à sa tentative de retour offensif et à son mouvement de retraite. Le colonel reçut là six blessures.

Les débris des deux bataillons se retirèrent dans la direction d'Eberbach. Le général de Lartigue les arrêta dans ce village qu'il chercha à défendre avec eux et un bataillon de zouaves ; débordés de toutes parts ils durent, au bout de trois quarts d'heure, se retirer sur Reichshoffen où ils arrivèrent à 4 heures.

Revenons au 2ᵉ bataillon. Les quatre compagnies de gauche furent envoyées à la lisière du bois d'Elsashausen ; la 2ᵉ compagnie et la 2ᵉ section de la 1ʳᵉ compagnie furent laissées en réserve dans un carrefour à la garde du drapeau. Ces deux dernières fractions, envoyées successivement en tirailleurs sur la droite du bois, furent rejointes par la 1ʳᵉ section de la 1ʳᵉ compagnie qui était encore en tirailleurs sur le Sauerbach au moment du départ du bataillon.

Les 4 compagnies de gauche, déployées immédiatement en tirailleurs à la gauche du 3ᵉ bataillon de zouaves, prirent part au mouvement offensif qui porta la ligne à environ 400 mètres en avant, jusqu'à

---

(1) Il s'agit du Nieder-Wald.

une ligne d'arbres qui servit d'abri : cette ligne ne fut pas sensiblement dépassée et les compagnies l'occupèrent pendant environ une heure jusqu'au moment où, tournées par leur droite, elles reçurent l'ordre de regagner le bois en même temps que les zouaves.

Les compagnies s'arrêtèrent sur cette lisière et défendirent la position jusque vers 2 h. 1/2 ou 3 heures. A ce moment, ces compagnies n'étaient plus vivement inquiétées de face, mais les mouvements de l'ennemi sur leur droite et sur leurs derrières les obligèrent à quitter la position en se portant vers la gauche. Elles rejoignirent la droite du 99ᵉ de ligne qui battait en retraite sur Reichshoffen, qu'elles atteignirent vers 4 heures.

A cette heure, le régiment se trouvait tout entier dans Reichshoffen, mais sur des points différents.

La retraite s'effectua dans plusieurs directions.

La portion principale du régiment, réunie sous les ordres du général Fraboulet au 3ᵉ zouaves (régiment de la brigade) se retira sur Saverne où elle arriva dans la matinée du 7 août.

Historique du 3ᵉ régiment de zouaves.

6 août.

La nuit fut mauvaise et la pluie ne cessa de tomber ; le lendemain matin, les hommes séchaient leurs vêtements aux feux du bivouac, quand le canon se fit entendre, annonçant de sa voix solennelle l'approche de l'ennemi. Il était sept heures moins un quart du matin.

Quelques instants après, la grand'garde du 2ᵉ bataillon, commandée par le capitaine Revin, signalait une forte colonne d'artillerie qui, sous la protection de nombreux tirailleurs soutenus par des réserves, venait occuper la hauteur qui lui faisait face.

A 7 heures, la canonnade et la fusillade, vivement entretenues sur notre gauche, annonçaient pour la journée un engagement sérieux ; à ce même moment, une forte reconnaissance de cavalerie passait au pied de nos grand'gardes pour tâcher d'apprécier les forces prussiennes.

Le bois de Nieder-Wald domine la route de Wœrth à Haguenau ; cette route est parallèle à la direction du ruisseau le Sauerbach, dont il fallait défendre le passage ; il importait donc d'occuper sérieusement cette position.

Au Sud, le bois de Nieder-Wald offre à sa partie supérieure et près des hauteurs qui dominent Morsbronn, un rentrant derrière lequel se trouve une vaste clairière : l'extrémité Sud-Est de ce bois était le sommet de l'angle occupé par les troupes de la 4ᵉ division qui formaient l'aile droite de l'armée.

Le général de Lartigue, obligé de faire face aux attaques de front et de flanc dirigées par l'armée prussienne, avait dû placer une partie de ses troupes en potence, la brigade de cuirassiers formant réserve.

Cette disposition eut pour conséquence d'étendre la ligne de défense du régiment, et le 1ᵉʳ bataillon reçut ordre d'occuper la partie du bois correspondant au rentrant ; il reliait ainsi la ligne formée par le 1ᵉʳ bataillon de chasseurs à pied et le 3ᵉ régiment de tirailleurs indigènes, aux 2ᵉ et 3ᵉ bataillons du régiment qui, sous la direction du colonel Bocher, devaient défendre la partie centrale du bois de Nieder-Wald ; la ligne occupée par le régiment avait ainsi plus de deux kilomètres d'étendue.

Aux premiers coups de canon voici les dispositions qui furent prises :

1ᵉʳ bataillon. — La 1ʳᵉ compagnie, capitaine Gaillard de la Roche ; la 2ᵉ compagnie commandée par M. Lafon, lieutenant ; la 3ᵉ, capitaine Bruguérolle, et la 4ᵉ, capitaine Corps, déposent leurs sacs, pénètrent dans le bois, et ont pour mission d'en défendre la lisière ; ces compagnies ont une demi-section déployée en tirailleurs, une demi-section de soutien et une section de réserve.

La 5ᵉ compagnie, capitaine Henry, et la 6ᵉ, capitaine Parson sont disposées en échelons dans la clairière et ont l'ordre de rester en réserve dans cette position ; la compagnie du capitaine Henry a de plus la charge de soutenir les batteries de 4 de campagne et la batterie de mitrailleuses qui sont disposées sur la crête à hauteur de Albrechtshaeuserhof.

2ᵉ bataillon. — La 1ʳᵉ compagnie, commandée par M. le lieutenant Vuillemenot, est chargée de relier le 2ᵉ bataillon au 1ᵉʳ ; la 2ᵉ compagnie, capitaine Revin, est de grand'garde ; la 3ᵉ compagnie, capitaine de Mascureau se porte en avant pour soutenir la 2ᵉ ; la 4ᵉ compagnie, capitaine Jacquot ; la 5ᵉ, capitaine Caillard et la 6ᵉ, capitaine Faval, restent en réserve.

3ᵉ bataillon. — Le 3ᵉ bataillon était placé entre le village d'Elsashausen et la gauche du 2ᵉ bataillon ; il était couvert par la 5ᵉ compagnie que commandait le capitaine de Saint-Sauveur ; la position occupée par cette compagnie se composait d'une clairière entre deux saillants boisés ; le capitaine de Saint-Sauveur avait posté une section dans chacun de ces saillants ; en arrière de lui, et sur la lisière formant courtine s'était établi comme soutien le capitaine Voisin avec sa compagnie, la 4ᵉ.

A 200 mètres en arrière de cette compagnie, se trouvaient réunies, sous les ordres du commandant Morlan les quatre autres compagnies de son bataillon.

Telle était la position du régiment au moment de l'attaque.

Ce fut la grand'garde du 2ᵉ bataillon, commandée par le capitaine Revin qui eut à supporter le premier choc. Menacé d'être tourné par la gauche et d'être coupé de sa ligne de retraite, le capitaine Revin se retire un peu en arrière, laisse approcher l'ennemi à 200 mètres et ordonne le feu : les assaillants dispersés, la compagnie reprend sa position primitive, mais quelques instants après on aperçoit une colonne prussienne déboucher par la route du moulin et se poster dans les bois qui bordent cette route.

La compagnie de soutien, commandée par le capitaine de Mascureau, se porte au secours de la grand'garde et le colonel Bocher, prévenu qu'une nouvelle attaque était imminente, dirige sur ce point toutes les autres compagnies du 2e bataillon.

Le commandant Pariset en prend le commandement et ordonne l'attaque. La lutte est acharnée; le bois est pris et repris à différentes reprises, les attaques à la baïonnette se renouvellent avec fureur, mais les Prussiens reçoivent à chaque instant des renforts, et leur artillerie produit dans nos rangs des ravages épouvantables.

Le capitaine de Mascureau tombe le premier; sa mort est le signal de hurrahs de la part des prussiens, ses hommes reculent; mais le lieutenant Bardol et l'adjudant Fabre des Estavels les arrêtent, les ramènent au combat et conquièrent le terrain où gisait le cadavre de leur capitaine; un moment après, le commandant Pariset est tué raide, puis ce sont : le lieutenant-colonel Deshorties qui est atteint mortellement, le sous-lieutenant Saltzmann, qui succombe à la suite de plusieurs blessures, MM. Forcioli, Bardol, Gros, de Givry et Gaillard qui sont blessés, et enfin, le capitaine Jacquot, qui après avoir eu son cheval tué, est blessé lui-même et revient au combat après avoir été pansé.

Le danger est imminent; que l'on cède sur ce point et toute l'aile droite est enlevée; c'en est fait de la division de Lartigue.

Le colonel Bocher engage successivement toutes les fractions qu'il trouve sous la main; les sapeurs accourent eux-mêmes pour dégager le drapeau, que tient d'une main ferme M. le sous-lieutenant Marie qui a déjà reçu une blessure et dont les vêtements ont été troués par les balles.

A ce moment, le colonel se retirant en arrière du carrefour, rencontre le capitaine adjudant-major Hervé envoyé en reconnaissance par le général Fraboulet de Kerléadec et donne l'ordre à cet officier de courir rendre compte au général de division de la gravité de la situation et de lui demander du soutien; pendant que l'adjudant-major galope, le colonel engage sur la gauche du 2e bataillon, les compagnies du 3e bataillon qui restaient disponibles en laissant en réserve, près du carrefour, la compagnie commandée par le capitaine Sorrel.

Le général de division, apprenant l'imminence du danger, autorise le capitaine Hervé à prendre un bataillon du 56e régiment d'infanterie de ligne; mais ce régiment destiné à servir de réserve, avait déjà été engagé sur notre extrême droite, pour faire face à l'ennemi, qui, semblable au flot qui monte, nous déborde constamment sur cette aile ; il fallut donc extraire ce bataillon sous le feu de l'ennemi ; le commandant Billot reçut en passant, du général de division, l'ordre de se placer sous les ordres du colonel Bocher.

Au moment où ce bataillon conduit par le capitaine Hervé put entrer en ligne, la position était encore à nous, grâce à la ténacité des officiers et des zouaves qui se faisaient tuer sur place plutôt que d'abandonner la position ; cependant, on sentait qu'on avait produit le maximum d'efforts, et le capitaine de Saint-Sauveur maintenait avec difficulté le peu d'hommes qui lui restaient. A ce même moment, M. le sous-lieutenant Ducos, coupé de sa compagnie, débouchait du bois, à la tête d'un détachement de 150 hommes appartenant à différentes compagnies ; le capitaine Hervé le fit entrer en ligne immédiatement et, grâce à ce double renfort, le capitaine de Saint-Sauveur put se maintenir malgré la vivacité du feu et les tentatives de l'ennemi.

L'énergie déployée par ce brave et brillant officier fut pour beaucoup dans la conservation de cette importante position ; se promenant tranquillement au pas de son cheval derrière ses tirailleurs embusqués, il disparaissait dans un nuage de fumée et semblait défier la mauvaise fortune.

Cependant les forces de l'ennemi se renouvelaient à chaque instant ; de tous côtés l'horizon était noir de masses prussiennes, tandis que nous, nous n'avions ni soutien, ni réserve, ni artillerie ; les munitions même commençaient à manquer ; un caisson qui avait suivi le bataillon du 56e de ligne fut vidé en un instant.

La lutte se maintint avec ces alternatives sur cette partie du champ de bataille jusque vers deux heures de l'après-midi.

Pendant ce temps le 1er bataillon, combinant un effort avec le 1er bataillon de chasseurs à pied, tentait une attaque contre le moulin situé sur le Sauerbach et les hauteurs de Gunstett où s'était établie en batterie une artillerie formidable. Le capitaine Corps avait débuté dès le matin par un coup de main heureux ; parvenu sur la lisière du bois sans être aperçu de l'ennemi, il fit faire un changement de front à sa compagnie et, prenant de flanc une colonne prussienne, il la chargea avec vigueur et lui fit éprouver de grandes pertes ; sur ce point, les efforts produits furent couronnés de succès, pendant la première phase du combat ; des attaques à la baïonnette furent heureuses, et M. le lieutenant Saint-Upéry, la casquette au bout de son sabre voulait entraîner ses hommes et enlever Gunstett, mais vers midi les masses prussiennes se déployaient aussi de ce côté.

. . . .

La lutte devint inégale et une section de la compagnie Parson, commandée par le capitaine lui-même, vint renforcer les compagnies engagées; le capitaine Parson marchait à la tête de cette section lorsqu'en débouchant il fut tué raide d'une balle à l'estomac.

Ce terrain avait déjà été arrosé du sang de M. le sous-lieutenant Berthelet, qui ne succomba qu'après avoir reçu huit balles; de M. le capitaine Bruguérolle, qui fut atteint d'une blessure mortelle; de M. le capitaine Gaillard de la Roche, qui avait été blessé au commencement de l'action et de M. Perotel, sous-lieutenant, qui fut tué.

Vers deux heures de l'après-midi, l'attaque de l'ennemi reprit avec rage sur toute la ligne.....

Notre centre, déjà épuisé, fut bientôt percé et notre droite complètement débordée.

Le colonel Bocher, après avoir engagé sa dernière réserve, la compagnie Sorrel, vint vers la droite espérant y trouver du renfort. A ce même moment, l'aile droite était en pleine retraite et, pendant qu'elle gagnait les hauteurs d'Eberbach, les cuirassiers se formaient en colonne pour se précipiter sur les têtes de colonnes prussiennes.

Toutefois, deux échelons formés par les compagnies de réserve du 1ᵉʳ bataillon du régiment, s'établirent sur le terrain découvert dans le rentrant du bois afin d'arrêter les progrès de l'ennemi : la compagnie du capitaine Henry fut disposée de façon à balayer par son feu le terrain que devaient parcourir les cuirassiers dans leur charge et, en arrière d'elle, un échelon de soutien et de protection pour la retraite fut établi par le capitaine Hervé à l'angle du bois; le deuxième échelon fut composé de la 2ᵉ section de la compagnie Parson, de la compagnie commandée par M. Lafon et d'une fraction qui se trouvait avec M. Colonna d'Istria.

Ces deux échelons tinrent longtemps, mais ne voyant pas revenir les escadrons, ils durent céder à la poussée des colonnes prussiennes et se retirèrent par le bois. Le brave capitaine Henry, désespéré d'être obligé de céder ainsi le terrain, se retourne plusieurs fois pour donner des coups de boutoir, et trouve la mort dans un de ces retours offensifs qu'il dirigeait en personne.

Dans cette phase de la bataille, tombèrent aussi le commandant Charmes, atteint d'une balle au bas ventre; le lieutenant Lafon, les lieutenants Perret et Gasc blessés, l'adjudant Riviez, blessé gravement à la jambe.

C'en était fait; l'aile droite avait fléchi; le régiment était écrasé.

Pour en sauver les débris, le colonel Bocher, emmenant le capitaine Hervé, rejoignit le reste de la division déjà en retraite sur les hauteurs de l'autre côté d'Eberbach.

Là, le capitaine Saint-Marc, qui avait eu deux chevaux tués sous lui, cherchait à rallier les fuyards sous la protection de groupes échelonnés. Malheureusement, il restait bon nombre des nôtres qui combattaient encore sous bois, et qui, ne pouvant être prévenus de la retraite, allaient tomber au pouvoir de l'ennemi. Le capitaine Hervé, après avoir demandé l'appui du 56e et l'avoir établi en position, descendit avec un clairon et fit sonner la retraite dans toutes les directions. A cet appel sortirent du bois différentes fractions avec le capitaine de Puymorin, le lieutenant Colonna d'Istria, Dufour, Meza, Perret et Gasc, ces deux derniers blessés ; puis le capitaine de Saint-Sauveur, porté par six hommes : ce brave officier avait la poitrine trouée et souffrait horriblement. Transporté pendant quelque temps, il dut renoncer à continuer le trajet et se fit déposer à terre où il passa la nuit. Il fut seulement recueilli le lendemain après avoir été complètement dépouillé, et conduit à l'ambulance organisée chez le comte de Leusse.

La cavalerie prussienne s'étant mise en mouvement, la division fut obligée de quitter ces hauteurs d'où l'on apercevait la marche progressive de l'ennemi, et se retira sur Reichshoffen que traversaient aussi les autres divisions du 1er corps d'armée.

Malgré la retraite, le combat n'en continuait pas moins dans le bois de Nieder-Wald où étaient restées des compagnies ou des fractions de compagnie ; là il se produisit des efforts désespérés, des traits de valeur qui resteront toujours ignorés. Tournant sur eux-mêmes, ces malheureux abandonnés eurent à passer plus d'une fois de l'espérance au découragement ; repoussé de tous côtés, le capitaine Voisin avait réussi à rejoindre la partie du bois où se trouvaient le capitaine Corps et le lieutenant Vermel : « Vous nous sauvez la vie, dit ce dernier au capitaine Voisin. — Pas pour longtemps, répond le capitaine, car nous sommes enveloppés de tous côtés ».

Il était trop tard, en effet, et tous ces groupes tombèrent successivement entre les mains de l'ennemi vainqueur, mais non sans résistance, ni sans pertes à ajouter à celles déjà trop nombreuses qu'avait subies le 3e zouaves en cette journée. C'est ainsi que le commandant Morlan, bien qu'entouré de tous côtés, combattit jusqu'à sa dernière cartouche et c'est dans cette période de combats partiels que furent tués MM. Faval, capitaine ; Sorrel, capitaine ; Boileau, lieutenant ; Teissèdre, lieutenant ; Vermel, lieutenant ; Dousselin, sous-lieutenant ; Buche, sous-lieutenant ; d'Hillerin, adjudant, et que furent blessés MM. Voisin, capitaine ; de Givry, capitaine ; Ducroquet, capitaine ; Merlen, lieutenant ; de Maussion, lieutenant ; Blancq, lieutenant ; Muletier, sous-lieutenant ; Bousson, sous-lieutenant ; Berthelet, sous-lieutenant ; Cauton, sous-lieutenant ; Schwaebel, sous-lieutenant ; ainsi que tant d'autres sous-officiers et soldats qui, par leur valeur et leurs services passés, faisaient la gloire du 3e régiment du zouaves.

De Reichshoffen, le 1er corps d'armée marcha sur Niederbronn où il rencontra la division Guyot de Lespart, du 5e corps ; cette division prit position pour couvrir la retraite et le 1ᵉʳ corps s'écoula sur Saverne en marchant toute la nuit.

Le régiment traversa successivement les villages de Oberbronn, Zinswiller, Offwiller, Rothbach, où le Maréchal s'arrêta pour nous adresser ses compliments sur la vigueur de notre défense; puis, par Ingwiller et Bouxwiller où nos hommes furent obligés de s'arrêter par suite de leur épuisement.

Historique du 3ᵉ régiment de tirailleurs algériens.

6 août.

Le 6, à 5 heures du matin, le colonel Gandil donna l'ordre d'aller, en armes, chercher à la Sauer l'eau nécessaire pour la confection du café. La corvée fut réunie sous les ordres d'un officier par compagnie et du capitaine Montignault pour tout le régiment. Au moment où les hommes de corvée s'approchèrent de la rivière, ils furent assaillis par une vive fusillade qui partait du moulin bâti sur la rive gauche de la Sauer et qui avait été crénelé la veille par les sapeurs du génie de la division. Les tirailleurs, surpris un peu en désordre, ripostèrent tant bien que mal; mais durent se retirer sans avoir pu prendre de l'eau. Le sous-lieutenant Krelill ben Mohamed fut blessé; un homme fut tué, un autre blessé. Le moulin de la Sauer avait été occupé la veille par les Prussiens. Avis de ce fait n'avait pas été donné au général de brigade.

A 7 heures, quelques coups de canon se firent entendre dans la direction de Wœrth; mais le feu cessa à huit heures.

Le rapport du 6 prescrivait un jour de repos pour les troupes; repos qui devait être mis à profit pour compléter les vivres et évacuer sur Strasbourg les demi-couvertures de campement des corps qui avaient emporté les leurs, malgré les ordres donnés.

A 9 heures, la canonnade ayant recommencé, et se rapprochant, mêlée à une fusillade assez vive, le régiment reçut l'ordre de prendre les armes. Les cuisiniers devaient rester au camp.

Bientôt, pendant que les 1ᵉʳ et 3ᵉ bataillons restaient sur l'emplacement du camp pour attendre des ordres, le 2ᵉ bataillon, appuyé par deux escadrons de lanciers, se portait sur le plateau découvert qui avait été occupé la veille par le régiment. A peine arrivé sur cet emplacement, M. le colonel Gandil, qui marchait avec le 2ᵉ bataillon, envoya MM. les lieutenants Hardouin et Kolb, chacun avec une escouade, pour fouiller les jardins et le village de Morsbronn et savoir si l'ennemi y avait déjà pénétré, tandis que les lanciers devaient explorer le bois à droite et en arrière. Les officiers envoyés en reconnaissance ayant fait savoir que Morsbronn était encore libre, M. le commandant Aubry reçut l'ordre d'aller avec deux compagnies (4e et 5e) occuper le village. Le restant du 2e bataillon fut établi dans un chemin creux qui conduit de Reichshoffen à Gunstett.

Pendant ce temps, les 1er et 3e bataillons, sous le commandement de M. le lieutenant-colonel Barrué, étaient successivement engagés, compagnie par compagnie, soit en soutien de l'artillerie, soit en tirailleurs et cherchaient à arrêter par leur feu et par quelques charges à la baïonnette, l'infanterie prussienne qui commençait à gravir les premières pentes de nos positions. Ces divers mouvements offensifs causèrent de grandes pertes au régiment. MM. Gillet et Deschamps, capitaines ; Hardouin, Benielli, Mohamed Ben Toudji, lieutenants ; Pasqualini, sous-lieutenant, trouvèrent là une mort glorieuse.

Cependant l'ennemi avançait lentement, mais avançait toujours, grâce à l'effroyable quantité de projectiles lancée par ses batteries auxquelles notre artillerie ne pouvait plus répondre. Vers 11 h. 1/2, une colonne prussienne ayant essayé de déboucher par le pont de Gunstett, M. le colonel Gandil, avec les compagnies du 2e bataillon qu'il avait sous la main (1re, 2e, 3e) et soutenu par quelques compagnies du 56e de ligne, marcha en bataille au-devant d'elle et la refoula, la baïonnette dans les reins, jusqu'aux premières maisons de Gunstett. Mais là, l'élan de ces braves compagnies dut s'arrêter devant les masses écrasantes de l'ennemi. Ce fut dans cette charge à la baïonnette que tombèrent pour ne plus se relever le capitaine de Bourgoing et le sous-lieutenant Salah-ben-Ahmed. Ce mouvement offensif, appuyé, comme nous l'avons dit, par quelques compagnies du 56e de ligne et plus à gauche par les deux bataillons du régiment commandés par M. le lieutenant-colonel Barrué, eut pour résultat d'arrêter momentanément les progrès des Prussiens et de les maintenir sur la rive gauche de la Sauer.

A ce moment, le feu de notre artillerie était presque entièrement éteint. Cependent, grâce au dévouement de l'infanterie et au feu de quelques mitrailleuses, le combat resta pendant près d'une heure sur ce point. Le corps de de Failly (5e corps), paraissant à ce moment sur le champ de bataille, eût permis probablement de conserver Wœrth, d'enlever Gunstett et eût alors changé en victoire notre défaite.

A l'extrême droite, après avoir occupé Morsbronn en plaçant une compagnie (4e) aux diverses issues du village, et en conservant l'autre (5e) en réserve dans le cimetière qui entoure l'église, M. le commandant Aubry s'établit dans le clocher pour surveiller les mouvements de l'ennemi. Il vit bientôt des masses profondes d'infanterie qui commençaient à tourner notre droite, en suivant les bois, et à pénétrer sur les derrières de notre position. Il fit immédiatement prévenir le général

Lacretelle qui vint lui-même à Morsbronn, monta au clocher et jugea toute la gravité de ce mouvement auquel nous étions dans l'impossibilité de résister. Sur l'ordre de ce général, M. le commandant Aubry évacua le village avec sa petite troupe et se porta, sous un feu très vif d'artillerie, dans la partie de la plaine qui se trouve entre la Bieberbach et la route de Haguenau à Lembach, cherchant à se lier aux troupes (1) qui étaient vigoureusement engagées dans la direction de Gunstett.

S'étant bientôt aperçu que ces troupes faiblissaient et que le mouvement tournant des Prussiens s'accentuait de plus en plus, il battit lui-même en retraite et vint s'établir dans le chemin creux qui mène de Morsbronn à Gunstett et envoya demander des ordres à M. le général de Lartigue.

Ce général ordonna au commandant Aubry de rallier autour de lui tout ce qu'il pourrait réunir et de prendre en arrière une position défensive. Dans sa nouvelle position, le commandant Aubry engagea une fusillade très vive avec l'infanterie prussienne, ce qui permit au 56º de ligne et aux deux autres bataillons de tirailleurs de battre en retraite en rétablissant un peu d'ordre dans les rangs. A ce moment, le mouvement de retraite était général et s'opérait en grand désordre.

Il était 2 h. 1/2. MM. les commandants Thiénot et Clemmer venaient d'être tués.

Ce 2º bataillon, sous la protection duquel s'opérait la retraite de la division, allait lui-même être enveloppé lorsque parut un régiment de cuirassiers (le 8º), suivi de quelques escadrons de lanciers. Cette troupe héroïque s'élança, chargeant à fond l'infanterie prussienne dont le feu la décima cruellement, mais permit, en se sacrifiant, au 2º bataillon de tirailleurs et à toute la division de Lartigue, fort compromise, d'opérer leur retraite.

Avant d'arriver à Reichshoffen, le colonel Gandil arrêta le régiment pour le remettre en ordre et lui distribuer des cartouches. Le régiment traversa Reichshoffen et Niederbronn et ce fut seulement alors qu'on put apprécier les pertes : 30 officiers et 839 hommes manquaient à l'appel, tués, blessés ou prisonniers.

Artillerie (Division de Lartigue).

Rapport du lieutenant-colonel Lamandé sur le rôle des batteries de la division, le 6 août.

13 août.

La 4º division du 1ᵉʳ corps occupait l'extrême droite de la ligne de

---

(1) 1ᵉʳ bataillon du 56º de ligne.

bataille et les batteries se trouvaient, par suite de leur bivouac, sur le terrain même où elles devaient commencer à donner. Faisant face à l'ennemi, elles avaient devant elles un vallon dont la pente était presque entièrement couverte de bois ou d'arbres isolés qui masquaient le premier plan; de l'autre côté du vallon se trouvaient des vignes et au-dessus un large plateau entièrement nu qui dominait notre position. Sur la rive droite de ce plateau le village de Gunstett, et plus près de nous un moulin. Sur la droite de notre position le terrain se relevait et se terminait par un mamelon qui dominait une vaste plaine; au pied se trouvait le village de Morsbronn; sur la gauche l'horizon était borné par des bois qui ne laissaient voir qu'à une grande distance ce qui se passait de ce côté, de sorte qu'il n'était possible de rien faire dans cette direction.

Aussi, dès qu'on apprit que la bataille était commencée vers le centre de l'armée, on plaça les trois batteries dans les positions les plus convenables pour voir le plateau de Gunstett ainsi que les vignes, le moulin, le village et la plaine, car nous savions depuis la veille que toutes ces positions que nous avions occupées le 5 au matin étaient parcourues par des patrouilles de cavaliers prussiens.

M. le lieutenant-colonel Lamaudé, accompagné de M. le capitaine Trône, s'occupa spécialement du tir de la mitrailleuse pendant que M. le commandant Sûter, suivi du capitaine Simon, dirigeait les 7e et 11e batteries du 12e.

Les premiers coups furent tirés par les trois sections de la 11e batterie, placées en échelon à 100 mètres de distance l'une de l'autre.

Leur feu délogea rapidement du moulin la colonne qui s'y trouvait et la força de remonter dans les vignes. Mais on dut bientôt cesser le feu car le plateau de Gunstett s'était garni d'une nombreuse artillerie dont le tir, d'une précision remarquable, rendait la position trop dangereuse. Le but que l'on se proposait était du reste, atteint et on fit retirer la section derrière le bois; alors les trois batteries furent placées de manière à battre l'artillerie du plateau, mais la distance était trop considérable (de 2,500 à 3,000 mètres). La plupart de nos projectiles éclataient dans l'air et la mitrailleuse ne produisait pas d'effets sensibles. De plus la lutte était tout à fait inégale; nous avions à répondre, avec 2 batteries de 4, à 4 batteries de bien plus gros calibre; les projectiles prussiens avaient une trajectoire très tendue, une grande vitesse et arrivaient avec une précision remarquable dans chacune des batteries qu'aucun pli de terrain ne permettait de défiler. Les dégâts causés par ce tir auraient certainement été très grands si la nuit précédente nous n'avions pas eu une pluie torrentielle; la terre était grasse et compacte et les projectiles éclatant en terre n'envoyaient que peu d'éclats ; ils étaient tous à fusées percutantes et nous n'avons constaté qu'un très petit nombre de ratés. Après avoir eu deux sous-officiers et environ dix hommes blessés, un cheval tué, les deux batteries de 4 ont dû se retirer et chercher à donner d'un autre côté.

La mitrailleuse avait, pendant ce temps, tiré avec succès sur des bandes qui descendaient des vignes et dont le but était évidemment de déloger les tirailleurs qui gardaient le bois en dessous de notre position afin de monter sur nous et de venir nous surprendre. Après avoir obtenu ce résultat, la mitrailleuse dut se retirer à son tour à cause du feu de la batterie fixe du plateau de Gunstett.

A ce moment, notre attention fut attirée par quelques pelotons qui apparaissaient au loin sur la droite du village de Gunstett, c'était la tête de colonne d'une véritable armée qui commençait un mouvement tournant sur notre aile droite, et nous étions malheureusement dans une position trop isolée pour pouvoir nous y opposer avec quelques chances de succès ; la distance à laquelle cette colonne se trouvait de nous était au moins de quatre kilomètres. Sur l'ordre de M. le général de Lartigue on essaya de tirer quelques obus et quelques salves de mitrailleuses, mais on ne dérangea en rien la marche régulière de la colonne.

Il fallait du reste songer à la retraite car le vide se faisait autour de nous, et le bruit se répandait que les bandes qui avaient été arrêtées dans les vignes commençaient à gagner du terrain ; et il était évident que, tenir davantage dans cette position, c'était s'exposer à être enlevés sans avoir pu rien faire d'utile.

Le mouvement de retraite commença donc et les trois batteries, qui avaient toujours opéré côte à côte et sous les yeux de leurs chefs supérieurs, se retirèrent en bon ordre et avec ensemble en se mettant plusieurs fois en batterie ; la mitrailleuse tira quelques salves très heureuses contre les bandes qui étaient montées des vignes à travers le bois et occupaient les positions que nous venions de quitter. Pendant cette retraite, la 11ᵉ batterie reçut l'ordre de se porter un peu en dehors de notre direction et, à partir de ce moment, nous la perdîmes de vue pour ne la retrouver que dans la nuit à Saverne.

Nous continuâmes la retraite en bon ordre, cédant peu à peu le terrain avec l'intention de nous rapprocher du centre de l'armée dont nous apercevions de loin les réserves ; nous espérions pouvoir employer utilement sur ce point les munitions qui nous restaient, mais en arrivant sur le bord du vallon de Frœschwiller, nous dûmes changer d'avis, car il était évident que le gros de l'armée battait en retraite ; après avoir hésité pendant plus d'une demi-heure, nous vîmes que nous n'avions plus d'autre parti à prendre que de descendre et suivre le mouvement. La débandade était complète, sans désordre cependant ; les blessés et les hommes valides descendaient pêle-mêle le vallon en se dirigeant tranquillement sur le village ; nous en fîmes autant, et, prenant la route de Bitche nous marchâmes sans trop de difficultés jusqu'à la gare de Niederbronn où nous restâmes un certain temps, espérant que peut-être l'arrivée du 5ᵉ corps qui venait de Bitche permettrait de tenter un retour offensif ; mais cet espoir s'évanouit bien vite, et il ne nous resta qu'à prendre la route de Saverne où nous arrivions vers trois heures du matin.

Pertes : 3 officiers blessés ; 2 sous-officiers blessés ; 1 canonnier tué ; 10 blessés. La réserve des trois batteries a été prise par l'ennemi.

Rapport du capitaine Zimmer sur le rôle de la 10ᵉ batterie du 12ᵉ d'artillerie (canons à balles), le 6 août (1).

Sarrebourg, 8 août.

La première mise en batterie s'est faite en avant du campement de la batterie. Les premiers feux ont été dirigés sur des colonnes d'infanterie qui descendaient les hauteurs dominant la droite des positions françaises. Ces colonnes ont été arrêtées dans leur marche. Le feu parfaitement réglé des batteries prussiennes établies sur le faîte de ces hauteurs et hors de la bonne portée des canons à balles nous força de quitter cette position pour en occuper une autre plus à gauche d'où nous avons tiré sur des colonnes qui se déployaient dans la plaine à notre extrême droite. Le feu supérieur des batteries de l'ennemi nous obligea ensuite à reculer hors de la portée efficace des projectiles. Un mouvement tournant de l'ennemi se prononçait vers notre aile droite ; le feu a été dirigé sur les colonnes d'infanterie prussienne qui se rapprochaient de plus en plus du pied de nos positions. Puis, la batterie s'est partagée en deux demi-batteries, qui, profitant des accidents de terrain, ont ouvert le feu sur la tête de ces colonnes, sans pouvoir les arrêter, tout en leur causant de grandes pertes. Les dernières salves se sont faites à la distance de 400 mètres en battant en retraite. L'ennemi s'étant emparé des crêtes que nous occupions, la batterie suivit le mouvement sur Reichshoffen.

Deux chevaux ont été tués. Le capitaine est légèrement blessé.

Au-dessous de la signature du lieutenant-colonel Lamandé : M. le capitaine Zimmer, blessé, a dû quitter la batterie qui a été commandée pendant le mouvement de retraite par le capitaine Trône.

---

(1) Le rapport du capitaine commandant la 7ᵉ batterie du 12ᵉ manque.

Rapport du capitaine Ducasse sur la journée du 6 août (11ᵉ batterie du 12ᵉ régiment).

Froville, 11 août.

La 11ᵉ batterie du 12ᵉ régiment d'artillerie fut chargée de défendre la gauche de la position de la 4ᵉ division. Elle occupait par conséquent la gauche du plateau qui domine Eberbach et se termine par un fort mamelon au-dessus de Morsbronn. Dans cette portion de plateau une légère gorge descend vers la plaine, les lignes les plus élevées sont commandées par le plateau de Gunstett et par le mamelon de Morsbronn.

La batterie, divisée en sections distantes de 80 mètres environ, découvrait une assez grande étendue de la plaine, le moulin, le village et le plateau de Gunstett.

La 1ʳᵉ section, sous les ordres de M. le lieutenant en 1ᵉʳ Morel, fut chargée de battre plus particulièrement les pentes du contrefort qui terminait à droite la petite gorge en avant de la batterie, ainsi que le débouché d'un chemin passant à côté d'une ferme et venant de la plaine, au milieu de haies et de vergers. La section de gauche, sous les ordres de M. le lieutenant en 2ᵉ Prunaux, placée à l'angle du Nieder-Wald, battait l'accès de la gorge et le pied du contrefort de droite. La section du centre, commandée par M. l'adjudant Étienne, battait les parties intermédiaires.

Le feu fut ouvert vers les 8 heures sur le mamelon de Gunstett par la section de gauche. Au bout du 2ᵉ coup, le tir était réglé et il devenait tellement précis que tous les projectiles de la batterie arrivaient soit dans un des bâtiments, soit dans la cour du moulin, et au bout de fort peu de temps le moulin était évacué.

Pendant ce temps, de nombreuses pièces ennemies étaient arrivées sur le plateau de Gunstett et un feu nourri ne tardait pas à s'ouvrir sur la batterie. Aussitôt les pièces furent pointées sur ce plateau dont la distance pouvait être de 3,000 à 3,500 mètres. Les hausses furent données dans ces hypothèses, mais nous n'avons constaté aucun résultat sur la batterie; au contraire beaucoup de nos projectiles éclataient dans l'air. C'est alors que le chef d'escadron commandant les batteries donna l'ordre de cesser le feu inutilement dirigé sur le plateau de Gunstett qui lui, au contraire, se garnissait d'artillerie de plus en plus et répondait par un feu terrible à nos quelques coups de canon.

Tous les projectiles prussiens qui nous furent tirés étaient à fusées percutantes, paraissaient d'un fort calibre et animés d'une grande vitesse. Heureusement le terrain était mou et détrempé, ce qui éteignait bon nombre de leurs fusées, ou arrêtait l'effet des éclats, et c'est ce qui nous explique pourquoi à la suite d'un tir aussi serré, aussi juste que celui supporté par la batterie, le chiffre des pertes de toutes sortes a été aussi faible. Un cheval tué et un blessé à la section de gauche; 4 servants et un maréchal des logis blessés à la section du centre ; le lieutenant en 1er légèrement contusionné au genou par son fourreau de sabre portant la trace de plusieurs projectiles (éclats ou cailloux) ; le cheval du maréchal des logis chef blessé très légèrement à la croupe par un éclat, derrière le capitaine; quelques jantes de roues entamées : tels sont les résultats du feu prussien. Lorsque le chef d'escadron, après avoir fait cesser le feu, eût vu la précision du tir ennemi contre lequel la batterie était impuissante, il fit mettre la section à l'abri du bois du Nieder-Wald jusqu'au moment où elle fut remplacée par les mitrailleuses, et les deux autres dans un pli de terrain derrière ce même bois. A partir de ce moment il ne s'agit donc plus que de chercher des positions défilées de la grande batterie de Gunstett et permettant de tirer sur l'infanterie. C'est ce qui fut fait au moment où l'infanterie prussienne s'est massée dans la plaine en avant et à droite de Morsbronn. Malheureusement il ne nous était possible d'atteindre qu'un fort petit nombre de bataillons qui, dès qu'ils recevaient le moindre projectile, se dispersaient pour se reformer plus au loin ou même disséminés en tirailleurs.

D'ailleurs, il ne nous fut pas possible de placer aucune pièce pouvant découvrir sur le plateau même où nous nous trouvions une étendue de plus de 200 mètres.

Nous cherchions ainsi des positions successives et meilleures, lorsque la nouvelle du mouvement tournant nous parvint et nous décida à prendre, sur l'ordre du chef d'escadron commandant les deux batteries, une position oblique de manière à tirer sur la petite partie de l'autre plateau que nous apercevions, mais principalement sur le mamelon de Morsbronn, par lequel devait se faire l'attaque principale, vu qu'on le savait entièrement dégarni de troupes. Dans cette position nous pûmes encore tirer sur l'infanterie de la plaine et nous essuyâmes de nouveau le feu des batteries du plateau de Gunstett; mais il avait perdu beaucoup de sa justesse et les projectiles de leur vitesse ; il ne nous a fait dans cet endroit aucun mal. A ce moment, nous reçûmes l'ordre de notre colonel de nous porter sur la droite de notre position et de trouver ce qui nous servirait le mieux pour appuyer le mouvement de notre cavalerie. Le mauvais côté de notre position était toujours de ne rien découvrir à plus de 150 ou de 200 mètres sur notre propre plateau ; ce qui nous aurait permis d'être enlevés dès que les tirailleurs ennemis nous auraient débordés, attendu que nous n'avions plus d'infanterie avec nous. C'est alors que nous vint l'idée de nous porter immédiatement à 400 mètres en arrière, dans la direction de Reichshoffen, sur un point dominant d'où l'on pouvait découvrir tout le mamelon de Morsbronn et la plus grande partie du plateau que nous venions de quitter ; au même moment la brigade de cavalerie se massait pour charger, nous partîmes au grand trot pour couronner cette position que nous avions fait reconnaître par notre maréchal des logis chef ; une section fut placée dans le ravin en avant et les deux autres sur les talus au-dessus et en arrière faisant face au plateau de Morsbronn. De là, nous aperçûmes une douzaine de lignes prussiennes rangées en bataille sur les pentes et placées en échelons.

Le feu fut commencé immédiatement sur elle et par certain mouvement il était évident qu'il serait bientôt réglé, lorsque les soldats remontant le ravin vinrent nous prévenir que la cavalerie prussienne tournait notre droite. A ce moment, nous n'avions aucune espèce de troupe auprès de nous ; de plus, une grande quantité de fuyards descendaient sur Reichshoffen. Aussi, malgré l'excellence de notre position, nous fûmes obligés de nous retirer pour nous placer en batterie plus loin ; tous ces mouvements étaient fort longs, car les terres étaient très molles ; sur notre chemin nous rencontrâmes trois caissons que nous dirigeâmes vers leur batterie, mais ils revinrent immédiatement au trot, disant que la cavalerie prussienne garnissait le plateau que nous venions d'abandonner. Comme, d'autre part, tout ce qui nous entourait était dans la débandade la plus complète, il fallut opérer notre retraite en appuyant à droite. Chemin faisant, quelques fantassins du 56e et du 1er bataillon de chasseurs se rallièrent à nous et nous leur distribuâmes des cartouches d'un caisson de réserve.

En arrivant sur la route de Haguenau à Niederbronn, nous avons recueilli un assez grand nombre de fuyards de la 4e division, avec lesquels nous avons pris la direction de Pfaffenhoffen en obliquant vers les Vosges, de manière à rencontrer encore de nos troupes sans risquer de tomber sur l'ennemi qui pouvait avoir marché aussi vite que nous. Plus tard, tous les avis que nous avons reçus nous ont décidés à aller directement à Bouxwiller et de là à Saverne, où nous sommes arrivés le 7, à 2 heures du matin.

DIVISION DE CAVALERIE.

Rapport du général Duhesme sur la cavalerie du 1er corps dans la journée du 6 août.

Colombey, 12 août.

1re BRIGADE (général de Septeuil), 3e régiment de hussards, 11e régiment de chasseurs.

Aucun rapport n'est encore parvenu.

2ᵉ BRIGADE (général de Nansouty), 2ᵉ et 6ᵉ lanciers, 10ᵉ dragons. (Ce dernier corps n'a pas encore rejoint.)

2ᵉ *lanciers*. — Le 5, le régiment se retira (de Seltz) par la forêt de Haguenau, suivi jusqu'à Soufflenheim par une troupe nombreuse de cavalerie ennemie; il arriva à Haguenau dans la soirée et en repartit la nuit pour Reichshoffen, où il arriva le 6 à 2 heures du matin. A la bataille de Frœschwiller le régiment a suivi les mouvements de la division de Bonnemains à laquelle il s'était rallié. Il perdit son colonel au moment où il se préparait à charger vers la fin de la journée.

Il couvrit ensuite la retraite de l'aile gauche de l'armée et arriva à Saverne dans la nuit du 6 au 7. Les pertes du 2ᵉ lanciers sont de 11 officiers tués ou disparus, 191 hommes et 153 chevaux dont 50 d'officiers.

6ᵉ *lanciers*. — Les deux escadrons du 6ᵉ lanciers qui étaient détachés à Strasbourg, sous les ordres de M. le commandant Bonie, ont quitté cette place le 4 août pour Haguenau, où ils sont arrivés à 1 heure. Ils en sont repartis le jour même à 8 heures du soir, et sont arrivés au bivouac, près Gunstett, le 5 à 6 heures du matin. Pendant la bataille de Frœschwiller, ces deux escadrons ont été mis sous les ordres du général de Lartigue, commandant la 4ᵉ division d'infanterie.

A la fin de la journée ils ont pris la gauche de la brigade composée des 8ᵉ et 9ᵉ cuirassiers, et ont chargé avec elle pour soutenir et protéger le mouvement de retraite de l'aile droite de l'armée.

Ces escadrons se sont ensuite repliés sur Saverne et sont venus de là à Colombey avec les deux autres escadrons du 6ᵉ lanciers qui, sous les ordres du colonel Tripart, ont rejoint à Saverne.

Les pertes sont de 13 officiers tués ou disparus, 143 hommes et 167 chevaux, dont 20 d'officiers.

3ᵉ BRIGADE (général Michel), 8ᵉ et 9ᵉ cuirassiers.

Pendant l'affaire du 6, je me suis placé de ma personne, avec la brigade de cuirassiers, derrière le centre de la division de Lartigue, conformément aux instructions du Maréchal.

Vers 1 heure, j'ai pris une nouvelle position à l'extrême droite de cette division pour être prêt à la seconder, ainsi que j'en avais reçu l'ordre du Maréchal à deux reprises par le capitaine de Vogüé et le lieutenant-colonel Broye.

Quand la division de Lartigue a été menacée d'être débordée par des forces considérables, cet officier général m'a envoyé demander de mettre à sa disposition un régiment de cuirassiers. La brigade était déployée sur deux lignes faisant face à l'ennemi, sur un terrain où les obus commençaient à tomber.

Le général Michel s'est porté en avant avec le 8ᵉ régiment et a pris les ordres du général de Lartigue qui lui a indiqué la direction qu'il voulait donner à la charge. Ce régiment est parti au galop et a eu à traverser un bouquet de bois qui a fait refluer les deux escadrons de droite sur la gauche. La charge a donc eu lieu sur un front de deux escadrons environ.

A ce moment, j'ai cru devoir faire appuyer le mouvement de la première ligne par la deuxième, formée par le 9ᵉ cuirassiers. Ces deux régiments, dirigés par le général Michel, se sont élancés bravement sur les lignes ennemies déployées en tirailleurs et appuyées par des petits carrés de compagnies. Ils ont tout renversé sur leur passage, mais ont essuyé un feu terrible d'artillerie et d'infanterie qui les a décimés.

Il est à regretter que, malgré mes demandes réitérées, une batterie d'artillerie n'ait pas été attachée à la division que je commande, car, au moment de la charge, la droite de l'armée était dépourvue d'artillerie, l'infanterie ennemie se trouvait à bonne portée de mitraille et l'effet de la charge aurait pu être efficacement préparé par la batterie qui aurait été placée sous mes ordres.

Cette charge a arrêté un instant le mouvement tournant de l'ennemi, mais celui-ci s'est présenté ensuite avec des forces tellement supérieures que la droite de la division de Lartigue a dû battre en retraite précipitamment ; c'est ce qui a empêché le ralliement de la brigade de cuirassiers dont une partie seulement a pu regagner la route de Reichshoffen et l'autre s'est trouvée entièrement coupée.

Les pertes essuyées par le 8ᵉ cuirassiers sont de 15 officiers, 280 hommes et 275 chevaux, et dans le 9ᵉ de 30 officiers, 338 hommes et 366 chevaux.

Il est vraisemblable que toute la partie qui manque dans ce corps n'est pas détruite et que les escadrons ont pris la route de Strasbourg et se sont retirés dans cette place.

1ʳᵉ BRIGADE (DE SEPTEUIL).

Journal de marche du 3ᵉ hussards.

6 août.

La brigade de Septeuil était campée à 1 kilomètre de Frœschwiller et le reste de la cavalerie à Reichshoffen, lorsqu'à 6 h. 1/2, le régiment étant à pied, à la distribution, à 2 kilomètres en arrière du camp, on entendit les premiers coups de canon dans la direction de Wœrth. On monte à cheval à 8 heures. On distinguait les tirailleurs prussiens descendant sur Wœrth. La division Ducrot et les restes de la division Pellé se portent à l'ennemi, suivis de la brigade de cavalerie ; les cuirassiers de la division de Bonnemains viennent vers 11 heures se placer en arrière à gauche du 3ᵉ hussards ; la brigade de Septeuil suit un mouvement que la (2ᵉ) division d'infanterie, fatiguée par le feu, opérait sur sa gauche et se trouve alors entre les cuirassiers de Bonnemains à sa droite et la brigade de Nansouty à sa gauche. L'infanterie continue son mouvement sur Frœschwiller et la cavalerie, démasquée par elle, se trouve alors en première ligne sous un feu violent. A ce moment, les cuirassiers chargent dans un pays coupé et difficile, et des groupes isolés pénètrent jusqu'à Wœrth, mais bientôt l'infanterie prussienne, continuant à avancer, couronne la crête qui se trouve à 300 mètres environ de la cavalerie et dirige sur elle un feu soutenu, pendant que d'autres troupes, achevant de déborder notre droite, croisent leur feu avec celui des premières.

Les pertes deviennent sensibles, plusieurs officiers sont frappés, parmi lesquels le colonel Poissonnier, du 2ᵉ lanciers.

Une batterie placée derrière la cavalerie ne peut plus tenir et se replie sur sa gauche; toute la cavalerie fait pelotons à gauche; les cuirassiers, qui reçoivent un feu violent, accélèrent leur mouvement et viennent choquer la brigade de Septeuil qui est jetée dans un taillis où les projectiles font des ravages. Tous les cavaliers de la brigade se dispersent dans les bois. Le colonel d'Espeuilles sort du bois vers les 3 heures et fait sonner le refrain qui rallie immédiatement le régiment. Il le forme en colonne serrée sur le flanc gauche de la route de Frœschwiller à Reichshoffen et garde cette position, se tenant prêt à exécuter les ordres qu'il peut recevoir pour protéger la retraite. Le 11ᵉ chasseurs passe en désordre devant le front du régiment et se retire par la route. Le 3ᵉ hussards reste de pied ferme, voit passer toute la retraite, puis traverse la route et va se mettre en colonne serrée près de Reichshoffen, en arrière à gauche de l'église.

Le maréchal de Mac-Mahon, arrivant peu de temps après et voyant ce régiment dans le plus grand ordre, le fit reconnaitre par un de ses aides de camp et complimenter sur son attitude. Il lui fit en même temps donner l'ordre de prendre la route de Saverne.

La retraite continue devant lui, quelques cavaliers prussiens paraissent sur la hauteur qui domine la route, ils sont repoussés par des zouaves isolés qui leur tuent un homme.

Vers 3 h. 1/2, une brigade de uhlans descend de la crête et est vigoureusement reçue par un parti de zouaves qui se retirait en bon ordre et la refoule immédiatement. Une demi-heure après, la crête est occupée par deux pièces de canon qui cherchent à envoyer leurs projectiles sur les queues de colonnes. Mais à ce moment, le mouvement de l'infanterie était terminé, la poursuite de l'ennemi paraissait timide et peu dangereuse, et le colonel d'Espeuilles juge le moment venu de se replier. Les obus des deux pièces tombent dans le régiment pendant qu'il gravit une côte qui le met bientôt à l'abri de leur feu. Il gagne

Niederbronn à travers champs et y arrive à 5 h. 1/2, en repart de suite et arrive à Saverne le 7 à 2 heures du matin. Dans cette journée, 25 hommes avaient disparu en y comprenant les hommes d'escorte chez le Maréchal; 24 hommes à pied, avec ce qui restait des bagages, parviennent à gagner Bitche où ils ont contribué à la défense de la place jusqu'à la fin de la guerre.

Historique du 11ᵉ régiment de chasseurs à cheval.

6 août.

Pendant la bataille, la division de cavalerie de réserve (Bonnemains) est en arrière du centre de l'armée; la division Duhesme est à sa droite; ses brigades sont séparées et vont du centre à l'extrême droite où se trouve la brigade légère. La cavalerie n'a joué de rôle qu'à la fin de la bataille de Frœschwiller; pendant l'action, elle est restée à sa place de bataille, exposée au feu intense des batteries prussiennes; elle n'a fait que quelques changements de position pour s'en garer.

. . . .

La cavalerie qui quitte le champ de bataille la dernière est poursuivie par les obus de toutes les batteries ennemies; elle laisse la route de Frœschwiller à Reichshoffen à l'artillerie de réserve, et s'engage dans un bois qui longe cette route.

Alors chaque régiment cherche son chemin dans la forêt qui est accidentée et coupée par un ravin fort profond dont les bords sont très escarpés; le 11ᵉ chasseurs, au sortir du bois, passe à gué la petite rivière de la Moder (1), au Nord de Reichshoffen et se rallie sur la route de Bitche. Malheureusement le point de retraite n'était pas indiqué et, pensant qu'il devait être Haguenau, le colonel Dastugue rebrousse chemin et s'engage dans Reichshoffen à travers un encombrement considérable et malgré le désordre excessif qui en est la conséquence.

Arrivé sur la route d'Haguenau, le régiment reçoit du général de Septeuil l'ordre de se diriger sur Bitche, ligne de retraite, paraît-il.....

Le 11ᵉ chasseurs rentre dans Reichshoffen, où le désordre n'a fait qu'augmenter.

Dans ce mouvement sur Reichshoffen et ensuite sur Niederbronn, le 11ᵉ chasseurs est forcément fractionné; arrivé dans les rues de Niederbronn, le colonel Dastugue reçoit l'ordre direct du maréchal de Mac-Mahon en personne de laisser défiler devant lui l'artillerie et l'infanterie, et de prendre ensuite la route de Saverne.

---

(1) En réalité, le Schwarzbach, affluent de gauche du Falkensteiner Bach.

Pendant cet arrêt, la dislocation se fait de plus en plus dans le régiment; une partie est entraînée vers Haguenau, une autre vers Bitche; tandis que le gros du régiment, attendant dans Niederbronn que la route de Saverne soit dégagée, ne peut s'y engager à son tour qu'à 7 heures du soir. Il arrive à Saverne à 7 heures du matin.

Rapport du général de Nansouty sur les opérations de la 2ᵉ brigade de cavalerie pendant la journée du 6 août.

Lunéville, 10 août.

Le 2ᵉ lanciers est entré effectivement sous mes ordres, le 3, à Seltz. Le 4, deux escadrons (1) ont fait une reconnaissance, pendant le combat de Wissembourg, laquelle a fait connaître qu'il y avait lieu de quitter la position occupée à Seltz. La retraite s'est faite dans la journée du 5 par la forêt d'Haguenau, en très bon ordre, suivie par une troupe nombreuse de cavalerie jusqu'à Soufflenheim, où l'ennemi s'est arrêté en voyant des bataillons d'infanterie prendre position à l'arrière-garde (2).

Dans la soirée, le 2ᵉ lanciers arrive à Haguenau; puis à Reichshoffen à 2 heures du matin.

Il monte à cheval au canon et se joint à la division de Bonnemains, n'ayant pu connaître l'emplacement de la division à laquelle il appartient.

Il a suivi tous les mouvements de cette division, et se préparant à charger, vers la fin de la journée, sous un feu très vif, il perdit son colonel, tué raide, ainsi que le commandant Colné.

Lorsque la retraite fut commencée, le régiment couvrit autant que possible la gauche des troupes. Il rejoignit le lieu de son bivouac, d'où il fut de suite obligé de se retirer sous un feu plongeant. La retraite se fit par un parc, mais, à l'extrémité de ce parc, un pont de bois sur lequel une partie du régiment avait passé se rompit. Là, il y eut de grosses pertes, le ruisseau étant presque infranchissable. Le régiment est arrivé à Oberbronn, puis à Saverne dans la nuit du 6 au 7.

6ᵉ lanciers. — Le 6ᵉ lanciers n'a pas été effectivement sous les ordres du général de Nansouty pendant la journée de Frœschwiller. Ces renseignements sont ceux transmis par le chef d'escadrons Bonie :

---

(1) Du 2ᵉ lanciers.
(2) Le détachement de Seltz comprenait quatre bataillons d'infanterie : 16ᵉ bataillon de chasseurs, 1ᵉʳ et 2ᵉ du 36ᵉ, 2ᵉ du 50ᵉ de ligne.

Deux escadrons attachés à la division de Lartigue ont fait bravement leur devoir — il reste de ces deux escadrons (1er et 3e), 3 officiers et 52 cavaliers.

Rapport du général Michel au général Duhesme sur la journée du 6 août.

Colombey, 12 août.

..... Dès le 6 au matin, une forte canonnade du côté de Wœrth et de Reichshoffen annonça que la bataille était imminente. En effet, des ordres arrivés vers 6 heures nous firent prendre position en arrière de l'aile droite de la division de Lartigue.

La première partie de la journée, jusqu'à 11 heures 1/2, se passa dans l'inaction et nos pertes furent à peu près nulles, malgré les nombreux projectiles qui éclataient près de nos rangs.

Un mouvement tournant, exécuté par l'ennemi sur l'aile droite de l'armée française, compromit tout à coup la division de Lartigue et son artillerie. Vous nous fîtes alors changer de front et placer dans une direction perpendiculaire à la première, faisant face au côté menacé. Quelques minutes après, je reçus l'ordre de me placer sous votre direction à la disposition du général de Lartigue. Placés d'abord sur deux lignes déployées, nous avançâmes jusque sur la crête, un petit bois nous força de nous ployer en colonne et de passer à sa gauche. L'urgence de l'offensive était si imminente qu'il ne nous restait pas le temps de nous déployer de nouveau, ce qui, du reste, aurait été impossible devant le feu qui nous atteignait déjà. Ayant reçu de vous l'ordre de diriger le premier régiment, je m'approchai du général de Lartigue qui, me montrant de petits carrés échelonnés sur une ligne parallèle à la nôtre, m'ordonna de les charger.

Je partis de suite à la tête du premier régiment, et j'aperçus bientôt sur la droite plusieurs lignes formées en bataille, ainsi qu'une ligne à gauche en dehors d'une houblonnière. Les petits carrés sur lesquels nous nous dirigions se réfugièrent immédiatement dans les houblonnières ou regagnèrent les lignes de droite ou de gauche. La charge, dont l'impétuosité ne me permettait plus un changement de direction, passa donc à travers un espace vide au milieu des feux croisés de l'ennemi. Arrivée dans un village occupé par les Prussiens, la tête de colonne tourna à droite, pour menacer les forces de droite, comme venaient d'être menacées celles de gauche. Cette manœuvre, dont le succès était du reste désespéré, ne réussit pas à compromettre sérieusement les lignes ennemies, mais elle les tint en échec assez longtemps pour permettre à l'infanterie et à l'artillerie de la division de Lartigue de se rallier et d'exécuter une retraite en bon ordre et sans pertes.

Ce n'est qu'au retour que j'appris que le 9ᵉ cuirassiers avait exactement suivi derrière nous les mêmes phases que le 8ᵉ. Je n'ai jamais douté que nos pertes ne dussent être énormes, et j'ai accepté la mission qui m'était donnée avec la conviction que nous devions nous sacrifier, en cette circonstance, pour sauver les nôtres.

Je recueillis sur la route, près du chemin de fer, tout ce qui me restait. L'escadron du 9ᵉ cuirassiers, resté à la garde des bagages, qui avait aussi éprouvé des pertes sensibles, vint se joindre à nous et nous suivîmes la retraite des autres troupes qui se dirigeaient sur Saverne, où nous arrivâmes à 2 heures du matin.

Pertes. — 8ᵉ cuirassiers : officiers, 15 ; hommes, 280 ; chevaux, 275. 9ᵉ cuirassiers : officiers, 30 ; hommes, 338 ; chevaux, 366.

Réserve d'artillerie.

Rapport du général Forgeot sur la part prise par l'artillerie à la bataille de Frœschwiller.

Camp de Châlons, 20 août.

Vingt-deux batteries d'artillerie, soit cent trente-deux bouches à feu, ont été engagées dans la bataille du 6 août.

Arrivées le 4 et le 5 août, elles étaient réparties comme il suit :

1º Avec la 1ʳᵉ division d'infanterie (général Ducrot) :

Deux batteries de 4 (chef d'escadron Quellain) : 6ᵉ du 9ᵉ régiment (capitaine Biffe) ; 7ᵉ du 9ᵉ régiment (capitaine Vernay).

Une batterie de canons à balles : 8ᵉ du 9ᵉ régiment (capitaine de Mornac).

Ces trois batteries sous le commandement du lieutenant-colonel Lecœuvre.

2º Avec la 2ᵉ division d'infanterie (général Pellé) :

Deux batteries de 4 (chef d'escadron Jacques de Fleurcy) : 9ᵉ du 9ᵉ régiment (capitaine Didier) ; 12ᵉ du 9ᵉ régiment (capitaine Foissac, blessé à Wissembourg et remplacé par M. Viel, capitaine en 2ᵉ).

Une batterie de canons à balles : 10ᵉ du 9ᵉ régiment (capitaine de Saint-Georges).

Ces trois batteries sous le commandement du lieutenant-colonel Cauvet.

3º Avec la 3ᵉ division d'infanterie (général Raoult) :

Deux batteries de 4 (chef d'escadron de Noüe) : 5ᵉ du 12ᵉ régiment (capitaine Ferreux) ; 6ᵉ du 12ᵉ régiment (capitaine Desruols).

Une batterie de canons à balles : 9ᵉ du 12ᵉ régiment (capitaine Wohlfrom).

Ces trois batteries sous le commandement du lieutenant-colonel Chéguillaume.

4° Avec la 4ᵉ division d'infanterie (général de Lartigue) :

Deux batteries de 4 (chef d'escadron Sûter) : 7ᵉ du 12ᵉ régiment (capitaine Soubrat) ; 11ᵉ du 12ᵉ régiment (capitaine Ducasse).

Une batterie de canons à balles : 10ᵉ du 12ᵉ régiment (capitaine Zimmer).

Ces trois batteries sous le commandement du lieutenant-colonel Lamandé.

5° A la réserve d'artillerie (commandée par le colonel de Vassart) :

Deux batteries de 4 (chef d'escadron d'Haranguier de Quincerot) : 5ᵉ du 9ᵉ régiment (capitaine Bavelaër, absent par cause de maladie, et remplacé par M. Morio, capitaine en 2ᵉ — a rejoint pendant la retraite), 11ᵉ du 9ᵉ régiment (capitaine Berthiot).

Deux batteries de 12 (chef d'escadron Venot) : 11ᵉ du 6ᵉ régiment (capitaine Rivals) ; 12ᵉ du 6ᵉ régiment (capitaine Dupuy).

Ces quatre batteries sous le commandement du lieutenant-colonel de Brives.

Deux batteries de 4 (chef d'escadron de Carmejane) : 1ᵉʳ du 20ᵉ régiment à cheval (capitaine Mourin) ; 2ᵉ du 20ᵉ régiment à cheval (capitaine Perrin).

Deux batteries de 4 (chef d'escadron Thévenin) : 3ᵉ du 20ᵉ régiment à cheval (capitaine Bonnet) ; 4ᵉ du 20ᵉ régiment à cheval (capitaine Debourgues).

Ces quatre batteries sous les ordres du lieutenant-colonel Grouvel.

6° Avec la division de cavalerie de réserve (général de Bonnemains) :

Une batterie de 4 : 7ᵉ du 19ᵉ régiment à cheval (capitaine Raffron de Val).

Une batterie de canons à balles : 8ᵉ du 19ᵉ régiment à cheval (capitaine Gonnard).

Ces deux batteries sous le commandement du chef d'escadron Astier.

Toutes ces batteries, sauf celles de la 2ᵉ division, engagées le 4 août à Wissembourg, avaient leur approvisionnement réglementaire au complet. Seulement les quatre batteries montées et les quatre batteries à cheval de la réserve n'avaient pas l'entière disposition de leurs attelages, dont un certain nombre avaient été envoyés le matin même à Niederbronn, d'après les ordres de M. le maréchal commandant le 1ᵉʳ corps, pour en ramener un convoi de munitions demandé d'urgence à Strasbourg.

Les batteries attachées aux divisions d'infanterie (douze, dont quatre de canons à balles) sont restées pendant toute la journée à la libre disposition des généraux commandant les divisions. Elles en ont appuyé les divers mouvements et ont, pour la plupart, fortement contribué à en protéger la retraite. Il est grandement à regretter que la nature du terrain occupé par le 1er corps, terrain très accidenté, parsemé de bois et de houblonnières, n'ait pas permis de tirer tout le parti possible de ces batteries, de celles des canons à balles surtout. Sur un grand nombre de points, elles n'avaient que des vues peu étendues; le tir aux grandes distances leur devenait alors impossible, tandis que celles de l'ennemi, établies sur des hauteurs choisies à l'avance, et qui commandaient presque toutes les positions du 1er corps, pouvaient agir de très loin avec efficacité. En même temps que l'action de nos batteries se trouvait ainsi restreinte, les tirailleurs prussiens, protégés par les accidents de terrain, par les bois et par les houblonnières, s'approchaient d'elles impunément pour fusiller les hommes et les chevaux.

Batteries de la 1re division. — Les trois batteries de la 1re division ont été engagées d'une façon très active pendant toute la durée de la bataille. Tout en ménageant sagement leurs munitions, elles ont pu rendre, dans diverses positions, de très bons services qui ont été fort appréciés, et elles ont eu le bonheur de conserver leur matériel en battant en retraite, avec une attitude remarquable, à la gauche de l'armée. Mais après avoir dépassé Reichshoffen, elles se trouvèrent arrêtées complètement dans leur marche par un encombrement de voitures qui formait une barrière infranchissable. Canonnés alors par l'ennemi et serrés de près par la cavalerie bavaroise, les officiers, les sous-officiers et les canonniers déployèrent en vain la plus grande énergie pour la défense de leur matériel; les batteries essuyèrent de grandes pertes en hommes et en chevaux, et furent obligées de laisser sur la route sept bouches à feu (dont un canon à balles, 8e du 9e; cinq canons de 4, 6e batterie du 9e; un canon de 4, 7e batterie du 9e), et un grand nombre de voitures.

Batteries de la 2e division. — Les trois batteries de la 2e division, si éprouvée l'avant-veille au combat de Wissembourg, ont été tenues en réserve avec cette division pendant la première partie de la bataille. L'action ayant été sérieusement engagée, elles y furent associées, tirant sur des batteries prussiennes et sur d'assez gros rassemblements de troupes. Les deux batteries de 4 ayant consommé la plus grande partie de leurs obus, allèrent reprendre leur position primitive au camp. La batterie de canons à balles avait dû elle-même, au bout de fort peu de temps, et avant les deux batteries de 4, se retirer devant le feu très supérieur de plusieurs batteries ennemies. Lors de la retraite, la batterie Didier (9e du 9e) dirigea son tir contre des colonnes prussiennes qui se montraient sur les hauteurs dominant le camp. L'action des deux autres batteries fut empêchée par l'encombrement des voitures. Les 9e et 10e batteries du 9e régiment purent sauver toutes leurs pièces; quant à la 12e batterie du 9e, réduite à cinq pièces depuis le combat de Wissembourg, elle fut obligée d'en laisser une en arrière avant d'arriver à Reichshoffen. Diverses voitures furent également perdues.

Batteries de la 3ᵉ division. — Dès le commencement de la journée, la batterie Ferreux (5ᵉ du 12ᵉ) avait été mise à la disposition du général L'Hériller, commandant la 1ʳᵉ brigade de la 3ᵉ division. Occupant la droite de la position, elle tira d'abord avec succès contre des troupes ennemies qui s'avançaient dans la plaine ; mais elle dut ensuite se retirer sous le feu d'une forte batterie prussienne qui tirait avec beaucoup de précision et de vivacité. Plus tard, ne recevant plus d'ordres de sa division, dont elle se trouvait séparée, elle se rapprocha des batteries de la réserve et opéra sa retraite avec elles. Les deux autres batteries de la 3ᵉ division étaient avec M. le général Raoult. Elles avaient, dans la nuit, construit de petits épaulements destinés à masquer les pièces. Mais, par suite des mouvements de l'infanterie, elles ne purent agir utilement dans ces positions choisies à l'avance; elles en occupèrent successivement plusieurs autres, essuyant le feu d'une forte artillerie et de nombreux tirailleurs. La batterie Desruols (6ᵉ du 12ᵉ) était à peu près à la gauche de la 2ᵉ brigade (général Lefebvre); la batterie Wohlfrom (9ᵉ du 12ᵉ, canons à balles), vers le centre de cette brigade. Cette dernière ne put tirer qu'un petit nombre de coups (30 par pièce). A la suite d'une lutte devenue tout à fait inégale, les deux batteries opérèrent leur mouvement de retraite définitif. Elles essayèrent encore de ralentir la poursuite de l'ennemi au moyen d'obus à balles et de mitraille. Sur la route de Reichshoffen à Niederbronn, une pièce de la batterie Desruols (6ᵉ du 12ᵉ) se trouva coupée de la colonne et ne reparut plus. Beaucoup d'autres voitures appartenant à la réserve furent perdues à la suite d'une charge de cavalerie.

Batteries de la 4ᵉ division. — Les batteries de la 4ᵉ division, placées à l'extrême droite de la ligne de bataille, eurent à agir sur le terrain même de leur bivouac, dirigeant le tir des pièces de 4 sur le plateau de Gunstett, occupé par une forte colonne. Mais l'artillerie ennemie s'établit sur ce plateau avec une telle supériorité de nombre et de calibre, que les deux batteries de 4 durent se retirer, ainsi que la batterie de canons à balles qui venait d'agir très efficacement contre des bandes s'avançant pour débusquer nos tirailleurs. Une forte colonne prussienne, venant de la droite du village de Gunstett, opérait alors un mouvement tournant sur la droite de la 4ᵉ division. Les batteries essayèrent sans succès de l'arrêter par des obus et des salves de canons à balles. On annonçait en même temps que l'ennemi gagnait beaucoup de terrain sur un autre point. Les trois batteries durent se retirer pour éviter d'être enlevées sans résultat utile ; elles conservèrent leurs pièces. Pendant la marche, la batterie Ducasse (11ᵉ du 12ᵉ) fit un changement de direction et on la crut perdue; mais elle se retrouva le lendemain à Saverne. Les réserves, engagées avec les voitures des officiers sur la route de Haguenau, y furent sabrées par la cavalerie prussienne et tombèrent au pouvoir de l'ennemi.

Batteries de la réserve d'artillerie. — Les huit batteries de la réserve étaient formées en deux groupes, celui des batteries montées et celui des batteries à cheval. Ils ne purent être réunis pour une action commune que dans la dernière phase de la bataille. La nature du terrain ne permettait nulle part de juxtaposer ces huit batteries pour concentrer leur tir sur des points déterminés. On ne saurait trop le regretter, car le feu combiné de leurs 48 pièces, dont 12 de gros calibre, aurait pu donner à la défense une véritable supériorité, au moins dans certaines positions.

L'action était engagée depuis quelque temps déjà par les divisions, lorsque le général commandant l'artillerie reçut du Maréchal l'ordre de mettre deux des batteries montées de la réserve à la disposition du général Conseil-Dumesnil, commandant la 1re division d'infanterie du 7e corps (arrivée sur le champ de bataille sans son artillerie). La situation paraissait déjà critique, et il s'agissait d'opérer une diversion puissante. On désigna les deux batteries de 12 (11e et 12e batteries du 6e, commandant Venot), qui furent accompagnées du lieutenant-colonel de Brives. Arrivé sur le terrain où luttait la division Conseil-Dumesnil, cet officier supérieur constata immédiatement qu'il ne disposait, pour établir ses pièces, que d'un espace très restreint. Cinq seulement, appartenant à la batterie Rivals (11e du 6e), purent y être mises en batterie; les sept autres furent tenues en réserve. L'emplacement était d'ailleurs peu favorable. Les cinq pièces de la batterie Rivals produisaient peu d'effet, tout en perdant des hommes et des chevaux sous le feu des tirailleurs, bien plus que sous celui de l'artillerie ennemie, qui resta sans efficacité sur ce point. L'infanterie ayant fait un mouvement qui masquait le tir des cinq pièces, le lieutenant-colonel de Brives les réunit à celles qui n'étaient pas employées. Il conserva les deux batteries en arrière d'un chemin occupé précédemment par des troupes de la division. Un obus y vint mettre le désordre en tuant un officier et blessant plusieurs hommes et plusieurs chevaux. Pour éviter de faire de nouvelles pertes dans cette position et d'y être abordé par les tirailleurs envahissant le bois voisin, le lieutenant-colonel de Brives fit reculer ces batteries et les réunit à celles du commandant d'Haranguier de Quincerot (5e et 11e du 9e).

Vers midi, les coteaux situés en face de nous, à gauche de la route de Soultz, s'étaient couverts de plusieurs lignes de batteries qu'il parut indispensable de combattre. A cet effet, les quatre batteries à cheval du 20e régiment vinrent, avec le colonel de Vassart et le lieutenant-colonel Grouvel, prendre position sur un terrain assez favorable pour permettre le déploiement des vingt-quatre bouches à feu avec de larges intervalles. La distance était d'environ 2,000 mètres. Le tir s'exécuta avec vivacité et avec succès; il dura environ une heure et demie. On constata que les batteries prussiennes avaient souffert; mais elles ne se retiraient pas et se bornaient à ralentir de plus en plus leur tir. Les quatre batteries à cheval avaient déjà consommé plus de cent coups par pièce. La crainte de voir les munitions s'épuiser complètement avant l'arrivée d'un convoi décida le général commandant l'artillerie à prescrire un mouvement en arrière. Les quatre batteries vinrent alors se placer non loin des quatre batteries montées du lieutenant-colonel de Brives, vers le fond du champ de bataille, dans une vaste prairie limitée par un bois, où se trouvaient de nombreuses troupes d'infanterie et plusieurs régiments de cavalerie. Il devenait évident que ce terrain allait être le théâtre de la lutte finale.

Les huit batteries de la réserve se trouvèrent alors réunies. Nos troupes, accablées par des forces très supérieures, avaient battu en retraite sur presque tous les points et s'étaient accumulées dans la prairie. L'ennemi s'avançait sur notre droite en même temps que de front; il fallait à tout prix couvrir cette position et essayer de la dégager; pour cela, balayer le terrain en avant, de façon que, s'il en était temps encore, l'infanterie, secondée par la cavalerie, put exécuter un vigoureux retour offensif.

A cet effet, après en avoir demandé l'autorisation au Maréchal commandant le 1er corps, le général commandant l'artillerie prescrivit au colonel de Vassart de faire avancer rapidement les différentes batteries de la réserve, de manière à établir leurs pièces contre une sorte de crête qui formait entre l'ennemi et la prairie un rideau naturel.

Cette mise en batterie, qui devait être, avec les charges intrépides de la cavalerie de réserve, le dernier acte de la lutte sur le champ de bataille, fut exécutée avec un élan et une audace remarquables. Les officiers y donnèrent le plus bel exemple de courage et de sang-froid. L'artillerie prussienne se taisait pendant que, devant les batteries de la réserve, se présentaient des masses nombreuses d'infanterie. Bientôt ces masses n'étaient plus qu'une nuée de tirailleurs qui criblaient les canonniers et les chevaux de décharges multipliées et de plus en plus rapprochées. Les batteries exécutaient sous ce feu, à 100 mètres environ de distance, un tir à mitraille qui dut causer aux assaillants de grandes pertes, car leur marche en avant s'arrêta de ce côté. Mais, durant ce dernier effort, les hommes et les chevaux tombaient sous les balles. Les officiers étaient presque tous démontés; un grand nombre d'entre eux étaient atteints. Le colonel de Vassart tombait frappé de plusieurs balles. Les batteries n'étaient soutenues que par quelques compagnies du 1er régiment de tirailleurs algériens, dirigés par le colonel Morandy. La position n'était plus tenable, il fallait l'abandonner et, au moyen des hommes et des chevaux qui restaient disponibles, s'efforcer de sauver les pièces. Les batteries à cheval réussirent à n'en laisser qu'une sur le champ de bataille (deux autres furent perdues dans la retraite).

Dans cette dernière période de l'action, les quatre batteries montées de la réserve, plus maltraitées encore que les batteries à cheval, ne purent tirer que quelques coups à mitraille, à 100 mètres à peine des tirailleurs ennemis. Elles se maintinrent avec la plus grande ténacité. Les deux batteries du 9e (commandant d'Haranguier de Quincerot) ne purent ramener que cinq pièces (dont une, mise en batterie pendant la retraite, n'a plus reparu). Les deux batteries du 6e (commandant Venot) furent plus malheureuses encore. Accablées d'une grêle de balles, dans une position tournée, abordées même par leur droite, elles subirent de grandes pertes en hommes, en chevaux et en matériel. La batterie Dupuy (12e du 6e), qui était la plus exposée, ne put ramener que quelques caissons. La batterie Rivals (11e du 6e) était parvenue à retirer ses six pièces et elle put encore les faire agir dans une position en arrière; mais deux d'entre elles furent perdues dans la retraite, en sorte qu'il ne reste aujourd'hui que quatre pièces de 12 pour les deux batteries.

Une batterie du 20e régiment, la 2e (capitaine Perrin), après s'être retirée avec les trois autres du même régiment, s'arrêta dans la prairie et, ouvrant un feu très vif contre les colonnes qui débouchaient sur la droite de notre position, contribua beaucoup à faciliter la retraite, qui s'effectuait par la gauche vers la route de Frœschwiller à Reichshoffen.

Batteries de la division de cavalerie de réserve. — Les deux batteries à cheval attachées à la division de cavalerie de réserve du général de Bonnemains (7e et 8e du 19e régiment, commandant Astier) étaient arrivées sur le champ de bataille avec cette division, mais elles n'avaient point encore été employées lorsque, la situation devenant critique, le général commandant l'artillerie, avec l'autorisation du Maréchal, fit prendre position à l'une d'elles (la 7e, capitaine Raffron de Val), de façon à arrêter l'ennemi dans sa marche en avant. Cette batterie se trouvait alors à droite de la position qui fut plus tard occupée par les huit batteries de la réserve. Elle exécuta le tir à 500 mètres et fit éprouver de grandes pertes aux Prussiens; mais bientôt, attaquée sur sa droite par une quantité de tirailleurs, et protégée seulement par une cinquantaine de tirailleurs français, elle eut beaucoup à souffrir.

L'autre batterie du 19e (la 8e, capitaine Gonnard, canons à balles) arrivait alors vers la droite de la 7ᵉ. Pendant que le chef d'escadron Astier cherchait une position d'où elle put agir utilement, le lieutenant-colonel chef d'état-major de la division de cavalerie lui donna l'ordre de se mettre en batterie sur le point où elle se trouvait. Les tirailleurs ennemis étaient embusqués à cinquante pas; la 8ᵉ batterie fut décimée et faillit être enveloppée. Les hommes et les chevaux tombaient en grand nombre; la troupe de soutien s'était retirée; les Prussiens avaient pénétré dans la batterie; quatre pièces (canons à balles), privées de leurs conducteurs, restèrent sur le terrain; deux seulement purent être enlevées au galop par leurs attelages. Le capitaine Raffron de Val fut lui-même obligé d'abandonner sa pièce de droite. Les cinq autres furent réunies aux deux canons à balles qui restaient à la 8ᵉ batterie, et, par un tir à mitraille énergiquement soutenu, contribuèrent à protéger la retraite. Un cinquième canon à balles (de la 8ᵉ batterie) fut encore perdu sur la route de Reichshoffen. Quant aux voitures de la seconde ligne, elles disparurent presque toutes pendant la retraite.

Parc de campagne. — Depuis son départ de Strasbourg, le général commandant l'artillerie s'était vivement préoccupé d'accroître les ressources du 1ᵉʳ corps en munitions d'infanterie et d'artillerie, en appelant à lui la fraction du parc de campagne qui, après de longs et déplorables retards, était enfin arrivée de Besançon à Strasbourg. Dans la soirée du 4 août, étant à Haguenau, il avait prescrit par le télégraphe, et de la façon la plus pressante, l'envoi immédiat d'une partie de ce parc. Dans la matinée du 6 août, n'ayant rien reçu encore et étant vivement inquiet, il avait demandé au Maréchal commandant le 1ᵉʳ corps, l'autorisation d'envoyer un officier à Strasbourg, tandis qu'un autre irait à Niederbronn au-devant d'un convoi qu'enlèveraient des attelages empruntés aux différentes batteries de la réserve. Pendant ce temps, le parc demandé à Strasbourg était arrivé, après une longue et très pénible marche, jusqu'à Reichshoffen, sous les ordres du commandant Bial; mais il ne s'était point encore mis en relation avec le général commandant l'artillerie, qui n'était pas prévenu de sa présence à quelques kilomètres en deçà de Frœschwiller. S'il en avait été autrement, on n'aurait point eu à envoyer jusqu'à Niederbronn les attelages qui firent si grand défaut pour l'enlèvement des voitures de réserve et dont l'absence causa la perte de nombre d'entre elles.

Consommations. Pertes en hommes, en chevaux et en matériel. — Il n'est point possible d'évaluer, même approximativement, la consommation de munitions faite par l'artillerie dans la bataille de Frœschwiller. Chaque batterie sait aujourd'hui ce qui lui reste; mais les munitions qui manquent n'ont pas toutes été employées au tir. Une partie d'entre elles sont restées dans les voitures perdues, sur différents points, pendant la journée du 6 août.

Il serait encore moins possible d'établir le chiffre des hommes et des chevaux tués ou blessés par le feu de l'ennemi. Un assez grand nombre d'hommes et de chevaux, plusieurs officiers même ont disparu, soit sur le champ de bataille, soit dans la retraite par différentes routes ; mais on ne peut actuellement préciser la cause de leur absence. Ce que l'on peut dire, c'est que l'artillerie engagée à Frœschwiller a fait, sur le champ de bataille même, des pertes considérables en hommes et en chevaux, et que les officiers ont bravement payé de leur personne ; plusieurs ont été tués, un grand nombre ont été blessés ou contusionnés, la plupart ont été démontés.

Les batteries de la réserve et celles de la division de cavalerie ont particulièrement souffert. Engagées avec une audace que le succès n'a malheureusement pas couronnée, elles ont, en quelques instants, éprouvé des pertes cruelles ; mais si, en balayant par leurs feux le terrain situé en avant d'elles, elles n'ont pas réussi à rendre possible un retour offensif de l'infanterie, elles ont du moins, en arrêtant sur toute l'étendue de leur front la marche des assaillants, permis aux troupes accumulées derrière elles d'effectuer leur retraite par la gauche et par les bois situés en arrière de la prairie.

Les hommes et les chevaux de l'artillerie qui ont été atteints sur le champ de bataille ont été, pour la plupart, frappés par l'infanterie.

L'artillerie ennemie, bien que nombreuse et puissante, n'a pas fait essuyer de grandes pertes à nos batteries. Leur matériel n'a été que peu ou point atteint par les projectiles prussiens. Si elles avaient pu s'établir à de plus grandes distances de l'ennemi et avec des vues plus étendues sur lui, elles auraient beaucoup moins souffert du feu de son infanterie, en même temps qu'elles auraient considérablement développé leur action.

Les pertes des différentes batteries en matériel sont aujourd'hui connues ; elles sont grandes, mais grâce aux ressources dont on dispose, elles peuvent être réparées presque instantanément. Une bouche à feu (canon de 4) avait été perdue dans le combat de Wissembourg ; 34 (8 canons de 12, 20 canons de 4, 6 canons à balles) ont disparu dans la bataille du 6 août et dans la retraite qui l'a suivie. La plupart ont été perdues dans cet effroyable encombrement d'hommes, de chevaux, de voitures, qui s'est produit après la retraite et dont on ne peut se faire une idée que lorsqu'on en a été témoin. Quant à celles qui sont restées sur le champ de bataille et que l'ennemi a pu y ramasser, les pertes faites par les batteries auxquelles elles manquent aujourd'hui, disent assez pourquoi elles ont été abandonnées.

Rapport du lieutenant-colonel de Brives sur le rôle des 1re et 2e divisions de la réserve d'artillerie du 1er corps le 6 août (11e et 12e du 6e, 5e et 11e du 9e).

Allain, 12 août.

Au commencement de la bataille, les quatre batteries montées ont été mises en réserve en avant et contre le village de Fræschwiller en attendant le moment d'agir. Ces batteries, se trouvant exposées inutilement dans cette situation, ont été portées un peu plus à droite et en arrière du village.

Elles étaient dans cette position d'expectative lorsque, sur l'ordre du Maréchal, j'ai dû partir avec les deux batteries montées (11e et 12e du 6e, commandant Venot) pour aller au secours de la division Conseil-Dumesnil, du 7e corps, qui n'avait pas son artillerie.

L'emplacement sur lequel était développée cette division ne permettant pas de mettre les douze pièces en batterie, j'ai fait mettre en réserve la 12e batterie du 6e (capitaine Dupuy), et la 11e du 6e (capitaine Rivals) a été mise en batterie en avant du front de la division, de manière à tirer sur une troupe ennemie qui se massait à 1500 mètres en avant dans la plaine sous la protection d'une forte batterie de position. Cinq pièces seulement ayant vue sur les troupes ennemies, la sixième a été maintenue à l'écart. Le feu de ces cinq pièces a duré environ une heure, pendant laquelle elles ont tiré cinquante-huit coups. (Le feu des batteries ennemies ne lui a fait aucun mal.) Ce tir a eu pour effet de jeter un peu de désordre dans les masses ennemies, mais la division ayant fait un mouvement en avant qui masquait notre tir, j'ai dû faire retirer en arrière la 11e batterie du 6e pour la joindre à la 12e. Elles ont été mises alors en réserve derrière le chemin sur lequel était placée auparavant une partie de la division, laissant le bois à sa droite. C'est dans cette position qu'un obus tombant au milieu de la 11e batterie a tué le sous-lieutenant Peuillard et blessé grièvement un sous-officier, un canonnier et trois chevaux.

Ces batteries ne me paraissant pas en sûreté dans le cas où le bois serait occupé par les Prussiens (prévision qui a été justifiée un peu plus tard), je les ai ramenées dans le vallon à droite de Fræschwiller, auprès des autres batteries de la réserve. Les quatre batteries sous mes ordres ont été ensuite portées par un mouvement en avant au-dessus de la crête sur laquelle elles devaient être mises en batterie peu de temps après. Dans cette position, elles ont eu à souffrir du feu de l'ennemi qui se rapprochait de plus en plus, et elles ont eu plusieurs hommes et plusieurs chevaux blessés. L'ennemi continuant à avancer et à sortir du bois situé en avant de notre dernière position, les batteries ont reçu l'ordre de se porter sur la crête dont j'ai parlé plus haut et où elles se sont mises immédiatement en batterie, à 100 mètres environ des tirailleurs ennemis. Malgré la proximité des Prussiens et la vivacité de leur feu, les quatre batteries montées ont exécuté leur tir avec un grand sang-froid, et ce n'est que lorsque l'ordre a été donné de cesser le feu qu'elles se sont retirées. Malheureusement, la perte des attelages ou des conducteurs atteints par le feu n'a pas permis d'emmener toutes les pièces du champ de bataille, où douze ont dû être abandonnées. Quatre autres ont encore été perdues dans la retraite.

Pertes pour les quatre batteries : 1 officier tué, 5 blessés dont trois grièvement ; 72 hommes tués, blessés ou disparus ; 137 chevaux de troupe tués, blessés ou disparus ; 5 chevaux d'officiers tués ou blessés.

Rapport du chef d'escadron Venot sur les 11ᵉ et 12ᵉ batteries du 6ᵉ d'artillerie (1), *le 6 août.*

12 août.

Les batteries disposées en réserve dès le commencement de la bataille attendaient le moment d'agir, lorsque, vers 11 heures du matin, elles reçurent l'ordre de joindre à la droite de la position la division Conseil-Dumesnil, venue sans artillerie.

Le ravin dans lequel était placée cette division ne permettait pas le développement des deux batteries ; l'une d'elles, la batterie Rivals, put seule prendre position, tandis que l'autre était placée en arrière en réserve.

Cinq pièces seulement de la batterie Rivals (11ᵉ) ayant vue sur l'ennemi, tirèrent une heure environ sur des masses d'infanterie manœuvrant pour tourner la droite de l'armée. Malheureusement elles étaient arrivées trop tard pour atteindre la première ligne ennemie, déjà masquée par un pli de terrain ; mais elles produisirent assez d'effet à 1500 mètres sur les réserves, dans lesquelles se remarqua à ce moment même un désordre terrible. Les troupes ennemies dérobées à l'action de l'artillerie par des dépressions de terrain et arrivant d'ailleurs à la portée de la mousqueterie, le rôle des batteries se trouva terminé en ce point et elles reçurent l'ordre de se retirer en arrière en une nouvelle position de réserve.

Dans cette affaire, les deux batteries eurent à essuyer un feu des plus vifs, de quarante pièces de canon de tous calibres. La batterie Rivals, qui par son tir avait principalement attiré ce feu, fut assez heureuse pour n'être pas atteinte ; la 12ᵉ batterie (capitaine Dupuy) eut *un lieu-*

---

(1) De la réserve du 1ᵉʳ corps.

tenant, M. Peuillard (1) et quelques hommes blessés : le premier, très grièvement atteint, est resté à l'ennemi, ainsi qu'un fourrier blessé au bras. Les batteries furent appelées à agir de nouveau vers la fin de la bataille, au moment où la position, débordée de toutes parts, se trouvait envahie par les masses ennemies. Elles durent se porter sur un mamelon où se tassaient péniblement les dernières réserves d'infanterie et se mettre en batterie à 100 mètres environ des tirailleurs prussiens. Les pièces tirèrent à mitraille à 300, 200, 100 et 50 mètres, mais accablées par une grêle de balles, dans une position tournée, abordées même par leur droite, elles reçurent l'ordre de se retirer, ce qu'elles firent non sans de grandes pertes en hommes, en chevaux, en matériel.

La batterie Dupuy, la plus exposée, ne put ramener que des caissons.

La batterie Rivals, plus heureuse, retira *toutes ses pièces* (2), qu'elle pût amener dans une troisième position à l'entrée du défilé de retraite, où par quelques coups elle ralentit sensiblement la poursuite de l'ennemi.

Rapport du capitaine Rivals sur la part prise à la bataille de Frœschwiller par la 11ᵉ batterie du 6ᵉ d'artillerie.

Allain-aux-Bœufs, 12 août.

Première position de combat. — La batterie a été employée à tirer sur des masses d'infanterie à 1500 mètres en avant de l'aile droite de l'armée ; chaque pièce a tiré douze coups en moyenne, le feu de la batterie aurait certainement forcé l'ennemi à déloger, s'il eût été continué : l'infanterie que l'on soutenait s'étant portée à la rencontre de l'ennemi, la batterie a dû cesser son tir et s'éloigner pour être employée d'une autre manière.

Deuxième position de combat. — La batterie a été placée sur la crête qui la séparait (à petite distance) de l'ennemi pour le repousser avec les boîtes à balles ; quatre coups ont été tirés dans cette position ; mais l'ennemi ayant abordé la batterie placée à notre droite par son flanc droit, il nous est devenu impossible d'utiliser nos pièces. La batterie a abandonné le terrain pour se placer à 600 mètres en arrière de la

---

(1) *En marge :* Inexact. Le sous-lieutenant Peuillard comptait, en effet, à la 11ᵉ batterie.

(2) *En marge :* « Inexact, cinq seulement ». *En réalité, cette batterie retira toutes ses pièces de la bataille mais fut obligée d'en abandonner deux pendant la retraite.*

deuxième position, en avant et à gauche du chemin de bois qui a servi pour la retraite (troisième position).

Troisième position de combat. — De cette excellente position, battant parfaitement le terrain qui la séparait des Prussiens, la batterie pouvait efficacement retarder la marche de l'ennemi, en tuant ses hommes et ses chevaux et en le forçant à faire venir de l'artillerie à l'extrémité de la prairie, ce qu'il a fait en effet après les premiers coups de canon ; à ce moment, les cuirassiers se massaient à notre droite et préparaient leur charge, interrompant ainsi notre feu. La cavalerie a chargé et, après une demi-heure d'attente, la batterie a reçu l'ordre d'effectuer sa retraite.

La batterie avait alors toutes ses pièces.

Retraite. — Pendant le passage en retraite du défilé, la batterie a été coupée à plusieurs reprises, le désordre s'est augmenté avec la nuit, et à la suite d'une tentative des Prussiens sur notre ligne de retraite. Pour faire cesser ce désordre, le capitaine commandant a rassemblé ses voitures dans une prairie à 10 kilomètres au delà de Niederbronn. Il est arrivé à Saverne à 3 heures du matin.

Pertes en hommes. — M. Peuillard, sous-lieutenant, blessé très grièvement. Greisser, fourrier, blessé très grièvement. Une quinzaine d'hommes ont été blessés plus ou moins grièvement, tous restés dans les ambulances et n'ont pas reparu ; le chiffre des hommes disparus (43) contient peut-être, d'ailleurs, un plus grand nombre de blessés que le capitaine commandant ne l'avait tout d'abord supposé.

Pertes en chevaux. — La batterie a eu un grand nombre de chevaux tués ou blessés : le nombre des chevaux disparus s'élève à 39.

Pertes en matériel. — Six caissons, deux chariots, une charrette à bagages, une forge, un affût de rechange, qui se trouvaient à la réserve, ont disparu et ont sans doute été pris par les Prussiens.

Pendant la retraite, des pièces et des caissons se sont trouvés isolés. Les chefs de pièce ou de caisson ont perdu un ou même deux attelages de leurs voitures : ne pouvant s'en procurer d'autres et talonnés par les Prussiens, ils ont laissé sur la route deux pièces et un caisson.

Rapport du capitaine Dupuy sur le rôle de la 12ᵉ batterie du 6ᵉ régiment, le 6 août.

A 10 heures du matin, les deux batteries du 6ᵉ régiment reçurent l'ordre de se porter à la droite de la ligne pour contre-battre les batteries ennemies et les masses d'infanterie qui se présentaient successivement de ce côté. La 12ᵉ batterie vint se mettre en batterie en arrière de la position occupée par la 11ᵉ, afin de ne pas présenter le flanc, comme elle le faisait avant, aux projectiles ennemis qui labouraient le terrain occupé par les réserves. Vers midi, la batterie se porta en avant pour remplacer la 11ᵉ qui vint se mettre en réserve derrière elle. Les pièces ne furent pas mises en batterie.

A 1 heure, les 11ᵉ et 12ᵉ batteries se rangèrent en bataille dans une prairie en arrière des positions occupées. A 2 heures nous recevions l'ordre de nous porter à la gauche de la ligne en longeant les bois.

Au moment où les Français repoussés remontaient le versant opposé aux hauteurs qui dominent Reichshoffen, les huit batteries de la réserve furent mises en batterie pour arrêter l'élan des Prussiens. J'allai reconnaître le terrain et j'acquis la conviction que, pour produire un effet sérieux, il fallait couronner la crête. Les tirailleurs prussiens étaient à peine à 100 mètres de la position que prirent les pièces en batterie. Je dus commander le feu à volonté. A peine avions nous tiré trois coups par pièce au plus, que les tirailleurs prussiens pénétraient dans la batterie et tuaient plusieurs servants sur leurs pièces. Il était impossible de remettre les avant-trains et les pièces furent laissées sur le champ de bataille. Les avant-trains qui étaient à l'arrière-garde des nombreuses voitures descendant la pente eurent beaucoup à souffrir du feu des Prussiens : un seul a pu être ramené et par deux conducteurs seulement, celui du milieu ayant été tué par un boulet. Sur les six caissons de première ligne, un a disparu, l'autre a versé par suite de la rupture d'une roue.

Les voitures de la réserve dont les chevaux avaient été envoyés à Niederbronn ont été prises par les Prussiens. Pendant le feu qui a duré dix minutes, 14 hommes ont été atteints, et il est probable qu'un assez grand nombre des 24 hommes disparus ont été blessés en se retirant.

Rapport du chef d'escadron d'Haranguier, commandant les 5ᵉ et 11ᵉ batteries du 9ᵉ d'artillerie, à Frœschwiller.

12 août.

Les 5ᵉ et 11ᵉ batteries du 9ᵉ régiment d'artillerie montée, faisant partie de la réserve du 1ᵉʳ corps, ont occupé diverses positions avant d'entrer en ligne, positions dans lesquelles elles ont été exposées au feu de l'ennemi. Les deux batteries ont exécuté une mise en batterie au galop à 100 mètres des tirailleurs prussiens. On a fait feu jusqu'au moment où l'ordre a été donné de se retirer.

Sur sept officiers, trois ont été blessés grièvement et deux légèrement.

Les deux batteries n'ont pu ramener que cinq pièces, les chevaux des autres ayant été tués au moment où on les attelait.

Rapport du capitaine Morio, commandant la 5ᵉ batterie du 9ᵉ d'artillerie, le 6 août.

Allain, 12 août.

Le 6 août au matin, au premier coup de canon, la batterie a été placée en avant de Frœschwiller (1) avec toute la réserve d'artillerie, elle n'a pas été appelée à faire feu pendant la première moitié de la bataille ; vers 1 heure elle a reçu l'ordre de se porter vers une ferme située sur notre droite et qui venait de prendre feu. En traversant le ravin, la batterie a été assaillie par une décharge de la forte batterie établie de l'autre côté de Wœrth. Sur l'ordre du colonel de Vassart, la batterie s'est retirée derrière la crête de la montagne, mouvement qui s'est exécuté avec le plus grand calme sous le feu de l'ennemi.

Vers 2 h. 1/2, la batterie qui était en colonne serrée derrière la 11ᵉ du 9ᵉ a reçu l'ordre de se mettre en batterie sur la crête en avant de nous et sur la gauche de la 11ᵉ batterie. Le lieutenant en premier Renaud, qui venait d'être atteint au front d'un éclat de roue brisée par un boulet ennemi et qui était aveuglé par le sang, a dû quitter le commandement de sa section, sur l'ordre du chef d'escadron qui venait d'avoir son cheval blessé sous lui.

Au moment de la mise en batterie, les Prussiens se trouvaient à peine à 150 mètres environ de nous ; chaque pièce n'a eu que le temps de tirer deux ou trois coups à mitraille. Les avant-trains ont été amenés au moment où les Prussiens arrivaient sur la batterie ; mais trois pièces seulement ont pu être sauvées, les chevaux de derrière de deux avant-trains et le conducteur d'un autre ayant été blessés ou tués. Pendant tout le temps de l'action, la batterie a été soumise à un feu des plus nourris d'artillerie et de mousqueterie.

L'une des trois pièces emmenées, commandée par le maréchal des logis Ferral, s'est mise un instant en batterie, à côté d'une batterie du 20ᵉ. Cette pièce n'a pas reparu depuis (2).

Rapport du capitaine Berthiot sur la part prise par la 11ᵉ batterie du 9ᵉ régiment à la journée du 6 août.

12 août.

La 11ᵉ batterie formait, avec la 5ᵉ batterie du régiment, la division de la réserve armée de canons de 4.

---

(1) Elle vint ensuite, avec les autres batteries de la réserve, se placer à l'Ouest de Frœschwiller.

(2) L'Historique de la 5ᵉ batterie du 9ᵉ indique : 2 hommes tués, 6 blessés, 20 disparus.

La batterie ne fut engagée qu'à 2 heures de l'après-midi et vint prendre place sur la crête d'une pente limitée au bas par des bois que l'ennemi occupait en force; au moment où elle se mit en batterie, les colonnes prussiennes débouchèrent de ce bois et le tir de toutes les pièces fut dirigé contre elles; 350 mètres séparaient à peine la batterie de ces masses; aussi ce ne fut qu'à mitraille que l'on dut les attaquer; les premiers effets furent très sensibles, mais les masses avançaient toujours et leur fusillade ne donna pas le temps de se servir longtemps des feux; dès les premières décharges, deux lieutenants étaient mis hors de combat, les pointeurs tués sur les pièces et les attelages abattus. Les trois pièces de la droite purent faire trois décharges et celles de la gauche, qui souffrirent le plus, purent arriver à quatre décharges. Lorsque l'ordre de la retraite fut donné, les trois pièces de la gauche, qui avaient leurs attelages abattus, ne purent être ramenées et il ne fut plus possible de retirer que les pièces de la droite.

Les caissons, placés cependant à une assez grande distance, avaient également souffert du feu de l'infanterie prussienne, car on ne put ramener que les trois caissons de la droite. Enfin, une dernière pièce eut ses deux chevaux de derrière tués ainsi que le conducteur, et dut être abandonnée.

La batterie de combat, malgré les efforts et le dévouement de tous, a donc laissé quatre pièces et trois caissons.

Pertes : 7 hommes tués, 9 blessés, 10 disparus (1); 3 officiers blessés.

Rapport du lieutenant-colonel Grouvel sur la part prise par les quatre premières batteries du 20ᵉ d'artillerie à la bataille de Frœschwiller.

Allain, 12 août.

Parties de Strasbourg le 4 août, à 11 heures du matin, les quatre batteries ont été campées, à 6 heures du soir, à 2 ou 3 kilomètres de Haguenau. A 10 heures le camp a été levé, et par une marche de nuit la réserve d'artillerie est venue se placer le 5, vers 6 heures du matin, en avant du village de Frœschwiller. On n'a pas tardé à s'apercevoir que l'ennemi occupait en force les coteaux qui entouraient les campements du 1ᵉʳ corps. Les batteries du 20ᵉ ont dû deux fois changer de

---

(1) L'Historique de la 11ᵉ batterie du 9ᵉ indique : 23 sous-officiers et canonniers tués, blessés ou disparus.

position, et pour ne pas rester en l'air elles ont campé dans le ravin qui descend en avant et à gauche de Frœschwiller par rapport à la route de Wœrth, centre de la position de l'ennemi. Les tentes ont été abattues, les chevaux sont restés sellés et harnachés, et le lendemain matin, après une nuit passée debout et par une pluie battante, lorsqu'on venait à peine d'annoncer un jour de repos et de distributions régulières, on a vu l'ennemi s'avancer sur les coteaux qui nous faisaient face, placer des batteries et bientôt ouvrir le feu dans la direction du village.

A 7 heures, le 1er corps a pris les armes, on a sonné « à cheval » et les batteries ont commencé à prendre position ; les 2e et 3e se sont placées en avant du camp, les 1re et 4e sont restées en bataille, prêtes à se porter où besoin serait. Les projectiles ennemis ne nous atteignant pas, les premières positions ont été bientôt abandonnées, sans qu'on eût répondu aux quelques coups envoyés. Les quatre batteries ont été se placer en bataille en arrière de la 1re division de la réserve, à droite de la route de Wœrth. Cette position a dû être bientôt modifiée, les projectiles lancés sur la 1re division, qui couvrait la gauche de Frœschwiller, enfilant la direction de la ligne que nous avions prise. Les batteries ont, en conséquence, été se placer à intervalles de manœuvre dans le vallon à droite, et se sont trouvées ainsi couvertes par le village même du feu de l'ennemi. Pendant la pose faite en ce moment, M. le capitaine Brice, avec l'adjudant Carrière, deux sous-officiers et dix-huit attelages des réserves a été dirigé sur Niederbronn pour aller prendre un convoi de munitions annoncées et dont la présence sur le champ de bataille pouvait être d'un grand secours.

Vers midi, les coteaux en face de nous, à gauche de la route de Soultz, se couvrant de plusieurs lignes de batteries étagées les unes au-dessus des autres, les quatre batteries du 20e sont venues prendre position vis-à-vis de celles de l'ennemi. La 4e batterie (capitaine Debourgues) à gauche de la route, les 3e, 2e et 1re (capitaines Bonnet, Perrin, Mourin) à la droite, et le combat d'artillerie s'est engagé. Les batteries de l'ennemi étaient beaucoup trop nombreuses pour que nous puissions espérer éteindre leur feu, surtout à cette distance (2,000 mètres environ). Le feu, très vif d'abord, se ralentit ensuite, crainte de manquer de munitions. Celui de l'ennemi ne fut jamais plus vif que le nôtre et l'on put voir à la lorgnette plusieurs de ses pièces démontées. Le tir de l'ennemi était singulièrement juste comme direction ; les portées étaient moins régulières ; beaucoup de coups trop courts et quelques-uns trop longs. C'est la 1re batterie (capitaine Mourin), un peu plus découverte, qui a le plus souffert pendant cette première période de la bataille. Tous, officiers et soldats, ont eu une attitude parfaite ; le tir s'est exécuté avec calme et sang-froid comme au polygone.

De cent à cent dix coups par pièce ont été consommés dans cette position.

Vers 1 h. 1/2, le feu de l'ennemi se ralentissant, l'ordre m'a été donné d'arrêter le feu, d'amener les avant-trains et de conduire les batteries en colonne en arrière et à droite du hameau situé à la droite de Frœschwiller, et dont plusieurs bâtiments étaient incendiés, puis ensuite de descendre dans le vallon situé à droite de Frœschwiller et de ne pas perdre la route de Niederbronn.

A ce moment il commençait à devenir clair que nos affaires allaient mal ; après avoir rallié et réparti les caissons restants, pris une position abritée et prêt à me porter où besoin serait pour arrêter l'ennemi, je me rendis sur notre gauche, où l'ennemi gagnait du terrain, pour étudier la situation. C'est alors que le colonel de Vassart vint chercher les batteries et les dirigea en arrière d'une partie de la réserve déjà en bataille sur la pente du vallon.

Bientôt les batteries allèrent prendre position et celles du 20ᵉ furent appelées sur la crête d'où l'on voyait les tirailleurs ennemis monter à travers les haies, jardins et houblonnières.

Les 3ᵉ et 4ᵉ batteries se sont rapidement mises en batterie. Les pièces de gauche ont pu encore arrêter l'ennemi, mais celles de droite étaient trop en prise au feu des tirailleurs, la crête contournant le vallon en entonnoir. Hommes et chevaux tombaient sous les balles ; le commandant Thévenin, commandant la division, fut blessé ; le lieutenant Bourgeois, de la 4ᵉ batterie, tué ; le colonel de Vassart reçut plusieurs blessures ; presque tous les officiers eurent leurs chevaux tués et l'on fit des prodiges pour ne pas laisser toutes les pièces au pouvoir de l'ennemi. Les 1ʳᵉ et 2ᵉ batteries allèrent prendre une position plus en arrière ; leur feu arrêta la poursuite de l'ennemi et lorsque le drapeau prussien apparut sur la crête, un coup de mitraille de la pièce du maréchal des logis Garin, de la 1ʳᵉ batterie, le renversa ainsi que tout ce qui l'entourait. A partir de ce moment il était trop évident que la bataille était perdue et qu'il n'y avait plus qu'à soutenir la retraite de notre mieux. Les sous-officiers les plus énergiques sont venus se mettre en batterie le long du chemin qui conduit de la route de Niederbronn au bois voisin, la batterie de mitrailleuses de la 1ʳᵉ division occupant la crête parallèlement à la route. Ce dernier feu a arrêté l'ennemi qui n'a pas osé descendre dans le vallon, et peu à peu tout le matériel s'est écoulé par la route de Niederbronn.

A Niederbronn, après une tentative de réorganisation, l'ordre a été donné de continuer le mouvement de retraite sur Saverne. Une partie du matériel s'était déjà dirigée sur Bitche. Ce qui n'est pas tombé entre les mains de l'ennemi s'est rallié le lendemain à Phalsbourg.

Dans cette journée le 20ᵉ régiment d'artillerie a perdu 3 pièces (une seulement restée sur le champ de bataille), 12 caissons, 8 chariots de batterie, 3 affûts de rechange, 3 forges et 3 charrettes à bagages. Plusieurs de ces voitures ont été perdues parce qu'elles étaient dételées au parc et que les attelages étaient allés à Niederbronn chercher des munitions.

Les pertes en hommes et en chevaux sont difficiles à évaluer ; beaucoup d'hommes et de chevaux blessés ont dû rester entre les mains de l'ennemi. Le ralliement des batteries s'est opéré successivement à Saverne et à Phalsbourg, et les situations exactes fournies à la date du 11 août (premier séjour depuis que nous avons quitté le champ de bataille) font connaître les pertes totales des batteries jusqu'à ce jour, en hommes et en chevaux, et provenant de causes diverses.

Rapport du capitaine en second Castan, sur le rôle de la 1ʳᵉ batterie du 20ᵉ régiment d'artillerie à cheval, à Frœschwiller.

Allain, 12 août.

Le 6 août, la batterie faisant partie de la réserve du 1ᵉʳ corps était campée à Frœschwiller ; elle s'est mise en batterie à 7 h. 3/4 pour répondre à une batterie ennemie située sur la crête en face d'elle, à 3,000 mètres environ. La sixième pièce seule a tiré un coup et, sur l'ordre du colonel de Vassart, qui trouvait la distance trop grande, le feu a cessé. La batterie est allée ensuite se réunir à toute la réserve d'artillerie, qu'on massait près du cimetière. Les caissons et la réserve de la batterie étaient restés à 200 mètres en arrière de la première position, derrière l'église du village.

Quelque temps après, la réserve d'artillerie a rejoint, dans un ravin situé en arrière du village, les réserves d'infanterie et de cavalerie ; à ce moment, l'adjudant est allé par ordre chercher des munitions à Niederbronn avec des attelages de la réserve, et a été remplacé dans le commandement de sa section par le maréchal des logis Helf.

Vers 11 h. 3/4, la batterie, ainsi que les trois autres du même régiment, s'est mise en batterie dans les vergers situés le long du plateau, et a engagé un feu violent avec les batteries situées en face. L'approvisionnement des avant-trains épuisés, on a dû attendre pendant cinq minutes l'arrivée des trois caissons venant du village, qui ont permis de continuer le feu, qui s'est arrêté vers 1 heure. Dans ce combat, où la batterie a fait sauter un caisson ennemi, elle a eu deux hommes blessés par un obus qui a cassé la roue de la quatrième pièce, et six chevaux tués. La roue a été remplacée immédiatement sous le feu de l'ennemi.

La batterie s'est ensuite retirée dans le ravin en arrière et à droite de la première position qu'elle avait occupée.

Dans cette nouvelle position, on a réparti les munitions entre les coffres d'avant-train, et les trois derniers caissons de la batterie de combat sont venus la rejoindre.

La batterie a rompu par pièce, s'est formée en colonnes par section, s'est dirigée vers les crêtes occupées par nos troupes, à droite du plateau, où elle s'est placée en bataille derrière la deuxième batterie.

Au moment de mettre en batterie, l'arrivée soudaine de l'infanterie ennemie à 50 mètres l'a forcée à se retirer en arrière, en suivant le mouvement des autres batteries. Dans cette retraite trop précipitée, trois pièces ont pu être ralliées et se mettre en batterie à 100 mètres environ de la première position. Elles ont tiré quelques boîtes à mitraille qui ont arrêté quelques instants la marche de l'ennemi et ont fait voler en lambeaux le drapeau ennemi. A ce moment, un sous-officier du 9e régiment était venu placer sa pièce à côté des nôtres et avait fait feu de concert avec nous. Les avant-trains remis, les pièces se sont portées et mises en batterie au débouché de la route de Niederbronn et ont tiré leurs derniers obus à balles. A partir de cet instant, les pièces ont pris la route de Niederbronn et se sont ralliées à Saverne. La troisième pièce, qui avait pris la route de Reichshoffen, reçut l'ordre de se joindre au parc qu'on y réunissait. Quelques minutes après, elle était prise, avec beaucoup d'autres voitures, par la cavalerie prussienne.

Dans la retraite de la batterie, quatre caissons qui avaient été renversés furent pris.

Pendant l'action, la réserve, qui s'était portée à l'entrée de la route de Niederbronn, a eu un cheval blessé. Elle suivit le mouvement de retraite; mais, ayant été privée d'une partie de ses chevaux, ainsi qu'il a été dit plus haut, elle a dû abandonner trois voitures sur cinq qui la composaient.

Dans la dernière partie du combat, on a eu deux hommes tués, plusieurs blessés qui ont disparu, et six chevaux hors de service.

Rapport du capitaine Perrin sur le rôle de la 2e batterie du 20e régiment d'artillerie à cheval, à Frœschwiller.

Allain-aux-Bœufs, 12 août.

Le 6 au matin, la 2e batterie à cheval, mise en réserve, fut appelée à prendre part au combat vers 10 h. 1/2.

Elle s'engagea contre des batteries placées à 2,000 mètres; à peine en batterie, le premier servant de gauche de la cinquième pièce tombait, frappé mortellement d'un éclat d'obus à la tête; plusieurs chevaux furent tués.

Après avoir tiré près de 850 coups, la batterie fut replacée en colonne et alla de nouveau se mettre en réserve avec les trois autres batteries du 20ᵉ. Après la charge des cuirassiers, elle dut se déployer à la droite de la ligne, sur les colonnes prussiennes, et elle mit en batterie à 40 mètres de ces colonnes. La 1ʳᵉ batterie avait déjà remis ses avant-trains, lorsque le capitaine commandant donna l'ordre de mettre en batterie et de tirer à mitraille. Les pièces ne tirèrent qu'un coup presque à bout portant. Elles furent fusillées par la colonne prussienne..... les servants à cheval remirent les avant-trains..... le capitaine ne put que reformer les pièces en bataille pour défendre le plateau découvert où, un instant avant, étaient placées les réserves. C'est avec beaucoup de peine que je pus récolter quelques servants à pied. Il ne restait que la deuxième pièce dont les attelages étaient tués. Le maréchal des logis Tresse était seul avec son artificier Laforest; les chevaux de derrière étaient tués; cet artificier lâcha son cheval, prit un attelage de derrière sans conducteur et, avec son maréchal des logis, ramena la pièce. Je m'étais porté de nouveau en arrière et je reformai une deuxième ligne d'artillerie avec tous les hommes et tous les sous-officiers que je pus trouver. « Il n'y a plus de régiments ici », dis-je à un individu qui me disait : « Je suis du 12ᵉ d'artillerie »; « il n'y a que de l'artillerie et il faut combattre ». Ma deuxième pièce arrivait enfin ; je la mis en batterie et, lorsque les Prussiens attaquèrent les turcos mis en réserve, je fis feu à mitraille sur eux, malgré les observations d'officiers supérieurs qui prétendaient que je tirais sur les chasseurs à pied — erreur qui se renouvelait pour la troisième fois —. Les turcos m'ont dit que ces quelques coups à mitraille leur avaient été très utiles (1). Les pièces placées à côté de celle du maréchal des logis Tresse étaient au capitaine Rivals, noble cœur qui, mettant toute vanité de côté, a fait avec moi tout son possible. Seul et simple capitaine, mon autorité ne pouvait retenir ni l'infanterie, qui devait soutenir la retraite, ni les artilleurs qui, voyant tous leurs camarades se retirer, remirent leurs avant-trains et battirent en retraite. Je m'éloignai et je me dirigeai vers le défilé de Bitche. Je rencontrai une pièce de 4 que je fis atteler et qu'un cuirassier se mit à conduire ; on me pria d'y laisser placer un colonel de cuirassiers qui était mourant et avait une balle dans le ventre. Depuis je ne sais ce qu'elle est deve-

---

(1) *En marge* : Vu et approuvé. *Signé* : Carméjane, chef d'escadrons.

nue..... Je gagnai le défilé et, sous la voûte du chemin de fer, je fis défiler toute l'artillerie jusqu'au moment où les Prussiens y entrèrent. Toute la nuit, le capitaine commandant est resté sur la route de Saverne à ramasser toute l'artillerie et à la pousser en avant, car l'infanterie s'en allait et quelques cavaliers pouvaient s'emparer de tout le matériel..... Je ne suis rentré à Saverne qu'à 6 h. 1/2 du matin ; à peine arrivé, le général Forgeot me donna l'ordre d'emmener l'artillerie à Phalsbourg. Arrivé à midi dans cette place, je m'y suis retrouvé sous le commandement général, ne possédant plus que mes six pièces et les trois caissons qui avaient des munitions. Tous les bagages et la réserve de la batterie ont été perdus.

Hommes tués ou blessés, 8 ; hommes disparus, 26 ; chevaux tués, 9 ; chevaux disparus, 58.

Rapport du capitaine Brice sur le rôle de la 3ᵉ batterie du 20ᵉ d'artillerie, à Frœschwiller.

Allain-aux-Bœufs, 11 août.

La 3ᵉ batterie du 20ᵉ régiment d'artillerie à cheval, faisant partie de la 2ᵉ division de la réserve, prit, à la bataille de Frœschwiller, à peu près la même part que les trois autres batteries du même régiment, composant à elles quatre la 2ᵉ division de la réserve d'artillerie du 1ᵉʳ corps d'armée.

Mis en garde par l'artillerie ennemie tirant sur nous à longue portée, nous montâmes à cheval sur les 7 heures, après une nuit très pluvieuse que nous passâmes au bivouac, les chevaux étant restés garnis et sellés toute la nuit. Pendant la première phase du combat, attaque de front, nous restâmes en réserve, adossés au village de Frœschwiller, sur l'emplacement où nous avions campé pendant trente-six heures, la batterie étant détachée des autres, dont deux s'étaient mises en batterie environ 200 mètres en avant.

L'ennemi ayant étendu son attaque à notre gauche, nous nous portâmes, vers les 8 heures, avec toutes les autres batteries de la réserve, dans une position plus à droite, moins en prise au feu de l'ennemi, et où nous restâmes en colonne serrée à peu près pendant une heure. Les projectiles ennemis (obus à fusée percutante) étant encore venus nous inquiéter dans notre position, nous nous portâmes 400 à 500 mètres à droite de cette position. Là nous exécutâmes quelques mouvements généraux, nous tenant prêts à être portés le plus rapidement possible sur les points où nous devions combattre.

Vers les 11 heures, le feu de l'artillerie prussienne ayant pris une grande intensité, nous abandonnâmes le ravin dans lequel nous étions abrités; nous nous portâmes vivement en avant pour couronner les hauteurs, et de là nous ouvrîmes notre feu sur les batteries ennemies établies de 1500 à 1800 mètres. La 3ᵉ batterie dirigea son feu sur une batterie prussienne de huit pièces, sur laquelle elle tira pendant près d'une heure et demie et à laquelle elle dut faire beaucoup de mal. Chaque pièce tira environ 40 coups dans cette position. La batterie ennemie était légèrement prise d'écharpe.

L'ordre fut ensuite donné de faire un mouvement de flanc en colonne par pièce; nous nous portâmes de 200 à 300 mètres à droite de notre position et là nous fûmes en colonne serrée à 500 ou 600 mètres de l'ennemi, qui s'avançait sur nous en masses profondes. Pendant notre marche de flanc, nous eûmes quelques hommes et quelques chevaux blessés.

Après quelques instants, la 3ᵉ batterie, qui était tête de colonne, reçut l'ordre de se porter au galop au sommet du mamelon qui l'abritait légèrement; elle prit position et ouvrit son feu sur de profondes colonnes qu'elle avait complètement en vue. Chaque pièce put lancer trois ou quatre boîtes à mitraille à excellente portée (400 à 500 mètres). Mais l'intensité du feu de l'ennemi l'obligea à reculer.

Le général commandant l'artillerie du corps d'armée, témoin de ce mouvement de retraite, donna l'ordre de se reporter en avant. Ordre entendu et exécuté immédiatement par la section de gauche; les deux sections de droite ne purent se développer et restèrent en arrière.

Dans cette nouvelle mise en batterie sous une pluie de balles, le chef de section, M. le lieutenant Bernard, fit preuve d'un grand sang-froid; les deux chefs de pièce, Castet et Pierson, d'une rare énergie; ils furent d'ailleurs parfaitement secondés par les canonniers de leurs pièces, conducteurs et servants, qui firent bravement, vaillamment leur devoir. Les deux pièces désignées dirigèrent leur feu sur le flanc de l'ennemi et lui firent éprouver des pertes très sensibles en tirant sur lui à obus à balles et à boîtes à mitraille. L'une des pièces, dans le mouvement : « Amenez l'avant-train! », eut un cheval de derrière tué, ce qui mit le désordre dans les attelages et jeta un peu de trouble dans les hommes; et, comme l'ennemi approchait, la pièce ne put être remise sur l'avant-train et fut abandonnée : elle avait, dans sa dernière position, lancé quatre boîtes à mitraille. L'autre pièce continua son feu et tira sur l'ennemi le restant de ses munitions, y compris les boîtes à mitraille des coffrets d'affût : l'effet produit fut énorme. Malgré une pluie de balles, malgré l'approche de l'ennemi, malgré la mort du conducteur de derrière, tué par un obus qui abattit en même temps le sous-verge de devant, malgré plusieurs servants et chevaux blessés, le maréchal des logis Castet resta solide au poste, lui et ses hommes. On coupa les traits des chevaux de devant, un servant monta sur le porteur de derrière, la pièce fut remise sur l'avant-train et put suivre le mouvement de retraite générale. Arrivée à 200 ou 300 mètres en arrière, cette même pièce fut mise une dernière fois en batterie et lança sur l'ennemi la dernière boîte à mitraille qui lui restait.

Dans ce mouvement de retraite de la batterie, le capitaine commandant Bonnet fut blessé dangereusement d'une balle; il dut abandonner le commandement de la batterie, qui fut pris par le lieutenant en premier Bernard, le capitaine en second ayant été chargé d'une mission spéciale. La batterie suivit le mouvement général et arriva le 7 août, à 6 heures du matin, à Saverne, ayant laissé une de ses pièces sur le champ de bataille.

La batterie, dans le combat du 6 août, a eu son capitaine commandant blessé dangereusement, un homme tué et quinze blessés, trois chevaux tués et un grand nombre blessés.

Rapport du capitaine Debourgues sur le rôle de la 4ᵉ batterie du 20ᵉ d'artillerie, à Frœschwiller.

Allain-au-Bœufs, 12 août.

La batterie avait occupé le 5, et dans la nuit du 5 au 6, un champ à gauche du chemin qui conduit de Frœschwiller à Wœrth. Cette position ayant été complètement détrempée par la pluie de la nuit, nous venions de reporter notre parc plus en arrière tout près du village, lorsque les premiers coups de canon ont été tirés par les Prussiens en face de nous, vers 9 h. 1/2 ou 10 heures. Nos pièces se trouvant encore attelées, nous n'avons eu qu'à nous porter en avant, en ouvrant nos intervalles, pour venir nous mettre en batterie à 200 pas environ de notre parc.

Les projectiles ennemis, quoique tirés par des pièces d'assez gros calibre (du 12, je crois), n'arrivant pas jusqu'à nous, je n'ai pas cru devoir leur répondre avec des pièces de 4. Ils n'ont du reste tiré alors qu'un assez petit nombre de coups et très lentement, comme coups d'essai ou pour détourner l'attention et couvrir un mouvement sur un autre point.

Ma batterie a suivi les autres batteries de la réserve, lorsqu'elles ont été massées d'abord de l'autre côté du chemin à ma droite, près de Frœschwiller, puis plus à droite derrière un régiment de tirailleurs.

Vers midi ou 1 heure, lorsque les Prussiens, repoussés de Frœschwiller, ont recommencé leur canonnade en face de Wœrth, ma batterie est allée occuper le même emplacement que le matin. Mais elle a eu affaire alors à des batteries disposées à mi-côte le long d'un chemin, à 400 ou 500 mètres au-dessous du point d'où étaient partis les premiers coups le matin. L'ennemi avait pu alors apprécier parfaitement notre distance, et nous étions à peine arrivés sur le terrain que leurs projectiles tombaient au milieu de nous. La mise en batterie a pu néanmoins se faire très régulièrement, la section de droite a dirigé son tir sur une batterie située près et à gauche d'un chemin paraissant former le prolongement de celui de Frœschwiller à Wœrth. Avec la hausse de 3,000 mètres adoptée de suite, les coups ont été bons et à hauteur et, autant qu'on a pu en juger à cette distance, la première pièce, quoique servant particulièrement de but à trois pièces ennemies, paraît avoir produit un effet marqué. La section du centre a dirigé son tir plus à gauche, entre le chemin mentionné plus haut et un village à gauche (Neunhoffen, je crois) (1). Son but était variable, du reste, suivant l'intensité du feu ennemi. La hausse employée a varié aussi de 2,200 à 3,000 mètres, les batteries ennemies n'étant pas toutes à la même distance; nos projectiles paraissaient arriver à hauteur.

La section de gauche se trouvant placée derrière des arbres, la cinquième pièce a dirigé son tir beaucoup plus à droite, croisant son feu avec celui des sections de droite et du centre. La sixième pièce a pu tirer à travers les arbres sur les batteries les plus rapprochées du village à mi-côte (Neunhoffen?). Les deux pièces ont tiré avec la hausse de 3,000 mètres et leurs coups étaient à hauteur, la cinquième pièce croit même avoir fait sauter trois voitures, soit pièces, soit caissons.

Tous les hommes de la batterie ont montré le plus grand calme pendant cette canonnade qui a duré plus d'une heure. Quelques pièces ayant épuisé tous les obus ordinaires de l'avant-train avant l'arrivée des caissons, j'ai cru devoir faire tirer quelques obus à balles, mais de minute en minute seulement, pour ne pas interrompre complètement le feu. Dès que les caissons ont été arrivés, on a repris le tir des obus ordinaires jusqu'à la fin. Un peu plus tard l'ennemi a été obligé à son tour de recourir à l'emploi des obus à balles et probablement pour le même motif, car vers la fin il ne restait plus que cette espèce de projectiles. Ce tir a été bien moins juste et moins efficace que celui des obus ordinaires. Les obus à balles éclataient très haut, bien en avant de nous, et les balles arrivaient dans la batterie avec très peu de force. Le tir des obus ordinaires a été au contraire extrêmement juste au commencement; il est bien arrivé une centaine de projectiles dans la batterie. Nous n'avons eu toutefois qu'un homme tué à la deuxième pièce, à la deuxième ou troisième salve, et quatre ou cinq chevaux blessés, entre autres celui du lieutenant en premier, M. Bourgeois. Sa section du reste, située près du chemin, était beaucoup plus exposée

---

(1) Peut-être Gœrsdorf.

que les deux autres et surtout que celle de gauche, couverte par des arbres.

Vers la fin, la plupart des coups ennemis étaient trop longs, soit qu'ils voulussent atteindre le village derrière nous, dont une maison a pris feu, soit que les pointeurs atteints par le feu aient été changés, soit que nous ayons eu affaire alors à de nouvelles batteries ne connaissant pas aussi bien notre distance que les premières.

Dans cette canonnade d'une heure et demie nous avons tiré environ 450 obus ordinaires et une dizaine d'obus à balles.

La batterie a cessé son feu sur l'ordre du colonel commandant la réserve et est allée rejoindre les autres.

Plus tard, lorsque les Prussiens sont arrivés du côté de Wœrth, ma batterie a été appelée avec la 3ᵉ pour arrêter leur mouvement en avant. Ignorant dans quelle direction ils se trouvaient et venant d'entendre la canonnade recommencer du côté de Frœschwiller, n'ayant du reste reçu aucune indication sur le point où je devais me mettre en batterie, j'ai cru devoir me porter à la droite de la 3ᵉ, mais je ne pouvais rien voir de ce côté et j'ai dû revenir, en passant derrière la 3ᵉ batterie, me placer à la gauche. Malheureusement il était déjà trop tard. Plusieurs de mes pièces n'ont même pas eu le temps de se mettre en batterie, ce mouvement de droite à gauche n'ayant pas pu se faire régulièrement, les pièces ne sont arrivées que successivement en ligne ; avant que les dernières aient pu se mettre en batterie, on avait déjà commandé de remettre les avant-trains. Deux pièces seulement ont tiré : la première deux boîtes à mitraille et la quatrième quatre. Le lieutenant en premier, M. Bourgeois, a pointé lui-même la première pièce, servie par le maréchal des logis Ferrière et un seul servant, Lescamel. M. Bourgeois a été tué pendant qu'on ramenait l'avant-train. A peine l'avant-train remis, le sous-verge de derrière a été tué ainsi que son conducteur Ferrand ; le conducteur Pocholles, quoique blessé lui-même, a pu emmener la pièce quelques pas à l'aide de ses chevaux et du porteur de derrière, mais il est tombé à son tour ainsi que ses chevaux, et cette pièce a dû être abandonnée.

A la quatrième pièce le maréchal des logis Bauré, blessé dès le troisième coup, a continué à pointer lui-même, et, de son quatrième coup à mitraille, a écrasé un peloton de 20 à 30 hommes ; après avoir remis sa pièce sur l'avant-train, ne pouvant monter à cheval, il s'est assis sur la flèche ; en passant un fossé, il est tombé, et sa pièce lui est passée sur le corps, on l'a remis sur une autre voiture et il a pu être transporté jusqu'à Reichshoffen où il est entré à l'ambulance.

Bien que les autres pièces n'aient pas fait feu, je dois citer la deuxième pièce qui, en se retirant, a eu les deux sous-verges et le conducteur de devant tués ; le conducteur de derrière, Bollengier, quoique blessé à la tête, a attelé le porteur de devant en sous-verge, aidé du chef de pièce et de l'artificier ; ils ont pu ainsi emmener leur pièce, mais avec peine, les chevaux refusaient de marcher et le conducteur a dû mettre de nouveau pied à terre et les a fait marcher au pas en se tenant à leur tête au milieu de la mitraille. Arrivé au bois, ce conducteur a dû laisser ses chevaux à un autre homme et s'est dirigé sur une ambulance.

Je citerai aussi la sixième pièce qui, n'ayant pu faire feu sur la hauteur, s'est mise deux fois en batterie avant d'arriver au bois. Le chef de pièce Cuisinier avait avec lui le brigadier Le Goff, l'artificier Amouricq et le deuxième servant Roch. Je dois signaler en même temps le conducteur de devant de cette pièce, le nommé Pierre, jeune homme de la réserve qui, par ordre, a dételé ses chevaux pour aller chercher en arrière une pièce d'une autre batterie et l'a ramenée.

A la cinquième pièce, le brigadier Vincent a été blessé d'une balle au doigt.

Rapport du chef d'escadron Bial sur le parc d'artillerie du 1er corps, le 6 août, au général Forgeot.

Sarrebourg, 9 août.

J'ai l'honneur de vous adresser un rapport circonstancié sur les événements du 6 août en ce qui concerne le parc d'artillerie du 1er corps.

Une dépêche télégraphique de vous, reçue le 4 août à 10 h. et demie du soir, m'ordonnait de conduire avec la plus grande célérité, à Haguenau, la portion de ce parc que j'avais amenée de Besançon à Strasbourg. Pour des motifs plausibles, le colonel Fievet m'ordonna de prendre la voie de terre. Je fis franchir au trot au parc cette étape, en quatre heures. M. le maire d'Haguenau me remit un mot de vous m'indiquant un guide pour Reichshoffen. Les 69 voitures du parc atteignirent Reichshoffen le 5 août à 8 heures du matin.

J'installai le parc dans la prairie en avant et à droite du village, en communication facile avec la route conduisant au terrain probable de la bataille. La journée du 5 fut calme.

Le 6 août, entendant, dès le matin, les bruits d'un combat peu éloigné, je tins prêts à partir, pour approvisionner, six caissons de 4 rayé et deux caissons de 12 rayé de campagne, 4 caissons d'infanterie en cartouches m^{le} 1866 et deux chariots de munitions pour mitrailleuses. Dans l'après-midi, l'affaire s'aggravant, je tins tout le parc attelé et préparé à tout événement.

J'ai envoyé sur le champ de bataille, sur de simples réquisitions orales mais très pressantes, sept caissons m^{le} 1827 chargés en cartouches d'infanterie m¹⁰ 66 plus un caisson léger à deux roues chargé, séance tenante, de cartouches du même modèle.

Lorsqu'il me fut démontré par la retraite de nos troupes que l'heure de ramener le parc était venue, je pris les dispositions nécessaires pour déparquer. A cet instant même, un flot de cavalerie traversa le parc au galop et entraîna une dizaine d'attelages qui versèrent leurs voitures dans la rivière et les fossés voisins, et suivirent les cavaliers. Malgré cela la grande majorité des voitures se mit en route avec un ordre suffisant.

Résolu à sauver, à tout prix, le matériel qui m'était confié, je restai sans hommes et sans attelages sur le terrain pour aviser au moyen de relever les voitures versées et de les mettre en route. C'est à ce moment que j'eus l'honneur de vous voir et de recevoir vos encouragements dans l'accomplissement de ce devoir. Bien secondé par MM. Bousson et Brouilliard, dans la recherche des travailleurs et des attelages, toutes les voitures restantes furent mises en route, sauf trois versées en cage dans l'eau avec leurs timons cassés, sans timons de rechange, tout à fait inattelables.

La démonstration de l'ennemi, sur Niederbronn, jeta quelque trouble dans notre colonne; une partie suivit la route de Bitche, l'autre celle de Saverne. Les deux parties se sont réunies hier soir, 8 août, à Sarrebourg.

Division de cavalerie de réserve de Bonnemains.

Journal de marche de la 2ᵉ division de la réserve de cavalerie.

6 août.

A 8 heures du matin, le général de Bonnemains reçoit l'ordre de se porter à Frœschwiller et de laisser ses bagages au bivouac.

A 9 h. 1/4, la division débouche sur le plateau et reçoit du chef d'état-major général l'ordre de se placer à environ 800 mètres en arrière de Frœschwiller et d'Elsashausen et à égale distance de ces deux points.

Vers 11 heures, les obus commencent à tomber au milieu de nos rangs; les deux brigades se séparent et prennent une suite de positions destinées à les défiler des projectiles.

Vers 2 heures, la 2ᵉ brigade occupait à peu près sa position du matin. La 1ʳᵉ était à environ 400 mètres sur la droite : toutes deux adossées aux bois de Frœschwiller(1). Une demi-heure après, le Maréchal faisait demander une brigade. La 1ʳᵉ partit, gagna un pli de terrain

---

(1) Il s'agit sans doute du Gross-Wald.

situé en avant de notre droite, se forma en colonne serrée par escadrons et chargea immédiatement dans cet ordre, en suivant la direction du pli de terrain qu'elle occupait.

Cette charge eut, dit-on, pour résultat de ramener en avant une brigade d'infanterie qui commençait à plier. Ce qui est positif, c'est qu'elle ne fit aucun mal à l'ennemi. Les escadrons, vigoureusement conduits, arrivaient sur une ligne de tirailleurs embusqués derrière des arbres et des houblonnières et recevaient une pluie de balles qui leur firent éprouver des pertes sérieuses. Le terrain dut être abandonné et, après avoir rallié la 2ᵉ brigade, le général reprit à peu près sa position du matin.

Il était 3 h. 1/2; la division se trouvait en première ligne, quelques rares tirailleurs la séparaient seulement des Prussiens.

Les deux batteries placées à notre gauche tiraient par-dessus la division et faisaient éprouver des pertes sérieuses à l'ennemi.

Le Maréchal, qui avait assisté aux charges de la 1ʳᵉ brigade et qui se trouvait encore au milieu de nous, donna de nouveau l'ordre de charger. La brigade Girard était encore en tête. Un passage de lignes presque régulier fut alors exécuté sous un feu des plus violents, et la 2ᵉ brigade commença la charge par demi-régiment.

Les deux derniers escadrons du 3ᵉ cuirassiers allaient partir à leur tour, quand le Maréchal donna l'ordre de la retraite.

La division se retira en bon ordre et au pas dans les bois auxquels elle était adossée et exécuta sa retraite par Reichshoffen, Ingwiller et Bouxwiller.

Rapport du chef d'escadron Astier sur le rôle des 7ᵉ et 8ᵉ batteries du 19ᵉ d'artillerie, le 6 août.

13 août.

Les deux batteries du 19ᵉ régiment attachées à la 2ᵉ division de réserve de cavalerie sont arrivées sur le champ de bataille le 6 août, entre 9 et 10 heures du matin. Dans chaque batterie, les six pièces marchaient en tête et étaient suivies des huit caissons sous la conduite du capitaine en 2ᵉ. Cet officier avait ordre, dans le cas d'une mise en batterie, de se placer le plus possible à l'abri du feu, mais sans jamais perdre de vue les pièces. Longtemps la division a été tenue en réserve à la lisière du bois que traverse la route de Reichshoffen. Lorsque le mouvement en arrière de nos troupes s'est prononcé, on l'a fait avancer pour arrêter la marche des Prussiens, qui tentaient de déboucher du village et de couper notre ligne de retraite. La 7ᵉ batterie (capitaine Raffron) a été placée en batterie par M. le général Forgeot, à 500 mètres environ d'une crête que devait gravir l'ennemi, et a tiré sur les têtes de colonne à obus d'abord, puis à mitraille. Son feu, bien dirigé, a fait éprouver de grandes pertes aux Prussiens et a arrêté un instant leur marche en avant. Mais ceux-ci ont fait filer une grande quantité de tirailleurs sur la droite de la batterie, insuffisamment protégée par une cinquantaine de tirailleurs français, et la batterie a beaucoup souffert de leur feu. A ce moment arrivait la batterie de canons à balles (capitaine Gonnard).

Pendant que le chef d'escadron commandant l'artillerie de la division se portait sur la droite pour reconnaître une bonne position de batterie, ce capitaine recevait l'ordre formel, du chef d'état-major de la division, de se mettre en batterie à la droite de la batterie Raffron. M. Gonnard s'y est porté immédiatement, assuré de marcher à une perte complète, et le commandant l'a trouvé en batterie au moment où il revenait pour le placer. Un coup d'œil suffit pour reconnaître que la position était détestable. Les masses ennemies étaient trop rapprochées pour le tir des canons à balles; une nuée de tirailleurs, embusqués à moins de cinquante pas, décimaient la batterie; d'autres filaient par la lisière du bois pour l'envelopper. Au moment où le chef d'escadron donnait l'ordre d'amener les avant-trains, son cheval tombe frappé d'une balle; même accident arrive au capitaine commandant et à un chef de section; le chef de la section de gauche est blessé et renversé de cheval; les pelotons de chevaux sont dispersés; cinq conducteurs sont tués raide et tous les attelages blessés; en même temps, les tirailleurs de soutien lâchent pied et les Prussiens pénètrent dans la batterie par la droite. La section de gauche a pu se retirer au galop; mais les quatre pièces de droite, dont les conducteurs étaient tués, n'ont pu être emmenées et sont restées sur le champ de bataille avec les avant-trains. Les pointeurs ont lancé dans le bois les manivelles de percussion.

Au même moment, le capitaine Raffron faisait remettre les avant-trains et se retirait au galop à 600 mètres en arrière de sa position pour se remettre en batterie. Malheureusement, sa pièce de droite n'a pu être emmenée et est restée au pouvoir de l'ennemi. Dans sa nouvelle position, il a ouvert un feu nourri de mitraille sur les Prussiens qui couronnaient la crête jusqu'au moment où, débordé sur sa droite, il s'est porté sur le débouché de la route de Reichshoffen avec la section de canons à balles, que M. Gonnard avait ralliée. Ces sept pièces, réunies à deux autres batteries, dont une de canons à balles, ont fait un feu épouvantable qui a arrêté entièrement la marche en avant de l'ennemi, jusqu'à l'instant où leur a été donné l'ordre de la retraite.

Les pertes ont été considérables. Dans la batterie Raffron, deux chefs de section ont été blessés et le troisième a eu son cheval tué sous lui. En sous-officiers et canonniers : 2 tués, 8 blessés et 23 disparus dans la retraite; 66 chevaux tués ou disparus. Une pièce a été prise sur le champ de bataille; toutes les voitures de la deuxième ligne, sauf deux caissons, perdues dans la retraite.

Dans la batterie Gonnard, le capitaine commandant et un chef de section ont eu leurs chevaux tués sous eux, un autre chef de section a été blessé. Parmi les sous-officiers et canonniers, on compte 7 tués, 3 blessés rentrés à la batterie et 25 disparus, dont plusieurs restés sur le champ de bataille par suite de leurs blessures; 58 chevaux tués ou disparus. La batterie a laissé sur le champ de bataille quatre canons à balles avec leurs avant-trains; un cinquième a été pris à Reichshoffen dans la retraite; six caissons, un chariot de batterie et une voiture à bagages ont été perdus.

Le chef d'escadron commandant l'artillerie a eu son cheval tué sous lui.

Rapport du capitaine Raffron de Val sur le rôle de la 7ᵉ batterie du 19ᵉ d'artillerie à cheval, le 6 août.

Neufchâteau, 13 août.

La batterie est partie le 6 au matin du camp de Reichshoffen avec la brigade de cavalerie (1) à laquelle elle était attachée. Mais, quelque temps après son arrivée sur le champ de bataille, elle a été mise à la disposition de M. le général de division Forgeot, commandant l'artillerie du 1ᵉʳ corps, qui l'a fait mettre en batterie à 400 mètres environ d'une crête que devait gravir une division prussienne.

Dans cette position, elle avait beaucoup à souffrir des feux des tirailleurs, mais elle était si bien disposée pour mitrailler la tête de colonne, qu'il n'y avait pas à songer à changer de place; il est probable que, si l'infanterie avait résisté plus longtemps aux feux des tirailleurs, l'on aurait pu faire éprouver de grandes pertes à l'ennemi. Mais, après avoir échangé quelques coups de fusil avec les tirailleurs, elle a lâché pied, abandonnant l'artillerie, qui s'est alors trouvée sans défenseurs. Les Prussiens se sont jetés sur les pièces. Dans ce premier engagement, le lieutenant en 2ᵉ, l'adjudant, un maréchal des logis et six canonniers ont été blessés. Le maréchal des logis chef et un artificier ont été tués et le lieutenant en 1ᵉʳ a eu son cheval tué sous lui.

Forcée d'abandonner cette position, la batterie s'est portée au galop à 600 mètres en arrière et s'est mise en batterie de manière à appuyer les zouaves, qui faisaient un mouvement en avant, et à mitrailler les Prussiens qui descendaient dans la plaine. Obligés de reculer, les

---

(1) Division de cavalerie de Bonnemains.

zouaves ont battu en retraite, et la batterie est allée se placer sur la route de Reichshoffen, à côté d'une batterie de mitrailleuses ; elle a conservé cette position jusqu'à la fin de la bataille.

Rapport du capitaine Gonnard sur la part prise par la 8e batterie du 19e régiment d'artillerie à la bataille de Frœschwiller.

Vannes, 12 août.

La 8e batterie du 19e régiment, attachée à la 2e division de la réserve de cavalerie, est arrivée sur le champ de bataille entre 9 et 10 heures du matin. Les six pièces marchaient en tête et étaient suivies des huit caissons conduits par le capitaine en deuxième Achard qui avait l'ordre, en cas de mise en batterie, de se mettre le plus possible à l'abri du feu, sans toutefois perdre de vue les pièces. La batterie a été tenue en réserve avec la division de cavalerie, pendant longtemps, à la lisière du bois que traverse la route de Reichshoffen ; lorsque le mouvement en arrière de nos troupes s'est prononcé on a fait avancer la division de cavalerie, dont la batterie faisait partie, pour arrêter la marche des Prussiens qui tentaient de déboucher du village (1) et de couper notre ligne de retraite. Arrivé à peu de distance de la crête du plateau et dans un moment où M. le chef d'escadron Astier, commandant la division d'artillerie, s'était porté sur la droite pour reconnaître une bonne position de batterie, je recevais l'ordre formel du chef d'état-major de la division de me mettre en batterie à la droite de la 7e batterie du régiment. Quoique assuré de marcher à une perte certaine j'ai immédiatement exécuté l'ordre donné et le commandant, en revenant de sa reconnaissance, m'a trouvé dans cette position : position détestable, les ennemis étant trop près, pour que la batterie de canons à balles pût remplir avec efficacité le but qui lui est assigné. En effet, au moment où le commandant Astier arrive dans la batterie, son cheval tombe frappé d'une balle, le même accident m'arrive presque immédiatement après, le cheval du chef de la section du centre tombe également ; M. d'Apvril, chef de la section de gauche, est blessé et renversé de cheval ; ses pelotons de chevaux sont dispersés ; cinq conducteurs sont tués raide et tous les attelages blessés ou tués. Dans ce moment, les tirailleurs lâchent pied et les Prussiens pénètrent dans la batterie. La section de gauche a pu se retirer au galop ; mais les quatre pièces de droite, dont les conducteurs et les chevaux étaient tués, n'ont pu être emmenées et sont restées sur le champ de bataille avec les avant-trains. Les pointeurs ont lancé dans le bois les mani-

---

(1) D'Elsashausen.

velles de percussion. Forcé de me retirer, la batterie étant envahie et n'ayant aucun moyen d'emmener les pièces, j'ai retrouvé au bas du plateau, près de la lisière du bois, une pièce qui ne pouvait continuer sa retraite, les deux chevaux de devant étant grièvement blessés, je les ai fait dételer et remplacer par deux chevaux de servants, dont les traits ont été d'un grand secours dans cette occasion, ainsi que plus tard, pour sortir de Niederbronn où l'attelage de la pièce, fatigué, se trouvait incapable de gravir la côte pour rejoindre la route de Saverne.

Les pertes ont été considérables : mon cheval tué, celui du chef de la section du centre, le chef de la section de gauche blessé; parmi les sous-officiers et canonniers on compte sept tués, trois blessés rentrés à la batterie et vingt-cinq disparus dont plusieurs restés sur le champ de bataille par suite de leurs blessures. 58 chevaux tués ou disparus. La batterie a laissé sur le champ de bataile quatre canons à balles avec leurs avant-trains, un cinquième a été pris à Reichshoffen dans la retraite, six canons, un chariot de batterie et la voiture à bagages contenant la caisse et la comptabilité de la batterie ainsi que les effets des officiers.

Après être descendus du plateau, où nous avions éprouvé des pertes si considérables, nous nous sommes mis en batterie avec ce qui nous restait de la batterie et nous avons fait feu sur l'ennemi jusqu'à ce que l'ordre de la retraite ait été donné.

5ᵉ CORPS.

a) Journaux de marche.

Journal de marche du 5ᵉ corps d'armée.

6 août.

Au point du jour, le général de Lespart rallie ses différents détachements, placés à plusieurs kilomètres de Bitche, ainsi que tous leurs avant-postes. Cette opération prend quelque temps, et ce n'est que vers 6 h. 1/2, après s'être concentrée à la porte de Bitche, sur la route de Niederbronn, qu'elle peut s'engager définitivement dans le défilé. A 5 h. 1/2 était arrivée une dépêche du maréchal qui prescrivait de lui faire connaître quand le 5ᵉ corps pourrait le rallier, afin de pouvoir régler avec lui ses opérations.

Vers 6 heures, la division Goze, descendant des hauteurs de Freudenberg, vient prendre position en avant de la place, sur deux lignes, la gauche au fortin, la droite à la route de Wissembourg. Ce déploiement, qui couvre le mouvement du général de Lespart, est motivé encore par une autre raison.

Tous les avis arrivés de la veille et pendant la nuit, ont signalé la présence de l'ennemi du côté de Rohrbach, de Volmunster et au nord de Bitche, par la route de Deux-Ponts et de Pirmasens.

Pour rester en communication, autant que possible, avec le 2ᵉ corps, ainsi qu'il en a reçu l'ordre formel, le général de Failly, tout en cherchant à se conformer aux instructions du maréchal de Mac-Mahon, croit qu'il est de son devoir de rester maître de Bitche, où il s'attend à être attaqué d'un moment à l'autre, et aussi d'attendre l'arrivée de la division L'Abadie et de l'artillerie de réserve qu'il ne peut abandonner. Il prend donc ses mesures en conséquence, en ne conservant en position que le *strict nécessaire*, une division, la 1ʳᵉ. Il envoie l'autre, la 3ᵉ, au Maréchal ; sa 2ᵉ (L'Abadie) est encore, comme nous l'avons vu, répartie entre Sarreguemines et Rohrbach. Le général croit donc avoir agi pour le mieux, et s'être scrupuleusement conformé à ce que lui dictaient les circonstances, qu'il pouvait seul apprécier en ce moment. Car, d'un côté, il venait en aide au Maréchal autant qu'il le pouvait, et, de l'autre, il sauvegardait l'existence de ses propres troupes Si, du reste, il n'envoyait pas, par impossibilité, au Maréchal tout ce qu'il avait en ce moment sous la main, la dépêche télégraphique qu'il venait de recevoir de lui, à 5 h. 1|2 du matin, ne devait pas lui faire supposer que le Maréchal eût un besoin *immédiat* de tout le 5ᵉ corps. Cette croyance fut encore confirmée dans la journée par la lettre suivante du Maréchal, écrite à la même heure, mais qui, apportée par le commandant du génie Moll, n'arriva à Bitche que vers 3 heures de l'après-midi. Cette lettre est ainsi conçue :

Camp de Frœschwiller, 6 août, 5 h. 1/2 du matin.

« Mon cher Général, vous avez été mis sous mes ordres par l'Empe-
« reur. Il est de la plus grande importance que nous concertions
« ensemble nos opérations. Attaqué avant-hier près de Wissembourg
« par l'armée du prince royal, qui m'était très supérieure, j'ai été
« obligé de me retirer jusque près de Reichshoffen. Il est urgent que
« nous combinions nos opérations.

« D'après des renseignements dans lesquels on doit avoir confiance,
« l'ennemi ferait un mouvement pour se porter sur les crêtes des
« Vosges et nous séparer. Si ce mouvement se confirme, nous devons
« l'attaquer dans les défilés. Si, au contraire, il occupe seulement les
« positions de Wissembourg à Lembach, ayant le gros de ses forces
« dans la plaine, nous combattrons ensemble pour lui enlever ses posi-
« tions.

« Mettez donc en route immédiatement une de vos divisions. Il
« serait à désirer qu'elle pût coucher ce soir à Philippsbourg, occupant,
« sur sa gauche, les positions qui commandent la route de Neunhoffen.
« Si la première hypothèse se réalise, cette division se porterait d'abord
« sur Neunhoffen, et de là sur Ober-Seinbach qui serait attaqué le
« même jour par 4 brigades, arrivant par des routes différentes du
« camp de Reichshoffen.

« Prévenu de l'exécution de ce mouvement, vous enverriez une
« autre division de Bitche sur Stürzelbronn, par la grande route de
« Wissembourg, poussant en avant, si elle le rencontrait, l'ennemi qui
« se trouverait ainsi pris en flagrant délit et enveloppé de toutes
« parts.

« Une brigade de la dernière division se porterait à Lemberg, qui
« est la clef des Vosges de ce côté ; elle aurait avec elle une batterie.
« L'autre brigade resterait à Bitche, prête à se porter soit sur Stürzel-
« bronn, soit sur Philippsbourg, suivant les événements. Il serait pru-
« dent que la brigade de Lemberg se retranchât. Il y a des outils à
« Lichtenberg et à la Petite-Pierre (1500 dans chaque place) qui per-
« mettrait de faire ce travail.

« Si, au contraire, l'armée du Prince royal est concentrée dans les
« environs de Lembach et dans la plaine du Rhin, la division qui
« viendra la première ne sera pas arrêtée à Philippsbourg. Vous feriez
« marcher par la même route la deuxième division et une brigade de
« la troisième ; la dernière brigade serait dirigée sur Lemberg, d'où
« elle pourrait gagner la Petite-Pierre, si elle était obligée de battre
« en retraite.

« Répondez-moi par plusieurs voies différentes. Je vous adresse la
« présente par trois voies distinctes.

« *P.S.* — En résumé, envoyez le plus tôt possible votre première
« division à Philippsbourg, et tenez les deux autres prêtes à marcher.

« Maintenez, s'il est possible, vos communications avec Philipps-
« bourg. »

Lorsque, vers 3 heures, le général de Failly reçut cette lettre, il ne modifia nullement l'ordre donné le matin au général de Lespart (d'aller à Niederbronn et Reichshoffen), et il ne lui prescrivit point de s'arrêter à Philippsbourg. Bien au contraire, depuis 7 heures du matin que le canon se faisait entendre, plusieurs ordres lui furent envoyés par le télégraphe pour hâter sa marche autant que possible.

La division Goze, avec son artillerie et celle de la réserve, reste en position au nord de Bitche toute la journée, prête à repousser toute attaque de la part de l'ennemi signalé depuis la veille.

Après lui avoir donné ses instructions, le général en chef rentre en ville pour pouvoir s'occuper du restant de son corps d'armée.

Le général Montaudon signale de Sarreguemines, que le convoi de vivres, gardé par le général Lapasset, va être mené en gare, pour être expédié au Maréchal à Reichshoffen, en temps opportun, par le chemin de fer lorsqu'il sera réparé. Ce convoi avait voulu partir pour Bitche le matin même de cette journée ; mais la présence de l'ennemi le fit rétrograder, et le général Montaudon, pour ne pas compromettre la brigade Lapasset, crut devoir le retenir à Sarreguemines, avec le 3e lanciers, une batterie et les différents services qui étaient restés avec elle.

Le général L'Abadie télégraphie vers 9 heures de Rohrbach que la brigade Maussion a dû passer toute la nuit du 5 au 6 sous les armes, par une forte pluie, l'ennemi ayant été signalé et qu'elle est très fatiguée. Néanmoins, les Prussiens ayant disparu, elle va marcher sur Bitche.

Le général en chef avertit le major général que, sur les instances réitérées du maréchal de Mac-Mahon qui l'appelle à Reichshoffen avec tout son corps, il envoie ce jour même au Maréchal la division de Lespart, et qu'il compte partir, le 7, avec la division Goze et la division L'Abadie (1re brigade). L'autre brigade le rejoindra le 8, si la route est libre. La brigade de lanciers doit rester à Rohrbach, avec ordre, si elle est trop vivement attaquée, de rejoindre par Lemberg et Ingwiller.

Avant de recevoir la dépêche du général Montaudon annonçant que, vu les circonstances, il retient à Sarreguemines la brigade Lapasset, le général de Failly fait connaître au général Lapasset et au général Lamortière, commandant les lanciers à Rohrbach, qu'ils aient à se conformer aux dispositions ci-dessus, en ce qui les concerne.

Mais le maréchal de Mac-Mahon, informé de la présence de l'ennemi à Bliesbrücken, modifie ce dernier ordre, et prescrit que la brigade Lapasset partira le 7 au matin de Sarreguemines, pour se rendre à Lemberg par Sarre-Union, Lorentzen et Montbronn, et qu'elle s'y fortifiera par des ouvrages de campagne, si elle a à y rester.

(Cette prescription ne fut pas exécutée, puisque la brigade Lapasset fut retenue à Sarreguemines et perdue, à partir de ce jour, pour le 5e corps. Elle dut couvrir la retraite du 2e corps, battu dans la journée du 6.)

Vers midi, le général de Failly écrit dans le même sens au général Lamortière à Rohrbach et lui prescrit de diriger immédiatement sur Lemberg, où il prendra position et se retranchera, le bataillon d'infanterie laissé à Rohrbach. Une heure après son départ, le 5e lanciers fera une démonstration à courte distance et se retirera également sur Lemberg.

Depuis 7 heures du matin, le canon n'a pas cessé de se faire entendre du côté de Niederbronn. Le général en chef, qui a prescrit au général de Lespart de se tenir en communication avec lui et le maréchal de Mac-Mahon par le télégraphe, l'invite à plusieurs reprises à hâter sa marche autant que possible.

Vers trois heures, le général reçoit la lettre apportée par le commandant du génie Moll, écrite à 5 h. 1/2 par le maréchal de Mac-Mahon et dont les instructions ont été indiquées plus haut.

En même temps que cette dépêche, en arrive une autre ainsi conçue, du major général :

« Le chemin de fer est coupé entre Sarreguemines et Bitche. C'est
« à Strasbourg que les troupes d'Alsace doivent se réapprovisionner.
« Le général Frossard et le maréchal Bazaine sont attaqués. Tenez-
« vous sur vos gardes. »

D'après ces deux lettres, le général de Failly croit davantage devoir rester sur la défensive à Bitche, et continue à attendre le résultat des engagements qui avaient lieu à sa droite à sa gauche, ses communications entre le maréchal de Mac-Mahon subsistant toujours.

A 5 *heures*, enfin, il a des nouvelles de la division Lespart ; le chef de gare de Bannstein lui télégraphie que, par ordre du maréchal de Mac-Mahon, la division pousse jusqu'à Reichshoffen, où elle sera rendue le soir.

A 6 h. 1|2, le même chef de gare télégraphie :

« L'ennemi à Niederbronn, tout est en déroute. »

Le général Abbatucci annonce également par un télégramme que la division Lespart est coupée, que la brigade de Fontanges se retire sur Saverne et la brigade Abbatucci sur Bitche.

C'était la bataille de Frœschwiller qui était perdue. La division Lespart, éclairée par le général de Bernis, avec le 12e régiment de chasseurs, n'avait marché qu'avec la plus grande lenteur dans le long défilé qui conduit de Bitche à Niederbronn (25 kilomètres).

Le général craignant d'être tourné ou coupé, bien que, cependant, les abords du défilé fussent peu accessibles, à chaque chemin se croisant avec la grand'route, la tête de colonne était arrêtée et ne se remettait en marche que lorsque le chemin était reconnu, à travers les bois, jusqu'à une grande distance.

La troupe étant, en outre, très fatiguée par la chaleur qui était étouffante dans la gorge qu'on suivait, des repos fréquents lui étaient donnés. Ce ne fut que vers 3 heures, après une marche de 9 heures environ, que la division déboucha devant Niederbronn. Mais là, elle se heurta contre une masse de fuyards de toutes armes, et des voitures d'artillerie qui s'échappaient du champ de bataille de Reichshoffen.

La présence, néanmoins, de cette division, débouchant des Vosges, eut pour effet d'arrêter la poursuite de l'ennemi, qui put penser qu'elle était suivie par d'autres troupes.

Le général Abbatucci, avec le 27e et le 30e de ligne, occupa en demi-cercle les hauteurs avoisinant Niederbronn.

Le général de Lespart, marchant avec la 2e brigade (Fontanges), engagea avec peine le 17e de ligne dans la grande rue de la ville, encombrée de voitures et de fuyards, et fit gravir au 68e les pentes situées au sud, d'où l'ennemi, embusqué dans les bois, tiraillait sur les troupes en retraite du 1er corps. Ce régiment fut bientôt rejoint par les 17e et 19e bataillons de chasseurs; ils ouvrirent alors le feu, et inquiétèrent la poursuite. Une batterie, placée au sommet de la colline, ouvrit également un feu efficace contre de la cavalerie qui s'était aventurée hors des bois et qui disparut pour ne plus revenir.

Ces différents mouvements avaient séparé les deux brigades de la division. A 7 heures du soir, le maréchal de Mac-Mahon, lorsque la route de Saverne devint libre, donne l'ordre à la brigade de Fontanges de battre en retraite par cette route et de couvrir ainsi la retraite du 1er corps avec la batterie de mitrailleuses. Le général Abbatucci dut se retirer par la route de Bitche, avec les deux autres batteries. Arrivé à Philippsbourg, ce dernier reçut un télégramme du général de Failly qui lui prescrivait de se jeter dans les bois, de suivre les crêtes des Vosges et de chercher à se rallier à lui dans la direction de Phalsbourg. Le général de Bernis, avec le 12e chasseurs et les deux batteries de canons, revint à Bitche. La brigade de Fontanges se replia sur Saverne avec le général de division. Elle rallia le 5e corps quelques jours après à Sarrebourg.

Pendant ce temps, le général de Failly, resté à Bitche pour couvrir la position, avec la division Goze et la brigade de Maussion (qui n'arriva à la ferme de Freudenberg que vers 3 heures), était de plus en plus préoccupé de ce qui pouvait se passer sur sa gauche, surtout depuis qu'il avait reçu la dernière lettre du major général.

Jusqu'à 5 heures du soir, ayant toujours été en communication télégraphique avec le maréchal de Mac-Mahon et n'en ayant pas reçu d'ordres, il n'avait pas conçu d'inquiétudes pour son flanc droit, sachant que le Maréchal avait quatre divisions qui paraissaient lui suffire.

Mais quand, à 5 heures, les dépêches du chef de gare de Bannstein et les premiers fuyards annoncèrent la défaite du 1er corps, les choses changèrent de face. Le général en chef pensa immédiatement que la position de Bitche n'était plus tenable, le 5e corps risquant d'être cerné et de perdre la seule ligne de retraite qui lui restait encore, celle de la Petite-Pierre.

Un conseil de guerre, composé des généraux de division et chefs de service, fut aussitôt réuni pour délibérer sur les deux questions suivantes :

1° Devait-on accepter le combat sous les murs de Bitche?

2° Devait-on suivre le mouvement de retraite du Maréchal en passant par la Petite-Pierre, point de défense de passage des Vosges, au-dessous de Reichshoffen, pour se diriger ensuite sur Phalsbourg et Saverne, autre défilé des Vosges?

Après une longue discussion, il fut reconnu qu'il était impossible de rester dans la position de Bitche, malgré la protection du fort. Avec les trois seules brigades qu'on possédait, on ne pouvait occuper toutes les hauteurs qui dominent de tous côtés la place; et, rester dans la plaine, c'était se placer dans une souricière et marcher à une catastrophe. Il fut donc décidé qu'on n'abandonnerait pas sa seule ligne de retraite et qu'on se rendrait, le plus tôt possible, à la Petite-Pierre pour se rallier au Maréchal. On espérait que les 1er et 5e corps, appuyés par le 7e, pourraient peut-être contenir l'ennemi dans l'important défilé de Saverne à Phalsbourg, et reprendre même l'offensive.

Déjà la position de Bitche n'avait plus d'appuis sur ses flancs. Niederbronn à droite et Rohrbach à gauche étaient évacués. Les troupes chargées de la défense de ce dernier point (5e lanciers et un bataillon) avaient été attaquées par des forces supérieures, et obligées de se replier sur Lemberg en combattant.

Il n'y avait donc plus un moment à perdre, d'autant plus que les fuyards de Reichshoffen, devenant de plus en plus nombreux, il était urgent de dérober nos troupes à la fâcheuse influence de leurs récits démoralisateurs.

Il fut décidé qu'on ferait une marche de nuit sur la Petite-Pierre et que, pour rendre cette marche plus rapide, on laisserait *tous* les bagages sous la protection du fort. La défense de la place, armée de 56 pièces de canon, est confiée à un bataillon de 800 hommes du 68e, à une compagnie formée des douaniers des environs, et à quelques artilleurs laissés comme instructeurs. Un chef de bataillon du 68e, un capitaine du génie, un capitaine d'artillerie, un médecin et un sous-intendant sont désignés pour rester avec ces troupes à Bitche.

A 9 heures du soir, le corps d'armée se met en marche sur Lemberg, la division Goze en tête, précédée d'une avant-garde d'infanterie et de cavalerie; la brigade Maussion à l'arrière-garde.

La position de Lemberg, clef des Vosges de ce côté, se trouve déjà défendue par un bataillon du 49e et le 5e lanciers, qui s'étaient repliés de Rohrbach avec l'artillerie de réserve, en tenant tête à une forte avant-garde ennemie.

Un guide, pris à Lemberg pour diriger la colonne pendant la nuit, se trompe de direction au delà de Gœtzenbrück et la conduit sur le revers oriental des Vosges, au débouché de Ingwiller. Ce point était occupé par l'ennemi, qui suivait le 1ᵉʳ corps par la route de Saverne.

Heureusement qu'aucune de ses reconnaissances n'a encore pénétré dans le défilé qu'on occupe, et qu'il n'est nullement informé de notre marche.

La colonne se jette aussitôt sur la droite et prend, sur les indications des habitants, un chemin traversant un pays fort difficile, couvert de forêts, très accidenté et conduisant à la Petite-Pierre, où l'on arrive enfin vers 9 heures du matin.

L'artillerie et le parc du génie ont eu les plus grandes difficultés pour suivre. Les roues s'enfonçaient souvent jusqu'aux moyeux dans le sol sablonneux, et ce n'est qu'à force de bras qu'on pouvait les retirer des ornières, que le génie cherchait à combler, autant que possible, avec des branchages.

Extrait du journal du capitaine de Lanouvelle, de l'état-major du 5ᵉ corps de l'armée du Rhin.

6 août.

Les troupes sont prêtes à partir dans la direction de Reichshoffen. Le mouvement doit commencer à 6 heures du matin par la division de Lespart; mais, à ce moment, une démonstration ennemie est signalée aux avant-postes de la division Goze et le général de Failly a des inquiétudes du côté de Rohrbach.

La division de Lespart est retenue jusqu'à 7 h. 1/2 environ; elle peut néanmoins encore arriver à Niederbronn vers midi (21 kilomètres) si elle n'est pas arrêtée en route.

Le général de Bernis marche en tête de colonne avec la brigade légère.

Peu de temps avant le départ de la division, le canon se fait entendre du côté de l'Est, puis cesse et reprend vers 8 h. 1/2 et ne cesse de résonner à nos oreilles avec une intensité croissante, comme un appel croissant et désespéré jusque vers 3 heures du soir. Nous sommes dans l'impatience de monter à cheval, et les heures passent dans l'anxiété la plus vive.

Je remets personnellement, vers 7 heures du matin, au général de Failly une dépêche du maréchal de Mac-Mahon que j'ai été chargé de déchiffrer.

Reichshoffen, 6 août, 5 h. 14 du matin.

« Faites-moi connaître immédiatement quel jour et par où vous me rallierez. Il est indispensable et urgent que nous réglions ensemble nos opérations ».

Vers 3 heures du soir, le commandant du génie Moll arrive avec une lettre du Maréchal ainsi conçue. (Voir journée du 6 août, page 5.)

Cette lettre fut sans doute écrite à la même heure que le télégramme chiffré reproduit plus haut. On ne s'explique pas comment le premier porteur, le commandant du génie Moll, arriva seulement à 3 heures du soir, la route directe de Reichshoffen par Niederbronn et Philippsbourg ayant été libre toute la journée (1). Quant aux autres envois de cette même lettre, j'ignore s'ils sont parvenus à destination plus tard dans la soirée.

Le général commandant le corps d'armée est toujours très préoccupé de recevoir des nouvelles de Sarreguemines et de Rohrbach : la division Goze est prête à suivre le mouvement vers l'Est, la reconnaissance ennemie qui lui avait fait prendre les armes la nuit ayant disparu.

Vers 5 heures du soir, le général de Failly reçoit le télégramme suivant du chef de gare de Bannstein : « L'ennemi est à Niederbronn (sic). Tout est en déroute ».

A partir de la même heure, des hommes débandés appartenant à divers régiments du 1er corps arrivent à Bitche.

Vers 6 heures, le général commandant le corps d'armée réunit les généraux et les chefs de services en un conseil de guerre.

Il est décidé que le 5e corps doit abandonner Bitche dans la nuit, laissant un détachement d'infanterie pour compléter la garnison de cette petite place, ainsi que, des approvisionnements de vivres et de munitions.

L'ennemi ayant fait sur Rohrbach une démonstration assez sérieuse de cavalerie et d'artillerie, on craignait d'être attaqué pendant cette marche de nuit vers Lemberg, qui n'était pas occupé. Aussi laissa-t-on, pour s'alléger, toutes les voitures à bagages et l'ambulance du grand quartier général. Quand la colonne eut atteint Lemberg sans obstacle, on ne fit pas reprendre cet important convoi qui fut perdu pour toute la campagne (2).

La marche du corps d'armée commença à 9 heures du soir; Bitche fut abandonné par les dernières troupes vers minuit. De nombreux fuyards et blessés venant du champ de bataille y arrivaient en désordre et la petite ville en était encombrée. On dut fermer la porte d'Alsace.

A Lemberg, vers minuit, on rejoignit le 5e lanciers venant de Rohr-

---

(1) On a vu (journée du 6 août, page 7) que l'on craignait que cette route ne fût interceptée par l'ennemi.

(2) La plupart des officiers ne purent jamais se procurer d'effets de rechange et leur subsistance devint un problème difficile à résoudre chaque jour. (Note de l'auteur du document.)

bach, où il avait passé la journée en présence d'une forte démonstration de cavalerie, accompagnée d'artillerie.

C'est là que nous apprîmes qu'une autre bataille avait été livrée par le 2ᵉ corps sur les hauteurs de Spicheren, que Sarreguemines était menacé, et que la brigade Lapasset, le 3ᵉ lanciers et notre convoi auxiliaire portant quinze jours de vivres ne pouvaient nous rejoindre.

Division Goze.
Journal de marche.
6 août.

A 3 h. 1/2 du matin, l'ordre arrive de se porter en avant de Bitche, sur les routes de Deux-Ponts et de Wissembourg.

Le mouvement commence à 5 heures. A 7 heures, toute la division est en position et y reste toute la journée. On entend le canon de Wœrth.

Ordre de partir donné vers 8 heures du soir. Tous les bagages restent à Bitche, par ordre du général en chef. Le 2ᵉ bataillon du 86ᵉ (commandant Bousquet) reste dans le fort.

Marche de nuit.

Journal de marche du 6ᵉ d'artillerie (5ᵉ, 6ᵉ et 7ᵉ batteries).
6 août.

Départ du camp à 5 heures du matin, traversée de Bitche, dispositions de combat en avant de la place sur les routes de Wissembourg et de Deux-Ponts. A 7 heures du soir on reçoit la nouvelle de la bataille de Wœrth, la 6ᵉ batterie et un bataillon du 46ᵉ partent immédiatement pour la gare de Lemberg.

A 8 heures du soir, départ du reste de la division avec les 5ᵉ et 7ᵉ batteries, on laisse à Bitche les bagages et une partie des réserves; un bataillon du 86ᵉ reste à Bitche pour la garde de la place.

Arrivée à Lemberg, la 6ᵉ batterie reçoit l'ordre de continuer sa route, elle prend rang dans la colonne. La 5ᵉ batterie laisse à Lemberg sa 1ʳᵉ section qui occupe la gare avec deux bataillons (un bataillon du 46ᵉ, 1ʳᵉ brigade et un bataillon du 49ᵉ, 2ᵉ division).

La retraite s'effectue par Lemberg et Ingwiller.

Division de l'Abadie d'Aydrein.
Journal de marche.
6 août.

L'alerte de la nuit précédente, par un temps pluvieux, a fatigué les troupes; le général de division n'ayant reçu du général en chef aucun ordre qui s'y oppose, fixe à 10 heures du matin le départ de Rohrbach; la distance de ce village à Bitche étant d'ailleurs assez courte.

Le comptable, surpris la veille au soir à Gros-Rederching, amène au camp ce qui a pu être sauvé de son convoi, et des distributions sont faites avant que la colonne se mette en marche.

On part dans l'ordre suivant :

Avant-garde.

Un bataillon du 88e.
Une section du génie.
Une section d'artillerie.
Un bataillon du 88e.
Un bataillon du 88e.
Une section du génie.
Deux sections d'artillerie.
Détachement du 68e.
Batterie à balles.
Réserve de munitions de l'artillerie et caissons à munitions d'infanterie.
Deux compagnies et demie du 14e bataillon de chasseurs à pied (deux compagnies escortent les batteries, une demi-compagnie escorte le trésor).
Batteries de la réserve du corps d'armée, escortées par un bataillon du 49e (1).
Trésor de la 1re division.
Trésor de la 2e division (escorté par une section du 14e bataillon de chasseurs à pied).
Ambulance du quartier général du 5e corps.
Ambulance de la 2e division.
Bagages.
Force publique.
Un bataillon du 49e.
L'escadron divisionnaire.

Le temps est devenu beau, la route est d'un parcours facile dans la majeure partie de son étendue. Le défilé d'Holbach est dépassé sans accident, malgré les pentes très raides sur les deux versants du vallon que l'on franchit. On atteint, vers 2 heures de l'après-midi, le plateau sur lequel la ferme de Freudenberg est située, on y laisse le 88e de ligne, avec la batterie Kramer sous le commandement du général de

---

(1) Le 1er bataillon du 49e reste à Rohrbach le 6.

Maussion. Le reste de la colonne continue vers Bitche. Ce qui appartient à la division de l'Abadie bivouaque près de la porte où arrive la route de Sarreguemines. La réserve d'artillerie du corps d'armée est envoyée hors de la porte de Niederbronn et s'établit auprès sur les glacis au Nord de la route.

En approchant de Bitche, on entendait le canon dans la direction de l'Est. En arrivant on apprend que la division Guyot de Lespart a été dirigée sur Niederbronn.

La brigade Saurin était sur la route de Deux-Ponts, la brigade Nicolas, de la même division (Goze), était venue se placer à environ 1 kilomètre de la citadelle, sa gauche vers Gross-Otterbiel, dont le sommet avait été occupé par quelques compagnies, sa droite vers la route de Wissembourg où était le 46e, de la brigade Saurin. Le 61e bivouaquait le long de la route, au delà du point où elle change de direction vers l'Est, des bataillons du 86e campaient en arrière sur la route même; l'autre bataillon du 86e s'était établi à droite à hauteur des autres.

Avant d'aller à son logement le général de l'Abadie d'Aydrein se rend au grand quartier général; le général en chef lui annonce qu'il va recevoir l'ordre de rejoindre le lendemain le maréchal de Mac-Mahon à Reichshoffen avec sa division et la division Goze, en passant par Lemberg et ensuite par la vallée de la Zintzel. On devra marcher avec précaution, parce que l'ennemi est proche; il faudra le 7 de bonne heure, et avant le départ de la colonne, envoyer reconnaître si la position est libre.

Le canon continuait de se faire entendre, la lutte était engagée fortement entre les troupes du 1er corps et les Allemands.

Pendant qu'on préparait les ordres pour le lendemain, la nouvelle de la perte de la bataille de Wœrth par les Français arrivait à Bitche. Vers 3 h. 1/2 du soir il n'y avait plus aucun doute, car les premiers soldats échappés du combat se présentaient à la porte de Niederbronn, et bientôt les abords de la place, de ce côté, furent envahis par une foule confuse et pressée d'hommes de tous les corps, par des voitures de toute espèce cherchant à se soustraire à la poursuite de l'ennemi. Celui-ci ne s'aventura pas jusqu'à Bitche.

Mais l'échec éprouvé par le maréchal de Mac-Mahon plaçait le corps du général de Failly dans un isolement qui pouvait lui être fatal. Le général en chef convoqua un conseil de guerre et il fut décidé que le soir même on s'éloignerait de Bitche. Les ordres furent donnés de suite; on prescrivit de laisser les bagages dans la place, afin que la marche au milieu des montagnes ne rencontrât ni obstacle provenant des voitures, ni retard.

La construction massive du fourgon du trésor l'avait fait considérer en premier lieu comme incapable de suivre. Alors, pour assurer la garde des fonds, de même que pour la police des bagages, le chef d'état-major avait dit au prévôt de la division de rester aussi à Bitche. Mais un peu plus tard, le trésor de la division Goze ayant été aperçu défilant dans la colonne, celui de la division de l'Abadie reçut l'ordre de se mettre également en route. Par malheur, à ce moment, le chef d'état-major ne trouva plus sous sa main le capitaine prévôt pour le faire partir aussi. Si l'absence de la prévôté est devenu un fait regrettable, le capitaine Mathieu est couvert par l'ordre verbal que le chef d'état-major lui a donné, dans l'intérêt du service, car il faut ajouter que le 6 au soir, on ne pensait pas se séparer pour toute la campagne du personnel, du matériel et des bagages laissés par ordre du général en chef pour alléger la marche dans la nuit du 6 au 7 août.

La division de l'Abadie sortit de Bitche par la porte de Phalsbourg et se dirigea sur Lemberg à la suite de la division Goze et du grand quartier général du corps d'armée.

La route était d'un parcours facile; le temps, brumeux près de Bitche, s'éclaircit au fur et à mesure qu'on s'éloigne. Malgré toutes les précautions on a de la peine à marcher réunis; d'autres corps, comme la cavalerie et la réserve d'artillerie, venant s'intercaler entre les bataillons de la division.

Rien ne révèle la présence de l'ennemi.

Une partie des voitures de l'artillerie de réserve avait été laissée à Bitche.

Le colonel commandant, au milieu de l'encombrement causé par les fuyards du 1er corps, n'avait pu dégager que les batteries de combat avec huit caissons par batterie. Il avait cru aussi que l'ordre donné de ne pas emmener les bagages indiquait la nécessité de s'alléger pour le cas d'une rencontre avec l'ennemi et que, d'ailleurs, le matériel qui restait rallierait bientôt le corps d'armée.

Le parc d'artillerie ayant rejoint avant tout engagement sérieux, cette absence d'une partie des voitures de la réserve n'eut pas d'inconvénients.

Division Guyot de Lespart.

Le 6 au matin, la division Guyot de Lespart avait reçu l'ordre de se porter sur Niederbronn, éclairée par le général de Bernis, avec quatre escadrons du 12e chasseurs.

La brigade Abbatucci marchait en tête; l'artillerie divisionnaire marchait ensuite, ayant derrière elle la brigade de Fontanges.

La proximité de l'ennemi ayant fait multiplier les avant-postes, on employa un certain temps pour les relever et le départ de l'infanterie, ainsi retardé, n'eut lieu qu'à 8 heures du matin environ.

La cavalerie s'était mise en route à 7 heures.

La marche fut encore ralentie malheureusement par diverses causes, et le sort de la bataille de Wœrth était décidé lorsque la cavalerie de l'avant-garde atteignit Niederbronn.

La brigade de Fontanges, qui se trouvait à une assez grande distance de la tête de colonne, n'arriva à l'entrée de ce village qu'à 3 heures de l'après-midi (1). Elle reçut l'ordre d'y pénétrer, mais le général reconnut bientôt que cette direction n'était plus possible, les rues étant encombrées par les fuyards et les blessés du 1er corps d'armée, qui cherchaient à rejoindre la route de Saverne, ligne de retraite indiquée par le maréchal de Mac-Mahon.

A cette heure, la mission de la division Guyot de Lespart ne pouvait plus que se borner à couvrir cette marche rétrograde. La brigade de Fontanges, renforcée par le 19e bataillon de chasseurs à pied, occupa les hauteurs qui dominent Niederbronn à l'entrée de la route de Saverne. L'artillerie de la division étant venue se joindre à lui, le général fit mettre deux pièces en batterie sur un point indiqué par le lieutenant-colonel commandant l'artillerie, et qui dominait le terrain situé de l'autre côté du village, terrain par lequel l'ennemi pouvait trouver un accès facile sur la ligne de retraite suivie par les Français. Ces pièces arrêtèrent la cavalerie allemande qui, en effet, cherchait à venir par cette direction et l'obligèrent à s'éloigner au galop. A partir de ce moment l'ennemi parut renoncer à la poursuite ; il se contenta de mettre en position une batterie qui lança des obus sur l'entrée de la route, en se tenant à une distance de 2 kilomètres au moins.

La brigade de Fontanges ayant reçu l'ordre de se retirer sur Saverne, l'artillerie partit vers Bitche, à l'exception de la batterie à balles. Le général crut devoir conserver sa position jusqu'à l'entière évacuation du terrain par les débris du 1er corps et par les convois d'artillerie ; et voyant que l'ennemi ne se disposait pas à poursuivre, il n'y laissa que le 68e de ligne, prescrivant au 17e de choisir une position plus en arrière, à l'abri du feu, et d'y attendre le 68e. Ce dernier corps, par sa ferme attitude sous les projectiles, fut en grande partie cause de l'inaction de l'ennemi après sa victoire. Celui-ci, en recevant des volées de canon, avait sans doute cru aussi que Niederbronn était occupé en forces. Le 68e se retira quand la nuit fut venue, lorsque l'armée du maréchal de Mac-Mahon eut évacué le terrain, et quand les Allemands ne signalèrent plus leur présence que par quelques obus. La brigade

---

(1) D'après l'Historique du 19e bataillon de chasseurs, tête de colonne, il entra à Niederbronn à 4 heures. Indications concordantes dans les Historiques des 17e et 27e de ligne.

de Fontanges forma ainsi l'arrière-garde du 1ᵉʳ corps, marchant toute la nuit dans la direction de Saverne, ne laissant derrière elle aucun traînard. Lorsqu'on eût rejoint le 17ᵉ, celui-ci prit l'extrême arrière-garde. Le général se tenait prêt à le soutenir et l'avait autorisé à employer la batterie à balles s'il était nécessaire. L'ennemi ne se présenta pas.

La brigade arriva à Saverne le 7 dans l'après-midi.

Brigade Abbatucci. — Pendant ce temps, la brigade Abbatucci était revenue d'abord dans la direction de Bitche avec les deux batteries de canons de 4 de la division. En route elle avait reçu l'ordre de gagner Lemberg par Bannstein et Mouterhausen et de se porter sur Phalsbourg.

DIVISION DE CAVALERIE.

1ʳᵉ *brigade.*

Le général de Bernis fut appelé vers les 2 heures du matin à l'état-major général du 5ᵉ corps, et reçut l'ordre suivant :

Bitche, 6 août, 2 heures du matin.

12ᵉ *régiment de chasseurs.*

« Réveil à 4 heures. On fera manger les chevaux. Les hommes
« devront prendre le café à 4 h. 1/2. Le 12ᵉ chasseurs sera à cheval à
« 5 heures et se dirigera sur Niederbronn : les hommes à pied, les
« bagages se placeront à la suite des bagages des corps de la division
« de Lespart qui est dirigée sur le même endroit.

« La cavalerie devra emporter de l'avoine et du foin, si elle en a,
« pour la journée, et faire suivre aux bagages une journée d'avoine au
« moyen des voitures fournies par l'intendance de la 3ᵉ division.

« Le général de Bernis viendra prendre les ordres du général en
« chef.

« *Le général commandant le 5ᵉ corps,*
« Général DE FAILLY ».

Cet ordre fut complété par la prescription verbale, faite au général commandant la brigade, de se mettre sous les ordres du général Guyot de Lespart, pour ce mouvement.

La brigade, réduite à un seul régiment, le 12ᵉ chasseurs, prit la tête de colonne de l'infanterie qui ne se mit en route que vers 8 heures du matin. On dut éclairer le flanc gauche de la colonne ; la marche fut très lente, les haltes nombreuses.

L'on entendait le bruit du canon du côté de Niederbronn, on n'y parvint que vers 2 heures de l'après-midi.....

Le général commandant la brigade envoya aussitôt, par deux cavaliers, au général Guyot de Lespart, deux notes identiques lui faisant connaître ce qui se passait et continua, avec le 12ᵉ chasseurs, sa route sur Reichshoffen, ralliant et ramenant avec lui des troupes débandées de différentes armes qu'il rencontrait.

Mais après avoir fait 2 ou 3 kilomètres sur cette route, à l'entrée de Reichshoffen, il fut impossible, tant était grande la multitude des fuyards et des voitures qui encombraient la route et ses abords, d'aller plus loin. D'ailleurs, tout était fini, et le commandant d'Abzac, aide de camp du maréchal de Mac-Mahon, répétait partout l'ordre du Maréchal de prendre la direction de Saverne.

Le général fit faire demi-tour, et rallia la division Guyot de Lespart, qui s'était mise en position sur les hauteurs de Niederbronn pour protéger la retraite. L'ennemi n'inquiéta que faiblement cette retraite et le général Guyot de Lespart prescrivit au général commandant la brigade de retourner à Bitche pour y rejoindre son général de division et le corps d'armée. Il arriva vers les 10 heures du soir.

Le 5ᵉ corps d'armée avait déjà commencé son mouvement pour quitter Bitche. Le général de Failly s'y trouvait encore et fit parvenir au général de Bernis l'ordre suivant :

« Le général de Bernis (12ᵉ chasseurs) suivra le mouvement du corps
« d'armée qui se dirige sur Lemberg et surveillera les derrières de la
« colonne ; s'il était trop inquiété, il se jetterait à partir de Lemberg à
« droite de la colonne en passant de village en village pour se diriger
« sur Phalsbourg.

« Bitche, 9 heures du soir, 6 août 1870.

« *Le général commandant le 5ᵉ corps,*
« De Failly ».

Réserve d'artillerie.

En approchant des hauteurs qui dominent Bitche, nous entendions au loin le canon de Wœrth, et de patriotiques espérances nous animaient tous !

Cependant la réserve d'artillerie arriva à Bitche vers 3 h. 1/2 de l'après-midi ; on lui assigna pour campement les glacis de la place situés près de la porte, à gauche de la route de Bitche à Niederbronn.....

Je reçus, à mon arrivée à Bitche, l'ordre de laisser pour la défense du fort un détachement composé d'un sous-officier, 2 brigadiers et 30 servants, détachement qui était placé sous les ordres du capitaine Jouart, désigné pour commander l'artillerie de ce fort.

Vers 6 h. 1/2 du soir, un ordre de mouvement pour le lendemain matin me fut remis ; la totalité du 5e corps présent à Bitche devait le quitter de grand matin pour marcher dans la direction de Lemberg. J'avais à peine jeté les yeux sur cet ordre, qu'on signala l'arrivée sur nos glacis des premiers coureurs venant de Niederbronn, puis, peu à peu, le nombre en augmenta considérablement ; la nuit venait également, et je me vis forcé d'agir avec énergie, de placer de nombreux factionnaires et de donner des consignes très sévères pour empêcher l'envahissement de mon camp. Aux coureurs à pied et à cheval, fantassins et cavaliers de tous régiments succédèrent rapidement des cantines, des voitures de réquisition, des voitures d'ambulance, des caissons, puis enfin des pièces d'artillerie avec leurs officiers. Alors seulement nous apprîmes, sans plus pouvoir en douter, l'affreux désastre de la journée du 6.

A ce moment même, au milieu de tout ce désordre, je reçus un nouvel ordre (1) de mouvement qui prescrivait à la réserve d'artillerie de se mettre immédiatement en route ; cet ordre disait de se conformer à l'ordre de mouvement, donné une demi-heure avant, pour le lendemain matin ; seulement, il ajoutait que nous devions laisser à Bitche toutes les voitures de bagages et de réquisition, et il y était dit d'être *le plus léger possible*. La nuit noire était venue, je pris connaissance de cet ordre à la lumière et en présence des officiers supérieurs de la réserve ; tous nous crûmes qu'il s'agissait de se porter rapidement vers Lemberg pour y être avec le jour et y livrer bataille ; cependant, voulant me renseigner de vive voix, je me rendis aussitôt et en toute hâte en ville, accompagné du capitaine Pla, afin de prendre quelques ordres de détail auprès du général Liédot (2), qui logeait tout près de la porte où nous étions campés ; nous trouvâmes l'entrée de la porte de la ville barricadée par un train du chemin de fer placé là, nous a-t-on assuré, par l'autorité supérieure, afin d'interdire l'entrée en ville aux fuyards de Niederbronn ; nous fûmes obligés, le capitaine Pla et moi, d'entrer par une portière de wagon et de ressortir par l'autre ; nous arrivâmes cependant rapidement chez le général Liédot. Malheureusement il venait de quitter Bitche avec son état-major, forcé qu'il avait été d'accompagner le général en chef. Nous rentrâmes immédiatement au camp : le flot des fuyards allait toujours se grossissant, les voitures de toute nature et sur trois colonnes encombraient la grande route, je voyais le moment où il me serait impossible de déparquer, devant moi aussi, pénétrer avec ma réserve par cette même porte de la ville pour ressortir par une

---

(1) Je n'ai plus aucun de ces ordres, ils m'ont été enlevés avec tous mes bagages à la surprise du camp de Beaumont.
(2) Commandant l'artillerie du 5e corps.

autre ; puis, ignorant ce qui se passait, il était à craindre que quelques escadrons ennemis suivissent cette panique, toutes mes pièces eussent alors été enlevées. Je me décidai donc à faire immédiatement déparquer les six batteries de combat avec huit caissons chacune, laissant au camp à Bitche les autres voitures de la réserve, avec un capitaine en 2e par division, savoir : MM. Lair de la Motte, Lesur, Poulleau, et prescrivant au capitaine Lair de la Motte, le plus ancien, de prendre des instructions auprès du chef de bataillon commandant la place pour nous rejoindre dès que cet officier lui en donnerait l'ordre.

En agissant ainsi j'avais mal compris l'ordre du général Liédot, mais de nuit et au milieu de la panique, très menaçante pour le moral de mes hommes, j'avais eu peu de temps pour le bien lire, puis comme on laissait à Bitche, par ordre du général en chef, tous les bagages des officiers de l'armée, toute l'ambulance, le trésor, la prévôté et toutes les voitures de réquisition chargées de vivres, j'étais fondé à croire qu'on ne marchait ainsi, débarrassé de tout impedimenta, que pour livrer un combat et que, en tous cas, des ordres avaient dû être laissés au commandant de la place de faire suivre le lendemain de bon matin tout ce qu'on laissait dans cette place ; malheureusement il ne devait pas en être ainsi, et rien de tout ce que le 5e corps d'armée a laissé à Bitche ne l'a rejoint (1).

Cependant, vers 9 heures du soir, nous parvînmes, à force d'efforts, à nous frayer passage au milieu des voitures du 1er corps qui encombraient la route, et, le train du chemin de fer ayant été retiré, nous pûmes pénétrer dans la ville, la traverser et ressortir par la porte de Phalsbourg pour prendre rang dans la division de L'Abadie ; nous marchâmes toute la nuit et nous parvînmes vers midi à la Petite-Pierre, ayant quitté la grande route pour prendre à droite, aussitôt après avo. franchi le pont sur la Moder.

---

(1) Le parc d'artillerie du 5e corps nous ayant rejoint avant tout combat, la privation de la portion de la réserve laissée à Bitche n'a pas eu de conséquence sérieuse ; mais ce fait doit servir d'enseignement : à aucun prix il ne faut se séparer, pour si peu de temps que ce soit, d'une partie quelconque de son matériel ; l'imprévu, sans cela, peut vous en séparer définitivement. Et, cependant, par un inouï revers de fortune, les seules voitures d'artillerie du 5e corps, encore au pouvoir de la France aujourd'hui, sont celles laissées à Bitche par la réserve d'artillerie et conservées dans le fort.

c) Opérations et mouvements.

Le général de Failly au général Montaudon (D. T.).

Bitche, 4 heures du matin.

Suivant les événements qui se sont passés à Bliesbrücken et les renseignements que vous pouvez avoir, veuillez transmettre l'ordre au général Lapasset de laisser son convoi à Sarreguemines. Envoyez les denrées sans les voitures par un convoi de chemin de fer, dès qu'il sera réparé, sur Reichshoffen. Vous apprécierez si le général Lapasset, avec sa brigade débarrassée de son convoi, peut rejoindre sûrement Bitche. Si vous avez des doutes, maintenez-le à Sarreguemines et donnez-moi avis de votre décision à Bitche. Même ordre pour le 3e lanciers, qui doit suivre la destinée *du général Lapasset.*

Le maréchal de Mac-Mahon au général de Failly (D. T.).

5 h. 1/2 matin.

Faites-moi connaître quel jour et par où vous me rallierez. Il est indispensable que nous réglions nos opérations.

Le général de Failly (1).....

Bitche, 6 août.

La division Lespart doit arriver à Reichshoffen aujourd'hui.

La division Goze partira demain, de très grand matin, pour se porter à Philippsbourg.

La brigade Maussion, de la division L'Abadie, doit se porter demain sur Lemberg et escorter, par la vallée de Mouterhausen, Bœrenthal, Ingwiller et Reichshoffen, six batteries de réserve et le parc d'artillerie, qui ne peuvent rester à Lemberg.

La 2e brigade de cette division est à Sarreguemines et a reçu ordre de ne pas me rejoindre, la route étant interceptée.

Je ne peux donc occuper Lemberg malgré mon désir, à cause des neuf batteries que je ne puis engager dans le défilé de Niederbronn et à cause de la réduction de la 2e division à une brigade.

---

(1) Cette lettre, trouvée dans les papiers du général Ducrot, ne porte aucune signature : une annotation au crayon bleu, de la main du général Ducrot, indique qu'elle est du général de Failly.

Le général Lapasset au général de Failly (D. T.).

Sarreguemines, 6 h. 20 matin.

Cette nuit, alerte. Par suite, je vous ai annoncé une attaque qui ne s'est pas réalisée. Les troupes sont un peu fatiguées ; je ne partirai qu'à midi, emmenant avec moi toutes mes troupes et différents détachements. Je suis obligé de laisser ici un détachement du 68ᵉ. Faut-il encore laisser le 3ᵉ lanciers à Rohrbach où je couche ce soir ? Le 5ᵉ lanciers y est-il encore ?

Le général Montaudon au général de Failly (D. T.).

6 h. 40 matin.

Le convoi de vivres va être mené en gare pour être expédié en temps opportun. Le général Lapasset, avec sa brigade et le 3ᵉ lanciers, partiront à midi pour aller coucher à Rohrbach.

Le général de L'Abadie au général de Failly (D. T.).

Les troupes à Rohrbach sont fatiguées par la prise d'armes de la nuit. L'ennemi ne s'est pas présenté. Je pars pour Bitche ce matin à 10 heures.

Le général de Failly aux généraux Lapasset, à Sarreguemines, et de la Mortière, à Rohrbach (D. T.).

10 heures matin.

La brigade Lapasset devra partir de Rohrbach demain, 7 août, de manière à être rendue entre 8 et 9 heures du matin. Il y a urgence à ce que cet ordre soit exécuté, à moins de circonstances de guerre. Le bataillon qui a été laissé à Rohrbach (1) rejoindra Bitche avec le général Lapasset, qui emmènera également le bataillon laissé à Wising (2). La brigade de lanciers restera à Rohrbach. Dans le cas où elle se trouverait sérieusement compromise, elle gagnerait Lemberg, d'où elle rejoindrait le 5ᵉ corps à Reichshoffen, par Ingwiller.

---

(1) 1ᵉʳ du 49ᵉ.
(2) Il n'y avait plus, à ce moment, de bataillon de la brigade de Maussion détaché à la ferme Wising.

Cet ordre, en ce qui concerne le général Lapasset, est ensuite modifié ainsi par ordre du Maréchal :

Au général Lapasset.

Midi.

Par ordre du maréchal de Mac-Mahon, prenez vos dispositions pour partir demain matin, le 7, à 4 heures, et vous rendre autant que possible dans la journée à Lemberg, par Sarre-Union, Lorentzen, Montbronn. A cause de la longueur du trajet, vous ferez porter les sacs par les voitures du train auxiliaire, qui ne devront pas porter de denrées. Vous emmènerez tout ce qui appartient au 5ᵉ corps, y compris le bataillon de Wising. Vous vous couvrirez à Lemberg par des ouvrages de campagne. Vous devez y rester. Vous dirigerez sur Reichshoffen tout ce qui n'appartient pas à votre brigade. Le 5ᵉ corps se concentre à Reichshoffen et abandonne Bitche. Si vous étiez forcé de quitter Lemberg, vous vous retireriez sur Reichshoffen par Mouterhausen et Bœrenthal.

Le Sous-Préfet de Sarreguemines au général de Failly (D. T.).

10 heures matin.

Les Prussiens, qui ont rompu cette nuit le poste télégraphique de Bliesbrücken, ont laissé entendre qu'ils allaient passer en grand nombre à Rohrbach, pour se diriger sur Bitche. Tout le convoi vient de rentrer à Sarreguemines, moins quatre voitures et deux gendarmes.

Le général de Failly au Major général (D. T. Ch.).

Bitche, 6 août, 10 h. 20 matin.

Le maréchal de Mac-Mahon me donne ordre de le rejoindre à Reichshoffen avec tout mon corps d'armée et d'abandonner Bitche. Je laisse dans le fort un bataillon (1). J'envoie aujourd'hui au maréchal de Mac-Mahon la division de Lespart. Je compte partir demain avec la division Goze et une brigade de la division l'Abadie ; l'autre brigade n'arrivera à Bitche que demain. Si la route est libre, elle me rejoindra le lendemain. Je laisse la brigade de lanciers à Rohrbach avec ordre, si elle est trop vivement inquiétée, de me rejoindre par Lemberg et Ingwiller.

---

(1) 2ᵉ bataillon du 86ᵉ.

Le Prévôt du 5ᵉ corps, à Sarreguemines, au général de Failly (D. T.).

10 h. 55 matin.

Parti ce matin avec le convoi général de Neunkirch. Ayant aperçu des vedettes ennemies, j'ai dû le faire rétrograder, et il est rentré en entier à Sarreguemines. Des gendarmes accompagnant des voitures ont été surpris et ont dû se défendre dans une briqueterie. Des dispositions ont été prises par le général Lapasset. Beaucoup de troupes en avant.

Le général Montaudon au général de Failly (D. T.).

Midi.

Le colonel du 3ᵉ lanciers rentre de reconnaissance. Il a vu, vers 8 h. 1/2 du matin, à 500 mètres en arrière de Wising, trois régiments de cavalerie, deux bataillons d'infanterie et une batterie d'artillerie. Rohrbach paraît également menacé. Dans ces conditions, je crois devoir retenir la brigade Lapasset, pour ne pas la compromettre.

Le Sous-Préfet de Sarreguemines au général de Failly (D. T.).

1 h. 40 soir.

La voie de Sarreguemines est rétablie, mais des uhlans empêchent le rétablissement du télégraphe. Il faudrait garder la voie.

Le Major général au général de Failly (D. T.).

2 h. 05 soir.

Le chemin de fer est coupé entre Sarreguemines et Bitche. C'est à Strasbourg que les troupes d'Alsace doivent se réapprovisionner. Le général Frossard et le maréchal Bazaine sont attaqués. Tenez-vous sur vos gardes.

Le général de Failly au général de la Mortière, à Rohrbach (D. T.).

3 heures soir.

Dirigez immédiatement sur Lemberg, où il prendra position et se retranchera, le bataillon d'infanterie laissé à Rohrbach. Une heure après son départ, le régiment de cavalerie fera une démonstration à courte distance et se retirera également sur Lemberg, sous la protection du bataillon.

Le Major général au général de Failly (D. T.).

4 h. 40 soir.

L'Empereur demande de vos nouvelles et de celles du général de Lespart. La brigade Lapasset est restée à Sarreguemines, la route étant interceptée. Le 2ᵉ corps, soutenu par le 3ᵉ, est fortement engagé en avant de Forbach.

Le général Liédot au général Soleille, à Metz.

Bitche, 6 août, 3 h. 35 soir.

Le 5ᵉ corps tout entier se porte sur Reichshoffen, près Niederbronn. Par ordre du général de Failly, je laisse, pour servir l'artillerie de la place de Bitche, 41 sous-officiers et canonniers commandés par le capitaine Jouart, adjoint à mon état-major. Ce détachement est pris dans dix batteries de la réserve et des divisions; aucune d'elles n'est sensiblement affaiblie. Je n'ai aucune nouvelle du parc; j'attends vos ordres pour lui donner une direction.

En marge, au crayon rouge : Annule une précédente dépêche. Répondre de placer le parc d'après son appréciation.

Le Chef de gare de Bannstein au général de Failly (D. T.).

5 heures soir.

La division de Lespart pousse jusqu'à Reichshoffen par ordre du maréchal de Mac-Mahon. Elle reçoit l'ordre d'y arriver ce soir. Elle y sera rendue.

Le général Abbatucci au général de Failly (D. T.).

5 h. 30 soir.

La division est coupée. La brigade de Fontanges se retire sur Saverne et moi sur Bitche.

Le Chef de gare de Bannstein au général de Failly (D. T.).

6 h. 1/2 soir.

L'ennemi est à Niederbronn. Tout est en déroute.

Ordre de mouvement.

Bitche, 6 août, 7 1/2 soir.

Le 5ᵉ corps partira de Bitche à 9 heures.

Le général d'artillerie Liédot a ordre de laisser dans la place de Bitche un détachement d'artillerie avec un officier.

Tous les bagages resteront à Bitche.

La division Goze se dirigera sur Lemberg. Elle fera prendre position à deux bataillons, une batterie divisionnaire, six batteries de combat de la réserve et à la compagnie du génie avec ses outils. La réserve d'artillerie marchera avec la division Goze. La brigade Maussion formera l'arrière-garde.

7ᵉ CORPS.

1ʳᵉ DIVISION.

Rapport du général Conseil-Dumesnil sur le rôle de la 1ʳᵉ division du 7ᵉ corps le 6 août.

Neufchâteau, 15 août.

La 1ʳᵉ brigade de la 1ʳᵉ division du 7ᵉ corps arriva le 5 août à 9 heures du matin (1) à la gare de Reichshoffen ; elle fut dirigée sur le village de Morsbronn et placée à l'extrême droite de la ligne française. Retirée de cette position le même jour à 6 heures du soir, elle fut placée à Elsashausen entre la division de Lartigue à droite et la division Raoult à gauche. La 1ʳᵉ brigade comprenait : le 17ᵉ bataillon de chasseurs, le 3ᵉ de ligne (trois bataillons), le 21ᵉ de ligne (un bataillon).

La 2ᵉ brigade ne put rejoindre la 1ʳᵉ qu'à 9 heures du matin le 6. Elle comprenait : le 47ᵉ de ligne (trois bataillons) et le 99ᵉ de ligne (trois bataillons).

L'artillerie de la division n'a pu rejoindre ; elle a été remplacée pendant quelques instants par deux batteries de la réserve qui ont été promptement retirées, leur feu n'ayant pu avoir l'efficacité qu'on avait espéré.

Elsashausen est un petit village qui occupe le sommet d'une croupe coupée par des cultures, des houblonnières, des arbres, et dont les pentes descendent vers la Sauer : des vallons séparent cette croupe des positions occupées par les divisions de Lartigue et Raoult.

---

(1) Plus exactement entre 9 heures du matin et 2 heures de l'après-midi.

Les Prussiens commencèrent le feu à 7 h. 1/2 du matin, à la gauche. A 8 heures, des obus étaient envoyés sur Elsashausen; le 21ᵉ de ligne envoya immédiatement ses compagnies de droite à 250 mètres en avant. L'attaque des tirailleurs ennemis force bientôt le bataillon à se déployer en totalité : ses cartouches sont vite épuisées; il est alors remplacé par le 3ᵉ de ligne qui se déploie également en tirailleurs en engageant successivement ses bataillons. Le feu de l'ennemi, jusqu'alors très vif, commença à se ralentir; il était 11 heures; mais bientôt il redoubla d'intensité. Le 3ᵉ de ligne soutint longtemps la fusillade, mais il fut forcé de se replier. Deux bataillons du 47ᵉ descendirent alors la pente pour le remplacer. En même temps le Maréchal fit former en colonne le 3ᵉ bataillon du 47ᵉ, un bataillon du 99ᵉ qui, joints à des zouaves de la division Raoult, durent faire un retour offensif par le vallon qui séparait la position occupée par cette fraction de la division Conseil-Dumesnil.

Cette colonne, écrasée par les feux de l'ennemi, fut forcée de se retirer. L'ennemi gagnait du terrain et nous débordait. Le deux derniers bataillons du 99ᵉ vinrent soutenir les débris du 47ᵉ, mais devant un feu qui devenait toujours plus vif et un ennemi que ses succès enhardissaient, les derniers restes de nos troupes furent rompus, y compris le 17ᵉ bataillon de chasseurs qui avait tenu longtemps dans le vallon de droite et nous avait reliés avec la division de Lartigue. Sous la conduite des officiers restés valides, les hommes réunis par groupes reculèrent en brûlant leurs dernières munitions pendant qu'Elsashausen était incendié par les projectiles ennemis, et gagnèrent la lisière du bois et bientôt la plaine qui s'étend à l'Est de Reichshoffen. Ce mouvement de retraite commença vers 3 h. 1/2.

A 6 heures, reformées par les soins du général, en bon ordre derrière la gare de Reichshoffen, les troupes avaient commencé à s'engager sur le chemin de Bitche, quand elles reçurent l'ordre de prendre la route de Saverne.

Elles y arrivèrent le 7, à 4 h. 1/2 du matin, et le même jour, vers midi, elles étaient à Phalsbourg.

Le général Conseil-Dumesnil au Ministre de la guerre, à Paris.

Montpellier, 2 septembre 1873.

La 3ᵉ livraison de l'ouvrage rédigé par la Section historique de l'Etat-Major prussien, sur la guerre de 1870-1871, assigne à la 1ʳᵉ division du 7ᵉ corps, que j'avais l'honneur de commander à la bataille de Wœrth, une place qu'elle n'a occupée à aucun moment de la journée.

Cette division est indiquée (page 218 de la traduction française de M. le capitaine Costa de Serda) comme ayant été placée en arrière de la 4ᵉ division du 1ᵉʳ corps et le plan de la bataille, joint à cette livraison, confirme cette erreur du texte.

Il est de mon devoir de signaler cette erreur, afin qu'après qu'elle aura été reconnue elle ne puisse pas être reproduite par la relation officielle que prépare le dépôt de la guerre.

La 1ʳᵉ division du 7ᵉ corps était, *sur la ligne de bataille*, à la gauche de la 4ᵉ division du 1ᵉʳ corps, commandée par M. le général de Lartigue, et à la droite de la 3ᵉ division, sous les ordres de M. le général Raoult. Sa gauche touchait aux premières maisons d'Elsashausen.

M. le général Colson, chef d'état-major général du 1ᵉʳ corps, avait conduit et placé lui-même dans cette position un bataillon du 21ᵉ de ligne qu'il avait ramené de Morsbronn, où ce bataillon avait été dirigé, à son arrivée à Reichshoffen, dans un moment où M. le maréchal de Mac-Mahon et son chef d'état-major étaient allés visiter les positions occupées par les divisions du 1ᵉʳ corps. Ce bataillon fut rejoint, dans la soirée du 5 août, par le reste de la 1ʳᵉ brigade, moins les deux autres bataillons du 21ᵉ : un avait été retenu à Haguenau pour la défense de ce point important; l'autre escortait l'artillerie de la division qui, dirigée par voie de terre de Colmar sur Mulhouse, avait reçu contre-ordre et était en route pour rejoindre à Reichshoffen.

Cette 1ʳᵉ brigade était commandée par M. le général Nicolaï, que le déplorable état de sa santé me força de faire diriger, dès le point du jour et avant le commencement de la bataille, sur les ambulances de Reichshoffen, où il fut fait prisonnier après la bataille.

La 1ʳᵉ brigade fut, dès ce moment, commandée par M. le colonel Champion du 3ᵉ de ligne, qui reçut dans la journée plusieurs blessures graves.

La 2ᵉ brigade, venant de Colmar, arriva alors que la bataille était déjà commencée sous les ordres de M. le général Maire, qui ne tarda pas à être tué glorieusement au plus fort de l'action, et qui fut remplacé dans son commandement par M. le colonel de Saint-Hilaire, du 99ᵉ régiment d'infanterie.

Quant à l'artillerie de la division, commandée par M. le lieutenant-colonel Guillemin, elle ne put pas, malgré les plus grands efforts, arriver à temps pour prendre part à la bataille.

Les explications qui précèdent rectifient à la fois diverses erreurs qui se sont glissées dans l'ouvrage de l'Etat-Major prussien aux pages (de la traduction précitée) 208, 209, 216, 248 et 281 où il est parlé de l'état-major du général Nicolaï, qui ne devait avoir avec lui que son soldat ordonnance; son aide de camp, M. le lieutenant Michal, étant resté à la 1ʳᵉ brigade et ayant pris part avec elle à la bataille.

J'ai pensé que je devais signaler à votre bienveillante attention les erreurs matérielles qui font l'objet de la présente dépêche, afin que les faits soient officiellement établis dans leur vérité et pour éviter que leur altération, qui ne pourrait manquer de frapper et d'impressionner péniblement tous ceux qui y ont glorieusement pris part, ne vienne affaiblir l'autorité que devra avoir la relation officielle que publiera le dépôt de la guerre.

Les faits ci-dessus sont du reste indiqués, avec beaucoup plus de développements, dans l'Historique de la 1re division du 7e corps.

Rapport du commandant Merchier, sur le rôle du 17e bataillon de chasseurs, le 6 août.

Le 5, le bataillon bivouaqua à la droite de la 1re division et appuyé à droite au 3e de zouaves.

Le 6, à 8 heures moins 10, je reçus l'ordre de porter le 17e bataillon en ligne, le mettant comme soutien, en arrière du bataillon de droite du 3e de ligne. Bientôt la première ligne, précédée d'une batterie d'artillerie, se porta en avant et s'établit au pied de la colline, couverte par ses tirailleurs. Le bataillon suivit le mouvement en colonne double à distance de peloton.

Jusqu'à 9 h. 1/2 du matin, le bataillon conserva sa position, exposé aux obus et aux balles de l'ennemi. Je fis coucher les hommes et le bataillon ne subit aucune perte. Informé par le colonel du 3e de ligne, faisant fonction de général de brigade, que l'espace compris entre le bois de droite et la colline de gauche était couvert par des tirailleurs du 21e de ligne, je m'étais abstenu de me couvrir; pourtant des balles en grand nombre venant de l'ennemi me firent supposer que les tirailleurs ne remplissaient pas tout à fait le but assigné. J'en rendis compte au colonel Champion, qui m'autorisa à me couvrir par une compagnie dont une section se déploya en tirailleurs. Cette compagnie parvint à débusquer les tirailleurs ennemis qui occupaient les vignes et permit au 1er bataillon du 3e de ligne de se porter en avant. Je fis déployer le bataillon et le portai en avant pour soutenir ce mouvement. Si en ce moment le 3e de zouaves, placé à notre droite, avait pu appuyer le mouvement, peut-être aurait-on pu s'emparer de la batterie prussienne et occuper le chemin creux où se trouvaient les tirailleurs prussiens; mais, inquiétés sur notre droite nous fûmes forcés, après de longs efforts, à abandonner notre position, nous portant derrière un pli de terrain derrière la houblonnière. Le 3e de ligne, à son tour, battit en retraite; dans ce mouvement les zouaves nous avaient soutenus, mais leurs efforts furent infructueux et ils reprirent leur première position, laissant notre flanc droit à découvert.

Un nouvel effort partit de la gauche; le bataillon se porta en avant, au pas de charge, pour le soutenir; malheureusement il fut arrêté dans son élan. Pris en flanc par l'ennemi, je fis replier la droite pour lui faire face. Après une fusillade très vive, ayant subi des pertes nombreuses, le bataillon dut quitter la position et se replier sur le bois occupé par les zouaves.

A partir de ce moment (2 heures de l'après-midi), le bataillon n'offrit plus la cohésion désirable pour tenter un nouvel effort; après avoir occupé quelque temps le bois, il battit en retraite et vint se placer en arrière du 99e qui allait entrer en ligne, mais déjà la droite de l'armée avait perdu du terrain; le mouvement de retraite était prononcé, le bataillon se dirigea sur la gare de Niederbronn.

Le bataillon a eu 495 hommes tués, blessés ou disparus. 7 officiers ont été blessés : il est à craindre que MM. Brande, capitaine, et Chambisseur, lieutenant, ne soient morts des suites de leurs blessures.

Rapport du lieutenant-colonel Gillet sur la part prise par le 3e régiment de ligne à la journée du 6 août.

Lemainville, 12 août.

Le 3e régiment (1re brigade, 1re division du 7e corps) occupait, le 6 août, une position à 500 mètres environ de Wœrth. A 7 heures du matin, il se rangeait en bataille, par bataillons déployés, les deux premiers à droite du chemin conduisant à Wœrth, le troisième à gauche de ce chemin. Une demi-heure après, le régiment reçut l'ordre de marcher par échelons, l'aile gauche en avant. Le bataillon de gauche s'arrêta à 100 mètres environ du village. Un bataillon du 21e, qui se trouvait en avant du centre du régiment, ayant fait un mouvement en avant, les deux échelons de droite se portèrent à hauteur de l'échelon de gauche. Le bataillon du 21e continuant sa marche, le régiment suivit ce mouvement aux cris de : Vive l'Empereur ! prononcé énergiquement par le colonel Champion et répété avec enthousiasme par 1850 hommes, qui brûlaient du désir de se mesurer avec l'ennemi. Le régiment entier s'arrêta à 100 mètres de Wœrth. Dans cette position, il se trouva exposé pendant deux heures et demie au feu écrasant de l'artillerie prussienne, qui occupait les hauteurs opposées. Deux batteries françaises, qui vinrent se placer successivement en avant du 3e et du 2e bataillon, furent réduites au silence en moins de quelques minutes. Le bataillon du 21e, qui était toujours devant le 3e de ligne, dessina un mouvement de retraite, par suite de l'épuisement de ses cartouches. Il fut remplacé par notre premier bataillon, sur l'ordre du commandant de la brigade, et les deux autres bataillons suivirent le mouvement. A ce moment, l'artillerie ennemie augmenta son feu pour faciliter l'action des colonnes d'attaque. L'ordre fut donné de se porter en avant, et, comme ils jugèrent la position suprême, tous les officiers supérieurs enlevèrent le régiment, qui se porta en avant et se trouva en présence des colonnes d'infanterie ennemies. En un instant, le colonel Champion a son cheval tué sous lui et reçoit lui-même trois coups de feu; le lieutenant-colonel Gillet, les commandants Bijon et Aussillous ont également leurs chevaux tués. Le feu de l'infanterie ennemie, joint à celui de l'artillerie, ayant redoublé d'intensité, le régiment fut obligé de s'arrêter, mais continua le combat jusqu'à ce qu'enfin, écrasé par le nombre, il fut obligé de battre en retraite, à 2 h. 1/2, après avoir fait des pertes considérables en officiers et en soldats, attendu que le régiment comptait 1850 combattants le matin de la bataille, et qu'il est aujourd'hui réduit à 850.

Rapport du colonel Morand sur la part prise par le 21ᵉ de ligne à la journée du 6 août.

Lemainville, 12 août.

Le 21ᵉ, arrivé le 5 au matin à Reichshoffen, a été dirigé sur l'extrême gauche du 1ᵉʳ corps, au village de Morsbronn, qu'il a occupé jusqu'à 4 heures du soir. A ce moment, il a reçu l'ordre d'aller établir son bivouac à droite du hameau d'Elsashausen. A 7 heures du matin, le 6, le premier obus tiré sur cette position par une batterie ennemie, située à plus de 4,000 mètres, tomba au milieu du bataillon du 21ᵉ, formé en colonne double, et fut suivi de plusieurs autres tirés avec la même précision, mais qui ne produisirent qu'un certain effet moral.

A 8 heures, les tirailleurs prussiens commencèrent à marcher en bon ordre sur l'éperon occupé par la gauche du 2ᵉ zouaves et le bataillon du 21ᵉ; le feu s'engagea. Les quatre compagnies de gauche du 1ᵉʳ bataillon furent successivement engagées en soutien les unes des autres et se maintinrent jusqu'à midi, malgré tous les renforts que recevait incessamment la ligne ennemie.

Le feu de l'artillerie ennemie n'avait pas cessé pendant toute cette période, mais à ce moment il redoubla d'intensité. Les colonnes prussiennes descendaient avec rapidité les pentes couvertes de nombreux tirailleurs, et bientôt les bois et les vignes en furent remplis. Les batteries ennemies se multiplièrent, se rapprochèrent et couvrirent la 1ʳᵉ brigade de feux de mitraille.

En ce moment, le bataillon du 21ᵉ avait quatre compagnies en tirailleurs. Le colonel jugea possible d'éteindre le feu des batteries ennemies avec des feux à commandement et il porta les deux compagnies qui lui restaient sur la ligne des tirailleurs; mais elles furent accueillies par un feu si terrible de mitraille et de mousqueterie, en arrivant sur la crête, qu'elles n'entendirent pas les commandements et ripostèrent par un feu à volonté des plus violents. Repoussées un instant, elles furent ramenées au combat par le lieutenant-colonel Doineau et le commandant de Labaume. C'est en les reportant sur la ligne que ces deux officiers, déjà blessés une fois, trouvèrent une mort héroïque. Le bataillon du 21e, assailli de tous côtés et déjà débordé sur ses deux flancs par le mouvement de retraite des 2e et 3e zouaves, ne battit en retraite qu'après les attaques glorieuses, mais infructueuses, de tous les autres corps de la division, avec lesquels il se retira, une partie par le bois de droite, une partie par Elsashausen. Les débris furent ralliés sous le feu et sur les deux points par les officiers survivants. Les cartouches étaient épuisées. Le colonel se mit à la recherche d'un caisson de munitions d'infanterie et, avec le groupe qu'il avait réussi à rallier, se reporta en avant en même temps que le 1er régiment de tirailleurs. Après la retraite de cette dernière réserve, les débris du 21e battirent également en retraite. Le régiment, représenté par un bataillon, avait été employé en tête de ligne de 7 heures du matin à 1 h. 1/2 de l'après-midi et avait repoussé à plusieurs reprises les lignes ennemies, sur lesquelles il avait épuisé toutes ses cartouches.

Vers 4 heures le 2e bataillon, resté à la défense de Haguenau, avait été attaqué par des forces considérables. Aucune nouvelle de lui n'est parvenue jusqu'ici (1).

Le 3e bataillon, escortant l'artillerie divisionnaire depuis Colmar, ne parvint sur le champ de bataille que quand la retraite était définitive et faillit être enlevé par l'ennemi vainqueur.

Rapport du colonel de Saint-Hilaire sur le rôle de la 2e brigade de la 1re division du 7e corps, à Frœschwiller.

Au camp, le 13 août.

La 2e brigade de la 1re division du 7e corps d'armée, commandée par le général Maire, est arrivée par le chemin de fer au village de Reichshoffen, le 5 août au soir. Le 6 août, à 3 heures du matin, elle a bivouaqué dans les environs de la gare. A 7 heures du matin, cette brigade, composée du 47e de ligne (colonel de Grammont), et du 99e de ligne (colonel de Saint-Hilaire), est partie de Reichshoffen pour aller camper vers Frœschwiller avec la 1re brigade, où était le général Conseil-Dumesnil.

---

(1) Le 2e bataillon du 21e ne fut pas attaqué.

Après une heure de marche, on commença à entendre quelques coups de canon et un peu de fusillade ; on n'y fit pas grande attention, croyant que c'était un engagement d'avant-postes.

Le feu devenant plus nourri, la division quitta la grand'route pour prendre à droite et suivre la lisière des bois afin de prendre position en réserve en face de la gauche de l'ennemi. Les bataillons de la 2e brigade furent formés en colonne double pour marcher en avant et se déployer promptement. La 1re brigade était déjà engagée.

La 2e brigade reçut l'ordre de marcher en laissant en réserve le 1er bataillon du 99e de ligne, qui se porta en arrière, dans un pli de terrain, à l'abri des projectiles ennemis. Les trois bataillons du 47e prirent position en face du village de Wœrth. Les 2e et 3e bataillons du 99e se placèrent à sa gauche.

Le village de Wœrth resta pendant quelques instants au pouvoir du 47e et du 99e, mais, sous un feu violent, on dut l'évacuer ; il fut repris une seconde fois, par ordre du maréchal de Mac-Mahon, au cris de : Vive l'Empereur ! Pendant ce temps, le 3e bataillon du 99e, qui avait été se placer à l'extrême droite, supporta tout l'effort de l'ennemi et dut bientôt battre en retraite. Le colonel de Saint-Hilaire, ayant eu son cheval tué sous lui et étant tombé dessous, le chef de ce bataillon étant blessé, les soldats firent un mouvement de retraite vers le 1er bataillon du 99e, en réserve.

Le colonel de Grammont eut le bras emporté par un boulet et le 47e, après avoir lutté contre des forces bien supérieures, fut obligé de battre en retraite.

C'est à ce moment que fut tué le brave général Maire, qui avait, depuis le commencement, été continuellement sur la ligne de bataille. Le colonel de Saint-Hilaire prit alors le commandement de la 2e brigade ; il ne restait plus d'engagé que le 1er bataillon du 99e, sous les ordres du lieutenant-colonel de Joinville.

Ce bataillon fut déployé en tirailleurs dans un fossé, deux compagnies en réserve. Les tirailleurs prussiens commencèrent à nous tourner sur notre droite.

Le maréchal de Mac-Mahon arriva en ce moment avec son état-major ; le général Colson, chef d'état-major, tomba mortellement frappé.

Le maréchal ordonna de prendre position en arrière. C'est quelques instants après que furent tués le lieutenant-colonel de Joinville et le commandant Warmé-Janville.

La brigade opéra sa retraite par la route de Reichshoffen. Le général (Conseil-Dumesnil) donna l'ordre de se retirer vers Niederbronn, où on reprit la route de Saverne.

Rapport du capitaine Spickert, commandant provisoirement le 47ᵉ, sur le rôle de ce régiment à la bataille de Frœschwiller.

Le 47ᵉ régiment d'infanterie est parti de Reichshoffen à 7 heures du matin, le 6 août, dans le but de se concentrer autour de Frœschwiller, où se trouvait depuis la veille la 1ʳᵉ brigade de la division Conseil-Dumesnil.

Pendant le trajet, de nombreux coups de canon se sont fait entendre à la droite de la ligne, et le régiment fut dirigé de ce côté. Il se trouva vis-à-vis le centre de la position ennemie, en face de Wœrth.

A midi, le Maréchal ordonna à la brigade Maire de former les colonnes d'attaque; le régiment s'avança en bon ordre et sac au dos jusqu'à une pièce de terrain d'où l'on voyait facilement le village et les réserves sur la pente opposée. Là on fit jeter les sacs et déployer les colonnes, mouvement qui s'exécuta régulièrement; puis le 47ᵉ s'avança en bataille jusqu'à Wœrth et resta pendant un quart d'heure en possession des premières maisons.

En présence des forces nombreuses de l'ennemi, de la violence de son feu et des pertes subies, le régiment a battu en retraite tout en se ralliant plusieurs fois derrière des plis de terrain. A partir du sommet du plateau, les groupes du régiment tinrent dans les bois, sous le commandement des officiers valides, jusqu'à 4 h. 1/2.

Rapport du colonel de Saint-Hilaire sur le rôle du 99ᵉ régiment d'infanterie à Frœschwiller.

Lunéville, 10 août.

Le 99ᵉ, venant de Colmar, arriva le 6 août, à 3 heures du matin, par le chemin de fer, à la gare de Reichshoffen, où il rejoignit la division et bivouaqua jusqu'à 7 heures du matin.

La division entière se mit en marche pour aller camper aux environs de Frœschwiller.

Après une heure de marche, on commença à entendre quelques coups de canon et un peu de fusillade; on n'y fit pas grande attention, pensant que c'était un engagement d'avant-postes.

Le feu devenant plus nourri, la division quitta la grande route pour prendre à droite et suivre la lisière du bois, afin de prendre position en réserve, en face de la gauche ennemie. Les bataillons furent formés en colonne double pour marcher en avant et se déployer promptement au besoin. La 1ʳᵉ brigade fut d'abord engagée, puis ensuite la 2ᵉ; le 1ᵉʳ bataillon du 99ᵉ resta en réserve et se mit à l'abri des projectiles ennemis.

Les 2ᵉ et 3ᵉ bataillons marchèrent en avant, se dirigeant vers le ravin de droite, puis commencèrent la fusillade sur les lignes prussiennes; malheureusement, beaucoup de jeunes soldats, arrivés depuis deux jours, tiraient fort mal. Le 2ᵉ bataillon fit une charge à la baïonnette, mais, accablé par le nombre, fut obligé de battre en retraite. Le 3ᵉ bataillon tenait encore, mais le colonel ayant eu son cheval tué sous lui, les soldats, en le voyant tomber, crurent qu'il était tué et commencèrent à battre en retraite vers le 1ᵉʳ bataillon, extrême réserve. Ce bataillon fut porté en avant par le colonel de Joinville et placé en tirailleurs dans un fossé. Les Prussiens étaient en grand nombre et très rapprochés. Leurs tirailleurs commençaient à nous tourner par la droite, le Maréchal arriva en ce moment; le 1ᵉʳ bataillon opéra sa retraite.

ARTILLERIE.

Rapport du lieutenant-colonel Guillemin sur le rôle de l'artillerie de la 1ʳᵉ division du 7ᵉ corps, le 6 août.

Sarrebourg, 8 août.

Les trois batteries de la division, rentrées à Colmar le 5 août, à 11 heures du matin, d'une mission sur Mulhouse, se sont embarquées dans l'après-midi, en chemin de fer, à la destination de Haguenau, où elles sont arrivées successivement de 4 heures à 9 heures du matin, le lendemain, 6 août.

Après bien des hésitations provenant de l'incertitude de la position de l'ennemi, et sur les instances réitérées du lieutenant-colonel commandant l'artillerie de la division, qui ne voulait pas exposer son personnel et son matériel à être pris sur des trucs de chemin de fer, le matériel des trois batteries, ses hommes et ses chevaux ont été débarqués de 10 heures à 11 h. 1/2, et elles sont parties par la voie de terre pour Reichshoffen, sous l'escorte d'un bataillon du 21ᵉ régiment d'infanterie, d'un bataillon du 50ᵉ et de deux escadrons de lanciers. Le colonel Ardouin, du 50ᵉ, a pris le commandement de cette petite colonne, partie à midi de Haguenau et marchant, avec toutes les précautions prescrites, à proximité de l'ennemi.

Jusqu'à 2 heures environ de l'après-midi, la colonne n'a rien vu; elle entendait par instants le canon sur sa droite.

Vers 2 h. 1/2, le général Michel s'est présenté au colonel Ardouin, accompagné d'une vingtaine de cavaliers, quelques officiers, tous paraissant fort maltraités, et lui a appris que le faible débris quil ramenait était tout ce qui restait de deux régiments de cuirassiers qui venaient de charger.

Peu de minutes après, une batterie du 12ᵉ régiment d'artillerie, capitaine Ducasse, de nombreux blessés de la 4ᵉ division du 1ᵉʳ corps, ont traversé la route, venant de la droite, et nous ont annoncé que la 4ᵉ division était presque anéantie, qu'eux avaient été coupés de leur corps, qu'ils ignoraient où nous pourrions rejoindre nos troupes, que les positions des diverses divisions engagées avaient changé fréquemment, surtout dans la dernière heure de la lutte, nous assurant que l'ennemi était en force à la hauteur du point sur lequel nous nous trouvions et que nous tomberions immanquablement dans les positions de l'ennemi sans aucune chance favorable à une intervention de notre part en cette circonstance.

Le commandant de la colonne s'est alors décidé à continuer notre marche sur Reichshoffen, lieu de réunion indiqué à notre troupe.

Arrivée au village le plus rapproché de Reichshoffen, vers 3 h. 1/4, ... la colonne est allée prendre position sur les pentes des hauteurs du village de Mietesheim, au delà d'un ruisseau appelé Zintzel.

La colonne a pris successivement deux positions, en appuyant à gauche, direction dans laquelle il semblait voir diriger le mouvement rétrograde des nôtres, mais que des renseignements de gens du pays nous ont dit être une erreur de notre part, car, disaient-ils, Reichshoffen est au pouvoir de l'ennemi et les Français se retirent sur les montagnes.

Il était alors 6 h. 1/2 du soir. Après un conseil tenu par les chefs de service, il a été décidé à l'unanimité que nous ne pouvions plus espérer recueillir et protéger la retraite des nôtres, qu'il ne nous restait plus qu'à nous retirer en évitant la poursuite de l'ennemi. Notre marche a été alors dirigée sur Bouxwiller, où nous sommes arrivés vers 10 heures du soir, bivouaquant sur les hauteurs qui avoisinent la ville.

Départ le lendemain, 7, à 2 heures du matin; arrivée à Saverne vers 6 heures.

Ce même jour, 7, d'après les ordres de M. le général de division commandant l'artillerie du 1ᵉʳ corps, la 5ᵉ batterie a été placée en batterie sur les deux avenues par lesquelles rentraient nos troupes, de 10 heures à 2 heures après-midi.

Depuis, l'artillerie de la 1ʳᵉ division du 7ᵉ corps a suivi le mouvement rétrograde jusqu'à Sarrebourg.

Le parc divisionnaire, qui n'avait pas encore été réuni à l'artillerie de la division et qui, venant de Vesoul, est arrivé à Haguenau une heure après le départ des batteries, a continué sa marche en chemin de fer sur Niederbronn et est tombé au pouvoir de l'ennemi. Le lieutenant, un caisson à quatre roues de cartouches d'infanterie et le chariot de batterie, tous deux attelés, ont pu seuls être sauvés (1).

GÉNIE (7ᵉ CORPS).

Renseignements sur la part prise par le service du génie dans les opérations du 7ᵉ corps de l'armée du Rhin (Colonel Béziat).

6 août.

La 1re division du 7ᵉ corps prit part, le 6 août, à la bataille de Reichshoffen et fut entraînée dans la retraite du 1er corps sur Châlons ; la 2ᵉ compagnie du 2ᵉ régiment du génie suivit le sort de sa division. Elle était déjà en partie désorganisée ; le matériel de son parc était tombé au pouvoir de l'ennemi ; le commandant Le Secq, le capitaine Décugis et quelques sapeurs avaient été faits prisonniers. La situation est traduite dans la dépêche suivante adressée par le capitaine commandant la compagnie au général Doutrelaine :

Sarrebourg, 8 août, 2 h. 20 soir.

« Je me retire avec le 1er corps, c'est-à-dire avec la partie de ma division engagée le 6. 7 ou 8 hommes tués. 25 hommes (sur 150) m'ont rejoint. J'en attends beaucoup d'autres. Le reste pris ou disparus. Le commandant Le Secq et le capitaine Décugis probablement prisonniers. Tout le matériel pris par l'ennemi. »

2ᵉ DIVISION (LIÉBERT).

Journal de marche du 6ᵉ bataillon de chasseurs.

6 août.

Toute la division réunie vient camper à quelques kilomètres sur la gauche en avant de Mulhouse, dans une vaste plaine située en arrière de la forêt de Wold (2). La 1re compagnie (capitaine Tivollier) est détachée en permanence comme soutien de la batterie de mitrailleuses.

---

(1) D'après un rapport du lieutenant-colonel Guillemin, daté de Roville, 12 août, 2 maréchaux des logis, 4 brigadiers, 28 conducteurs, 44 chevaux rejoignirent l'artillerie de la division à Sarrebourg.

(2) La forêt de « Wold » n'est pas indiquée sur la carte au 1/80,000. Il s'agit probablement du Vorwald, portion de la forêt de Nounenbruch.

Journal de marche du 5ᵉ de ligne.

6 août.

Le 6, le général traverse le canal, qu'il fait surveiller par les grand'-gardes et la cavalerie, et s'établit à Modenheim, dans la plaine au Nord de Mulhouse, la droite appuyée au pont du canal, solidement gardé.

Journal de marche du 37ᵉ de ligne.

6 août.

La brigade, réunie, vient camper à Modenheim.

Journal de marche du 53ᵉ de ligne.

6 août.

La colonne part d'Althirch à 7 heures du matin et arrive à Mulhouse à 2 heures. La division campe à 3 kilomètres en avant de la ville, sur les bords du canal du Rhône au Rhin. On apprend la défaite de Wœrth; le maire d'une commune des bords du Rhin annonce le passage du fleuve par les Prussiens. Le général Douay donne l'ordre de rentrer à Belfort.

Journal de marche du 89ᵉ de ligne.

6 août.

Le 89ᵉ se met en marche pour Mulhouse à 6 heures du matin. La distance à parcourir est de 24 kilomètres. La colonne suit la route impériale en passant par Wallheim, Illfurth, Zillisheim, Brunstatt, traverse les faubourgs de Mulhouse, longe le canal, tourne à gauche et s'engage dans les terres labourées. A 2 h. 1/2, le régiment établit son camp dans une grande plaine située au Nord-Ouest de Mulhouse. Le 89ᵉ a devant lui la 1ʳᵉ brigade, à droite le 53ᵉ, à gauche l'artillerie de la division.

Le 6 août, le régiment reçoit environ 500 hommes de la réserve, ce qui porte son effectif à 2,175 hommes, dont 1985 sont présents. L'effectif en chevaux présents est de 17 chevaux d'officiers et 14 chevaux de troupe.

Itinéraire de la 2ᵉ brigade de la 2ᵉ division du 7ᵉ corps.

6 août.

Départ d'Altkirch pour Mulhouse à 6 heures du matin.

Itinéraire. — Altkirch, Wallheim, Tagolsheim, Illfurth, Zillisheim, 10 kilomètres; Brunstadt, faubourg de Mulhouse, pont sur le chemin de fer, rive gauche du canal, camp de Modenheim, 21 kilomètres.

Ordre de marche. — Le même que la veille. Grande halte à Zillisheim.

Campement. — En arrivant à Mulhouse, la brigade passe le pont du chemin de fer, longe le canal par sa rive gauche et vient camper, en seconde ligne, derrière la 1re brigade, la droite dans la direction de Riedisheim et la gauche à la ferme située au point de jonction de la route de Mulhouse (rive droite de l'Ill) et du chemin de Modenheim à Riedisheim.

Le général Doutrelaine au général commandant le génie de l'armée du Rhin.

Mulhouse, le 6 août 1870.

Avant-hier soir, au moment où commençait l'exécution du mouvement vers le Rhin, que le général Douay faisait opérer à ses deux divisions, et dont je vous avais donné avis dans ma dernière lettre, il a reçu du maréchal de Mac-Mahon, engagé à Wissembourg, une dépêche télégraphique pressante, qui l'invitait à lui envoyer à Haguenau une de ses divisions.

Le général Douay, se conformant à l'ordre du maréchal de Mac-Mahon, a immédiatement dirigé sur Haguenau, par le chemin de fer, sa première division et, considérant que les forces de la seconde devenaient insuffisantes pour garder les passages du Haut-Rhin dans les postes éparpillés qu'il avait compté occuper en force, il s'est résolu à la concentrer sous Mulhouse, ainsi que la brigade de cavalerie dont il dispose, et il a jugé bon de se transporter lui-même dans cette ville avec son quartier général.

La 3e division, dont l'arrivée lui est annoncée comme prochaine, occupera Belfort que nous venons de quitter.

J'ai en ce moment auprès de moi, à Mulhouse et aux environs immédiats, mon état-major complet et les troupes du génie de la 2e division et de la réserve.

Les neuf voitures du parc du génie du 7e corps sont arrivées à Mulhouse en même temps que moi par le chemin de fer. Si je dois marcher avec elles avant que les sapeurs conducteurs et les attelages ne soient parvenus, je les ferai traîner par des chevaux de réquisition.....

J'ai laissé les ouvrages du camp retranché de Belfort dans un état d'avancement peu sensible encore à Bellevue, mais assez notable aux Basses-Perches et plus encore aux Hautes-Perches.

L'ouvrage de Bellevue, qui est un peu en retard sur les autres, les rattrapera bientôt, attendu qu'il est assis sur l'argile, tandis que les deux autres sont sur le roc. Le commandant Denfert déploie une grande activité; il n'est pas mal secondé par les officiers sous ses ordres, et il a trouvé des auxiliaires dans l'ingénieur des ponts et chaussées et l'agent-voyer et un ingénieur civil.

J'ai été, il y a trois jours, visiter Montbéliard avec le colonel directeur à Besançon. Je suis convenu avec lui des travaux à faire, non seulement pour mettre le château en état de défense, mais pour relever rapidement l'ancienne citadelle. J'ai demandé au Ministre de lui donner d'urgence des ordres à cet effet.

ERRATA

Page 32, note 1, 3ᵉ ligne, *au lieu de :* 1ᵉʳ bataillon du 50ᵉ, *lire :* 2ᵉ bataillon du 50ᵉ.

Page 65, 4ᵉ ligne, à partir du bas, *au lieu de :* 2ᵉ zouaves, *lire :* 3ᵒ zouaves.

Page 69, ligne 12, *au lieu de :* Mustapha-ben-Amard, *lire :* Mustapha-ben-Amar.

Page 103, ligne 15, *au lieu de :* 1ᵉʳ bataillon de chasseurs, *lire :* 17ᵉ bataillon de chasseurs.

Page 128, note 1, *au lieu de :* page 414, *lire :* page 113.

Page 162, ligne 13, *au lieu de :* lieutenant-colonel Bonet, *lire :* lieutenant-colonel Girgois.

Page 168, lignes 21, 26 et note 4, et page 169, 3ᵉ ligne, à partir du bas, *au lieu de :* capitaine Lanty, *lire :* commandant Lanty.

DOCUMENTS ANNEXES.

Page 67, ligne 34, après le mot « ennemi », mettre le renvoi (1) ainsi conçu : le lieutenant-colonel Thomassin n'était que blessé.

Page 84, ligne 16, *au lieu de :* capitaine Lanty, *lire :* commandant Lanty.

Paris. — Imprimerie R. CHAPELOT et Cᵉ, rue Christine, 2.

BATAILLE DE FROESCHWILLER
Situation vers 8h 15 du matin

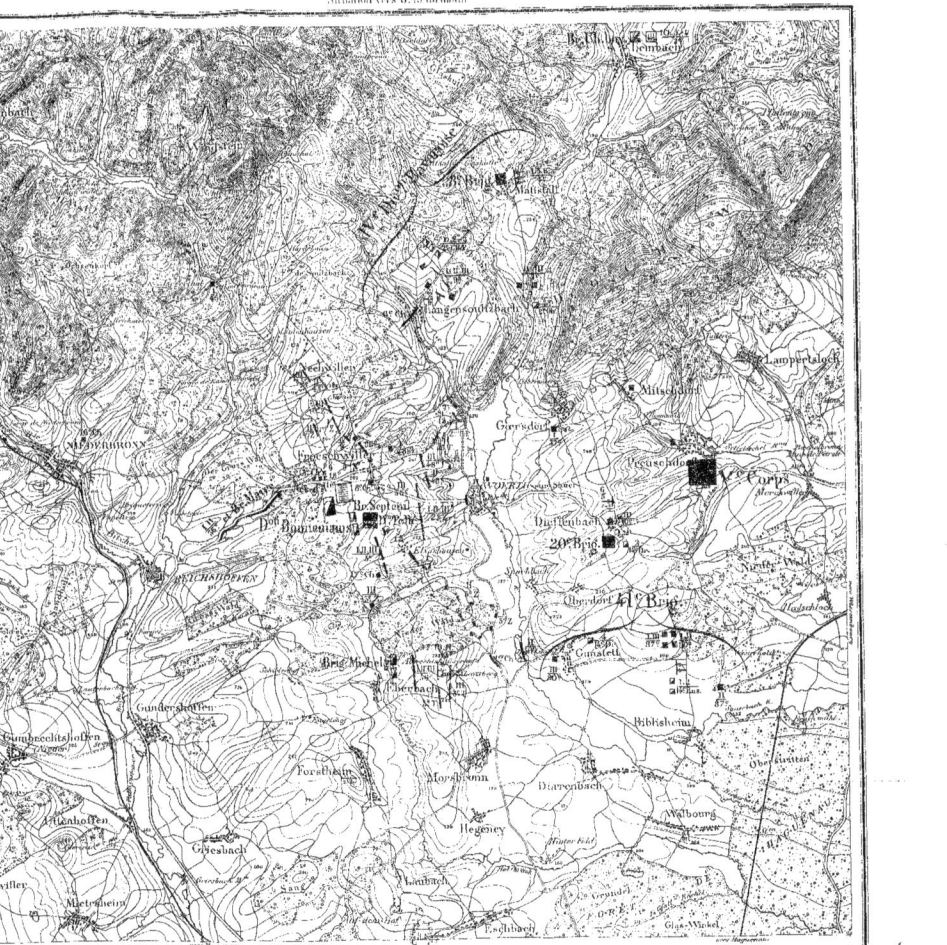

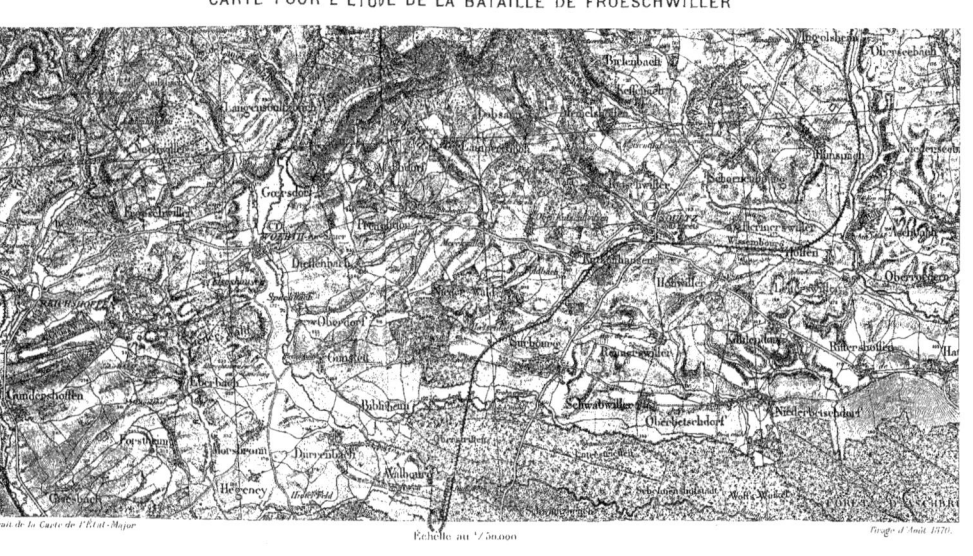

CARTE POUR L'ÉTUDE DE LA BATAILLE DE FROESCHWILLER

A LA MÊME LIBRAIRIE

Général KESSLER

TACTIQUE
DES
TROIS ARMES

Paris, 1902, 1 vol. in-8. . . . . 3 fr.

Général H. BONNAL
COMMANDANT L'ÉCOLE SUPÉRIEURE DE GUERRE

FRŒSCHWILLER

RÉCIT COMMENTÉ
DES
ÉVÉNEMENTS MILITAIRES
QUI ONT EU POUR THÉATRE
Le Palatinat bavarois, la basse Alsace et les Vosges moyennes
DU 15 JUILLET AU 12 AOUT 1870

Paris, 1899, 1 fort vol. gr. in-8 avec *Atlas*. 12 fr.

Paris. — Imprimerie R. CHAPELOT et Cⁱᵉ, 2, rue Christine.

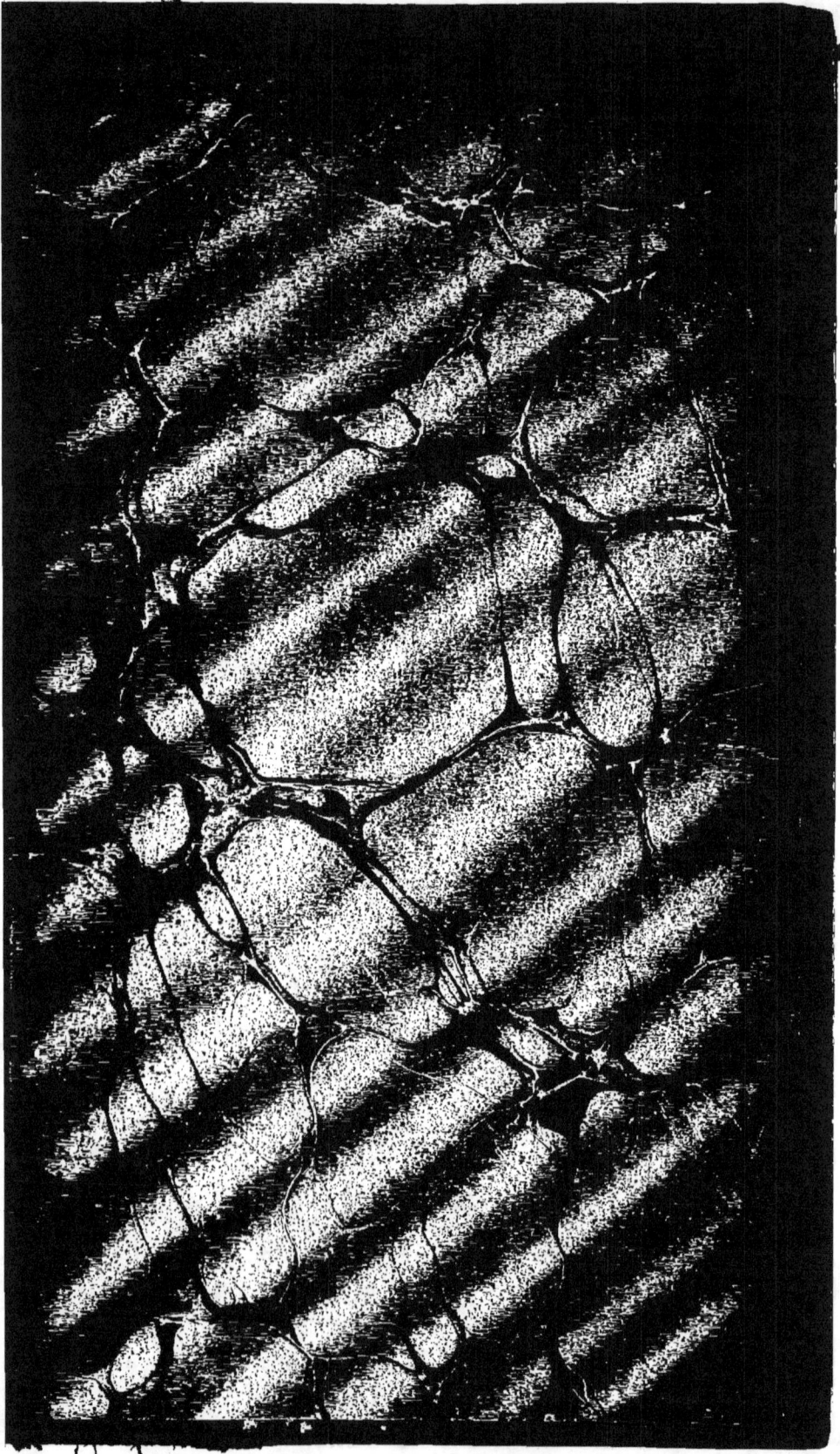

www.ingramcontent.com/pod-product-compliance
Lightning Source LLC
Chambersburg PA
CBHW060234230426
43664CB00011B/1650